완벽한 비교를 위해 새로 번역한

병행 사복음서

- Korean Synopsis Quattuor Evangeliorum -

정훈택

도서출판 **민영사**

머 리 말

복음서를 제외하고는 어디서도 예수님에 대한 정보를 얻을 수 없는 상황에서, 신약성경에 네 권의 복음서가 포함되었다는 사실은 초대교회 시절부터 하나님의 큰 축복으로 여겨졌다. 네 권은 똑같지도 않고 완전히 다르지도 않아서 네 개를 합칠 때 예수님에 대한 더 풍부한 지식, 곧 완벽한 복음에 도달한다고 생각했기 때문이다.

다른 한 편으로는 같은 사실이 교회에 큰 혼란을 초래하고 기독교 지도자들을 당황하게 만들기도 했다. 네 권을 합치거나, 적당한 설명을 찾는 것이 생각이나 시도만큼 쉬운 일이 절대 아니기 때문이다.

그래서 초대교회 시절부터 복음서의 이해와 설명에는 종합과 조화에 성공하여 교회의 대 스승으로 칭송을 받은 사람들과 결국 실패하여 이단 또는 교회의 적으로 배척당한 사람들이 수없이 명멸하였다. 이 상황은 21세기에도 변하지 않았다. 네 복음서는 여전히 교회에 예수님을 알려주는 유일한 보물창고이며 동시에 비기독교인들이 교회의 신앙을 공격하고 비난하는 최전방이기도 하다.

이것은 복음서 이해와 사용에 관한 문제만이 아니다. 복음서의 내용이 하나님의 구원을 이루러 이 땅에 오신 예수님의 생애, 활동, 교훈, 사건, 의미 등이기 때문에 복음서 이해에서의 혼란과 대립과 전투는 당연히 기독론쟁으로 비약한다. 지난 300여년 동안 셀 수 없이 쏟아져 나왔던, 서로 다른 예수상, 예수전, 역사적 예수 등의 문제인 것이다.

신학자들은 이 문제를 간단하게 3+1=1로 표현한다. 3은 아주 비슷한 공관복음(마태, 마가, 누가)을, 1은 이 세 개와 많이 다른 요한복음을 뜻한다. 비슷한 세 개의 복음서와 많이 다른 하나의 복음서를 합쳤을 때 하나의 복음, 통일된 예수상, 또는 정통 기독론이 나와야 한다는 것이다. 작은 부분에까지 완벽하게 재구성되는 예수의 생애나 이에 근거한 신학 이론들은 아직도 여정에 있다.

내용적으로 요약하면, 하나의 복음, 즉 예수의 지상생애를 알려주는 복음서들이 서로 같고 다른데 이 문제를 어떻게 설명하거나 해결하느냐는 것이다.

교회 역사 초기에는 같은 점보다 다른 점이 교회의 주목을 받았다. 예수에 대한 다른 얘기가 기독교 신앙에 해가 된다고 생각했기 때문이다. 따라서 이 차이점을 해소하려는 방향으로 복음서의 연구가 진행되었다. 하나의 복음이 다양하게 기록되었을 것이므로 세 복음서의 종합과 조화를 통하여 바로 그 복음, 곧 예수의 생애와 교훈에 대한 '보다 넓은 정보'를 재구성할 수 있다고 믿었기 때문이다.

'종합'이란 범주가 다른 내용을 합치는 것을, '조화'란 표면상 다르거나 충돌하는 것으로 보이는 내용을 그 이유를 찾아 설명하는 것이다.

이러한 경향은 오늘날까지 기독교 세계 어디에서나 계속되고 있지만, 18세기 중엽부터 전혀 다른 방식의 연구가 시작되었다. 전통적 방식의 종합과 조화를 포기, 또는 보류하고, 보다 근본적으로 일치와 차이의 이유나 원인을 찾아 나선 것이다. 이 새로운 연구는 약 3세기에 걸쳐 다양한 학자들에 의해 다양한 주장으로 나타났다.

이 문제에 관한 통일된 해법은 아직 존재하지 않지만, 1. 마가복음 우선설, 2. 정경복음서 간의 문서적 의존관계, 3. 마태와 누가가 마가복음 이외에 사용했을 법한 어록 자료(Quelle)와 독특한 자료(Sondergut)의 인정 등에 상당히 폭넓은 공감대가 형성되어 있다. 신학자들의 세계에서 이것은 거의 공리(公理) 수준으로 취급되고 있다고 말하는 것이 정확한 표현일 것이다.

이 이론에 근거한 '역사적 예수'의 연구는 전통적 기독교 교리와 신앙에 치명적이다. 초대교회 시절부터의 전통은 복음서의 일치점을 근간으로 하여 차이점들의 종합과 조화 위에 세워져 있는데, '역사적 예수' 연구는 1. 복음서 사이의 차이는 실제 예수와는 관련이 없고 초대교회의 역사적 상황이나 다른 신학에 기인한 것으로, 2. 일치점들조차도 대부분의 내용이 실제 예수에게서 나오지 않은 것으로 설명하기 때문이다. 이런 결론은 기존 기독교의 붕괴를 가져올 수밖에 없다.

복음서의 비교 연구는 헬라어 복음서들을 모두 펼쳐놓고 관련이 있는 부분들을 하나하나 세밀하게 살펴보는 것에서 시작한다. 복음서가 탄생한 직후의 고대세계에 살았던 사람들은 어떻게 이런 작업을 했을까? 두꺼운 파피루스에 둔탁한 글씨로 기록된 복음서의 사본들을 다루며 필요한 부분을 비교, 대조, 검토하는 것은 결코 쉬운 일이 아니었다. 그래서 서기 150년경 타티안(Tatianus)은 네 개의 복음서를 하나로 짜 맞추어 종합복음서(Diatessaron)를 만들었다. 4세기에 활동한 유세비우스(Eusebius of Caesarea)는 각 복음서의 본문 옆에 숫자를 표시하고 이 표시를 이용하여 다른 복음서에 있는 병행구절들을 쉽게 찾아갈 수 있도록 비교표(Eusebius Canon)를 만들었다. 이 표는 1,600여년이 지난 지금도 헬라어 인쇄본에 소개되고 있다.

인쇄술의 출현으로 얇은 종이에 작은 글씨로 인쇄하는 것이 가능해지자 학자들은 복음서의 본문을 같은 쪽에 나란히 배열해 놓은 헬라어 병행 복음서를 출판하여 사용하기 시작했다. 그때 이후 지금까지 학자들이 출판하고 그들의 연구 기본 자료로 사용한 대조성경은 큰 목록을 만들어야 할 만큼 많다. 간단히 말하면, 개혁자들의 외침 "원전으로 돌아가자!"가 아직 완결되었다고 할 수는 없지만 새로운 사본의 발견과 연구, 그리고 이에 따른 본문비평학의 덕택으로 지금 우리는 과거 어느 때보다도 완벽한, 최상의 자료를 사용할 수 있게 되었다. 그런 책 하나를 소개한다면 주저하지 않고 독일 성서공회가 출판한 K. Aland 명의의 Synopsis Quattuor Evangeliorum을 들 수 있다.

한국교회의 상황은 어떤가? 한국에 개신교의 이름으로 성경이 들어온 것은 19세기 말이다. 이때, 즉 한국의 선교 초기에 우리 선조들은 위에 언급한 서구 신학자들이나 교회들과 같은 관심과 열심을 가지고 복음서를 대할 수는 없었다. 갓 세워진 한국교회에 헬라어 대조성경을 소개하거나 사용하는 것은 꿈과 같은 일이었을 것이다. 그러나 성경을 한국어로 번역하고 소개하는, 또 단순히 가르치고 배우는 방식의 제한된 연구이기는 하지만, 이 땅에서도 공관복음 연구는 복음이 들어온 것과 동시에 시작되었다.

1901년 평양신학교가 개교했을 때부터 공관복음은 목회자가 이수해야 할 필수과목이었다. 이를 위해 한글 복음서 대조성경이 1910년에 E. H. Miller(밀의두)에 의해 〈ᄉᆞ복음대조긔술〉이라는 이름으로 교문관인쇄소에서 출판되었다. 그는 한글 구역 본문을 밑으로 나란히 배열해 놓았는데 이 책은 1938년에도 평양신학교의 1학년 필수교과서로 사용되었다.

이후 오늘까지 출판된 공관복음, 또는 네 복음서 한글 대조성경을 출판연도별로 나열해 보면 다음과 같다.

강태국, 「종합 사복음연구」, 혜문사, 1935.

조두만, 「사복음대조」, 성청사, 1977.

로버트슨, A. T., 「복음서대조서」, 도한호 역, 요단출판사, 1978.

장상선, 「분해항목별 병행 사복음서」, 국제성경교육연구원, 1985.

김창길, 「공관복음서 대조비교」, 도서출판 임마누엘, 1988.

채위, 「공관복음서 대조연구」, 구두인 감수, 한국기독교문화원, 1990.

김정효, 「대조복음서연구」, 도서출판 하늘, 1991.

성종현, 「공관복음서 대조연구」, 장로회신학대학교 출판부, 1992.

정양모, 「네 복음서 대조」, 분도출판사, 1993.

이태원, 「대조성경 공관복음서」, 성안당, 2002.

김기철, 「항목별 대조병행 사복음서」, 기독교문서선교회, 2007.

그러나 이 모든 대조성경은 공관복음 연구에 적절한 도구가 아니다. 각 복음서의 번역자가 다르다 보니 같은 단어가 다르게, 다른 단어가 같게 번역되어 헬라어 본문에 있는 일치점들이나 차이점들이 정확하게 반영되어 있지 않을 뿐만 아니라, 헬라어 본문에는 있지도 않는 새로운 일치점들과 차이점들이 마구 들어와 있기 때문이다. 현대 독자들을 염두에 두고 의미를 통하게 번역한 것도 복음서 사이의 일치점, 차이점들을 헬라어 성경과 다르게 훼손하게 된 이유의 하나다.

번역의 과정에서 복음서 비교/대조 연구가 가능하도록 공관복음이 가지고 있는 문자적 특징들 그대로 살리지 못한 것이다.

필자는 1991년 총신대학교 신학대학원에서 공관복음을 가르치기 시작하면서 학생들 스스로 공관복음을 비교/대조하도록 자극하여 왔다. 꼭 그럴 필요가 있었기 때문이다. 성경을 읽거나 연구하는 사람들 스스로 그 차이점, 일치점을 직접 눈으로 확인하기까지는 이 작업이 얼마나 중요하고 또 기독교 신앙과 신학에 근본적 가치를 가지는 것인지, 또 얼마나 필요한 일인지 누구도 잘 모르기 때문이다. 전통적 관점을 따르는 사람도 그렇고 새로운 관점을 선택한 사람도 그렇다.

하지만 늘 두 가지 어려움에 부딪쳤다. 하나는 한국의 교육 현실이 최상의 도구인 헬라어 대조성경의 사용이 가능하도록 학생들에게 충분한 헬라어 습득의 기회를 주지 못한다는 것이고, 다른 하나는 편법으로라도 사용할 수 있는, 마땅한 한글 대조성경이 없다는 것이다. 전자를 해결하려면 한국의 (신학) 교육 체계를 고쳐야 한다. 이건 정말 쉽지 않은 일이다. 후자를 해결하려면 공관복음을 새롭게 번역해야 한다. 번역 시작부터 공관복음의 대조가 철저하게 이루어져야 하는 것이다.

처음에 필자는 누군가 이 작업을 해주기를 바랬다. 그리고 급한 대로 생명의 말씀사의 허락을 받아 1982년에 번역된 〈표준 신약전서〉를 편집하여 교재로 사용하였다. 필자의 신학교 스승들이 번역했고 공관복음의 일치점, 차이점들이 그래도 잘 드러난다고 판단했기 때문이다. 그러나 정말 필요한 작업을 아무도 대신 해주지 않는 가운데 1년, 그리고 또 1년이 지나갔고, 더 좋은 도구를 향한 욕구는 커져갔다.

"아무도 하지 않는 것은 누구도 필요를 느끼지 못하기 때문이다. 누군가 필요를 느낀다면 그것은 그 사람에게 주어진 사명이다."

그래서 시작하였다.

기독교 교리와 신학을 탄생시킨 핵심 문서인 복음서들을, 특히 1700년대 이후 급격히 발전한 신약신학, 공관복음서 문제, 역사적 예수 등의 과제와 이에 기초한 기독교 신학을 기초 자료도 없이 공부한다는 것은 여간 괴로운 일이 아니다. 정확한 병행 복음서가 없이는 신학자들의 주장을 이해하기 어렵고 그 견해가 옳은지 그른지를 확인하기도 어렵다. 이런 상황에서는 신약학자들이 외로이 길을 가며 외국 학자들의 주장을 소개하거나 비판하면 평신도들이나 목회자, 또는 웬만한 신학자들은 그들의 학설을 비판도 없이 수용하거나 읽어 보지도 않고 외면할 수밖에 없다.

이 책은 번역과정에서부터 복음서를 면밀하게 비교하며 일치점 불일치점이 헬라어에 있는 그대로 정확하게 드러나도록 번역하여서 헬라어 대조성경이 없어도 누구나 복음서 대조 연구가 적어도 95% 이상 가능하도록 하였다.

그러나 번역이란 원 문장을 완벽하게 재생할 수 없는 한계가 있다. 또 한글은 헬라어에 없는 생소한 어감을 어쩔 수 없이 포함하고 있다. 이 책을 사용하는 독자는 이것이 복음서 연구에 필요한 최선의 자료가 아님을 알고 있어야 한다. 정말 이 부분에 관심을 가지는 사람이라면 이 병행 복음서에서 발견되는 일치 또는 불일치의 문제를 헬라어 성경과 면밀히 대조하고 최종 결과를 손에 넣어야 할 것이다.

공관복음 연구가 몇몇 사람들에 의해 독점되지 않고 모든 신자들이 공유하는 분야가 되기를 바라면서 이 책을 사용하는 모두를 도울 수 있기를 기대한다.

생명과 열심과 힘을 주시고 마치게 하신 하나님께 감사드리며 …

2013년 3월 1일

양지에서 정 훈 택

일러두기

1. 이 『병행 사복음서』는 신약성경에 포함되어 있는 네 복음서를 전체적 또는 부분적으로, 특히 같은 사건이나 비슷한 말씀을 쉽게 그리고 세밀하게 비교하여 복음서 사이의 일치점·차이점들을 정확히 확인할 수 있도록 배열하였다.

2. 네 복음서가 대체적으로는 예수님의 지상생애의 일들과 말들을 연대기 순으로 따르면서도 세부적으로는 똑같지 않기 때문에 때로는 같은 자료들을 두 번, 세 번 배열할 수밖에 없었다.

   (예를 들면, 제5장에는 마태복음의 산상설교(5-7장)를 기준으로 마가복음과 누가복음에 나오는 말씀들을 배열하였고, 제6장에는 누가복음의 평지설교(6:17-49)를 기준으로 마태복음과 마가복음에 나오는 말씀들을 배열하였다. 성전청결사건은 25, 271, 273 항목에 세 번 수록되어 있다.)

3. 각 항목의 아래에 나오는 성경구절 표시가 굵은 글자일 때는 그 항목의 내용이 그 복음서의 순서를 따르고 있음을, 가는 글씨일 때는 그 복음서의 순서를 따르고 있지 않음을 뜻한다.

   (예를 들면, **42. 문둥병자를 고치심** 아래에 마태복음 8:1-4 / **마가복음 1:40-45** / **누가복음 5:12-16**, **43. 중풍병자를 고치심** 아래에 마태복음 9:1-8 / **마가복음 2:1-12** / **누가복음 5:17-26**로 나온다. 이 얘기들을 마태복음의 순서대로 비교해 보고 싶으면 84항목 이하로 가는 것이 좋다.)

4. 병행구절 안에서 글의 요소들의 순서가 달라서 복음서의 순서를 벗어나야만 비교가 가능할 경우 한 단락 안에서도 같은 내용을 가는 글씨로 중복 소개하거나 참고 장절을 제시하였다.

   (예를 들면, **20. 예수의 시험**(마 4:1-11/눅 4:1-13)에는 눅 4:9-12절이 4절과 5절 사이에, 마 4:5-7이

10절과 11절 사이에 한 번 더 가는 글씨로 인쇄되어 있다. 이는 두 복음서가 두 번째 시험과 세 번째 시험을 다른 순서로 소개하기 때문이다.)

5. 각 쪽의 첫 줄에는 그 쪽에 수록된 자료의 항목번호가 별도로 인쇄되어 있다. 또 그 쪽에 수록된 내용의 구절을 굵은 글씨로 제시하였다. 그 쪽에 소개되지 않은 복음서의 구절도 가는 글씨로 인쇄해 놓았는데 이것은 앞에 소개했던 마지막 구절을 알림으로써 특정 구절을 쉽게 찾아갈 수 있도록 배려한 것이다.

(예를 들면, 26쪽을 찾아보면 머리말에 **마 2:13-23** / 막 1:1 / **눅 2:39-40** / 요 1:1-18과 **10**, **11** 이라는 숫자가 나오는데 **10**, **11** 은 이 쪽에 10번, 11번 항목의 자료가 들어 있고, 굵은 글씨로 인쇄된 구절에 해당한다는 표시이다. 막1:1과 요 1:1-18은 이 쪽 앞에 수록되어 있다.)

6. 헬라어 비평원문과 비평자료에 사용하는 기호를 한글 번역성경에도 사용해 보았다. 그 사용은 다음과 같이 최소화하였다.

1) 본문에 사용된 [ ]는 이 속의 내용이 원문에 없었을 것이라는 표시이다.
2) ( )는 이 안의 내용이 한글 번역을 위해 첨가되었다는 표시이다.
3) ° 뒤의 단어가 어떤 중요 사본에 없다는 표시이다. 두 단어 이상일 때에는 끝에 ˋ를 첨가하였다.

ᵀ 어떤 사본에는 이 자리에 각주에 소개한 단어/구/문장이 더 있다는 표시이다.

ㄱ 뒤의 단어가 어떤 중요 사본에 다르게 나온다는 표시로 두 단어 이상일 때에는 끝에 ˋ를 첨가하고 다른 단어나 구를 각주에 소개하였다.

※ 뒤의 단어나 구의 원 의미, 가능한 다른 번역을 밝힐 때 사용하였는데 두 단어 이상일 때에는 끝에 ˋ를 첨가하고 다른 단어나 구를 각주에 소개하였다.

7. 성경본문은 Nestle-Aland 27판을 사용했고 전체적 구조는 K. Aland, *Synopsis Quattuor Evangeliorum*, 2001을 참고하였다.

차 례

I.	**복음의 시작** (마 1:1–2:23 / 막 1:1 / 눅 1:1–2:52 / 요 1:1–18)	13
II.	**복음사역의 준비** (마 3:1–4:11 / 막 1:2–13 / 눅 3:1–4:13 / 요 1:19–34)	29
III.	**사역 시작** (요 1:35–3:36)	43
IV.	**갈릴리 초기 사역** (마 4:12–23 / 막 1:14–3:19 / 눅 4:14–6:16 / 요 4:1–46a)	51
V.	**산상설교** (마 4:24–7:29)	75
VI.	**평지설교** (눅 6:17–49)	97
VII.	**갈릴리 계속 사역** (마 8:1–16:12 / 막 3:20–8:26 / 눅 7:1–9:17 / 요 4:46b–6:59)	107
VIII.	**고난을 향하여** (마 16:13–18:35 / 막 8:27–9:50 / 눅 9:18–9:50 / 요 6:60–71)	203
IX.	**예루살렘으로 가는 길** (눅 9:51–18:14)	225
X.	**예루살렘의 장막절** (요 7:1–10:21)	275
XI.	**유대 사역** (마 19:1–20:34 / 막 10:1–52 / 눅 18:15–19:27 / 요 10:22–12:11)	289
XII.	**마지막 사역** (마 21:1–23:39 / 막 11:1–12:44 / 눅 19:28–21:4 / 요 12:12–19)	313
XIII.	**종말에 관한 설교** (마 24:1–25:46 / 막 13:1–37 / 눅 21:5–38)	339
XIV.	**고난 전 주간** (요 12:20–50)	357
XV.	**고난 주간** (마 26:1–35 / 막 14:1–31 / 눅 22:1–38 / 요 13:1–38)	361
XVI.	**작별 설교** (요 14:1–17:26)	379
XVII.	**체포와 처형** (마 26:36–27:66 / 막 14:32–15:47 / 눅 22:39–23:56 / 요 18:1–19:42)	389
XVIII.	**부활** (마 28:1–20 / 막 16:1–20 / 눅 24:1–53 / 요 20:1–21:25)	425

I. 복음의 시작

마 1:1-2:23
막 1:1
눅 1:1-2:52
요 1:1-18

1. 서론

마태복음 1:1

1 아브라함의 아들이요 다윗의 아들이신 예수 그리스도의 계보이다.

마가복음 1:1

1 [하나님의 아들이신] 예수 그리스도의 복음의 시작이다.

누가복음 1:1-4

1 우리 안에서 이루어진 일들에 관한 이야기를 엮으려고 많은 사람이 손을 대었습니다. 2 처음부터 말씀의 목격자와 일꾼이 된 사람들이 우리에게 전해 준 대로 한 것입니다. 3 데오빌로 각하! 처음부터 모든 것을 자세히 살펴본 저에게도 순서대로 당신에게 써 보내야 하겠다는 생각이 들었습니다. 4 당신이 가르침을 받은 말씀들이 확실함을 아시게 하려는 것입니다.

요한복음 1:1-18

1 처음에 말씀이 계셨다. 그 말씀은 하나님과 함께 계셨다. 그 말씀은 하나님이셨다. 2 이 (말씀은) 처음에 하나님과 함께 계셨다. 3 모든 것이 그로 말미암아 생겼고 그가 없이는 생긴 것 어느 하나도 생기지 않았다. 4 그 안에 생명이 있었는데 그 생명은 사람들의 빛이었다. 5 그 빛이 어두움 속을 비췄으나 어두움이 그것을 받지 않았다. 6 하나님이 보내신 한 사람이 나타났는데 그의 이름은 요한이었다. 7 이 사람은 증언하러 왔다. 곧 그 빛에 관하여 증언하고 자기로 말미암아 모두가 믿게 하려고 (왔다). 8 그 사람은 빛이 아니었다. 다만 그 빛에 관하여 증언하려고 (왔다). 9 세상에 와서 모든 사람을 비추는 참 빛이 있었다. 10 그는 세상에 계셨고 세상이 그로 말미암아 생겼는데 세상은 그를 알지 못하였다. 11 자신의 것에 오셨지만 자기 사람들은 그를 받아들이지 않은 것이다. 12 그러나 그를 받아들이는 사람들, 곧 그의 이름을 믿는 사람들, 그들에게 그는 하나님의 자녀가 되는 권리를 주셨다. 13 그들은 피에서나 살의 뜻에서나 사람의 뜻에서가 아니라 하나님에게서 태어났다. 14 그 말씀이 육체가 되셔서 우리 가운데 사셨다. 우리가 그의 영광을 보았는데 아버지의 독생자 같은 영광이었고 은혜와 진리가 가득했다. 15 요한이 그에 관하여 증언하며 소리쳤다. "이분이 내가 '내 뒤에 오시는 분이 내 앞이 되셨다. 그분이 나보다 먼저 계셨기 때문이다'라고 말한 분이시다." 16 우리는 모두 그의 충만으로부터 은혜 위에 은혜를 받았다. 17 율법은 모세를 통해 주어졌고 은혜와 진리는 예수 그리스도를 통해 왔기 때문이다. 18 어느 때 어느 한 사람도 하나님을 보지 못하였지만 아버지 품 안에 계시는 독생하신 하나님, 그분이 (하나님을) 알려주셨다.

2. 세례자 요한의 출생 예고

마	막	누가복음 1:5-25	요

5 유대 왕 헤롯 시대에 이름이 사가랴인 어떤 제사장이 있었다. 그는 아비야 조에
속했고 그의 아내는 아론의 딸들에 속했다. 그녀의 이름은 엘리사벳이었다. 6 두 사
람은 하나님 앞에서 의로웠고 주님의 모든 계명들과 규칙대로 흠이 없이 살았지만
7 엘리사벳이 아이를 낳지 못하는 여자여서 그들에게는 자식이 없었고 두 사람이
나이가 많았다. 8 사가랴가 자기 조 차례에 하나님 앞에서 제사장 일을 하게 되었는
데 9 제사의 관습을 따라 제비를 뽑았고 주님의 성소에 들어가서 분향하는 일을 맡
았다. 10 백성의 모든 무리는 분향 시간에 밖에서 기도하고 있었는데, 11 주님의 천
사가 그에게 나타나서 분향 단 오른쪽에 섰다. 12 사가랴는 보고 놀랐고 두려움이
그를 사로잡았다. 13 그 천사가 그에게 말하였다. "무서워하지 마라. 사가랴야! 네
기도가 받아 들여졌기 때문이다. 네 아내 엘리사벳이 네게 아들을 낳을 것이다. 그
러면 그의 이름을 요한이라고 불러라. 14 네게 기쁨과 즐거움이 있을 것이요, 많은
사람이 그의 출생을 기뻐할 것이다. 15 그는 주님 앞에 큰 사람이 될 것이기 때문이
다. 그는 포도주와 독주를 결코 마시지 않고 자기 어머니의 뱃속에서 이미 성령으
로 채워져서 16 이스라엘 아들들을 많이 주님, 곧 그들의 하나님께로 돌아오게 할
것이다. 17 또 그는 엘리야의 심령과 능력으로 그의 앞에 먼저 가서 아버지들의 마
음을 자식들에게로, 순종하지 않는 사람들을 의인들의 지혜로 돌아오게 하고 주님
을 위하여 준비된 백성을 예비할 것이다." 18 그러자 사가랴가 그 천사에게 말하였
다. "저는 늙은이요 제 아내도 나이가 많은데 제가 이것을 어떻게 알겠습니까?" 19 천
사가 그에게 대답하였다. "나는 하나님 앞에 서 있는 가브리엘이다. 네게 말하고 네
게 이 복음을 전하라고 보내졌다. 20 보아라, 네가 내 말들을 믿지 못했으므로 이
일들이 일어나는 날까지 너는 조용히, 말을 못하며 지내겠지만, 그 때가 되면 내
말들이 이루어질 것이다." 21 백성이 사가랴를 기다리고 있다가 그가 성소 안에서 지
체하는 것을 이상하게 생각했는데, 22 그가 나와서 그들에게 말을 못하자, 그가 성
소에서 환상을 보았다는 것을 알아차렸다. 그는 그들에게 몸짓을 하며 (표현했고)
말을 못하며 지내다가 23 그가 섬기는 날이 끝나서 자기 집으로 돌아갔다. 24 그의
아내 엘리사벳은 이날들 후에 임신하였고 다섯 달을 스스로 숨어 지내며 말하였
다. 25 "주님이 나를 돌아보신 날에 사람들 틈에서 내 수치를 없애 주시려고 나에게
이렇게 하셨다."

3. 예수의 탄생 예고

마	막	누가복음 1:26-38	요

26 여섯째 달에 하나님이 천사 가브리엘을 나사렛이라고 하는 갈릴리의 한 성으로
보내셔서 27 다윗 가문에 속한 요셉이라는 남자와 정혼한 처녀에게 (가게 하셨다).
그 처녀의 이름은 마리아였다. 28 천사가 들어가서 그녀에게 말하였다. "※기뻐하여
라! 은혜를 입은 여자여! 주님이 너와 함께 (하신다)." 29 마리아는 이 말에 당황하
며 이런 인사가 어떻게 된 일인지 궁금해하고 있었는데, 30 천사가 그녀에게 말하였
다. "무서워하지 마라. 마리아야! 네가 하나님께 은혜를 입었기 때문이다. 31 보아라,
네가 임신하여 아들을 낳을 것이다. 그러면 그의 이름을 예수라고 하여라. 32 이 아
이는 큰 사람이 되고 가장 높으신 분의 아들로 불릴 것이다. 또 주 하나님께서 그의
조상 다윗의 왕좌를 그에게 주실 것이다. 33 그는 영원히 야곱의 집을 다스리겠고
그의 나라는 끝이 없을 것이다." 34 마리아가 그 천사에게 말하였다. "나는 남자를
알지 못하는데 어떻게 이럴 수 있습니까?" 35 천사가 그녀에게 대답하였다. "성령이
네게 오시고 가장 높으신 분의 능력이 너를 덮을 것이다. 그러므로 태어나실 거룩하
신 분은 하나님의 아들로 불릴 것이다. 36 보아라, 네 친척 엘리사벳도 늙어서 아들
을 가졌다. 아이를 낳지 못하는 여자라고 불리던 그녀에게 이 달이 여섯 번째 달이
다. 37 하나님께는 어떤 말씀도 불가능하지 않기 때문이다." 38 마리아가 말하였다. "
보소서, 주님의 여종입니다. 당신의 말씀대로 제게 이루어지소서!" 그러자 천사가
마리아에게서 떠나갔다.

28 ※잘 있느냐?

4. 마리아의 엘리사벳 방문

마	막	누가복음 1:39-56	요

39 그 무렵에 마리아가 일어나서 급히 유대 산악지대에 있는 한 성으로 갔고, 40 사가
랴의 집으로 들어가서 엘리사벳에게 인사를 하였다. 41 엘리사벳이 마리아의 인사를
듣자, 그녀의 뱃속에서 아이가 뛰었고, 엘리사벳은 성령으로 충만해져서 42 큰 소리로
외치며 말하였다. "여자들 가운데서 네가 복이 있고, 네 뱃속의 열매가 복이 있다.
43 내 주님의 어머니께서 내게로 오시다니, 이것이 내게 어떻게 된 일인가? 44 보아라,
네 인사 소리가 내 귀에 들리자 내 뱃속에서 아이가 기뻐서 뛰었다. 45 주님이 자기에

마	막	누가복음 1:39-56	요

게 말씀하신 것들이 이루어질 것으로 믿은 여자는 복이 있다." 46 그러자 마리아가
말하였다. "내 영혼이 주님을 찬양합니다. 47 내 영이 하나님, 내 구원자를 기뻐하였
습니다. 48 그가 자기 여종의 천함을 돌아보셨기 때문입니다. 보십시오, 이제부터 모
든 세대가 나를 복이 있다고 할 것이기 때문입니다. 49 전능하신 분이 나에게 큰 일
을 행하신 것입니다. 그의 이름은 거룩하십니다. 50 그의 자비는 그를 두려워하는
사람들에게 대대로 (미칠 것입니다.) 51 그는 자신의 팔로 능력을 행하셨고 마음의
생각이 교만한 사람들을 흩으셨습니다. 52 권력자들을 권좌로부터 끌어내리셨고 천
한 사람을 높이셨습니다. 53 굶주린 사람들을 좋은 것들로 채워주셨고 부자들을 빈
손으로 보내셨습니다. 54 자비를 기억하도록 자기 종 이스라엘을 도우셨는데 55 우리
조상들, 곧 아브라함과 그의 자손들에게 영원히 말씀하신 것과 같습니다." 56 마리아
가 약 석 달 엘리사벳과 함께 지내다가 자기 집으로 돌아갔다.

5. 세례자 요한의 출생

마	막	누가복음 1:57-80	요

57 엘리사벳이 아이를 낳을 기간이 차서 아들을 낳았다. 58 이웃 사람들과 그녀의 친
척들은 주님이 그의 자비를 엘리사벳에게 크게 베푸셨다는 것을 듣고 그녀와 함께
기뻐하였고 59 여덟째 날이 되자 아이에게 할례를 행하러 와서 그의 아버지의 이름을
따라서 그를 사가랴라고 불렀다. 60 그러자 그의 어머니가 대답하였다. "아니요. 요한
이라고 불릴 것입니다." 61 사람들이 엘리사벳에게 말하였다. "당신의 친척 중에는 이
이름을 가진 사람이 아무도 없소." 62 그들은 그의 아버지에게 손짓하며 그를 어떻게
부르고 싶은지 물었다. 63 그는 서판을 달라고 하여 "그의 이름은 요한이다"라고 썼
다. 그러자 모두가 놀랐고, 64 즉시 그의 입이 열리고 그의 혀가 (풀려), 말을 하며
하나님을 찬양하였다. 65 그들 주변에 사는 모든 사람들에게 두려움이 몰려왔고, 이
모든 말들이 유대 산지 전역에 두루 퍼져 나갔다. 66 들은 사람들은 모두 (이 말들을)
자기 마음에 새기며 말하였다. "그러면 이 아이가 어떻게 될까?" 주님의 손이 그와 함
께 있었기 때문이다. 67 그의 아버지 사가랴가 성령으로 충만하여 예언하였다. 68 "주님,
곧 이스라엘의 하나님은 찬양을 받으소서. 그는 자기 백성을 돌아보셨고 구속하셨으며
69 우리를 위하여 자기 종 다윗의 집에 구원의 뿔을 일으키셨기 때문이다. 70 옛날부터
자신의 거룩한 선지자들의 입을 통하여 말씀하신 것과 같이 71 우리 원수들과 우리를 미
워하는 모든 사람의 손에서 구원하시는 것이다. 72 우리 조상들에게 자비를 베푸시고

마	막	누가복음 1:57-80	요

자신의 거룩한 약속을 기억하시려는 것이요 73 우리 조상 아브라함에게 하셨던 맹세
를 우리에게 지키려는 것이다. 74 (우리를) 원수들의 손에서 건져내셔서 두려움 없이
자기를 섬기게 하시려는 것이요 75 우리 평생을 자기 앞에서 거룩하고 의롭게 (살게
하시려는 것이다.) 76 너, 아가야! 너는 가장 높으신 분의 선지자로 불릴 것이다. 주
님보다 앞서가서 그의 길들을 준비하여 77 그들의 죄를 용서하는 구원을 그의 백성
에게 알려줄 것이기 때문이다. 78 (이것은) 우리 하나님의 자비로우신 마음으로 말미
암은 것이다. 그 자비로 말미암아 높은 곳으로부터 우리 위에 동이 터 와서 79 어둠
속에, 또 죽음의 그늘에 앉아 있는 사람들을 비추고 우리 발을 평화의 길로 인도하
실 것이다." 80 아이는 자라났고 심령이 강해졌으며 이스라엘에게 나타나는 날까지
황야에 있었다.

6. 예수의 족보(마태복음 중심)

마태복음 1:2-17	막	누가복음 3:23-38		요
		23 예수께서 (활동을) 시작하실 때에 서른 살 쯤이셨는데, 알려진 대로 하면,		
		(역순 배열)		
2 아브라함은 이삭을 낳았고,		(34 아브라함)	그는 요셉의 아들이요,	
이삭은 야곱을 낳았고,		(이삭)	헬리의 아들이요,	
야곱은 유다와 그의 형제들을 낳았고,		(야곱)	24 맛닷의 아들이요,	
3 유다는 다말에게서 베레스와 세라를 낳았고,		(33 유다)	레위의 아들이요,	
베레스는 헤스론을 낳았고,		(베레스)	멜기의 아들이요,	
헤스론은 람을 낳았고,		(헤스론, 아니)	얀나의 아들이요,	
4 람은 아미나답을 낳았고,		(아드민)	요셉의 아들이요,	
아미나답은 나손을 낳았고,		(아미나답)	25 맛다디아의 아들이요,	
나손은 살몬을 낳았고,		(32 나손)	아모스의 아들이요,	
5 살몬은 라합에게서 보아스를 낳았고,		(살몬)	나훔의 아들이요,	
보아스는 룻에게서 오벳을 낳았고,		(보아스)	에슬리의 아들이요,	
오벳은 이새를 낳았고,		(오벳)	낙개의 아들이요,	
6 이새는 다윗 왕을 낳았고,		(이새)	26 마앗의 아들이요,	
다윗은 우리아의 아내에게서 솔로몬을 낳았고,		(31 다윗)	맛다디아의 아들이요,	
7 솔로몬은 르호보암을 낳았고,		(나단)	서머인의 아들이요,	

마태복음 1:2–17

르호보암은 아비야를 낳았고,
아비야는 「아삽을 낳았고,
8 「아삽은 여호사밧을 낳았고,
여호사밧은 요람을 낳았고,
요람은 웃시야를 낳았고,
9 웃시야는 요담을 낳았고,
요담은 아하스를 낳았고,
아하스는 히스기야를 낳았고,
10 히스기야는 므낫세를 낳았고,
므낫세는 「아모스를 낳았고,
「아모스는 요시야를 낳았고,
11 요시야는 바벨론 이주 때에 여고냐와 그
의 형제들을 낳았고,
12 바벨론 이주 후에 여고냐는 스알디엘을
낳았고,
스알디엘은 스룹바벨을 낳았고,
13 스룹바벨은 아비훗을 낳았고,
아비훗은 엘리아김을 낳았고,
엘리아김은 아소르를 낳았고,
14 아소르는 사독을 낳았고,
사독은 아킴을 낳았고,
아킴은 엘리웃을 낳았고,
15 엘리웃은 엘르아살을 낳았고,
엘르아살은 맛단을 낳았고,
맛단은 야곱을 낳았고,
16 야곱은 마리아의 남편 요셉을 낳았고,
마리아에게서 그리스도라고 불리는
예수가 나셨다.

7 「아사를 8 「아사는
10 「아몬을, 아몬은

막

누가복음 3:23–38

(맛다디)	요셉의 아들이요,
(멘나)	요다의 아들이요,
(멜레아)	27 요아난의 아들이요,
(30 엘리아김)	레사의 아들이요,
(요남)	스룹바벨의 아들이요,
(요셉)	스알디엘의 아들이요,
(유다)	네리의 아들이요,
(시므온)	28 멜기의 아들이요,
(29 레위)	앗디의 아들이요,
(맛닷)	고삼의 아들이요,
(요림)	엘마담의 아들이요,
(엘리에서, 예수)	에르의 아들이요,
(28 에르, 엘마담)	29 예수의 아들이요,
(고삼, 앗디)	엘리에서의 아들이요,
(멜기, 27 네리)	요림의 아들이요,
(스알디엘)	맛닷의 아들이요,
(스룹바벨)	레위의 아들이요,
(레사, 요아난)	30 시므온의 아들이요,
(26 요다, 요섹)	유다의 아들이요,
(서머인, 맛다디아)	요셉의 아들이요,
(마앗, 25 낙개)	요남의 아들이요,
(에슬리, 나훔)	엘리아김의 아들이요,
(아모스, 맛다디아, 24 요셉)	31 멜레아의 아들이요,
(얀나, 멜기, 레위)	멘나의 아들이요,
(맛닷)	맛다다의 아들이요,
(23 헬리)	나단의 아들이요,
(요셉)	다윗의 아들이요,
(예수)	32 이새의 아들이요,
	오벳의 아들이요,
	보아스의 아들이요,
	살몬의 아들이요,
	나손의 아들이요,

요

마태복음 1:2-17

17 그러므로 모든 세대가 아브라함부터 다윗
까지 열네 대요, 다윗부터 바벨론 이주까지
열네 대요, 바벨론 이주부터 그리스도까지
열네 대이다.

막

누가복음 3:23-38

33 아미나답의 아들이요,
아드민의 아들이요,
아니의 아들이요,
헤스론의 아들이요,
베레스의 아들이요,
유다의 아들이요,
34 야곱의 아들이요,
이삭의 아들이요,
아브라함의 아들이요,
데라의 아들이요,
나홀의 아들이요,
35 스룩의 아들이요,
르우의 아들이요,
벨렉의 아들이요,
헤버의 아들이요,
살라의 아들이요,
36 가이난의 아들이요,
아박삿의 아들이요,
셈의 아들이요,
노아의 아들이요,
라멕의 아들이요,
37 므두셀라의 아들이요,
에녹의 아들이요,
야렛의 아들이요,
마할랄렐의 아들이요,
가이난의 아들이요,
38 에노스의 아들이요,
셋의 아들이요,
아담의 아들이요,
하나님의 아들이시다.

요

7. 예수의 탄생

마태복음 1:18-25

18 예수 그리스도의 탄생은 이러하였다. 그의
어머니 마리아가 요셉과 약혼한 후, 그들이
함께 살기 전에, 성령으로 잉태한 것이 드
러났다. 19 그녀의 남편 요셉은 의로운 사람
이고 그녀를 본보기로 세우고 싶지 않아서
조용히 그녀와 갈라서려고 하였다. 20 그가
이런 것들을 생각하는데, 보라, 주님의 천사
가 꿈에 그에게 나타나서 말하였다. "다윗의
아들 요셉아, 네 아내 마리아 데려오기를
두려워하지 마라. 그녀 안에 생긴 아기는
성령으로 말미암았기 때문이다. 21 그녀는 아
들을 낳을 것이다. 그러면 너는 그의 이름을
예수라고 부르라. 그가 자기 백성을 그들의
죄에서 건져낼 것이기 때문이다." 22 주님이
선지자를 통하여 (이렇게) 말씀하신 것이
이루어지게 하려고 이 모든 일이 일어났다.
23 "보라, 처녀가 잉태하여 아들을 낳을 것
이요, 사람들이 그의 이름을 임마누엘이라
고 부를 것이다." 이것을 번역하면 '우리와
함께 (하시는) 하나님'이라는 뜻이다. 24 요셉
은 잠에서 깨어나서 주님의 천사가 그에게
시킨 대로 하여 그의 아내를 데려왔지만
25 아들을 낳을 때까지 그녀와 함께 자지 않
았고 그의 이름을 예수라고 불렀다.

막

누가복음 2:1-7

1 그 즈음에 세상 (사람)은 모두 호적에 등
록하라는 아구스도 황제의 칙령이 떨어졌
다. 2 이 첫 호적등록은 구레뇨가 수리아의
총독이었을 때 시행되었다. 3 그래서 모든
사람이 등록을 하려고 각자 자기 고향으로
갔다. 4 요셉은 다윗 가문에 속했으므로 그
도 갈릴리의 나사렛 성으로부터 베들레헴이
라고 하는 유대의 다윗 성으로 올라갔다.
5 자기와 약혼한 마리아와 함께 등록하기 위
한 것인데 마리아는 임신 중이었다. 6 그들
이 거기 있는 동안 마리아가 아이를 낳을
날이 차서 7 자기 맏아들을 낳았고 그를 포
대기에 싸서 구유에 눕혔다. 여관에는 그들
을 위한 방이 없었기 때문이다.

요

8. 아기께 경배함

마태복음 2:1–12

1 헤롯 왕 때에 예수께서 유대
베들레헴에서 태어나시자, 보
라, 동방에서 ※박사들이 예루
살렘으로 와서 2 말하였다. "갓
태어나신 유대인의 왕이 어디
계십니까? 우리가 동방에서 그
의 별을 보고 그에게 경배하러
왔습니다." 3 왕 헤롯이 듣고
어리둥절해 하였고, 온 예루살
렘이 그와 함께 술렁거렸다.
4 그는 백성의 대제사장들과 율
법학자들을 모두 모은 후 그리
스도가 어디에서 태어나시는지
를 물었다. 5 그들이 그에게 말
하였다. "유대 베들레헴입니다.
선지자에 의하여 이렇게 적혀
있기 때문입니다. 6 '또 너, 유
대 땅, 베들레헴아, 너는 유대
의 통치자들 가운데서 결코 가
장 작지 않다. 왜냐하면 네게
서 한 통치자가 나와서 나의
백성 이스라엘을 먹일 것이기
때문이다.'" 7 그때 헤롯은 ※바
사들을 가만히 불러서 별이 나
타난 때를 그들에게 캐묻고
8 그들을 베들레헴으로 보내며
말하였다. "가서 그 아기에 관
하여 자세히 알아보시오. 찾으
면, 나도 가서 그에게 경배하도

1 ※ 점성가들이
7 ※ 점성가들을

막

누가복음 2:8–20

8 어떤 목동들이 그 지역에서
밤에 밖에서 지내며 그들의 양
떼를 지키고 있었는데, 9 주님
의 천사가 그들에게 나타나고
주님의 영광이 그들을 둘러 비
추자, 그들은 무척 무서워하였
다. 10 천사가 그들에게 말하였
다. "무서워하지 마라. 보아라,
내가 모든 백성에게 미칠, 큰
기쁨의 좋은 소식을 너희에게
전하기 때문이다. 11 오늘 다윗
성에 너희를 위하여 한 구원자
가 태어나셨다. 곧 그리스도,
주님이시다. 12 너희는 포대기에
싸여서 구유에 뉘어 있는 한
아기를 발견할 것이다. 이것이
너희에게 표시이다." 13 그러자
갑자기 그 천사와 함께 하늘의
군대가 무리를 지어 나타나서
하나님을 찬송하였다. 14 "가장
높은 곳에는 하나님께 영광이,
땅 위에는 기뻐하시는 사람들
에게 평화가!" 15 천사들이 그들
을 떠나서 하늘로 가버리자 그
목동들이 서로 말하였다. "자,
베들레헴까지 가서 주님이 우
리에게 알려주신 이 말씀이 이
루어진 것을 보자." 16 그들은
서둘러 가서 마리아와 요셉과

요한복음 7:41–42

41 다른 사람들은 말하였다.
"이분은 그리스도이시다." 그러
나 어떤 사람들은 말하였다.
"그리스도가 갈릴리에서 나오
겠는가? 42 성경은 그리스도가
다윗의 후손 중에서, 또 다윗
이 있던 마을 베들레헴에서 온
다고 말하지 않았는가?"

마태복음 2:1–12

록 내게 알려주시오." 9 그들은
왕의 (말을) 듣고 갔다. 그러
자, 보라, 그들이 동방에서 본
그 별이 그들을 앞에서 인도하
다가 아기가 있는 곳 위에 가
서 멈추었다. 10 그들은 그 별
을 보고 아주 크게 기뻐하였고
11 그 집 안으로 들어가서 그의
어머니 마리아와 함께 있는 아
기를 보고 엎드려 그에게 경배
하였으며 그들의 보물 상자를
열어서 예물들, 곧 황금과 유
향과 몰약을 그에게 바쳤다.
12 그들은 꿈에 헤롯에게 돌아
가지 말라는 지시를 받고 다른
길로 그들의 나라로 떠났다.

막

누가복음 2:8–20

구유에 뉘어 있는 아기를 발견
하였고 17 본 후에 이 아기에
관하여 자신들에게 전해진 말
을 알려주었다. 18 들은 사람들
은 모두 그 목동들이 그들에게
이야기한 것에 놀랐지만 19 마
리아는 이 모든 말을 마음에
담아 두고 곰곰이 생각하였다.
20 목동들은 그들에게 말씀하신
것과 같이 듣고 본 모든 것에
대하여 하나님께 영광을 돌리
고 찬송을 하면서 돌아갔다.

요한복음 7:41–42

9. 할례와 정결예식

마	막	누가복음 2:21-38	요

21 팔일이 지나서 아이에게 할례를 행할 때 그의 이름을 예수라고 지었다. 아이가
뱃속에 생기기 전에 천사가 부른 이름이었다. 22 그들은 모세의 율법을 따라 자기들
이 정결하게 되는 날이 차자 그를 주님께 바치려고 예루살렘으로 데려갔다. 23 주님
의 율법에 "모태를 여는 모든 사내아이는 주님께 거룩한 사람으로 불릴 것이다"라고
적혀 있는 것과 같이 (하고) 24 주님의 율법에 말씀하신 대로 제물, 곧 비둘기 한 쌍
이나 비둘기 새끼 두 마리를 바치려는 것이었다. 25 그런데, 보라, 예루살렘에 이
름이 시므온인 어떤 사람이 있었다. 이 사람은 의롭고 경건했으며, 이스라엘의 위로
를 기다리고 있었고 성령이 그 위에 계셨다. 26 그는 주님의 그리스도를 보기 전에
는 죽음을 보지 않을 것이라고 성령을 통하여 지시를 받았다. 27 그가 성령에 사로
잡혀 성전에 들어갔는데, 부모가 아이에 관한 율법의 관습을 따라 행하려고 아기 예
수를 데리고 들어오는 중이었다. 28 시므온이 그 아기를 두 팔로 받아 안고 하나님
을 찬송하며 말하였다. 29 "주님, 당신의 말씀대로 이제 당신의 종을 평안히 놓아주
시는군요. 30 제 두 눈이 당신의 구원을 보았기 때문입니다. 31 그것은 당신이 모든
민족의 면전에 마련해 두신 것이요 32 이방인들에게 계시하는 빛이요 당신의 백성
이스라엘의 영광입니다." 33 아기의 아버지와 어머니는 아기에 관하여 말하는 것들을
이상하게 생각하였다. 34 또 시므온이 그들을 축복하고 그의 어머니 마리아에게 말
하였다. "보아라, 이 아이는 이스라엘 가운데서 많은 사람이 넘어지거나 일어서게
하려고 세워졌다. 또 그는 비난 받는 표시가 될 것이다. 35 칼이 네 자신의 영혼을
꿰뚫고 지나가겠지만 많은 사람들의 마음 속 생각들이 드러나게 될 것이다." 36 또
아셀 지파에 속한 바누엘의 딸, 여선지자 안나가 있었다. 그녀는 매우 늙었는데 처
녀 시절에 (결혼하여) 칠 년을 남편과 함께 살다가 37 여든 네 살까지 과부로 살았
다. 그녀는 성전을 떠나지 않고 금식하고 기도하면서 밤낮 (하나님을) 섬겼는데 38 바
로 그 시각에 곁에 서서 하나님께 감사하고 이스라엘의 구속을 기다리는 모든 사람
에게 그 아기에 관하여 이야기하였다.

10. 이집트 피신과 귀향

마태복음 2:13-21

[13] 그들이 떠난 후에, 보라, 주님의 천사가 꿈에 요셉에게 나타나서 말하였다. "일어
나서 아기와 그의 어머니를 데리고 이집트로 피하고 내가 네게 말할 때까지 거기 있
어라. 헤롯이 아기를 죽이려고 그를 찾을 것이기 때문이다." [14] 그는 일어나서 밤에
아기와 그의 어머니를 데리고 이집트로 떠났고 [15] 주님께서 선지자를 통하여 "내가
나의 아들을 이집트 밖으로 불러내었다"라고 말씀하신 것이 이루어지게 하려고 헤롯
이 죽기까지 거기 있었다. [16] 그때 헤롯은 자신이 ※박사들에게 속은 줄을 알고 매우
성이 났고 (사람들을) 보내어서 베들레헴과 그 지역 일대에 있는 사내아이들을, 자
기가 ※박사들에게 캐물은 시간을 따라서 두 살부터 그 아래로 모두 죽였다. [17] 그때
선지자 예레미야를 통하여 (이렇게) 말씀하신 것이 이루어졌다. [18] "어떤 소리가 라
마에 들렸다. 우는 소리, 큰 통곡 소리이다. 라헬이 자기 아이들 때문에 울며 위로
를 받으려 하지 않았다. 그들이 있지 않기 때문이다." [19] 헤롯이 죽은 후에, 보라,
주님의 천사가 이집트에서 꿈에 요셉에게 나타나서 [20] 말하였다. "일어나서 아기와
그의 어머니를 데리고 이스라엘 땅으로 가라. 아기의 목숨을 노리던 사람들이 죽었
기 때문이다." [21] 그가 일어나서 아기와 그의 어머니를 데리고 이스라엘 땅으로 들어
왔다.

16 ※ 점성가들에게

막

눅

요

11. 나사렛에서의 어린 시절

마태복음 2:22-23

[22] 그러나 아켈라오가 그의 아버지 헤롯을
이어서 유대의 왕이 되었다는 것을 듣고 그
리로 가기를 두려워하였는데 꿈에 지시를
받고 갈릴리 지방으로 떠났으며, [23] 나사렛
이라 하는 성에 가서 살았다. 선지자들을
통하여 "그는 나사렛 사람으로 불릴 것이다"
라고 말씀하신 것이 이루어지게 하려는 것
이었다.

막

누가복음 2:39-40

[39] 그들은 주님의 율법에 정해진 일들을 모
두 마치고 자기들의 고향인 갈릴리 나사렛
으로 돌아갔다. [40] 아기는 자라나고 튼튼해
지고 지혜로워졌으며, 하나님의 은혜가 그
위에 있었다.

요

12. 성전의 소년 예수

마	막	누가복음 2:41-52	요

[41] 그의 부모는 해마다 유월절에 예루살렘에 갔는데 [42] 그가 열두 살이 되었을 때에
도 명절에 늘 하던 대로 (예루살렘으로) 올라갔다. [43] 명절이 다 끝나고 그들이 돌
아갈 때에 소년 예수는 예루살렘에 머물렀지만 그의 부모는 알지 못하였고 [44] 그가
동행 가운데 있는 줄로 생각하고 하룻길을 갔다가 친척들과 아는 사람들 가운데서
그를 찾았지만 [45] 발견하지 못하자 그를 찾으면서 예루살렘으로 되돌아갔다. [46] 사흘
후에 그들은 성전에서 그를 발견하였는데, 그는 선생들 틈에 앉아서 그들의 (말을)
듣기도 하고 그들에게 묻기도 하고 있었다. [47] 그의 (말을) 듣는 사람들은 모두 그의
이해력과 대답에 놀라고 있었다. [48] (부모는) 그를 보고 놀랐고 그의 어머니가 그에
게 말하였다. "얘야! 우리에게 왜 이렇게 하였느냐? 보아라, 네 아버지와 내가 고생
하며 너를 찾아 다녔단다." [49] 예수가 그들에게 말하셨다. "왜 저를 찾아 다녔습니
까? 제가 제 아버지의 집에 있어야 한다는 것을 알지 못하셨습니까?" [50] 그들은 예
수가 자기들에게 한 말을 깨닫지 못하였다. [51] 그는 부모와 함께 내려갔고 나사렛으
로 가서 부모에게 순종하면서 지냈다. 그의 어머니는 이 모든 말들을 자신의 마음에
담아 두었다. [52] 예수는 지혜와 키가 더 자랐고 하나님과 사람들에게 사랑을 받았다.

II. 복음사역의 준비

마 3:1-4:11
막 1:2-13
눅 3:1-4:13
요 1:19-34

13. 세례자 요한의 출현

마태복음 3:1-6	마가복음 1:2-6	누가복음 3:1-6	요한복음 1:19-23
			19 유대인들이 예루살렘에서 요한에게 제사장들과 레위인들을 보내서 "당신은 누구요?" 라고 그에게 물었을 때 이것이 요한의 증언이다.
		1 디베료 황제의 통치 제15년, 곧 본디오 빌라도가 유대의 총독이었고, 헤롯이 갈릴리의 사분왕이었고, 그의 동생 빌립이 이두래와 드라고닛의 사분왕이었고, 루사니아가 아빌레네의 사분왕이었으며, 2 안나와 가야바가 대제사장이었을 때에 황야에 (있던) 사가랴의 아들 요한에게 하나님의 말씀이 떨어졌다.	20 그는 공언하고 부정하지 않았는데 그는 "나는 그리스도가 아니오" 라고 공언하였다. 21 그래서 그들이 그에게 물었다. "그러면 누구요? 당신이 엘리야요?" 그는 "나는 아니오" 하고 말하였다. "당신은 선지자요?" 하고 묻자 그는 "아니오" 하고 대답하였다. 22 그러자 그들이 그에게 말하였다.
1 그 즈음에 세례자 요한이 유대 황야에 나타나서 (이렇게) 선포하였다.	4 (이처럼) 요한이 나타나서 황야에서 세례를 주며 죄 용서에 이르는 회개의 세례를 선포하였다.	3 그래서 요한은 요단강 주변 일대로 가서 죄 용서에 이르는 회개의 세례를 선포하였다.	"당신은 누구요? 우리는 우리를 보낸 사람들에게 대답을 주어야 하오. 당신은 당신 자신에 관하여 무엇이라 말하시오?"
2 "하늘나라가 가까이 왔으므로 회개하여라."			23 그가 말하였다.
3 이 사람은 선지자 이사야를 통하여 (이렇게) 말씀하신 사람이다.	2 선지자 이사야(의 책)에 (이렇게) 적혀 있다. "보라, 내 심부름꾼을 네 앞에 보낸다. 그가 네 길을 준비할 것이다.	4 선지자 이사야의 말씀 책에 적혀 있는 것과 같았다.	"나는 선지자 이사야가 말한 대로
(11:10 참고)		(7:27 참고)	
"황야에서 외치는 사람의 소리가	3 황야에서 외치는 사람의 소리가	"황야에서 외치는 사람의 소리가	황야에서

마태복음 3:1-6	마가복음 1:2-6	누가복음 3:1-6	요한복음 1:19-23
있다. '너희는 주님의 길을 마련하여라. 그의 좁은 길들을 곧게 만들어라.'"	있다. '너희는 주님의 길을 마련하여라. 그의 좁은 길들을 곧게 만들어라.'"	있다. '너희는 주님의 길을 마련하여라. 그의 좁은 길들을 곧게 만들어라. 5 모든 골짜기가 메워지고, 모든 산과 언덕이 낮추어지고, 굽은 길이 곧아지고, 험한 (길이) 고른 길이 되고, 6 모든 육체가 하나님의 구원을 볼 것이다.'"	'너희는 주님의 길을 곧게 하라' 고 외치는 사람의 소리요."
(이렇게) 선포하였다. 2 "하늘나라가 가까이 왔으므로 회개하여라."	4 (이처럼) 요한이 나타나서 황야에서 세례를 주며 죄 용서에 이르는 회개의 세례를 선포하였다.	3 그래서 요한은 요단강 주변 일대로 가서 죄 용서에 이르는 회개의 세례를 선포하였다.	
4 바로 그 요한이 그의 옷을 낙타의 털로 (만들어) 입고 그의 허리에 가죽 띠를 띠고 있었다. 그의 음식은 메뚜기와 들꿀이었다.	(6절)		
5 그때 예루살렘과 온 유대와 요단강 주변 전역에서 (사람들이) 그에게로 나와서 6 자신들의 죄를 고백하며 요단강에서 그에게 세례를 받았다.	5 그러자 온 유대 지역과 모든 예루살렘 사람들이 그에게로 나와서 자신들의 죄를 고백하며 요단강에서 그에게 세례를 받았다.		
(4절)	6 요한은 낙타 털(옷)을 입고 자기 허리에 가죽 띠를 띠고 메뚜기와 들꿀을 먹었다.		

14. 요한의 회개 설교

마태복음 3:7-10	막	누가복음 3:7-9	요
7 그러나 그는 많은 바리새인들과 사두개인 들이 그의 세례를 (받으러) 오는 것을 보고 그들에게 말하였다. "독뱀 새끼들아! 오고 있는 진노를 피하라고 누가 너희한테 알려 주었느냐? 8 그러므로 너희는 회개에 들어맞 는 열매를 맺고 9 너희 속으로 '아브라함이 우리 아버지이시다' 라고 말할 생각도 하지 마라. 내가 너희에게 말하는데, 하나님은 이 돌들로 아브라함의 자녀들을 만드실 수 있기 때문이다. 10 도끼가 이미 나무 뿌리를 향해 놓여 있으므로 좋은 열매를 맺지 않는 나무마다 찍혀서 불 속에 던져진다."		7 그래서 그는 자기에게 세례를 받으려고 나오는 무리들에게 말하였다. "독뱀 새끼들아! 오고 있는 진노를 피하라고 누가 너희한테 알려 주었느냐? 8 그러므로 너희는 회개에 들어맞 는 열매들을 맺고 너희 속으로 '아브라함이 우리 아버지이시다' 라고 말할 시작도 하지 마라. 내가 너희에게 말하는데, 하나님은 이 돌들로 아브라함의 자녀들을 만드실 수 있기 때문이다. 9 도끼도 이미 나무 뿌리를 향해 놓여 있으므로 좋은 열매를 맺지 않는 나무마다 찍혀서 불 속에 던져진다."	

15. 요한의 대답

마	막	누가복음 3:10-14	요
		10 그러자 무리들이 그에게 물었다. "그러면 우리가 무엇을 할까요?" 11 (요한이) 그 들에게 대답하였다. "속옷이 두 벌 있는 사람은 없는 사람에게 나누어 주어라. 먹을 것이 있는 사람도 똑같이 하여라." 12 세리들도 세례를 받으러 와서 그에게 말하였 다. "선생님, 우리는 무엇을 할까요?" 13 요한이 그들에게 말하였다. "너희가 지시받 은 것보다 아무 것도 더 많이 거두지 마라." 14 군인들도 그에게 물었다. "우리는요? 우리는 무엇을 할까요?" (요한이) 그들에게 말하였다. "아무에게서도 강제로 빼앗지 말고 거짓으로 고소하지도 말며 너희 급여로 만족하여라."	

16. 요한의 메시야 예고

마태복음 3:11-12	마가복음 1:7-8	누가복음 3:15-18	요한복음 1:24-28
		15 백성이 기다리던 중이어서 모든 사람이 그들의 마음 속으로 요한에 대하여 행여 그가 그리스도가 아닐까 하는 의문을 품고 있었다.	24 그들은 바리새인들이 보낸 사람들이었다. 25 또 그들이 그에게 물었다. "그러면 왜 세례를 주시오? 당신이 그리스도도 엘리야도 선지자도 아니라면 말이오?"
11 "나는 (너희가) 회개하도록 너희에게 물로 세례를 준다.	7 그가 선포하였다.	16 요한이 모두에게 대답하였다. "나는 너희에게 물로 세례를 준다.	26 요한이 그들에게 대답하였다. "나는 물로 세례를 준다.
그러나 내 뒤에 오시는 분은 나보다 더 강하셔서 나는 그분의 신발을 받들 자격도 없다.	(8절) "나보다 더 강한 분이 내 뒤에 오시는데 나는 몸을 굽혀서 그분의 신발끈을 풀 자격도 없다.	그러나 나보다 더 강한 분이 오시는데 나는 그분의 신발끈을 풀 자격도 없다.	너희 가운데 너희가 알지 못하는 분이 서 계신다. 27 내 뒤에 오시는 분인데 나는 그분의 신발끈을 풀 만한 가치도 없다."
그분은 너희에게 성령과 불로 세례를 주실 것이다.	8 나는 너희에게 물로 세례를 주었지만, 그분은 너희에게 성령으로 세례를 주실 것이다."	그분은 너희에게 성령과 불로 세례를 주실 것이다.	
12 그분의 키가 그분의 손에 있다. 그분은 자기 타작 마당을 깨끗하게 하시는데 자신의 알곡은 곳간에 모으시지만 쭉정이는 꺼지지 않는 불로 태우실 것이다."		17 그분의 키가 그분의 손에 있다. 그분은 자기 타작 마당을 깨끗하게 하시는데 알곡은 자기 곳간에 모으시지만 쭉정이는 꺼지지 않는 불로 태우실 것이다."	
		18 그는 또 많은 다른 말로 백성을 권하며 복음을 전하였다.	28 이 일들은 요한이 세례를 주던 곳인 요단강 건너편의 베다니에서 일어났다.

17. 요한의 투옥

마태복음 14:3-4	마가복음 6:17-18	누가복음 3:19-20	요
3 헤롯이 자기 「동생 빌립의」 아내 헤로디아 때문에 요한을 붙잡고 [그를] 묶어서 감옥에 가두었다. 4 "당신이 그 여자와 사는 것은 정당하지 않다"라고 요한이 그에게 말한 까닭이었다.	17 이 사람 헤롯이 자기 동생 빌립의 아내 헤로디아 때문에 (사람들을) 보내어서 요한을 붙잡고 그를 감옥에 묶어 두었다. (헤롯이) 그 여자와 결혼하였는데 18 "당신이 당신 동생의 아내와 사는 것은 정당하지 않다"라고 요한이 헤롯에게 말한 까닭이었다.	19 그러나 사분왕 헤롯이 자기 동생의 아내 헤로디아에 관하여, 또 자기가 행한 모든 악한 일들에 관하여 그에게 책망을 받고 20 모든 (악)에다 이 (하나를) 더하여 요한을 감옥에 가두었다.	

3 「동생의

18. 예수의 세례

마태복음 3:13-17	마가복음 1:9-11	누가복음 3:21-22	요한복음 1:29-34
13 그때 예수께서 요한에게 세례를 받으시려고 갈릴리로부터 요단강으로 그에게 오셨다. 14 그러나 요한은 그를 말리며 말하였다. "제가 당신께 세례를 받아야 하는데 당신이 저에게 오십니까? 15 예수께서 그에게	9 그 즈음에 예수께서 갈릴리 나사렛으로부터 오셔서 요단강에서 요한에게	21 모든 백성이 세례를 받을 때,	29 이튿날 그는 예수께서 자기에게 오시는 것을 보고 말하였다. "보라, 세상의 죄를 치우는 하나님의 어린양이시다. 30 이분이 내가 '내 뒤에 어떤 남자 분이 오시는데 그가 내 앞이 되셨다. 그분이 나보다 먼저 계셨기 때문이다' 라고

마태복음 3:13-17	마가복음 1:9-11	누가복음 3:21-22	요한복음 1:29-34
대답하셨다. "지금 허락 하여라. 이렇게 모든 의 를 이루는 것이 우리에 게 적절하기 때문이다." 그제야 그가 예수께 허 락하였다.			말한 분이시다. 31 나도 그를 알지 못했다. 그러 나 그가 이스라엘에 알 려지게 하려는 이 일 때문에 내가 와서 물로 세례를 준다." 32 요한이
16 예수께서 세례를 받 으시고 곧바로 물에서 올라오시자, 보라, ○그에게 하늘이 열렸고, 그는 하나님의 영이 비 둘기처럼 내 려와서 자기 위에 오는 것을 보셨다. 17 그리고, 보라, 하늘에서 소리가 (났다). "이 사람은 내 사랑하는 아들이다. 내 가 그를 기뻐하였다."	세례를 받 으시고 10 곧바로 물 밖 으로 올라오시면서 하늘이 갈라지고 영이 비 둘기같이 자기에게 내려오는 것을 보셨다. 11 그리고 하늘에서 소리가 났다. "너는 내 사랑하는 아들이다. 내 가 너를 기뻐하였다."	예수께서도 세례를 받 으시고 기도하시는데, 하늘이 열리고, 22 성령이 비 둘기같은 몸의 형태로 그의 위에 내려오고, 하늘에서 소리가 났다. "너는 내 사랑하는 아들이다. 내 가 너를 기뻐하였다."	또 증언하였다. "나는 영이 하늘에서 비둘기 같이 내려와서 그 위에 머무는 것을 보았다. 33 나도 그를 알지 못했 다. 그러나 물로 세례를 주도록 나를 보내신 분, 그분이 나에게 말씀하 셨습니다. '누구든지 영 이 내려와서 그 위에 머무는 것을 네가 보면, 이 사람이 성령으로 세 례를 주는 사람이다.' 34 그래서 내가 보고 이 분이 하나님의 아들이 심을 증언하였다."

19. 예수의 족보(누가복음 중심)

마태복음 1:1-17	막	누가복음 3:23-38	요
1 아브라함의 아들이요 다윗의 아들인 예수 그리스도의 계보이다. (역순배열) 2 아브라함은 이삭을 낳았고, (16 요셉)		23 예수께서 (활동을) 시작하실 때에 서른 살쯤이셨는데, 알려진 대로 하면, 그는 요셉의 아들이요,	

마태복음 1:1-17

이삭은 야곱을 낳았고, (야곱)
야곱은 유다와 그의 형제들을 낳았고, (15 맛단)
3 유다는 다말에게서 베레스와 세라를 낳았고, (엘리웃)
베레스는 헤스론을 낳았고, (엘르아살)
헤스론은 람을 낳았고, (14 아킴)
4 람은 아미나답을 낳았고, (사독)
아미나답은 나손을 낳았고, (아소르)
나손은 살몬을 낳았고, (13 엘리아김)
5 살몬은 라합에게서 보아스를 낳았고, (아비훗)
보아스는 룻에게서 오벳을 낳았고,
오벳은 이새를 낳았고,
6 이새는 다윗 왕을 낳았고,
다윗은 우리야의 아내에게서 솔로몬을 낳았고,
7 솔로몬은 르호보암을 낳았고,
르호보암은 아비야를 낳았고,
아비야는 「아삽을 낳았고,
8 「아삽은 여호사밧을 낳았고,
여호사밧은 요람을 낳았고,
요람은 웃시야를 낳았고, (스룹바벨)
9 웃시야는 요담을 낳았고, (12 스알디엘)
요담은 아하스를 낳았고, (여고냐)
아하스는 히스기야를 낳았고,
10 히스기야는 므낫세를 낳았고,
므낫세는 「아모스를 낳았고,
「아모스는 요시야를 낳았고,
11 요시야는 바벨론 이주 때에
여고냐와 그의 형제들을 낳았고,
12 바벨론 이주 후에 (11 요시야)
여고냐는 스알디엘을 낳았고, (10 「아모스)
스알디엘은 스룹바벨을 낳았고, (므낫세)

7 「아사를
8 「아사는
10 「아몬을, 아몬은

막

누가복음 3:23-38

헬리의 아들이요,
24 맛닷의 아들이요,
레위의 아들이요,
멜기의 아들이요,
얀나의 아들이요,
요셉의 아들이요,
25 맛다디아의 아들이요,
아모스의 아들이요,
나훔의 아들이요,
에슬리의 아들이요,
낙개의 아들이요,
26 마앗의 아들이요,
맛다디아의 아들이요,
서머인의 아들이요,
요섹의 아들이요,
요다의 아들이요,
27 요아난의 아들이요,
레사의 아들이요,
스룹바벨의 아들이요,
스알디엘의 아들이요,
네리의 아들이요,
28 멜기의 아들이요,
앗디의 아들이요,
고삼의 아들이요,
엘마담의 아들이요,
에르의 아들이요,
29 예수의 아들이요,
엘리에서의 아들이요,
요림의 아들이요,
맛닷의 아들이요,

요

마태복음 1:1–17		막	**누가복음 3:23–38**	요
13 스룹바벨은 아비훗을 낳았고,	(히스기야)		레위의 아들이요,	
아비훗은 엘리아김을 낳았고,	(9 아하스)		30 시므온의 아들이요,	
엘리아김은 아소르를 낳았고,	(요담)		유다의 아들이요,	
14 아소르는 사독을 낳았고,	(웃시야)		요셉의 아들이요,	
사독은 아킴을 낳았고,	(8 요람)		요남의 아들이요,	
아킴은 엘리웃을 낳았고,	(여호사밧)		엘리아김의 아들이요,	
15 엘리웃은 엘르아살을 낳았고,	(「 아삽)		31 멜레아의 아들이요,	
엘르아살은 맛단을 낳았고,	(7 아비야)		멘나의 아들이요,	
맛단은 야곱을 낳았고,	(르호보암)		맛다다의 아들이요,	
16 야곱은 마리아의 남편 요셉을 낳았고,	(솔로몬)		나단의 아들이요,	
마리아에게서 그리스도라고 불리는	(6 다윗)		다윗의 아들이요,	
예수가 나셨다.				
	(이새)		32 이새의 아들이요,	
	(5 오벳)		오벳의 아들이요,	
	(보아스)		보아스의 아들이요,	
	(살몬)		살몬의 아들이요,	
	(4 나손)		나손의 아들이요,	
	(아미나답)		33 아미나답의 아들이요,	
			아드민의 아들이요,	
	(람)		아니의 아들이요,	
	(3 헤스론)		헤스론의 아들이요,	
	(베레스)		베레스의 아들이요,	
	(유다)		유다의 아들이요,	
	(2 야곱)		34 야곱의 아들이요,	
	(이삭)		이삭의 아들이요,	
	(아브라함)		아브라함의 아들이요,	
			데라의 아들이요,	
			나홀의 아들이요,	
			35 스룩의 아들이요,	
			르우의 아들이요,	
			벨렉의 아들이요,	
			헤버의 아들이요,	
			살라의 아들이요,	
			36 가이난의 아들이요,	

마태복음 1:1-17	막	**누가복음 3:23-38**	요
17 그러므로 모든 세대가 아브라함부터 다윗까지 열네 대요, 다윗부터 바벨론 이주까지 열네 대요, 바벨론 이주부터 그리스도까지 열네 대이다.		아박삿의 아들이요, 셈의 아들이요, 노아의 아들이요, 라멕의 아들이요, 37 므두셀라의 아들이요, 에녹의 아들이요, 야렛의 아들이요, 마할랄렐의 아들이요, 가이난의 아들이요, 38 에노스의 아들이요, 셋의 아들이요, 아담의 아들이요, 하나님의 아들이시다.	

20. 예수의 시험

마태복음 4:1-11	마가복음 1:12-13	누가복음 4:1-13	요
1 그때 예수께서 마귀에게 시험을 받으시려고 성령에 의해 황야로 이끌려 가셨고 2 밤낮 사십 일 동안 굶으시고 나서 마침내 주리셨다. 3 시험하는 자가 다가와서 그에게 말하였다.	12 성령이 그를 곧바로 황야로 몰아내셨다. 13 그는 사십 일 동안 황야에 계시며 사탄에게 시험을 받으셨는데 그는 짐승들과 함께 계셨고,	1 예수께서 성령이 충만하여 요단강에서 돌아오셔서 성령에게 사로잡혀 황야로 이끌려 가셨으며 2 사십 일 동안 마귀에게 시험을 받으셨는데 그때에 아무 것도 잡수시지 않아서 그 기간이 다 지났을 때에 주리셨다. 3 마귀가 그에게 말하였다.	

마태복음 4:1-11

"네가 만일 하나님의 아들이라
면 이 돌들이 빵이 되라고 말
해 보아라." 4 예수께서
대답하셨다. "'사람이 빵으로
만 살지는 못하고 하나님의 입
에서 나오는 모든 말씀으로 살
것이다' 라고 적혀 있다." 5 그
때 마귀는 그를 거룩한 성 안으
로 데려가서 그를 성전 꼭대기
에 세우고 6 그에게 말하였다.
"네가 만일 하나님의 아들이라
면 T 아래로 뛰어내려 보
아라. '그가 자기 천사들에
게 너에 관하여
명령하시고, 그
들이 손으로 너를 받들어서 네
발이 결코 바위에 부딪치지 않
을 것이다' 라고 적혀 있기 때
문이다." 7 예수께서 그에게
말씀하셨다. "또 '주 너의 하나
님을 시험하지 마라'라고 적혀
있다." 8 마귀가 다시 그
를 아주 높은 산으로 데려가서
그에게 세상의 모든 나라들과
그 영광을 보여주면서
9 그에게 말하였다.

"만일 내게
엎드려 절하면 이 모두를

6 T 여기서

마가복음 1:12-13

누가복음 4:1-13

"네가 만일 하나님의 아들이라
면 이 돌에게 빵이 되라고 말
해 보아라." 4 예수께서 그에게
대답하셨다. "'사람이 빵으로
만 살지는 못한다' 라고

적혀 있다."
9 (마귀는) 그를 예루살렘 안으
로 이끌고 가서 성전 꼭대기
에 세우고 그에게 말하였다.
"네가 만일 하나님의 아들이라
면 여기서 아래로 뛰어내려 보
아라. 10 '그가 자기 천사들에
게 너에 관하여, 너를 지키도
록 명령하실 것이다.' 11 또 '그
들이 손으로 너를 받들어서 네
발이 결코 바위에 부딪치지 않
을 것이다' 라고 적혀 있기 때
문이다." 12 예수께서 그에게
대답하셨다. "'주 너의 하나
님을 시험하지 마라' 라고 말씀
하셨다." 5 그러자 (마귀는) 그
를 이끌고 올라가서
삽시간에 세계의 모든 나라들
을 그에게 보여주었다. 6 마귀
가 그에게 말하였다. "내가 이
모든 권세와 그 영광을 네게
주겠다. (이것은) 내게 넘겨져
있는 것이어서 내가 원하는 사
람에게 그것을 주기 때문이다.
7 그러므로 네가 만일 내 앞에
절하면 모두가

요

마태복음 4:1-11

네게 주겠다." [10] 그때 예수께
서 그에게 말씀하셨다. "[T] 물
러가라. 사탄아, '주 너의 하나
님께 경배하고 그분만 섬겨라'
라고 적혀 있기 때문이다."
[5] 그때 마귀는 그를 거룩한 성
안으로 데려가서 그를 성전 꼭
대기에 세우고 [6] 그에게 말하
였다. "네가 만일 하나님의
아들이라면 [T] 아래로 뛰
어내려 보아라. '그가 자기
천사들에게 너에 관하여
명령하시고,
그들이 손으로 너를 받
들어서 네 발이 결코 바위에
부딪치지 않을 것이다' 라고 적
혀 있기 때문이다." [7] 예수께
서 그에게 말씀하셨다. "또 '주
너의 하나님을 시험하지 마라'
라고 적혀 있다."
[11] 그러자 마귀는
그를 놓아주었고, 보라,
천사들이 다가와서 그를 시중
들었다.

10 [T] 내 뒤로
6 [T] 여기서

마가복음 1:12-13

천사들이 그를 시중
들었다.

누가복음 4:1-13

네 것이 될 것이다." [8] 예수께
서 그에게 대답하셨다.
"'주 너의 하나
님께 경배하고 그분만 섬겨라'
라고 적혀 있다."
[9] (마귀는) 그를 예루살렘
안으로 이끌고 가서 성전 꼭
대기에 세우고 그에게 말하
였다. "네가 만일 하나님의
아들이라면 여기서 아래로 뛰
어내려 보아라. [10] '그가 자기
천사들에게 너에 관하여, 너를
지키도록 명령하실 것이다.'
[11] 또 '그들이 손으로 너를 받
들어서 네 발이 결코 바위에
부딪치지 않을 것이다'라고 적
혀 있기 때문이다." [12] 예수께
서 그에게 대답하셨다. "'주
너의 하나님을 시험하지 마라'
라고 말씀하셨다." [13] 모든 시
험이 끝나자 마귀는 때가 (오
기)까지 그에게서 떠났다.

요

III. 사역 시작

요 1:35-3:36

21. 첫 제자를 부르심

마	막	눅	요한복음 1:35-51

35 이튿날 다시 요한이 자기 제자들 중 두 사람과 (함께) 서 있었는데 36 예수께서 걸
어가시는 것을 쳐다보고 말하였다. "보라. 하나님의 어린 양이다." 37 그 두 제자가
(요한이) 말하는 것을 듣고 예수를 따랐다. 38 예수께서 돌아서서 그들이 따르는 것
을 보시고 그들에게 말씀하셨다. "무엇을 찾느냐?" 그러자 그들이 그에게 말하였다.
"랍비여, 어디에 머무십니까?" 이것은 '선생님이여' 라고 번역되는 말이다. 39 그가
그들에게 말씀하셨다. "와서 보아라." 그래서 그들은 가서 그가 어디에 머무시는지
보고 그날 그와 함께 머물렀다. 열시쯤이었다. 40 요한에게 듣고 그를 따른 둘 중 하
나는 시몬 베드로의 형제 안드레였다. 41 이 사람이 먼저 자기 형제 시몬을 발견하고
그에게 말하였다. "우리가 메시야를 발견하였소." 이것은 '그리스도' 라고 번역되는
말이다. 42 그가 그를 예수께 데려 왔는데 예수께서 그를 쳐다보시고 말씀하셨다. "너
는 요한의 아들 시몬이구나. 너는 게바라고 불릴 것이다." 이것은 '베드로' 로 번역
된다. 43 이튿날 (예수께서) 갈릴리로 나가려 하시다가 빌립을 발견하셨다. 예수께서
그에게 말씀하셨다. "나를 따라라." 44 빌립은 안드레와 베드로의 성 벳새다 출신이
었다. 45 빌립이 나다나엘을 발견하고 그에게 말하였다. "모세가 율법에 썼고 선지자
들이 (쓴) 분을 우리가 발견하였소. 나사렛 출신인 요셉의 아들 예수요." 46 나다나엘
이 그에게 말하였다. "나사렛에서 무슨 선한 것이 날 수 있겠소." 빌립이 그에게 말
하였다. "와서 보시오." 47 예수께서 나다나엘이 자기에게 오는 것을 보시고 그에게
말씀하셨다. "보아라, 진짜 이스라엘 사람이다. 그 안에 거짓이 없다." 48 나다나엘이
그에게 말하였다. "어떻게 저를 아십니까?" 예수께서 그에게 대답하셨다. "빌립이 너
를 부르기 전, 네가 무화과나무 아래에 있을 때 너를 보았다." 49 나다나엘이 그에게
대답하였다. "랍비여, 당신은 하나님의 아들이십니다. 당신은 이스라엘의 왕이십니
다." 50 예수께서 그에게 대답하셨다. "무화과나무 아래 (있는) 너를 보았다고 네게
말하는 것 때문에 네가 믿느냐? 너는 이것들보다 더 큰 일들을 볼 것이다." 51 또 그
에게 말씀하셨다. "진실로 진실로 내가 너희에게 말하는데 너희는 하늘이 열리고 하
나님의 천사들이 올라가고 인자 위로 내려오는 것을 볼 것이다."

22. 가나의 혼인잔치

마	막	눅	요한복음 2:1-11
			1 셋째 날에 갈릴리 가나에 결혼식이 있었는데 예수의 어머니가 거기 계셨고 2 예수 와 그의 제자들도 그 결혼식에 초대되었다. 3 그런데 포도주가 모자라자 예수의 어 머니가 그에게 말하였다. "그들이 포도주가 없구나." 4 그러자 예수께서 어머니에게 말씀하셨다. "여자여, 나와 당신이 무슨 상관이 있습니까? 아직 내 때가 오지 않았 습니다." 5 그의 어머니가 하인들에게 말하였다. "그가 너희에게 말하는 것은 무엇이 든지 하여라." 6 그곳에 유대인의 정결의식을 따라서 각각 (물) 두세 통이 들어가는, 돌로 만든 물독 여섯이 놓여 있었다. 7 예수께서 그들에게 말씀하셨다. "물독을 물로 채워라." 그들은 물독들을 아가리까지 채웠다. 8 그러자 그들에게 말씀하셨다. "이제 퍼서 잔치잡이에게 가져가라." 그래서 그들이 가져갔다. 9 잔치잡이는 포도주가 된 물을 맛보았지만 그것이 어디에서 났는지 알지 못하였다. 그러나 물을 펐던 하인들 은 알았다. 잔치잡이가 신랑을 불러서 10 그에게 말하였다. "모든 사람이 먼저 좋은 포도주를 내놓고 사람들이 취했을 때 덜한 것을 (내놓는데) 당신은 여태껏 좋은 포 도주를 간직하고 있었군요!" 11 예수께서 표적들 중 이 첫 번째를 갈릴리 가나에서 행하셨고 자기 영광을 나타내셨다. 그래서 그의 제자들이 그를 믿었다.

23. 가버나움으로 돌아오심

마	막	눅	요한복음 2:12
			12 이 일 후에 그는 가버나움에 내려가셨는데 그의 어머니와 그의 형제들과 그의 제 자들도 (갔다.) 그들은 그곳에 여러 날을 머물지는 않았다.

24. 일차 예루살렘 방문

마	막	눅	요한복음 2:13
			13 유대인의 유월절이 가까웠고 예수께서는 예루살렘으로 올라가셨다.

25. 성전 청결

마태복음 21:12-13	마가복음 11:15-17	누가복음 19:45-46	**요한복음 2:14-22**
12 예수께서 [T] 성전에 들어 가셔서 성전 안에서 팔고 사는 모든 사람들을	15 (예수께서) 예루살렘에 가시고 성전에 들어 가셔서 성전 안에서 팔고 사는 사람들을	45 그는 성전에 들어 가셔서 장사하는 사람들을	14 그는 성전에서 소와 양과 비둘기를 파는 사람들과 돈 바꾸어 주는 사람들이 앉아 있는 것을 발견하셨고 15 밧줄로 채찍을 만들어서 양들과 소들을
내쫓으셨고 돈 바꾸어 주는 사람들의 상과 비둘기 파는 사람들의 걸상을 둘러엎으셨으며	내쫓기 시작하셨고 돈 바꾸어 주는 사람들의 상과 비둘기 파는 사람들의 걸상을 둘러엎으셨으며	내쫓기 시작하셨고	모두 성전에서 내쫓으셨고 돈 바꾸어 주는 사람들의 돈을 쏟으셨으며 상을 둘러엎으셨다.
	16 누가 성전 안에서 기구를 가지고 다니는 것을 허용하지 아니하시며		
13 그들에게 말씀하셨다. "'내 집은 기도의 집이라고 불릴 것이다' 라고 적혀 있다. 그런데 너희는 그것을 '강도들의 소굴'로 만든다."	17 그들을 가르치셨다. "'내 집은 모든 민족들을 위한 기도의 집이라고 불릴 것이다' 라고 적혀 있지 않느냐? 그런데 너희는 그것을 '강도들의 소굴'로 만들어 놓았다."	46 그들에게 말씀하셨다. "'내 집은 기도의 집이 될 것이다' 라고 적혀 있다. 그런데 너희는 그것을 '강도들의 소굴'로 만들었다."	16 그리고 비둘기 파는 사람들에게 말씀하셨다. "이것들을 여기서 치워라. 내 아버지의 집을 장사하는 집으로 만들지 마라." 17 그의 제자들이 "당신의 집을 (향한) 열정이 나를 삼킬 것이다"라고 기록되어 있는 것을 기억하였다. 18 유대인들이 그에게 대답하였다. "당신이 이런 일을 하는데 우리에게 무슨 표적을 보여 주겠소?" 19 예수께서 그들

12 [T] 하나님의

마태복음 21:12–13	마가복음 11:15–17	누가복음 19:45–46	**요한복음 2:14–22**
			에게 대답하셨다. "너희 가 이 성전을 헐어라. 내가 그것을 사흘 안에 세울 것이다." [20] 그러자 유대인들이 말하였다. "이 성전은 사십육 년 동안 지어졌는데 당신 이 그것을 사흘 안에 세운다구요?" [21] 그러나 그는 자기 몸의 성전에 관하여 말씀하신 것이 었다. [22] 그의 제자들은 그가 이것을 말씀하셨다 는 것을 그가 죽은 사람 들 가운데서 살아나셨을 때 기억했고 성경과 예 수께서 하신 말씀을 믿 었다.

26. 예루살렘 사역

마	막	눅	요한복음 2:23–25
			[23] 그가 유월절 명절에 예루살렘에 계셨을 때 많은 사람이 그가 행하신 그의 표적들 을 보고 그의 이름을 믿었다. [24] 그러나 예수 자신은, 그가 모든 사람을 아시는 까닭 에, 자신을 그들에게 맡기지 않으셨다. [25] 누가 사람에 관하여 증언하는 것이 그에게 필요하지 않았기 때문이다. 또 그는 사람 속에 무엇이 있었는지 아셨기 때문이다.

27. 니고데모와의 대화

마	막	눅	요한복음 3:1-21
			1 바리새인들 가운데 어떤 사람이 있었다. 그의 이름은 니고데모로 유대인의 관원이었다. 2 이 사람이 밤에 그에게 와서 말하였다. "랍비여, 저희는 당신이 하나님에게서 오신 선생이신 것을 알고 있습니다. 하나님께서 그와 함께 하지 않으신다면 당신이 하는 이 표적들을 아무도 할 수 없기 때문입니다." 3 예수께서 그에게 대답하셨다. "진실로 진실로 내가 네게 말하는데 누가 ※다시 태어나지 않으면 그는 하나님의 나라를 볼 수 없다." 4 니고데모가 그에게 말하였다. "사람이 늙었는데 어떻게 태어날 수 있습니까? 자기 어머니의 뱃속에 두 번째 들어가서 태어날 수 있습니까?" 5 예수께서 대답하셨다. "진실로 진실로 내가 네게 말하는데 누가 물과 영으로 태어나지 않으면 그는 하나님의 나라에 들어갈 수 없다. 6 육에서 태어난 것은 육이요 영에서 태어난 것은 영이다. 7 내가 네게 "너희는 ※다시 태어나야 한다"고 말한 것을 이상해하지 마라. 8 바람은 원하는 곳으로 불고 너는 그 소리를 듣지만 그것이 어디서 와서 어디로 가는지 알지 못한다. 영에서 태어난 사람도 모두 이러하다." 9 니고데모가 그에게 대답하였다. "어떻게 이런 일들이 일어날 수 있습니까?" 10 예수께서 그에게 대답하셨다. "너는 이스라엘의 선생인데 이런 것들을 알지 못하느냐? 11 진실로 진실로 내가 네게 말하는데 우리는 우리가 아는 것을 말하고 우리가 본 것을 증언하지만 너희는 우리 증언을 받아들이지 않는다. 12 내가 너희에게 땅의 일들을 말해도 너희가 믿지 못하는데 하늘의 일들을 너희에게 말하면 어떻게 믿겠느냐? 13 하늘에서 내려 온 사람 곧 인자 말고는 아무도 하늘에 올라가지 못하였다. 14 모세가 황야에서 뱀을 들어 올린 것처럼 이렇게 인자도 들어 올려져야 한다. 15 그를 믿는 사람마다 영원한 생명을 가지게 하려는 것이다. 16 하나님은 독생자를 주시기까지, 이렇게 세상을 사랑하셔서 그를 믿는 사람마다 멸망하지 않고 영원한 생명을 가지게 하셨기 때문이다. 17 하나님은 세상을 심판하시려고 아들을 세상에 보내시지 않고 그로 말미암아 세상이 구원되도록 (보내셨기) 때문이다. 18 그를 믿는 사람은 심판을 받지 않지만 믿지 않는 사람은 벌써 심판을 받았다. 하나님의 독생자의 이름을 믿지 않았기 때문이다. 19 이것이 그 심판이다. 곧 빛이 세상에 왔지만 사람들이 자기 행실이 악했기 때문에 빛보다는 어두움을 더 사랑한 것이다. 20 악한 일들을 저지르는 사람마다 빛을 미워하고 빛에게 오지 않는다. 자기 행위가 드러나지 않게 하려는 것이다. 21 그러나 진리를 행하는 사람은 빛에게 온다. 자기 행위가 하나님 안에서 행한 것임을 드러나게 하려는 것이다."
			3, 7 ※위로부터

28. 유대로 귀향

마	막	눅	요한복음 3:22
			22 이 일들 후에 예수께서 유대 땅으로 들어가셨는데 그의 제자들이 (함께 했고) 그 는 그곳에서 그들과 함께 지내시며 세례를 주셨다.

29. 세례자 요한의 증거

마	막	눅	요한복음 3:23-36
			23 요한도 살렘에 가까운 애논에서 세례를 주고 있었다. 그곳에 물이 많이 있었기 때 문이다. 사람들이 와서 세례를 받았다. 24 요한이 아직 감옥에 갇히지 않았기 때문이 다. 25 요한의 제자들 중에서 어떤 유대인과 함께 정결의식에 관하여 논쟁이 벌어졌 는데 26 그들이 요한에게 와서 말하였다. "랍비여, 보십시오. 당신과 함께 요단강 건 너편에 계셨던 분, 곧 당신이 증언하셨던 분, 이분이 세례를 주는데 모두가 그에게 갑니다." 27 요한이 대답하였다. "사람은, 하늘로부터 자기에게 주어지는 것이 아니라 면 하나도 받을 수 없다. 28 너희들 자신이 나에 대하여 내가 '나는 그리스도가 아니 요 그 사람 앞에 보내진 사람이다'라고 말했다는 것을 증언할 것이다. 29 신부를 맞는 사람은 신랑이다. 그러나 서서 그의 소리를 듣는 신랑의 친구가 신랑의 목소리에 무 척 기뻐한다. 이런 나의 기쁨이 채워졌다. 30 그는 자라나야 하지만 나는 줄어들어야 한다. 31 위에서 오시는 분은 모든 것 위에 계신다. 땅에서 난 사람은 땅에 있고 땅 에서 말한다. 하늘에서 오시는 분은 모든 것 위에 계시고 32 보고 들은 것, 이것을 증언하는데 아무도 그의 증언을 받아들이지 않는다. 33 그의 증언을 받아들이는 사람 은 하나님이 참되시다는 것을 날인하였다. 34 하나님이 보내신 분은 하나님의 말씀을 하시기 때문이다. 또 (하나님이) 성령을 한량없이 주시기 때문이다. 35 아버지께서 아 들을 사랑하셔서 그의 손에 모든 것을 주셨다. 36 아들을 믿는 사람은 영원한 생명을 가지지만 아들에게 순종하지 않는 사람은 생명을 보지 못할 것이요 오히려 하나님의 진노가 그 위에 머문다."

IV. 갈릴리 초기 사역

마 4:12-23

막 1:14-3:19

눅 4:14-6:16

요 4:1-46a

30. 갈릴리로 가심

마태복음 4:12	마가복음 1:14a	누가복음 4:14a	요한복음 4:1-3
[12] (예수께서) 요한이 잡혔다는 말을 들으시고 갈릴리로 돌아가셨고	[14a] 요한이 잡힌 후에 예수께서 갈릴리로 오셔서	[14a] 예수께서 성령의 힘으로 갈릴리에 돌아오셨는데,	[1] 예수께서 요한보다 더 많은 제자를 삼고 세례를 준다는 것을 바리새인들이 들었다는 것을 예수께서 아셨다. [2] 사실 예수 자신이 아니라 그의 제자들이 세례를 준 것이다. [3](예수께서) 유대를 떠나서 다시 갈릴리로 떠나 가셨는데

31. 수가성에서

마	막	눅	요한복음 4:4-42
			[4] 그가 사마리아를 통과하셔야 했다. [5]그래서 그는 야곱이 그의 아들 요셉에게 준 들에 가까운 사마리아의 한 성, 수가라 불리는 곳에 들어가셨는데 [6]그곳에 야곱의 우물이 있었다. 예수께서 여행으로 지치셔서 이렇게 우물 곁에 앉아 계셨다. 약 여섯 시 경이었다. [7]어떤 여자가 사마리아에서 물을 길러 나왔는데 예수께서 그 여자에게 말씀하셨다. "나에게 마실 것을 달라." [8]그의 제자들이 음식을 사려고 성 안으로 떠나갔기 때문이다. [9]그러자 그 사마리아 여자가 그에게 말하였다. "유대인인 당신이 어떻게 사마리아 여자인 나에게 마실 것을 달라고 하십니까?" 왜냐하면 유대인들은 사마리아인들과는 상종하지 않기 때문이다. [10]예수께서 그 여자에게 대답하셨다. "네가 하나님의 선물과 '나에게 마실 것을 달라'고 네게 말하는 사람이 누구인지를 알았다면 네가 그에게 청하였을 것이고 그가 너에게 살아 있는 물을 주었을 것이다. [11]그 여자가 그에게 말하였다. "주님, 당신은 두레박도 없고 우물은 깊은데 어디서 살아 있는 물을 얻겠습니까? [12] 당신이 우리 ※조상 야곱보다 더 크신 분입니까? 그는 우리에게
			12 ※아버지

마	막	눅	요한복음 4:4-42

우물을 주었고 그와 그의 아들들과 그의 가축이 여기에서 마셨습니다." [13] 예수께서
그 여자에게 대답하셨다. "이 물을 마시는 사람마다 다시 목마를 것이다. [14] 그러나
내가 그에게 줄 물을 마시는 사람은 누구든지 결코 영원히 목마르지 않을 것이다. 내
가 그에게 줄 물은 영원한 생명에 이르도록 그 안에서 솟아나는 물샘이 될 것이다."
[15] 그 여자가 그에게 말하였다. "주님, 내가 목마르지도 않고 여기 물을 길러 오지도
않도록 나에게 이 물을 주십시오." [16] (예수께서) 그 여자에게 말씀하셨다. "가서 네
남편을 불러서 여기로 오너라." [17] 그 여자가 그에게 대답하였다. "나는 남편이 없습
니다." 예수께서 그 여자에게 말씀하셨다. " 네가 '나는 남편이 없다' 고 잘 말하였다.
[18] 너는 남편 다섯이 있었고 지금 있는 사람은 네 남편이 아니기 때문이다. 이 사실
을 네가 말하였다." [19] 그 여자가 그에게 말하였다. "주님, 내가 보기에 당신은 선지
자이십니다. [20] 우리 ※조상들은 이 산에서 예배하였는데 당신들은 예배해야 할 장소
가 예루살렘에 있다고 말합니다." [21] 예수께서 그 여자에게 말씀하셨다. "나를 믿어
라, 여자여! 너희가 아버지께 예배할 곳이 이 산도 아니고 예루살렘도 아닌 때가 오
고 있다. [22] 너희는 알지 못하는 것을 예배하고 우리는 아는 것을 예배한다. 구원이
유대인들에게서 나기 때문이다. [23] 참된 예배자들이 아버지께 영과 진리로 예배할 때
가 오고 있다. 지금이다. 아버지께서 자신에게 예배하는 그런 사람들을 찾고 계시기
때문이다. [24] 하나님은 영이시다. 그래서 그에게 예배하는 사람들은 영과 진리로 예
배해야 한다." [25] 그 여자가 그에게 말하였다. "나는 그리스도라고 하는 메시야가 오
신다는 것을 압니다. 그가 오실 때 그가 우리에게 모든 것을 알려 줄 것입니다." [26]
예수께서 그 여자에게 말씀하셨다. "너에게 말하고 있는 내가 (그다)." [27] 이때 그의
제자들이 왔고 (예수께서) 어떤 여자와 얘기하고 계신 것에 놀랐다. 그렇지만 아무도
"무엇을 찾으십니까?" 또는 "왜 그 여자와 얘기하십니까?" 하고 말하지 않았다. [28]
그 여자는 자기 항아리를 버려두고 성으로 들어가서 사람들에게 말하였다. [29] "와서,
내가 한 모든 일을 나에게 말한 사람을 보십시오. 이 분이 그리스도입니까?" [30] 사람
들이 성에서 나와서 그에게로 왔다. [31] 그 사이에 제자들이 그에게 권하며 말하였다.
"랍비여, 잡수십시오." [32] 그러나 (예수께서) 그들에게 말씀하셨다. "나는 너희가 알
지 못하는 먹을 양식이 있다." [33] 제자들이 서로에게 말하였다. "누가 그에게 드실
것을 갖다 드렸다구요?" [34] 예수께서 그들에게 말씀하셨다. "내 양식은 나를 보내신
분의 뜻을 행하고 그의 일을 끝내는 것이다. [35] 너희는 아직 넉 달 있어야 밭걷이 때
가 온다고 말하지 않느냐? 보아라, 내가 너희에게 말한다. 너희 눈을 들어서 들판을
보아라. (곡식을) 거두도록 이미 하얗다. [36] 거두는 사람이 삯을 받고 영원한 생명에
(들어갈) 열매를 모은다. 뿌리는 사람과 거두는 사람이 함께 기뻐하려는 것이다.

20 ※아버지들은

마	막	눅	요한복음 4:4-42
			37 그러므로 한 사람은 뿌리는 사람이고 다른 사람은 거두는 사람이라는 말이 참되다. 38 나는 너희가 수고하지 않은 것을 거두도록 너희를 보냈다. 다른 사람들이 수고하 였고 너희는 그들의 수고에 가담하였다." 39 '내가 한 모든 일을 그가 나에게 말했다' 고 그 여자가 증언한 말 때문에 그 성에서 (나온) 많은 사마리아 사람들이 그를 믿 었다. 40 그래서 사마리아 사람들이 그에게 와서 그가 자기들 곁에 머물기를 청했고 그는 그곳에서 이틀을 머무셨다. 41 그래서 더 많은 사람들이 그의 말로 말미암아 믿 었고 42 그 여자에게 말했다. "우리는 더 이상 당신의 말 때문에 믿지는 않소. 우리 자신이 들었고 이분이 참으로 세상의 구주이신 것을 알았기 때문이오."

32. 첫 사역

마태복음 4:13-17	마가복음 1:14b-15	누가복음 4:14b-15	요한복음 4:43-46a
13 나사렛을 떠나서 스불 론과 납달리 지역의 바 닷가에 있는 가버나움에 가서 사셨다. 14 이것은 선지자 이사야를 통하여 (이렇게) 말씀하신 것이 이루어지게 하려는 것이 었다. 15 "스불론 땅과 납달리 땅, 바닷가의 길, 요단 건너편에 있는 이방인들의 갈릴리여,		14b 그에 관한 소문이 온 주변 마을에 퍼져 나갔 다. 15 그는 그들의 회당 에서 가르치셨고 모든 사람에게 영광을 받으셨 다.	43 이틀 뒤에 (예수께서) 그곳에서 나와 갈릴리로 가셨는데 44 예수께서는 선지자가 자기 고향에서 는 존경을 받지 못한다고 친히 공언하셨다. 45 그가 갈릴리에 오셨을 때 갈 릴리 사람들이 그를 맞 았다. 그들도 명절에 갔 다가 그가 명절에 예루 살렘에서 하신 모든 일 들을 보았기 때문이다. 46a 그는 다시 갈릴리 가 나로 가셨다. 그가 물을 포도주로 만드셨던 곳 이었다.

마태복음 4:13–17	마가복음 1:14b–15	누가복음 4:14b–15	요한복음 4:43–46a
[16] 어둠 속에 앉아 있는 백성이 큰 빛을 보았고, 죽음의 땅과 그늘에 앉아 있는 사람들, 그들에게 빛이 솟았다."			
[17] 그때부터 예수께서	[14b] 하나님의 복음을 선포하시며 [15] 말씀하셨다.		
"하늘나라가 가까이 왔으므로 회개하여라" 라고 선포하며 말씀하기 시작하셨다.	"때가 차고 하나님의 나라가 가까이 왔다. 회개하고 복음을 믿어라."		

33. 나사렛 설교

마태복음 13:53–58	마가복음 6:1–6a	누가복음 4:16–30	요
[53] 예수께서 이 비유들을 마치신 후에 그 곳을 떠나셨다.			
[54] (예수께서) 자기 고향에 가서	[1] (예수께서) 그곳에서 나와서 자기 고향에 가셨고, 그의 제자들이 그를 따랐다. [2] 안식일이	[16] (예수께서) 자신이 자라나신 나사렛에 가셔서 그가 하시던 대로 안식일 날에	
그들의 회당에서 사람들을 가르치시자	되어서 그는 회당에서 가르치기 시작하셨는데,	회당에 들어가셨고 (성경을) 읽으려고 일어나셨다.	
		[17] 그에게 선지자 이사야의 책이 건네지자, 그는 책을 펴서 (이렇게) 적혀 있는 곳을 찾으셨다. [18] "주님의 영이 내 위에 (오셨다.) 주님을 위하여 가난한 사람들에게 복음을 전하게 하시려고 그가 내게 기름을 부으셨고 나를 보내셨다. 사	

마태복음 13:53-58

그들이

놀라서
말하였다. "이 지혜와 능력이
어디에서 이 사람에게 (났을까?)

55 이 사람은 목수의 아들
이 아니냐? 그의 어머니는 마
리아, 그의 형제들은 야고보,
「요셉, 시몬, 유다라고 하지
않느냐? 56 또 그의 자매들이
모두 우리 곁에 있지 않느냐?
그러면 어디에서 이 모든 것이
이 사람에게 났을까?" 57 그러
면서 그들은 ※그를 못마땅해
하였다ˋ.

55 「 요세 또는 요한
57 ※ 그에게 걸려 넘어졌다

마가복음 6:1-6a

많은 사람들이 듣고

놀라서
말하였다. 이것들이
어디에서 이 사람에게 (났을까?)
이 사람에게 주어져 있는 지혜
는 무엇이며 그의 손으로 벌어
지는 이런 능력들은 (또 무엇
인가?) 3 이 사람은 목수요
마
리아의 아들이요 야고보와
요셉과 유다와 시몬의 형제가
아니냐? 또 그의 자매들이
여기 우리 곁에 있지 않느냐?"

그러
면서 그들은 ※그를 못마땅해
하였다ˋ.

3 ※ 그에게 걸려 넘어졌다.

누가복음 4:16-30

로잡힌 사람들에게 놓임과
눈먼 사람들에게 다시 봄을
전하고 억눌린 사람들을 놓
아 보내며 19 주님의 은혜로
운 해를 선포하게 하시려는
것이다."
20 (예수께서) 책을 말아서 사
환에게 돌려주고 앉으시자 회
당 안에 (있던) 모든 사람들의
눈이 그에게 집중되었다.
21 (예수께서) 그들에게 말씀하
기 시작하셨다. "이 글이 오늘
너희 귀에 성취되었다." 22 그
러자 모든 사람들이 그에게 한
마디씩 하였고 그의 입에서 나
오는 은혜로운 말씀에 놀라며
말하였다.

"이 사람은 요셉의 아들
이 아니냐?"

요

마태복음 13:53-58	마가복음 6:1-6a	**누가복음 4:16-30**	요
예수께서 그들에게 말씀하셨다.	4 예수께서 그들에게 말씀하셨다.	23 (예수께서) 그들에게 말씀하셨 다. "너희는 틀림없이 이 속담, 곧 '의사야 네 자신을 고쳐라' 를 (빌려서) '가버나움에서 일 어났다고 우리가 들은 일들을 여기, 당신의 고향에서도 해보 아라' 라고 내게 말할 것이다." 24 (예수께서) 또 말씀하셨다. "참으로 내가 너희에게 말하는 데,	
"선지자가 고향과 자기 집 밖에서는 존경을 받지 못한 적이 없다."	"선지자가 자기 고향과 자기 친척들과 자기 집 밖에서는 존경을 받지 못한 적이 없다."	선지자는 아무도 자기 고향에서 환영을 받지 못한다. 25 정말로 내가 너희에게 말하 는데, 엘리야 시대, 곧 하늘이 삼 년 육 개월 동안 닫혀서 온 땅에 큰 기근이 있었을 때에 이스라엘에 많은 과부들이 있 었으나 26 엘리야는 시돈의 사 렙다에 (있던) 한 과부 여자 말고는 그들 중 누구에게도 보 냄을 받지 않았다. 27 또 선지 자 엘리사 때에 이스라엘에 많 은 문둥병자들이 있었으나 수 리아 사람 나아만 말고는 그들 중 누구도 깨끗해지지 못했다."	
58 그들이 믿지 않는 까닭에 (예수께서는) 그곳에서 많은 기적을 일으키지 않으셨다.	5 (예수께서) 적은 병자들에게 손을 얹어 고쳐주신 것 말고는 그곳에서 아무 기적도 일으키지 못하셨고 6a 그들이 믿지 않는 까닭에 놀라셨다. 그는 마을들을 두루 돌아다니시며 가르치셨다.	28 회당에 있던 모두가 이 말들을 듣고 성이 잔뜩 나서	

마태복음 13:53-58

마가복음 6:1-6a

누가복음 4:16-30

29 일어나 그를 성 밖으로 몰아
내고 그들의 성이 세워져 있던
산의 벼랑까지 끌고 가서는 밑
으로 밀어 떨어뜨리려고 하였
다. 30 그러나 예수께서는 그들
가운데를 지나서 가버리셨다.

요

34. 첫 네 제자들

마태복음 4:18-22

18 (예수께서) 갈릴리 바닷가를 걸어가시다가
두 형제, 곧 베드로라고 하는 시몬과 그의
동생 안드레가 바다에 그물을 던지고 있는
것을 보셨다. 그들은 어부들이었기 때문이다.
19 (예수께서) 그들에게 말씀하셨다. "나를
따라오너라. 내가 너희를 사람의 어부로 만
들어 주겠다." 20 그러자 그들은 곧바로
그물을 버리고 예수를 따랐다. 21 (예수께서)
그곳에서 더 가시다가 다른 두 형제, 곧 세
베대의 아들 야고보와 그의 동생 요한이 자
기들의 아버지 세베대와 함께 배에서 자기
그물을 손질하고 있는 것을 보시고
그들을 부르셨다. 22 그러자
그들은 곧바로 배와 자기들의 아버지를
버려두고 예수를 따랐다.

마가복음 1:16-20

16 (예수께서) 갈릴리 바닷가를 지나가시다가
시몬과 시몬의
동생 안드레가 바다에서 그물질하고 있는
것을 보셨다. 그들은 어부들이었기 때문이다.
17 예수께서 그들에게 말씀하셨다. "나를
따라오너라. 내가 너희를 사람의 어부가 되
게 하여 주겠다." 18 그래서 그들은 곧바로
그물을 버리고 예수를 따랐다. 19 (예수께서)
조금 더 가시다가 세
베대의 아들 야고보와 그의 동생 요한을 보
셨는데, 그들은 배에서
그물을 손질하고 있었다.
20 (예수께서) 곧바로 그들을 부르시자,
그들은 자기들의 아버지 세베대를 품꾼들과
함께 배에 버려두고 예수의 뒤를 따라갔다.

눅

요

35. 가버나움 회당

마	마가복음 1:21-22	누가복음 4:31-32	요
	21 그들은 가버나움으로 들어갔다. (예수께서) 안식일에 곧바로 회당에 들어가서 가르치셨는데, 22 사람들이 그의 가르침에 놀랐다. (예수께서) 그들을 가르치실 때에 그는 권위 있는 분과 같고 율법학자들과는 같지 않으셨기 때문이다.	31 (예수께서) 갈릴리의 한 성 가버나움으로 내려가셔서 안식일에 그들을 가르치고 계셨는데, 32 사람들이 그의 가르침에 놀랐다. 그의 말씀이 권위가 있었기 때문이다.	

36. 귀신들린 사람을 고치심

마	마가복음 1:23-28	누가복음 4:33-37	요
	23 그들의 회당에 마침 더러운 영이 (들린) 어떤 사람이 있다가 외쳤다. 24 "우리와 당신이 무슨 상관입니까? 나사렛 예수여! 우리를 망하게 하려고 오셨습니까? 나는 당신이 누구인지 압니다. 하나님의 거룩한 분이십니다." 25 예수께서 그를 꾸짖으셨다. "입 닥치고 그에게서 나오너라." 26 그러자 더러운 영은 그가 경련을 일으키게 하고 큰 소리를 지르며 그에게서 나갔다. 27 모두가 놀라서 서로 물으며 말하였다. "이게 웬 일인가? 권위 있는 새 가르침이다. 그가 더러운 영들에게 명령하니까 그것들이 그에게 순종한다." 28 그의 소문이 곧바로 갈릴리 온 주변 마을 어디로나 퍼져 갔다.	33 그 회당에 더러운 귀신의 영이 들린 어떤 사람이 있다가 큰 소리로 외쳤다. 34 "아, 우리와 당신이 무슨 상관입니까? 나사렛 예수여! 우리를 망하게 하려고 오셨습니까? 나는 당신이 누구인지 압니다. 하나님의 거룩한 분이십니다." 35 예수께서 그를 꾸짖으셨다. "입 닥치고 그에게서 나오너라." 그러자 마귀는 그를 가운데로 고꾸라뜨렸지만 그에게 아무 해도 입히지 못한 채 그에게서 나갔다. 36 모두에게 놀라움이 일어나서 서로에게 이야기하며 말하였다. "이게 웬 말씀인가? 그가 권위와 능력으로 더러운 영들에게 명령하니까 그것들이 나간다." 37 그에 관한 소문이 주변 마을 모든 곳으로 퍼져나갔다.	

37. 베드로의 장모를 고치심

마태복음 8:14-15	마가복음 1:29-31	누가복음 4:38-39	요
14 예수께서 베드로의 집으로 들어가셔서 그의 장모가 열병에 걸려 눠여 있는 것을 보시고 15 그 여자의 손을 만지시자, 그 여자는 열이 없어졌고 일어나서 그를 시중들었다.	29 그들은 회당에서 곧바로 나와서 야고보와 요한과 함께 시몬과 안드레의 집으로 들어갔다. 30 시몬의 장모가 열병에 걸려 누워 있었고, 사람들이 그 여자에 관하여 곧바로 예수께 말씀드렸다. 31 (예수께서) 다가가서 손을 붙잡고 그 여자를 일으키시자 그 여자는 열이 없어졌고 그들을 시중들었다.	38 (예수께서) 일어나셔서 회당에서 (나와) 시몬의 집으로 들어가셨다. 시몬의 장모가 심한 열이 올라 있었고, 사람들이 그 여자에 관하여 예수께 부탁하였다. 39 (예수께서) 그 여자 앞에 서서 열병을 꾸짖으시자, 그 여자는 (열이) 없어졌고 곧장 일어나서 그들을 시중들었다.	

38. 저녁때의 치유사건

마태복음 8:16-17	마가복음 1:32-34	누가복음 4:40-41	요
16 저녁이 되자 사람들이 귀신들린 사람들을 많이 그에게 데려왔는데, (예수께서는) 말씀으로 그 영들을 내쫓으시고 아픈 사람들을 모두 고쳐주셨다.	32 저녁, 곧 해 질 때가 되자 사람들이 모든 아픈 사람들과 귀신들린 사람들을 그에게 데려왔고 33 온 성이 대문 앞에 모여들었다. 34 (예수께서는) 갖가지 병으로 아픈 사람들을 많이 고쳐주셨고 귀신들을 많이 내쫓으셨으나 귀신들이 말하는 것을 허락하지 아니하셨다. 그것들이 예	40 해가 지자 갖가지 병으로 앓는 환자가 있는 모든 사람들이 환자들을 그에게 데려왔는데, (예수께서는) 그들 중 하나하나에게 손을 얹어서 그들을 고쳐주셨다. 41 귀신들도 "당신은 하나님의 아들이십니다" 라고 소리 지르며 많은 사람들에게서 나갔는데, 예수께서는 꾸짖으시며 그것들이 말하는 것을 허락하지 아니하셨다. 그	

마태복음 8:16-17	마가복음 1:32-34	누가복음 4:40-41	요
[17] 이는 선지자 이사야를 통하여 "그는 몸소 우리의 약함을 맡으셨고 병들을 짊어지셨다" 라고 말씀하신 것이 이루어지게 하기 위함이었다.	수를 알았기 때문이다.	가 그리스도이신 것을 알았기 때문이다.	

39. 가버나움을 떠나심

마	마가복음 1:35-38	누가복음 4:42-43	요
	[35] 아직 캄캄한 새벽에 (예수께서) 일어나셨고 나가서 외진 곳으로 가셨으며 그곳에서 기도하고 계셨다. [36] 시몬과 그와 함께 (있던) 사람들이 그를 뒤쫓아 가서 [37] 그를 찾게 되자 "모두가 당신을 찾고 있습니다" 하고 그에게 말하였다. [38] 그러자 (예수께서) 그들에게 말씀하셨다. "어디 가까이 있는 주변 성들로 가자. 거기서도 전도할 것이다. 나는 이것을 위하여 나왔기 때문이다."	[42] 날이 새자 (예수께서) 나가서 외진 곳으로 가셨다. 무리들이 그를 찾다가 그에게 와서는 자기들에게서 떠나가지 마시도록 그를 붙들었다. [43] 그러나 (예수께서) 그들에게 말씀하셨다. "나는 다른 성에서도 하나님 나라의 복음을 전해야 한다. 나는 이 일로 보냄을 받았기 때문이다."	

40. 전도여행

마태복음 4:23	마가복음 1:39	누가복음 4:44	요
[23] (예수께서) 온 갈릴리를 두루 다니시며 그들의 회당에서 가르치셨고 그 나라의 복음을 전파하셨으며 백성 가운데 있는 아픈 사람들과 병든 사람들을 모두 고쳐주셨다.	[39] 그리고 (예수께서는) 온 갈릴리로 가셔서 그들의 회당에서 전도하셨고 귀신들을 내쫓으셨다.	[44] 그리고 (예수께서는) 유대 여러 회당에 (가서) 전도하셨다.	

41. 베드로의 고기잡이

마	막	누가복음 5:1-11	요

1 백성이 예수를 둘러싸고 하나님의 말씀을 듣고 있을 때에 예수께서는 게네사렛 호
숫가에 서 계셨다. 2 (예수께서) 호숫가에 배 두 척이 세워져 있는 것을 보셨는데
어부들이 거기서 내려서 그물을 씻고 있었다. 3 (예수께서) 그 배들 가운데 하나에
오르셨는데, 그것은 시몬의 배였다. (예수께서) 그에게 땅에서 조금 떨어지라고 부
탁하셨고 배에 앉아서 무리들을 가르치셨다. 4 (예수께서) 말씀을 그치시고 시몬에
게 말씀하셨다. "(고기를) 잡도록 깊은 곳에 나가서 너희 그물을 내려라." 5 그러자
시몬이 대답하였다. "스승님, 저희가 온 밤을 고생하였지만 아무 것도 못 잡았습니다.
그러나 당신의 말씀에 힘입어 그물을 내리겠습니다." 6 그들이 이렇게 하자 고기 떼가
많이 잡혀서, 그들의 그물이 찢어지게 되었다. 7 그들은 다른 배에 있던 동료들에게,
와서 자기들과 함께 잡아 올리자고 손짓하였고, 그들이 와서 배가 둘 다 물에 잠길
정도로 (고기를) 가득 채웠다. 8 시몬 베드로가 보고 예수의 무릎 앞에 엎드려서 말
하였다. "제게서 떠나가십시오. 주님, 저는 죄 있는 사람입니다." 9 베드로와 그와
함께 있던 사람들 모두가 자기들이 끌어올린 고기에 놀랐기 때문이다. 10 베드로의
동료였던 세베대의 아들들, 곧 야고보와 요한도 똑같았다. 예수께서 시몬에게 말씀
하셨다. "두려워하지 마라. 이제부터 너는 사람들을 낚을 것이다." 11 그러자 그들은
배를 땅에 대고 나서 모든 것을 버리고 예수를 따랐다.

42. 문둥병자를 고치심

마태복음 8:1-4	마가복음 1:40-45	누가복음 5:12-16	요
1 예수께서 산에서 내려오시자		12 예수께서 한 성에 계실 때에,	
많은 무리들이 그를 따랐다.			
2 보라,		보라, 온 몸이 문둥병에 걸린	
어떤 문둥병자가 예수께 다가	40 어떤 문둥병자가 예수께	어떤 남자가 예수를 보고 자기	
와서 절하	와서 [무릎을 꿇고] 간청하	얼굴이 땅에 닿게 엎드려 빌면	
며 말하였다. "주님, 당신이 원	며 말하였다. "당신이 원	서 말하였다. "주님, 당신이 원	
하시면 저를 깨끗하게 하실 수	하시면 저를 깨끗하게 하실 수	하시면 저를 깨끗하게 하실 수	
있습니다." 3 (예수께서)	있습니다." 41 (예수께서) 가엾	있습니다." 13 (예수께서)	
손을 내밀어	이 여기시고 자기 손을 내밀어	손을 내밀어	

마태복음 8:1–4	마가복음 1:40–45	누가복음 5:12–16	요
서 그를 만지시며 말씀하셨다. "내가 원한다. 깨끗해져라." 그러자 그의 문둥병이 곧바로 깨끗해졌다. 4 예수께서 그에게 말씀하셨다. "아무에게도 말하지 않도록 조심하고 가서 네 자신을 제사장에게 보이고 그들에게 증거가 되도록 모세가 지시한 예물을 바쳐라."	서 (그를) 만지시며 그에게 말씀하셨다. "내가 원한다. 깨끗해져라." 42 그러자 문둥병이 바로 그에게서 떠나고 깨끗해졌다. 43 (예수께서) 그를 엄하게 타이르시고 바로 그를 보내시며 44 말씀하셨다. "아무에게 아무 것도 말하지 않도록 조심하고 가서 네 자신을 제사장에게 보이고 네 깨끗함에 관하여 그들에게 증거가 되도록 모세가 지시한 것들을 바쳐라." 45 그러나 그는 나가서 많은 것을 전파하고 말을 퍼뜨리기 시작하였다. 예수께서는 더 이상 드러나게 성으로 들어가실 수가 없어서 바깥 외진 곳에 계셨는데 사람들이 사방에서 그에게로 왔다.	서 그를 만지시며 말씀하셨다. "내가 원한다. 깨끗해져라." 그러자 문둥병이 곧바로 그에게서 떠났다. 14 (예수께서) 그에게 지시하셨다. "아무에게도 말하지 말고 가서 네 자신을 제사장에게 보이고 네 깨끗함에 관하여 그들에게 증거가 되도록 모세가 지시한 대로 (예물을) 바쳐라." 15 그러나 그에 관한 말이 더 퍼져서 많은 무리들이 (말씀도) 듣고 자기들의 병에서도 고침을 받으려고 모여들었다. 16 그러나 예수께서는 외진 곳으로 물러가서 기도하셨다.	

43. 중풍병자를 고치심

마태복음 9:1–8	마가복음 2:1–12	누가복음 5:17–26	요한복음 5:8–9a
1 (예수께서) 배를 타고 건너와서 자기 성으로 가셨다.	1 며칠 후에 예수께서 다시 가버나움에 들어가셨는데, 예수께서 집에	17 어느 날 하루였다.	

마태복음 9:1–8

2 그런데, 보라, 사람들
이
한 중풍환자를 침대 위
에 누인 채
예수께
데려왔다.
예수께
서 그들의 믿음을 보시
고 그 중풍환자에게 말
씀하셨다. "안심하여라.
아이야, 네 죄들을
용서한다." 3 그러자, 보
라, 율법학자
몇이
속으로 중

마가복음 2:1–12

계시다는 (말이) 들리자,
2 많은 사람이 모여서 대
문 앞에조차 더 이상 빈
틈이 없었다. 예수께서
그들에게 말씀을 전하
셨다.
3 사람들
이
한 중풍환자를 네 사람
에게 들린 채
예수께
데려왔지만
4 무리 때문에 예수께 데
려갈 수가 없어서
예수께서 계시던
곳의 지붕을 걷어 내고
구멍을 뚫어서 그 중풍
환자가 누워 있던 침상
을 달아
내렸다.
5 예수께
서 그들의 믿음을 보시
고 그 중풍환자에게 말
씀하셨다.
"아이야, 네 죄들을
용서한다."
6 그런데
율법학자
몇이 그곳에 앉아 있다
가 자기 마음 속으로 수

누가복음 5:17–26

예수께서
가르치고 계셨고,
갈릴리와 유대의 모든
마을과 예루살렘에서 온
바리새인들과 율법선생
들이 앉아 있었다. 주님
의 능력이 예수께서 병
을 고치도록 역사하였다.
18 그런데, 보라, 남자들
이 중풍에 걸려 있던
한 사람을 침대 위
에 데려와서 그를 데리
고 들어가 (예수) 앞에
놓으려고 애를 썼지만
19 무리 때문에 그를 데
리고 들어갈 방법을 찾
지 못하고
지붕 위에 올라가서
그를 침대
째 기와들 사이로 달아
서 예수 앞 한가운데로
내려 보냈다.
20 (예수께
서) 그들의 믿음을 보시
고 말
씀하셨다. "(이)
사람아, 네 죄들을 네게
용서한다."
21 그러자
율법학자들과 바리새인
들이
수

요한복음 5:8–9a

마태복음 9:1-8	마가복음 2:1-12	누가복음 5:17-26	요한복음 5:8-9a
얼거렸다. "이 사람이 (하나님을) 모독하고 있다."	군거렸다. 7 "이 사람이 어떻게 이렇게 말하는가? (하나님을) 모독하고 있다. 하나님 한 분밖에는 누가 죄를 용서할 수 있는가?"	군거리기 시작하였다. "(하나님을) 모독하는 말을 하는 이 사람은 누구냐? 오직 하나님밖에는 누가 죄를 용서할 수 있는가?"	
4 예수께서 그들의 생각을 아시고 그들에게 말씀하셨다.	8 예수께서 그들이 속으로 이렇게 수군거리는 줄을 자기 영으로 바로 알아채시고 그들에게 말씀하셨다.	22 예수께서 그들의 수군거림을 알아채시고 그들에게 대답하셨다.	
"어찌하여 너희 마음속에 악한 것들을 생각하고 있느냐? 5 '네 죄들을 용서한다' 라고 말하는 것과 일어나서 걸어가거라' 라고 말하는 것 (가운데서) 어느 것이 더 쉬우냐? 6 인자가 땅 위에서 죄를 용서하는 권한을 가지고 있다는 것을 알게 하려고 (그렇게 하였다)."	"왜 너희 마음속으로 이렇게 수군거리느냐? 9 중풍환자에게 '네 죄들을 용서한다' 라고 말하는 것과 '일어나서 네 침상을 들고 걸어가거라' 라고 말하는 것 (가운데서) 어느 것이 더 쉬우냐? 10 인자가 땅 위에서 죄를 용서하는 권한을 가지고 있다는 것을 알게 하려고 (그렇게 하였다)."	"왜 너희 마음속으로 수군거리느냐? 23 '네 죄들을 네게 용서한다' 라고 말하는 것과 '일어나서 걸어가거라' 라고 말하는 것 (가운데서) 어느 것이 더 쉬우냐? 24 인자가 땅 위에서 죄를 용서하는 권한을 가지고 있다는 것을 알게 하려고 (그렇게 하였다)."	
그리고 (예수께서) 그 중풍환자에게 말씀하셨다.	(예수께서) 그 중풍환자에게 말씀하셨다.	(예수께서) 그 중풍환자에게 말씀하셨다.	8 예수께서 그에게 말씀하셨다.
"일어나서 네 침대를 들고 네 집으로 가거라."	11 "내가 네게 말한다. 일어나서 네 침상을 들고 네 집으로 가거라."	"내가 네게 말한다. 일어나서 네 침대를 들고 네 집으로 가거라."	"일어나서 네 침상을 들고 걸어가라."
7 그러자 그가 일어나서	12 그러자 그가 일어나서 곧바로 침상을 들고	25 그러자 그가 그들 앞에서 금방 일어서서 자기가 누워 있던 (침대를) 들고 하나님께 영	9 그러자 그 사람이 곧바로 건강하게 되어 자기 침상을 들고

마태복음 9:1-8	마가복음 2:1-12	누가복음 5:17-26	요한복음 5:8-9a
자기 집으로 가버렸다. 8 무리들이 보고 두려워하며	모든 사람들 앞에서 나갔다. 모두가 놀랐고 "결코 이런 일을 보지 못하였다" 라고 말하면서	광을 돌리며 자기 집으로 가버렸다. 26 모두가 놀라움에 사로잡혔고	걸어갔다.
이렇게 큰 권한을 사람들에게 주신 하나님께 영광을 돌렸다.	하나님께 영광을 돌렸다.	하나님께 영광을 돌렸으며 두려움에 가득 차서 "오늘 신기한 일들을 보았다" 라고 말하였다.	

44. 세리를 부르심

마태복음 9:9-13	마가복음 2:13-17	누가복음 5:27-32	요
	13 (예수께서) 다시 바닷가로 나가셨다. 무리가 모두 예수께로 왔고 예수께서는 그들을 가르치셨다.	27 이 일들 뒤에 (예수께서) 나가셔서	
9 예수께서 거기서 지나가시다가 마태라고 하는 어떤 사람이 세관에 앉아 있는 것을 보시고 그에게 말씀하셨다. "나를 따라라." 그러자 그가 일어서서 예수를 따랐다.	14 (예수께서) 지나가시다가 알패오의 아들 레위가 세관에 앉아 있는 것을 보시고 그에게 말씀하셨다. "나를 따라라." 그러자 그가 일어서서 예수를 따랐다.	레위라는 이름의 어떤 세리가 세관에 앉아 있는 것을 보시고 그에게 말씀하셨다. "나를 따라라." 28 그러자 그가 모든 것을 버려두고 일어서서 예수를 따랐다.	
10 예수께서 집에서 식사 자리에 앉게 되셨는데, 보라, 많은 세리들과 죄인들이 와서 예수와 그의 제자들과 함께 자리에 앉았다.	15 예수께서 그의 집에서 식사 자리에 앉게 되시자, 많은 세리들과 죄인들이 예수와 그의 제자들과 함께 자리에 앉았다. 그들이 많았	29 레위가 자기 집에서 예수를 위하여 큰 잔치를 베풀었는데, 세리들과 그들과 함께 있던 다른 사람들의 큰 무리가 식사 자리에 앉아 있었다.	

마태복음 9:9–13	**마가복음 2:13–17**	**누가복음 5:27–32**	요
	고 또 예수를 따랐기 때문이다. 16 (예수께서) 죄인들과 세리들하고 함께 잡수시는 것을 바리새파		
11 바리새인들이	율법학자들이	30 바리새인들과 그들의 율법학자들이	
보고 예수의 제자들에게 말하였다. "당신네 선생은 어째서 세리들과 죄인들하고 함께 먹고 있소?"	보고 예수의 제자들에게 말하였다. "그가 세리들과 죄인들하고 함께 먹고 있소."	예수의 제자들에게 투덜거리며 말하였다. "당신들은 어째서 세리들과 죄인들하고 함께 먹고 마시고 있소?"	
12 예수께서 들으시고 그들에게 말씀하셨다. "튼튼한 사람들은 의사가 쓸데없지만, 아픈 사람들은 (의사가 꼭) 있어야 한다. 13 가서 '나는 제사가 아니라 자비를 바란다' 라는 말씀이 무슨 (뜻)인지 배워라.	17 예수께서 들으시고 그들에게 말씀하셨다. "튼튼한 사람들은 의사가 쓸데없지만, 아픈 사람들은 (의사가 꼭) 있어야 한다.	31 예수께서 그들에게 대답하셨다. "건강한 사람들은 의사가 쓸데없지만, 아픈 사람들은 (의사가 꼭) 있어야 한다.	
나는 의인들을 부르러 오지 않고 죄인들을 ᵀ(부르러 왔기) 때문이다."	나는 의인들을 부르러 오지 않고 죄인들을 (부르러 왔다.)"	32 나는 의인들을 부르러 와 있지 않고 죄인들을 (불러) 회개시키려고 (와 있다.)"	
13 ᵀ 회개하도록			

45. 금식에 관한 질문

마태복음 9:14–17	**마가복음 2:18–22**	**누가복음 5:33–39**	요
14 그때 요한의 제자들이	18 요한의 제자들과 바리새인들은 금식하고 있었다. 사람들이 와서 예수께	33 사람들이 예수께	
예수께 다가와서 말하였다. "저희와 바리새인들은 [자주] 금식하는데	말하였다. "요한의 제자들과 바리새인의 제자들은 금식하는데	말하였다. "요한의 제자들은 자주 금식하고 기도를 하며 바리새인의 제자들도 똑같이 하는데	
어째서	어째서		

마태복음 9:14-17

당신의 제자들은 금
식하지 않습니까?" 15 예수
께서 그들에게 말씀하셨다.
"신랑이 결혼식 ※손님들과 함
께 있는 동안 그들이
슬퍼할 수 있느냐?

그러나
그들에게서 신랑을 떼어놓는
날이 올 것이다. 그러면 그때
금식할 것이다.

16 아무도 오그라들지 않은
헝겊 조각을 낡은 옷에
덧대지 않는다.
그 덧댄 것이
옷을 당겨서 더 많이 찢어
지기 때문이다. 17 사람들은 새
포도주를 낡은 가죽부대에 담
지도 않는다. 그렇게 하면
가죽부대가 터져서
포도주는 쏟아지고 가죽부대도
버린다. 새 포도주는
새 가죽부대에 담아야 둘 다
보존된다."

15 ※아들들과

마가복음 2:18-22

당신에게 (있는) 제자들은 금
식하지 않습니까?" 19 예수
께서 그들에게 말씀하셨다.
"신랑이 결혼식 ※손님들과 함
께 있는 동안 그들이
금식할 수 있느냐? 신랑이 그
들과 함께 있는 기간 동안은
금식할 수 없다. 20 그러나
그들에게서 신랑을 떼어놓는
날이 올 것이다. 그러면 그때,
그날에 금식할 것이다.

21 아무도 오그라들지 않은
헝겊 조각을 낡은 옷에
대고 깁지 않는다. 그렇게 하
면 새로 덧댄 것이 바로 그 낡
은 것을 당겨서 더 많이 찢어
진다. 22 아무도 새
포도주를 낡은 가죽부대에 담
지 않는다. 그렇게 하면
포도주가 가죽부대를 터뜨려서
포도주도 버리고 가죽부대도
(버린다.) 새 포도주는
새 가죽부대에 (담아야 한다.)"

19 ※아들들과

누가복음 5:33-39

당신에게 (있는 제자들은) 먹
고 마시고 있습니다." 34 예수
께서 그들에게 말씀하셨다.
"신랑이 결혼식 ※손님들과 함
께 있는 동안 너희가 그들을
금식하게 할 수 있느냐?

35 그러나 어떤 날, 곧
그들에게서 신랑을 떼어놓는
때가 올 것이다. 그때,
그날에 금식할 것이다." 36(예수
께서) 그들에게 또 비유를 말
씀하셨다. "아무도 새 옷에서
한 조각을 찢어서 낡은 옷에
덧대지 않는다. 그렇게 하
면 새 것도 찢고 새 것에서 떼
어낸 조각도 낡은 것에 맞지
않는다. 37 아무도 새
포도주를 낡은 가죽부대에 담
지 않는다. 그렇게 하면 새
포도주가 가죽부대를 터뜨려서
그것도 쏟아지고 가죽부대도
버리게 된다. 38 새 포도주는
새 가죽부대에 담아야 한다.
39 아무도 묵은 것을 마시면서
새 것을 원하지 않는다. '묵은
것이 더 좋다'고 말하기 때문
이다."

34 ※아들들과

요

46. 안식일에 이삭을 자른 사건

마태복음 12:1-8

1 그 즈음에 예수께서 안식
일에 밀밭 사이로 지나가셨는
데, 그의 제자들이 배
가 고파서 이삭을 잘라서 먹기
시작하였다. 2 바리새인
들이 보고 예수께 말하였다.
"보십시오, 당신의 제자들이
안식일에 해서는 안
되는 일을 하고 있습니다."
3 예수께서 그들에게 말씀하
셨다. "다윗과 그와 함께 한
사람들이 배가
고팠을 때 그가 무엇을 했는지
읽어보지 못하였느냐?
4 그
가 어떻게 하나님의 집에 들어
가서 오직 제사장이 아니면 그
도, 또 그와 함께 (하던) 사람
들도 먹어서는 안 되는 '바친
빵'을 먹었느냐?

5 또 안식일에 제사장들이 성
전에서 안식일을 어겨도 죄가
없다는 것을 율법에서 읽어 보
지 못하였느냐? 6 내가 너희에
게 말하는데, 성전보다 더 큰
것이 여기 있다. 7 '제사가 아니
라 자비를 바란다'는 (말씀이)
무슨 뜻인지 알았다면 죄 없는
사람들을 정죄하지 않았을 것
이다.

마가복음 2:23-28

23 예수께서 안식
일에 밀밭 사이로 지나가신 적
이 있었는데, 그의 제자들이
이삭을 자르며 길을 내기
시작하였다. 24 바리새인
들이 예수께 말하였다.
"보십시오, 그들이
어째서 안식일에 (해서는) 안
되는 일을 합니까?"
25 (예수께서) 그들에게 말씀하
셨다. "다윗과 그와 함께 한
사람들이 먹을 것이 없고 배가
고팠을 때 그가 무엇을 했는지
한 번도 읽어보지 못하였느냐?
26 대제사장 아비아달 때에 그
가 어떻게 하나님의 집에 들어
가서 제사장이 아니면
먹어서는 안 되는 '바친
빵'을 먹고 자기와 함께
하던 사람들에게도 주었느냐?"

누가복음 6:1-5

1 (예수께서) 어떤 안식
일에 밀밭 사이로 지나가신 적
이 있었는데, 그의 제자들이
이삭을 잘라서 손으로
비벼 먹었다. 2 어떤 바리새인
들이 말하였다.
"당신들은
어째서 안식일에 (해서는) 안
되는 일을 합니까?"
3 예수께서 그들에게 대답하
셨다. "다윗과 그와 함께 [있
던] 사람들이
배가 고팠을 때 그가 했던 일,
이것을 읽어보지 못하였느냐?
4 그
가 하나님의 집에 들어
가서 오직 제사장이 아니면
먹어서는 안 되는 '바친
빵'을 집어서 먹고 자기와 함께
(하던) 사람들에게도 주지 않았
느냐?"

요

마태복음 12:1-8	마가복음 2:23-28	누가복음 6:1-5	요
[8] 왜냐하면 인자는 안식일의 주인이기 때문이다."	[27] 또 그들에게 말씀하셨다. "사람을 위하여 안식일이 생겼지 안식일을 위하여 사람이 (생긴 것이) 아니다. [28] 그러므로 인자는 안식일의 주인이기도 하다."	[5] 또 그들에게 말씀하셨다. "인자는 안식일의 주인이다."	

47. 손 마른 사람을 고치심

마태복음 12:9-14	마가복음 3:1-6	누가복음 6:6-11	요
[9] (예수께서) 그곳을 떠나서 그들의 회당에 들어가셨는데, [10] 보라, 한 손이 마비된 어떤 사람이 있었다.	[1] (예수께서) 다시 회당에 들어가셨는데, 거기 한 손이 마비되어 있는 어떤 사람이 있었다.	[6] (예수께서) 다른 안식일에 회당에 들어가서 가르치신 적이 있었는데, 거기 어떤 사람이 있었고 그의 오른손이 마비되어 있었다.	
사람들이 예수를 고소하려고 "안식일에 병을 고치는 것이 옳습니까?" 하고 그에게 물었다.	[2] 사람들이 예수를 고소하려고 안식일에 그 사람을 고쳐주시는지 그를 지켜보고 있었다. [3] (예수께서) 한 손이 마비된 사람에게 말씀하셨다. "가운데 일어나라."	[7] 율법학자들과 바리새인들이 예수를 고소할 (구실을) 찾아내려고 안식일에 (그 사람을) 고쳐주시는지 그를 지켜보고 있었다. [8] 예수께서 그들의 생각을 아시고 한 손이 마비된 남자에게 말씀하셨다. "일어나서 가운데 서라." 그러자 그가 일어나서 섰다.	
[11] 예수께서 그들에게 말씀하셨다.	[4] 그리고 (예수께서) 그들에게 말씀하셨다. "안식일에 착한 일을 하는 것이 옳으냐? 나쁜 일 하는 것이 (옳으냐?) 목숨을 건져내는 것이 (옳으냐?) 죽이는 것이 옳으냐?" 그들은 말을 못하고 있었다.	[9] 예수께서 그들에게 말씀하셨다. "너희에게 물어보자. 안식일에 착한 일 하는 것이 옳으냐? 나쁜 일 하는 것이 (옳으냐?) 목숨을 건지는 것이 (옳으냐?) 망하게 하는 것이 (옳으냐?)"	

마태복음 12:9-14	**마가복음 3:1-6**	**누가복음 6:6-11**	요
"너희 가운데 어떤 사람이 양 한 마리가 있는데, 이 양이 안식일에 구덩이에 빠지면, 그것을 붙잡고 끌어내지 않을 사람이 누가 있겠느냐? 12 사람이 양보다 얼마나 더 귀한가! 그러므로 안식일에 착하게 행하는 것은 옳다." 13 그리고 나서 (예수께서)			
	5 (예수께서) 그들의 마음이 굳어 있는 것에 몹시 슬퍼하시고 성내시며 그들을 둘러 보시고 나서	10 (예수께서) 그들 모두를 둘러 보시고 나서	
그 사람에게 말씀하셨다. "네 손을 내밀어라."	그 사람에게 말씀하셨다. "손을 내밀어라."	그에게 말씀하셨다. "네 손을 내밀어라."	
그가 내밀자 (그 손이) 다른 손처럼 성하게 회복되었다.	그가 내밀자 그의 손이 회복되었다.	그 사람이 (그렇게) 하자 그의 손이 회복되었다.	
14 바리새인들이 나가서 그를 없애려고 그에 대한 (대책을) 의논하였다.	6 바리새인들이 곧바로 나가서 헤롯파 사람들과 함께 그를 없애려고 그에 대한 (대책을) 상의하였다.	11 그들은 잔뜩 화가 나서 예수에게 어떻게 할는지 서로 얘기하였다.	

48. 바닷가에서 무리를 고치심

마태복음 4:24-25

24 예수의 소문이 온 수리아에
퍼져서 사람들이 모든 아픈 사
람들, 곧 여러 가지 병과 고통
으로 괴로워하는 사람들과 귀
신들린 사람들과 간질병에 걸
린 사람들과 중풍 걸린 사람들
을 예수께 데려왔다. 예수께서
그들을 고쳐주셨다. 25 그래서
갈릴리와 데가볼리와 예루살렘
과 유대와 요단강 건너편으로
부터 온 많은 무리가
그를 따랐다.

마가복음 3:7-12

7 예수께서 자기
제자들과 함께 바다로 떠나가
셨고 많은 무리가 갈릴리로부
터 (그를)[따랐다]. 또 유대와
8 예루살렘과 이두매와 요단강
맞은편과 두로와 시돈 부근으
로부터 많은 무리가 (예수께
서) 하고 계셨던 일들을 듣고
예수께 왔다. 9 (예수께서는)
사람들이 무리 때문에 자기를
밀지 못하게 하시려고 자기에
게 작은 배를 준비하도록 자기
제자들에게 지시하셨다.
10 (예수께서) 많은 사람들을
고쳐주셨으므로 병든 사람들이
그를 만지려고 그에게 밀려들
었기 때문이다. 11 더러운 영들
이 예수를 볼 때는 그 앞에 엎
드려 "당신은 하나님의 아들이
십니다" 하고 소리질렀는데
12 (예수께서는) 자기를 나타내
지 못하도록 그들을 거듭거듭
꾸짖으셨다.

누가복음 6:17-19

17 (예수께서) 그들과
함께 내려오셔서 어떤 평평한
곳에 서셨는데 그의 많은 제자
무리와 온 유대,
예루살렘,
두로와 시돈의 해안 지역
에서 온 백성의 많은 무리도
(있었다.)
18 그들은 예수의 (말씀을)
듣고 자기들의 병을 고치려고
왔는데
더러운 영들
로부터 고통을 당하던 사람들
이 고침을 받았다.
19 온 무리가 예수를 만지려고
애썼는데 이는 예수에게서 능
력이 나와서 모든 사람들을 낫
게 하였기 때문이다.

요

49. 열두 사도를 뽑으심

마태복음 10:1-4	마가복음 3:13-19	누가복음 6:12-16	요
[1] (예수께서)	[13] (예수께서) 산에 올라가셔서	[12] 그 즈음에 예수께서 기도하러 산으로 나가셨고 하나님께 기도하시며 밤을 새우셨다. [13] 낮이 되었을 때 예수께서는	
자기 열두 제자들을 불러 내시고 그들에게 더러운 영들을 (제어하는) 권한을 주셔서	자기가 원하는 사람들을 불러 내시자, 그들이 예수께 나아왔다. [14] (예수께서) 열둘을 세우시고 [사도라고도 이름하셨는데,] (이것은) 자기와 함께 있게 하시고 그들을 보내서 전도하고 [15] 귀신들을 내쫓는 권한을 갖게 하시려는 것이었다.	자기 제자들을 부르셨고 그들 가운데서 열둘을 뽑아 내셔서 사도라고도 이름하셨다.	
그것들을 내쫓고 모든 병과 모든 약한 것을 고쳐주게 하셨다.			
[2] 열두 사도들의 이름은 이러하다. 먼저 베드로라고 하는 시몬과 그의 동생 안드레,	[16] [(예수께서) 열둘을 세우셨는데] (이들은) 베드로라는 이름을 덧붙여 주신 시몬과	[14] (이들은) 베드로라고도 이름하신 시몬과 그의 동생 안드레와	
세베대의 아들 야고보와 그의 동생 요한,	[17] 보아너게 곧 천둥의 아들들이라는 이름을 덧붙여 주신 세베대의 아들 야고보와 그의 동생 요한과	야고보와 요한과	
[3] 빌립과 바돌로매, 도마와 세리 마태, 알패오의 아들 야고보와 「다대오, [4] 가나안 사람 시몬과	[18] 안드레와 빌립과 바돌로매와 마태와 도마와 알패오의 아들 야고보와 다대오와 가나안 사람 시몬과	빌립과 바돌로매와 [15] 마태와 도마와 알패오의 아들 야고보와 셀롯이라고 하는 시몬과 [16] 야고보의 아들 유다와	
(예수를) 넘겨준 가룟 유다이다.	[19] 예수를 넘겨준 가룟 유다이다.	배반자가 된 가룟 유다이다.	

3 「 렙바이오스, 또는 다대오라 하는 렙바이오스

V. 산상설교

마 4:24-7:29

50. 배경

마태복음 4:24–5:2	마가복음 3:7–12	누가복음 6:17–20a	요
24 예수의 소문이 온 수리아에 퍼져서 사람들이 모든 아픈 사람들, 곧 여러 가지 병과 고통으로 괴로워하는 사람들과 귀신 들린 사람들과 간질병에 걸린 사람들과 중풍 걸린 사람들을 예수께 데려왔다. 예수께서 그들을 고쳐주셨다.			
25 그래서 갈릴리와 데가볼리와 예루살렘과 유대와 요단강 건너편으로부터 온 많은 무리가 그를 따랐다.	7 예수께서 자기 제자들과 함께 바다로 떠나 가셨고 많은 무리가 갈릴리로부터 (그를) [따랐다]. 또 유대와 8 예루살렘과 이두매와 요단강 맞은편과 두로와 시돈 부근으로부터 많은 무리가 (예수께서) 하고 계셨던 일들을 듣고 예수께 왔다. 9 (예수께서는) 사람들이 무리 때문에 자기를 밀지 못하게 하시려고 자기에게 작은 배를 준비하도록 자기 제자들에게 지시하셨다.	17 (예수께서) 그들과 함께 내려오셔서 어떤 평평한 곳에 서셨는데 그의 많은 제자 무리와 온 유대, 예루살렘, 두로와 시돈의 해안 지역에서 온 백성의 많은 무리도 (있었다.)	
	10 (예수께서) 많은 사람들을 고쳐주셨으므로 병든 사람들이 그를 만지려고 그에게 밀려들었기 때문이다. 11 더러운 영들이 예수를 볼 때는 그 앞에 엎드려 "당신은 하나님의 아들이십니다" 하고 소리질렀는데, 12 (예수께서는) 자기를 나타내지 못하도록 그들을 거듭거듭 꾸짖으셨다.	18 그들은 예수의 (말씀을) 듣고 자기들의 병을 고치려고 왔는데 더러운 영들로부터 고통을 당하던 사람들이 고침을 받았다.	
5 1 (예수께서) 무리들을 보시고 산으로 올라가셨다. 예수께서 앉으시자 그의 제자		19 온 무리가 예수를 만지려고 애썼는데 이는 예수에게서 능력이 나와서 모든 사람들을 낫게 하	

마태복음 4:24–5:2	마가복음 3:7–12	누가복음 6:17–20a	요
들이 그에게 다가왔고, 2 예수께서는 자기 입을 여시고 그들을 가르치셨다.		였기 때문이다. 20 예수께서 자기 제자들을 향하여 자기 눈을 드시고 말씀하셨다.	

51. 복된 사람들

마태복음 5:3–12	막	누가복음 6:20b–23	요
3 "심령이 가난한 사람들이 복이 있다. 하늘나라가 그들의 것이기 때문이다.		20b "가난한 사람들이 복이 있다. 하나님의 나라가 너희의 것이기 때문이다.	
4 슬퍼하는 사람들이 복이 있다. 그들이 위로를 받을 것이기 때문이다. 5 온유한 사람들이 복이 있다. 그들이 땅을 물려받을 것이기 때문이다.			
6 의에 주리고 목마른 사람들이 복이 있다. 그들이 배부르게 될 것이기 때문이다.		21 이제 주린 사람들이 복이 있다. 너희가 배부르게 될 것이기 때문이다. 이제 우는 사람들이 복이 있다. 너희가 웃을 것이기 때문이다.	
7 자비로운 사람들이 복이 있다. 그들이 자비를 입을 것이기 때문이다. 8 마음이 깨끗한 사람들이 복이 있다. 그들이 하나님을 볼 것이기 때문이다. 9 평화를 이루는 사람들이 복이 있다. 그들이 하나님의 아들들로 불릴 것이기 때문이다. 10 의 때문에 억눌린 사람들이 복이 있다. 하늘나라가 그들의 것이기 때문이다.			
11 나 때문에 (사람들이) 너희를 욕하고 억누르고 너희를 향해 [터무니없이] 온갖		22 인자 때문에 사람들이 너희를 미워할 때에는, 또 너희를 멀리하고 욕하고 너희 이름을 악하다고 내버릴 때에는	

마태복음 5:3-12	막	누가복음 6:20b-23	요
못된 말을 할 때에는 너희가 복이 있다. [12] 기뻐하고 즐거워하여라. 너희 삯이 하늘에 많기 때문이다. 또 (사람들이) 너희 앞에 (있었던) 선지자들을 이렇게 억눌렀기 때 문이다.		너희가 복이 있다. [23] 그날에는 기뻐하고 뛰어라. 보아라! 너희 삯이 하늘에 많기 때문이다. 또 그들의 조상들이 선지자들을 같은 방식으로 대하였기 때 문이다.	

52. 소금의 비유

마태복음 5:13	마가복음 9:50	누가복음 14:34-35	요
[13] 너희는 땅의 소금이다. 그러 나 소금이 맛을 잃으면 (그것 은) 무엇으로 짜게 되겠 느냐? 바깥에 버려져서 사람 들에게 밟히는 것밖에는 아무 짝에도 쓸모가 없다.	[50] 소금은 좋은 것이다. 그러 나 소금이 짜지 않게 되면 무엇으로 그것을 간맞추겠 느냐? 너희 자신들 속에 소금을 가지고 서로 평화 를 이루어라.	[34] 소금은 좋은 것이다. 그러 나 소금이 맛을 잃으면 (그것 은) 무엇으로 간맞춰지겠 느냐? [35] 땅에도 거름에도 쓸 수가 없어서 (사람들이) 그것 을 밖에 버린다. 들을 귀 있는 사람은 들어라.	

53. 빛의 비유

마태복음 5:14-16	마가복음 4:21	누가복음 8:16; 11:33	요
 [14] 너희는 세상의 빛이다. 산 위에 세워진 성이 숨겨질 수 없다. [15] 등잔은 켜서 말 밑에	[21] (예수께서) 또 그들에게 말씀 하셨다. "말 밑에나 침대	 8 [16] 아무도 등잔에 불을 붙여서 그릇으로 덮거나 침대	

마태복음 5:14–16	마가복음 4:21	누가복음 8:16; 11:33	요
놓지 않고 등잔대 위에 (놓는다.) 그래야 집 안에 있는 모두를 비춘다. [16]이렇게 너희 빛을 사람들 앞에 비추어서 그들이 너희 착한 일들을 보고 하늘에 계신 너희 아버지께 영광을 돌리게 하여라.	밑에 놓으려고 등을 가져오느냐? 등잔대 위에 놓으려는 것이 아니냐?	아래에 놓지 않고, 들어오는 사람들이 빛을 보도록 등잔대 위에 놓는다. 11 [33]아무도 등잔에 불을 붙여서 움 속에나 [말 아래] 놓지 않고 들어오는 사람들이 빛을 보도록 등잔대 위에 (놓는다.)	

54. 율법과 선지자들

마태복음 5:17–20	막	누가복음 16:17	요
[17]내가 율법이나 선지자들을 폐지하러 왔다고 생각하지 마라. 폐지하러 오지 않고 완성하러 (왔다.) [18]참으로 내가 너희에게 말하는데, 하늘과 땅이 없어지기까지는, 또 모든 것이 이루어지기까지는 율법으로부터 한 ※점이나 한 획도 결코 없어지지 않을 것이기 때문이다. [19]그러므로 누구든지 가장 작은 이 계명들 가운데 하나를 폐하고 이렇게 사람들을 가르치는 사람은 하늘나라에서 가장 작은 사람이라고 불릴 것이다. 그러나 누구든지 (이것을) 지키고 가르치는 사람, 이 사람은 하늘나라에서 큰 사람이라고 불릴 것 18 ※'이오타'나		[17] 그러나 율법의 한 획이 떨어지는 것보다는 하늘과 땅이 없어지는 것이 더 쉽다.	

마태복음 5:17-20	막	누가복음 16:17	요
이다. [20]왜냐하면, 내가 너희에게 말하는데, 너희의 의가 율법학자들과 바리새인들의 (의보다) 더 낫지 못하면 너희가 결코 하늘나라에 들어가지 못할 것이기 때문이다.			

55. 살인에 관하여

마태복음 5:21-26	막	누가복음 12:58-59	요
[21] 너희는 '살인하지 마라. 살인하는 사람은 누구든지 재판을 받아야 한다' 라고 옛 사람들에게 말해졌다는 것을 들었다.' [22] 그러나 내가 너희에게 말하는데, 자기 형제에게 [T] 성내는 사람마다 재판을 받아야 하고, 자기 형제에게 '라가' 라고 욕하는 사람은 누구든지 공회에 넘겨져야 하고, '바보야' 라고 말하는 사람은 누구든지 불 지옥에 들어가야 한다. [23] 그러므로 네 예물을 제단 위에 드리다가 거기서 너를 탓하는 무엇이 네 형제에게 있다는 생각이 나면 [24] 네 예물을 거기, 제단 앞에 두고 먼저 가서 네 형제와 화해하고 그 후에 와서 네 예물을 드려라. [25] 너를 고소하는 사람과 함께 길에 있는 동안에 빨리 그와 타협하여라. 그렇게 하지 않으면 고소인이 너를 재판관에게, 재판관이 옥졸에게 넘겨주어서, 네가 감옥에 갇힐 것이다. [26] 참으로 내가 네게 말하는데, 네가 마지막 고드란트를 갚기까지 거기서 절대로 나오지 못할 것이다.		[58] 너를 고소하는 사람과 함께 관원에게 갈 때에 그에게서 벗어나도록 길에서 힘써라. 그렇게 하지 않으면 그가 너를 재판관에게 끌고 가고, 재판관이 너를 간수에게 넘겨주고 간수가 너를 감옥에 가둘 것이다. [59] 내가 네게 말하는데, 네가 마지막 렙돈마저 갚기까지 거기서 절대로 나오지 못할 것이다.	

22 [T] 까닭 없이

56. 간음과 이혼에 관하여

마태복음 5:27-32

27 너희는 '간음하지 마라' 라고
말해졌다는 것을 들었다. 28 그
러나 내가 너희에게 말하는데,
욕정을 채우려고 여자를 쳐다
보는 사람마다 자기 마음에 벌
써 그 여자와 간음하였다.
29 만약 네 오른 눈이 너를 넘
어지게 하면 그것을 네게서 뽑
아서 내버려라. 네 신체 중에
서 하나가 없어지고
네 온 몸이
지옥에 던져지지 않는 것이 네
게 낫기 때문이다. 30 또
만약 네 오른손이 너를 넘어지
게 하면 그것을 네게서 잘라서
내버려라. 네 신체 중에서 하
나가 없어지고 네 온 몸이
지옥에 들어가지 않는 것이
네게 낫기 때
문이다.

29 만약 네 오
른 눈이 너를 넘어지게 하면
그것을 네게서 뽑아서 내버려
라. 네 신체 중에서 하나가 없

마가복음 9:43-48

47 만일 네 눈이 너를 넘
어지게 하면 그것을 뽑
아 버려라.
외눈박이로 하나님의 나라에
들어가는 것이 두 눈을 가진
채 지옥에 던져지는 것보다 네
게는 좋다.
43 만일 네 손이 너를 넘
어지게 하면 그것을 잘라
버려라. 장애인으로 생명에
들어가는 것이 두 손을 가진
채 지옥, 곧 꺼지지 않는 불에
들어가는 것보다 네게는 좋다.
44 T 45 만일 네 발이
너를 넘어지게 하면 그것을 잘
라 버려라. 절름발이로 생명에
들어가는 것이 두 발을 가진
채 지옥에 던져지는 것보다 네
게는 좋다. 46 T 47 만일 네
눈이 너를 넘어지게 하면
그것을 뽑아 버려
라. 외눈박이로 하나님의 나라

44, 46 T 거기는 그들의 구더기
도 죽지 않고 불도 꺼지
지 않는다.

누가복음 16:18

요

마태복음 5:27-32	마가복음 9:43-48	누가복음 16:18	요
어지고 네 온 몸이 지옥에 던 져지지 않는 것이 네게 낫기 때문이다.	에 들어가는 것이 두 눈을 가 진 채 지옥에 던져지는 것보다 네게는 좋다. 48 거기는 그들의 구더기도 죽지 않고 불 도 꺼지지 않는다.		
31 '자기 아내를 버리는 사람은 누구든지 그 여자에게 이혼문 서를 주어라' 라고 말해졌다. 32 그러나 내가 너희에게 말하 는데, 음행한 까닭 없이 자기 아내를 버리는 사람마다 그 여자가 간음하게 하는 것이고, 누구든 지 버림받은 여자에게 장가드 는 사람도 간음하는 것이다.		18 자기 아내를 버리고 다른 여자에게 장가드는 사람마다 간음하는 것이고 남편에 게 버림받은 여자에게 장가드 는 사람도 간음하는 것이다.	

57. 맹세에 관하여

마태복음 5:33-37	막	눅	요
33 또 너희는 '헛맹세하지 말고 네 맹세들을 주님께 지켜라' 라고 옛 사람들에게 말해 졌다는 것을 들었다. 34 그러나 내가 너희에게 말하는데, 너희는 전혀 맹세하지 마라. 하늘을 두고도 마라. 그것은 하나님의 보좌이기 때문이다. 35 땅을 두고도 마라. 그 것은 그분의 발판이기 때문이다. 예루살렘을 두고도 마라. 그것은 큰 임금의 성이기 때문이다. 36 네 머리를 두고도 맹세하지 마라. 네가 머리카락 하나 희거나 검게 만 들 수 없기 때문이다. 37 너희 말은 예는 예로, 아니요는 아니요로 하여라. 이것보다 더 하는 것은 ※악에서 나오는 것이다. 37 ※악한 자에게서			

58. 복수에 관하여

마태복음 5:38-42	막	누가복음 6:29-30	요
38 너희는 '눈에는 눈을, 이에는 이를' 이라고 말해졌다는 것을 들었다. 39 그러나 내가 너 희에게 말하는데, 악한 사람과 맞서지 마라. 차라리 누가 [네] 오른뺨을 때리면, 다른 쪽 도 그에게 돌려 대고, 40 네 속옷을 가지고 싶어서 너를 고소하는 사람에게 겉옷도 가 지게 하고, 41 누가 너로 하여금 억지로 ※오 리를ˋ 가게 하면, 그와 함께 ※십 리를ˋ 가주 어라. 42 네게 달라고 하는 사람에게 주고 네게 빌리고 싶어하는 ※사람에게 거절 하지ˋ 마라. 41 ※ 한 밀리온을, 두 밀리온을 42 ※ 사람에게서 돌아서지		29 네 뺨을 치는 사람에게 다른 쪽 도 갖다 대고 네 겉옷을 빼앗는 사람에게 속옷도 막 지 마라. 30 네게 달라고 하는 모든 사람에게 주고 네 것을 빼앗는 사람에게 돌려달라고 하지 마라.	

59. 원수 사랑에 관하여

마태복음 5:43-48	막	누가복음 6:27-28,32-36	요
43 너희는 '네 이웃을 사랑하고 네 원수를 미 워하여라' 라고 말해졌다는 것을 들었다. 44 그러나 내가 너희에게 말하는데, 너 희 원수들을 사랑하고 너희를 억누르는 사람들 을 위하여 기도하여라. 45 그렇게 하면 너희 는 하늘에 계신 너희 아버지의 아들이 될 것이다. (그분은) 악 한 사람들과 선한 사람들 위에 자신의 해가		27 그러나 듣고 있는 너희에게 말하는데, 너 희 원수들을 사랑하고 너희를 미워하는 사 람들에게 잘해 주어라. 28 너희를 저주하는 사람들을 축복하고 너희를 모욕하는 사람들 을 위하여 기도하여라. 35 너희 는 가장 높으신 분의 아들이 될 것이다. 그분은 은혜를 모르는 사람들과 악 한 사람들에게도	

마태복음 5:43-48	막	누가복음 6:27-28,32-36	요
돋게 하시고 의로운 사람들과 불의한 사람들 위에 비를 내려 주시기 때문이다. [46] 너희를 사랑하는 사람들을 너희가 사랑한다면 너희가 무슨 삯을 받겠느냐? 세리들도 그같이 하지 않느냐? [47] 또 너희가 너희 형제들에게만 인사한다면 (남보다) 더 하는 것이 무엇이냐? 이방인들도 그같이 하지 않느냐? [44] 그러나 내가 너희에게 말하는데, 너희 원수들을 사랑하고 너희를 억누르는 사람들을 위하여 기도하여라. [45] 그렇게 하면 너희는 하늘에 계신 너희 아버지의 아들이 될 것이다. (그분은) 악한 사람들과 선한 사람들 위에 자신의 해가 돋게 하시고 의로운 사람들과 불의한 사람들 위에 비를 내려 주시기 때문이다. [48] 그러므로 너희 하늘 아버지께서 완전하신 것처럼 너희도 완전하여라.		선하시기 때문이다. [32] 너희를 사랑하는 사람들을 너희가 사랑하면 너희에게 무슨 칭찬이 있겠느냐? 죄인들도 자기를 사랑하는 사람들을 사랑하기 때문이다. [33] 너희에게 선을 행하는 사람에게 너희가 선을 행하면 너희에게 무슨 칭찬이 있겠느냐? 죄인들도 그같이 한다. [34] 너희가 받기를 바라고 사람들에게 빌려준다면 너희에게 무슨 칭찬이 있겠느냐? 죄인들도 그대로 돌려받으려고 죄인들에게 빌려준다. [35] 그러나 너희 원수들을 사랑하고 선을 행하며 아무 것도 돌려받을 생각 없이 빌려주어라. 그러면 너희 삯이 많을 것이요 너희는 가장 높으신 분의 아들이 될 것이다. 그분은 은혜를 모르는 사람들과 악한 사람들에게도 선하시기 때문이다. [36] 너희 아버지께서 자비로우신 것처럼 (너희도) 자비롭게 되어라.	

60. 구제에 관하여

마태복음 6:1-4	막	눅	요
[1] 사람들에게 보이려고 그들 앞에서 너희 의를 행하지 않도록 조심하여라. 그렇게 하지 않으면 하늘에 계신 너희 아버지에게 삯을 받지 못한다. [2] 그러므로 네가 자선을 베풀 때에는 위선자들이 사람들에게 칭찬을 받으려고 회당과 거리에서 하는 것처럼 네 앞에 나팔을 불지 마라. 참으로 내가 너희에게 말하는데, 그들은 자기 삯을			

마태복음 6:1-4	막	눅	요
받았다. [3] 네가 자선을 베풀 때에는 네 오른손이 무엇을 하는지 네 왼손이 알지 못하게 하여서 [4] 네 자선이 숨겨지도록 하여라. 그러면 숨어서 보시는 네 아버지께서 네게 갚아주실 것이다.			

61. 기도에 관하여

마태복음 6:5-6	막	눅	요
[5] 또 너희는 기도할 때에 위선자들같이 되지 마라. 그들은 사람들에게 나타내려고 회당과 넓은 길의 모퉁이에 서서 기도하기를 좋아하기 때문이다. 참으로 내가 너희에게 말하는데, 그들은 자기 상을 받았다. [6] 너는 기도할 때에 네 골방에 들어가서 네 문을 닫고 숨어 계신 네 아버지께 기도하여라. 그러면 숨어서 보시는 네 아버지께서 네게 갚아 주실 것이다.			

62. 주기도문

마태복음 6:7-15	마가복음 11:25	누가복음 11:1-4	요
[7] 기도할 때에 너희는 이방인들처럼 ※빈말을 되풀이하지 마라. 그들은 그들의 많은 말을 들어주신다고 생각하기 때문이다. [8] 그러므로 너희는 그들같이 되지 마라. 너희 아버지께서는 너희가 그에게 빌기 전에 무엇이 너희에게 꼭 있어야 하는지 알고 계시기 때문이다. 7 ※ 같은 말을		[1] (예수께서) 어떤 곳에서 기도하고 계셨는데 기도를 끝내시자 그의 제자들 가운데서 누가 그에게 말하였다. "주님! 요한이 자기 제자들에게 가르쳐 준 것처럼 저희에게 기도하기를 가르쳐 주십시오." [2] (예수께서) 그들에게 말씀하셨다.	

마태복음 6:7-15	마가복음 11:25	누가복음 11:1-4	요
9 그러므로 너희는 이렇게 기도하여라. '하늘에 계신 우리 아버지, 당신의 이름이 거룩해지시고, 10 당신의 나라가 오시며, 하늘에서처럼 땅 위에서도 당신의 뜻이 이루어지소서. 11 오늘 우리에게 우리의 하루치 빵을 주시고, 12 우리 또한 우리의 빚진 사람들을 용서한 것처럼 우리의 빚을 용서해 주시며, 13 우리를 시험으로 이끌지 마시고, 오히려 ※악으로부터 우리를 건져주소서. ⊤ ' 14 너희가 사람들의 잘못을 용서해 주면 너희 하늘 아버지께서도 너희를 용서해 주시지만, 15 너희가 「사람들을 용서해 주지 않으면 너희 아버지께서도 너희 잘못을 용서해 주지 않으실 것이다.	25 너희가 서서 기도할 때에 누구를 탓하는 무엇이 있으면 용서해 주어라. 하늘에 계신 너희 아버지께서도 너희 잘못을 용서해 주시도록 하려는 것이다.	"기도할 때에 너희는 (이렇게) 말하여라. '아버지, 당신의 이름이 거룩해지시고, 당신의 나라가 오시며, 3 날마다 우리에게 우리의 하루치 빵을 주시고 4 우리 자신도 우리에게 빚진 모두를 용서하므로 우리의 죄를 용서해 주시며, 우리를 시험으로 이끌지 마소서.'	

13 ※ 악한 자들로부터
⊤ 나라와 권세와 영광이 영원히 당신의 것입니다. 아멘.
15 「 사람들의 잘못을

63. 금식에 관하여

<table>
<tr><th>마태복음 6:16–18</th><th>막</th><th>눅</th><th>요</th></tr>
<tr><td>16 너희는 금식할 때에 슬픈 표정을 짓는 위선자들처럼 되지 마라. 그들은 금식하는
동안 사람들에게 나타내려고 자신들의 얼굴을 흉하게 하기 때문이다. 참으로 내가
너희에게 말하는데, 그들은 자기 삯을 받았다. 17 그러나 너는 금식하는 동안 네 머
리에 기름을 바르고 네 얼굴을 씻어서 18 네가 금식하는 것을 사람들에게 나타내지
말고 숨어 계신 네 아버지께 나타내어라. 그러면 숨어서 보시는 네 아버지께서 네게
갚아주실 것이다.</td><td></td><td></td><td></td></tr>
</table>

64. 하늘의 보물에 관하여

<table>
<tr><th>마태복음 6:19–21</th><th>막</th><th>누가복음 12:33–34</th><th>요</th></tr>
<tr><td>19 너희를 위하여 땅 위에 보물을 쌓아 두지
마라. 여기는 좀과 녹이 못쓰게 만들고, 여
기는 도둑들이 뚫고 들어와서 훔쳐가 버린
다. 20 너희를 위하여 하늘에 보물을 쌓아
두어라. 거기는 좀도 녹도 못쓰게 만들지
못하고, 거기는 도둑들이 뚫고 들어가서 훔
쳐가지도 못한다. 21 네 보물이 있는 곳, 거
기 네 마음도 있을 것이기 때문이다.</td><td></td><td>33 너희 소유물을 팔아서 자선을 베풀어라.
너희 자신들을 위하여 낡지 않는 주머니,
곧 없어지지 않는 하늘의 보물을 만들
어라. 거기는 도둑이 가까이하지 못하고 좀
도 슬지 않는다.
34 너희 보물이 있는 곳, 거
기 너희 마음도 있을 것이기 때문이다.</td><td></td></tr>
</table>

65. 몸의 등불에 관하여

마태복음 6:22-23	막	누가복음 11:34-36	요
22 몸의 등불은 눈이다. 그러므로 네 눈이 좋으면 네 온 몸이 밝을 것이지만, 23 네 눈 이 나쁘면 네 온 몸이 어두울 것이다. 그러 므로 네 속에 있는 빛이 어두우면 그 어둠 이 얼마나 (짙겠느냐?)		34 몸의 등불은 네 눈이다. 네 눈이 좋은 때는 네 온 몸이 밝지만, 나쁜 때는 네 몸이 어둡다. 35 그러 므로 네 속에 있는 빛이 어둡지 않은지 살 펴보아라. 36 그러므로 네 온 몸이 밝고, 어 떤 어두운 부분도 없으면 등잔이 그 빛으로 너를 비출 때처럼 온 (몸이) 밝을 것이다.	

66. 두 주인을 섬김에 관하여

마태복음 6:24	막	누가복음 16:13	요
24 아무도 두 주인을 섬길 수 없다. 왜 냐하면 한 쪽을 미워하고 다른 쪽을 사랑하 거나 한 쪽에 매달리고 다른 쪽을 업신여길 것이기 때문이다. 너희가 하나님과 재물을 (함께) 섬길 수는 없다.		13 어떤 하인도 두 주인을 섬길 수 없다. 왜 냐하면 한 쪽을 미워하고 다른 쪽을 사랑하 거나 한 쪽에 매달리고 다른 쪽을 업신여길 것이기 때문이다. 너희가 하나님과 재물을 (함께) 섬길 수는 없다.	

67. 염려에 관하여

마태복음 6:25-34	막	누가복음 12:22-32	요
25 그 러므로 내가 너희에게 말하는데, 너희 목숨 을 위하여 무엇을 먹을까, [무엇을 마실까,] 또 너희 몸을 위하여 무엇을 입을까 걱정하 지 마라. 목숨이 음식보다, 몸이 옷보다 더		22 그가 [자기] 제자들에게 말씀하셨다. "그 러므로 내가 너희에게 말하는데, 목숨 을 위하여 무엇을 먹을까, 또 몸을 위하여 무엇을 입을까 걱정하 지 마라. 23 목숨이 음식보다, 몸이 옷보다 더	

마태복음 6:25-34

소중하지 않느냐? 26 하늘의 새들을 바라보
아라. 그것들은 씨를 뿌리지도 않고 거두지
도 않고 창고에 모으지도 않지
만, 너희 하늘 아버지께서 그것들을 먹이신
다. 너희는 그것들보다 더 값지지 않느냐?
27 너희 가운데 누가 걱정하면서 자기 ※키를
한 ※자 늘릴 수 있느냐? 28 너희
는 왜 옷에
대하여 걱정하느냐? 들의 백합이 어
떻게 자라는지 살펴보아라. 그것들은 애쓰
지도 않고 실을 뽑지도 않는다. 29 그러나
내가 너희에게 말하는데, 솔로몬이 자기 모
든 영화로도 이것들 중 하나처럼 입지 못하
였다. 30 오늘 있다가 내일 아궁이에 던져지
는 들풀을 하나님께서 이렇게 입히신
다면 너희를 훨씬 잘 (입히시지) 않겠느냐?
믿음이 작은 사람들아! 31 그러므로 너희는
'무엇을 먹을까?', 또는 '무엇을 마실까?',
또는 '무엇을 입을까?' 라고 말하며 걱정하
지 마라. 32 이것들은 모두 이방
인들이 찾기 때문이다. 또 너희는 이것들
모두가 필요하다는 것을 너희 하늘 아버지
께서 아시기 때문이다. 33 그러나 너희는
먼저 [하나님의] 나라와 그의 의를 찾아라.
그러면 이것들 모두가 너희에게 더해질 것
이다. 34 그러므로 내일을 위하여 걱정하지
마라. 내일은 그날 걱정할 것이요 하루의
괴로움은 그날로 충분하기 때문이다.

27 ※나이를, ※페퀴, 즉 큐빗

막

누가복음 12:22-32

소중하기 때문이다. 24 까마귀들을 생각해 보
아라. 그것들은 씨를 뿌리지도 않고 거두지
도 않으며, 그것들에게는 광도 창고도 없지
만, 하나님께서 그것들을 먹이신
다. 너희는 그 새들보다 얼마나 더 값지냐?
25 너희 가운데 누가 걱정하면서 자기 ※키를
(한) ※자 늘릴 수 있느냐? 26 그러므로 너희
가 가장 작은 것도 할 수 없다면 왜 남은
것들에 대하여 걱정하느냐? 27 백합이 어
떻게 자라는지 생각해 보아라. 그것은 애쓰
지도 않고 실을 뽑지도 않는다. 그러나
내가 너희에게 말하는데, 솔로몬이 자기 모
든 영화로도 이것들 중 하나처럼 입지 못하
였다. 28 오늘 있다가 내일 아궁이에 던져지
는 들판의 풀을 하나님께서 이렇게 입히신
다면 너희를 얼마나 잘 입히시겠느냐?
믿음이 작은 사람들아! 29 너희는
무엇을 먹고, 무엇을 마실지
찾지도 말고 염려하
지도 마라. 30 이것들은 모두 세상의 이방
인들이 찾기 때문이다. 또 너희는 이것들이
필요하다는 것을 너희 아버지
께서 아시기 때문이다. 31 그러므로 너희는
그의 나라를 찾아라.
그러면 이것들이 너희에게 더해질 것
이다.

32 무서워하지 마라.
작은 (양)떼여, 너희 아버지께서 너희에게
그 나라를 주시기를 기뻐하셨다.

25 ※나이를, ※페퀴, 즉 큐빗

요

68. 비판에 관하여

마태복음 7:1-5

1 비판을 받지 않으려면 비판을
하지 마라. 2 너희가 비판하는
그 비판으로 너희가 비판을 받
고,
너희가 재는 그
자로 너희가 재어질 것이
기 때문이다.

(13:12 참조)

3 어째서 네 형제의 눈
속에 있는 티는 보면서 네 눈 속에 있
는 들보는 느끼지 못하느냐? 4 보아라, 네
눈 속에 들보가 있는데
네가 어떻게 네 형제에게 '나
로 하여금 네 눈에서 티를 빼내게 하
여라' 라고 말하겠느냐? 5 위선자야, 먼저
네 눈에서 들보를 빼내어라. 그러면 그때
너는 네 형제의 눈에서 티를 빼내도록
밝히 볼 것이다.

마가복음 4:24-25

24 (예수께서) 그들에게 말씀하
셨다. "너희가 무엇을 듣는지
조심하여라. 너희가 재는 그
자로 너희가 재어지고,
너희에게 더해질 것
이다. 25 가진 사람, 그에게는
주어지고, 가지지 못한 사람은
그가 가지고 있는 것도 자기에
게서 빼앗기겠기 때문이다."

누가복음 6:37-42

37 비판을
하지 마라. 그러면 너희가 결
코 비판을 받지 않을 것이다.
정죄하지 마라. 그러면 너희
가 결코 정죄되지 않을 것이다.
용서해 주어라. 그러면 너희가
용서 받을 것이다. 38 주어라.
그러면 너희에게 주어질 것이
다. 좋은 되에 누르고 흔들고
넘치게 담아서 너희 가슴에 안
겨 줄 것이다. 너희가 재는 그
자로 너희가 도로 재어질 것이
기 때문이다."

(8:18 참조)

39 (예수께서) 또 비유로 그들에게 말씀하셨다.
"소경이 소경을 인도할 수 있느냐? 둘 다
구덩이에 빠지지 않겠느냐? 40 제자가 선생
위에 있지는 않지만 다 배운 사람마다 자기
선생과 같을 것이다. 41 어째서 네 형제의 눈
속에 있는 티는 보면서 자신의 눈 속에 있
는 들보는 느끼지 못하느냐? 42 네
눈 속에 있는 들보를 네 자신이 보지 못하
는데 네가 어떻게 네 형제에게 '형제여! 나
로 하여금 네 눈 속에 있는 티를 빼내게 하
여라' 라고 말할 수 있느냐? 위선자야! 먼저
네 눈에서 들보를 빼내어라. 그러면 그때
너는 네 형제의 눈에 있는 티를 빼내도록
밝히 볼 것이다.

요

69. 거룩한 것에 관하여

마태복음 7:6	막	눅	요
[6] 거룩한 것을 개들에게 주지 말고 너희 진주들을 돼지들 앞에 던지지 마라. 그렇지 않으면 그것들이 자기 발로 그것을 짓밟고 돌아서서 너희를 물어뜯을 것이다.			

70. 기도를 들으심에 관하여

마태복음 7:7–11	막	누가복음 11:9–13	요
[7] 구하여라. 그러면 너희에게 주어질 것이다. 찾아라. 그러면 너 희가 찾게 될 것이다. 두드려라. 그러면 너 희에게 열릴 것이다. [8] 구하는 사람마다 받 고, 찾는 사람이 찾게 되며, 두드리는 사람 에게 열릴 것이기 때문이다. [9] 너희 가운데 자기 아들이 빵을 달라고 하는데 그에게 돌 을 줄 사람이 누가 있느냐? [10] 또 생선을 달 라고 하는데 그에게 뱀을 주 느냐? [11] 너희가 악해 도 자기 아이들에게 좋은 선물들을 줄 줄 안다면, 하늘에 계신 너희 아버지께서는 자 기에게 구하는 사람들에게 좋은 것들을 얼 마나 많이 주실까!		[9] 내가 너희에게 말한다. 구하여라. 그러면 너희에게 주어질 것이다. 찾아라. 그러면 너 희가 찾게 될 것이다. 두드려라. 그러면 너 희에게 열릴 것이다. [10] 구하는 사람마다 받 고, 찾는 사람이 찾게 되며, 두드리는 사람 에게 열릴 것이기 때문이다. [11] 너희 가운데 아들이 생선을 달 라고 하는데, 생선 대신에 그에게 뱀을 줄 아버지가 누구냐? [12] 또 알을 달라고 하는 데, 그에게 전갈을 주느냐? [13] 너희가 악하 지만 자기 아이들에게 좋은 선물들을 줄 줄 안다면, 하늘에 계신 아버지께서는 자 기에게 구하는 사람들에게 성령을 얼 마나 많이 주실까!	

71. 황금률

마태복음 7:12	막	누가복음 6:31	요
12 그러므로 사람들이 너희에게 해주기를 바라는 것은 무엇이든지, 그 모두를 너희도 그들에게 그대로 해주어라. 이것이 율법과 선지자들(의 가르침)이기 때문이다.		31 사람들이 너희에게 해주기를 바라는 대로 그들에게 똑같이 해주어라.	

72. 좁은 문, 좁은 길

마태복음 7:13-14	막	누가복음 13:23-24	요
13 좁은 문으로 들어가거라. 멸망으로 이끄는 문은 크고 그 길도 넓어서 거기로 들어가는 사람들이 많지만, 14 생명으로 이끄는 문은 작고 그 길도 좁아서 그것을 찾게 되는 사람들이 적기 때문이다.		23 어떤 사람이 그에게 말하였다. "주님, 구원되는 사람이 적습니까?" 그가 그들에게 말씀하셨다. 24 "좁은 문으로 들어가기를 힘써라. 내가 너희에게 말하는데, 많은 사람이 들어가려 하겠지만 할 수 없을 것이기 때문이다."	

73. 열매로 알리라

마태복음 7:15-20	막	누가복음 6:43-45	요
15 거짓 선지자들을 조심하여라. 그들은 양의 옷을 (걸치고) 너희에게 오지만 속은 ※사나운 이리들이다. 16 너희는 그들의 열매로 그들을 알아볼 것이다. (사람들이) 가시덤불에서		43 나쁜 열매 맺는 좋은 나무가 없고 또 좋은 열매 맺는 나쁜 나무도 (없기) 때문이다. 44 또 각 나무는 자신의 열매로 알려지기 때문이고, (사람들이) 가시덤불에서	

15 ※빼앗는

마태복음 7:15-20

포도를, 엉겅퀴에서 무화과를 따겠느냐?
17 이렇게, 좋은 나무
마다 좋은 열매들을 맺고 나쁜 나무는 나쁜
열매들을 맺는다. 18 좋은 나무가 나쁜 열매
들을 맺을 수 없고 나쁜 나무가 좋은 열매
들을 맺을 수 없다. 19 좋은 열매를 맺지 않
는 나무마다 찍혀서 불에 던져진다. 20 그러
므로 너희는 그들의 열매들로 그들을 알아
볼 것이다.

막

누가복음 6:43-45

무화과를 따지 못하고 가시나무에서 포도를
거두지 못하기 때문이다.
45 선한 사람은 마음의 선한 창고에
서 선한 것을 내고 악한 (사람은) 악한 (창
고에서) 악한 것을 낸다. 마음에 가득한 것
을 자기 입이 말하기 때문이다.

요

74. 주님, 주님 하는 사람

마태복음 7:21-23

21 내게 '주님, 주님' 하는 사람 모두가 하늘
나라에 들어가는 것은 아니다. 다만 하늘에
계신 내 아버지의 뜻을 행하는 사람이라야
한다. 22 그날에 많은 사람이 내게 말할
것이다. '주님, 주님, 우리가 당신의 이름으
로 예언하였고, 당신의 이름으로 귀신들을
내쫓았으며, 당신의 이름으로 많은 기적을
일으키지 않았습니까?' 23 그러나 그때
내가 그들에게
※분명히 말할 것이다. '내가 너희를 도무지
알지 못한다. 내게서 떠나 가거라. 불
법을 저지르는 사람들아.'

23 ※ 고백할

막

누가복음 6:46; 13:25-27

6 46 왜 너희는 나를 '주님, 주님' 하고 부르
면서도 내가 말하는 것들을 행하지 않느냐?
13 25 집주인이 일어나서 문을 닫아걸
면, 너희가 밖에 서서 문을 두드리기 시작
하며 '주님, 저희에게 열어주십시오' 하고 말
하여도, 내가 너희에게 '나는 너희가 어디서
왔는지 알지 못한다' 라고 대답할 것이다.
26 그때 너희가 '저희는 당신 앞에서 먹고 마
셨으며 당신은 저희 길에서 가르치셨습니다'
하고 말하기 시작하여도, 27 내가 너희에게
'나는 너희가 어디서
왔는지 알지 못한다. 내게서 떠나라. 불
의를 저지르는 모든 사람들아' 라고 말할 것
이다.

요

75. 집짓는 사람의 비유

마태복음 7:24-27	막	누가복음 6:47-49	요
[24] 그러므로 나의 이 말들을 듣고 그대로 행하는 사람마다 자기 집을 바위 위에 지은 슬기로운 사람과 같을 것이다. [25] 비가 내리고 강물이 넘치고 바람이 불어서 그 집에 휘몰아쳤지만 바위 위에 세워진 까닭에 무너지지 않았다. [26] 그러나 나의 이 말들을 듣고 그대로 행하지 않는 사람마다 자기 집을 모래 위에 지은 어리석은 사람과 같을 것이다. [27] 비가 내리고 강물이 넘치고 바람이 불어서 그 집에 휘몰아치자 집이 무너졌는데 그 부서짐이 컸다."		[47] 내게 와서 나의 말들을 듣고 그대로 행하는 사람마다 누구와 같은지를 너희에게 보여 주겠다. [48] 그는 집을 지으면서 땅을 깊게 파고 내려가서 기초를 바위 위에 놓은 사람과 같다. 홍수가 나고 강물이 그 집에 몰아닥쳐도 그 집이 잘 지어진 까닭에 그 집을 흔들 수 없었다. [49] 그러나 듣고 행하지 않은 사람은 기초도 없이 땅 위에 집을 지은 사람과 같다. 강물이 몰아닥치면 곧바로 무너지고 그 집이 크게 부서지게 되었다."	

76. 맺는 말

마태복음 7:28-29	마가복음 1:21-22	눅	요
[28] 예수께서 이 말씀들을 마치셨을 때 무리들이 그의 가르침에 놀랐다. [29] 그들을 가르치실 때에 그는 권위 있는 분과 같고 그들의 율법학자들과 같지 않으셨기 때문이다.	[21] 그들은 가버나움으로 들어갔다. (예수께서) 안식일에 곧바로 회당에 들어가서 가르치셨는데, [22] 사람들이 그의 가르침에 놀랐다. 그들을 가르치실 때에 그는 권위 있는 분과 같고 율법학자들과 같지 않으셨기 때문이다.		

VI. 평지설교

누 6:17-49

77. 배경

마태복음 4:24-5:1	마가복음 3:7-12	**누가복음 6:17-20a**	요
24 예수의 소문이 온 수리아에 퍼져서 사람들이 모든 아픈 사람들, 곧 여러 가지 병과 고통으로 괴로워하는 사람들과 귀신들린 사람들과 간질병에 걸린 사람들과 중풍 걸린 사람들을 예수께 데려왔다. 예수께서 그들을 고쳐주셨다. 25 그래서 갈릴리와 데가볼리와 예루살렘과 유대와 요단강 건너편으로부터 온 많은 무리가 그를 따랐다.	7 예수께서 자기 제자들과 함께 바다로 떠나가셨고 많은 무리가 갈릴리로부터 (그를) [따랐다.] 또 유대와 8 예루살렘과 이두매와 요단강 맞은편과 두로와 시돈 부근으로부터 많은 무리가 (예수께서) 하고 계셨던 일들을 듣고 예수께 왔다. 9 (예수께서는) 사람들이 무리 때문에 자기를 밀지 못하게 하시려고 자기에게 작은 배를 준비하도록 자기 제자들에게 지시하셨다. 10 (예수께서) 많은 사람들을 고쳐주셨으므로 병든 사람들이 그를 만지려고 그에게 밀려들었기 때문이다. 11 더러운 영들이 예수를 볼 때는 그 앞에 엎드려 "당신은 하나님의 아들이십니다" 하고 소리질렀는데 12 (예수께서는) 자기를 나타내지 못하도록 그들을 거듭거듭 꾸짖으셨다.	17 (예수께서) 그들과 함께 내려오셔서 어떤 평평한 곳에 서셨는데 그의 많은 제자 무리와 온 유대, 예루살렘, 두로와 시돈의 해안 지역에서 온 백성의 많은 무리도 (있었다.) 18 그들은 예수의 (말씀을) 듣고 자기들의 병을 고치려고 왔는데 더러운 영들로부터 고통을 당하던 사람들이 고침을 받았다.	
5 1 (예수께서) 무리들을 보시고 산으로 올라가셨다. 예수께서 앉으시자 그의 제자들이 그에게 다가왔고, 2 예수		19 온 무리가 예수를 만지려고 애썼는데 이는 예수에게서 능력이 나와서 모든 사람들을 낫게 하였기 때문이다. 20a 예수	

마태복음 4:24-5:1	마가복음 3:7-12	누가복음 6:17-20a	요
께서는 자기 입을 여시고 그들을 가르치셨다.		께서 자기 제자들을 향하여 자기 눈을 드시고 말씀하셨다.	

78. 복된 사람들

마태복음 5:3-12	막	누가복음 6:20b-23	요
3 "심령이 가난한 사람들이 복이 있다. 하늘나라가 그들의 것이기 때문이다.		20b "가난한 사람들이 복이 있다. 하나님의 나라가 너희의 것이기 때문이다.	
4 슬퍼하는 사람들이 복이 있다. 그들이 위로를 받을 것이기 때문이다.			
5 온유한 사람들이 복이 있다. 그들이 땅을 물려받을 것이기 때문이다.			
6 의에 주리고 목마른 사람들이 복이 있다. 그들이 배부르게 될 것이기 때문이다.		21 이제 주린 사람들이 복이 있다. 너희가 배부르게 될 것이기 때문이다. 이제 우는 사람들이 복이 있다. 너희가 웃을 것이기 때문이다.	
7 자비로운 사람들이 복이 있다. 그들이 자비를 입을 것이기 때문이다. 8 마음이 깨끗한 사람들이 복이 있다. 그들이 하나님을 볼 것이기 때문이다. 9 평화를 이루는 사람들이 복이 있다. 그들이 하나님의 아들들로 불릴 것이기 때문이다. 10 의 때문에 억눌린 사람들이 복이 있다. 하늘나라가 그들의 것이기 때문이다.			
11 나 때문에 (사람들이) 너희를 욕하고 억누르고 너희를 향해 [터무니없이] 온갖 못된 말을 할 때에는 너희가 복이 있다.		22 인자 때문에 사람들이 너희를 미워할 때에는, 또 너희를 멀리하고 욕하고 너희 이름을 악하다고 내버릴 때에는 너희가 복이 있다.	

마태복음 5:3-12	막	누가복음 6:20b-23	요
12 기뻐하고 즐거워하여라. 너희 상이 하늘에 많기 때문이다. 또 (사람들이) 너희 앞에 (있었던) 선지자들을 이렇게 억눌렀기 때 문이다.		23 그날에는 기뻐하고 뛰어라. 보아라! 너희 상이 하늘에 많기 때문이다. 또 그들의 조상들이 선지자들을 같은 방식으로 대하였기 때 문이다.	

79. 화의 선언

마	막	누가복음 6:24-26	요
		24 그러나 너희 부자들에게는 화가 있다. 너희의 위로를 받고 있기 때문이다. 25 너 희에게 화가 있다. 지금 배부른 사람들아! 너희가 주릴 것이기 때문이다. 화가 있 다. 지금 웃는 사람들아! 너희가 슬퍼하고 울 것이기 때문이다. 26 모든 사람들이 너 희를 좋게 말할 때에는 화가 있다. 그들의 조상들이 거짓 선지자들에게 같은 방식으 로 행하였기 때문이다.	

80. 원수 사랑에 관하여

마태복음 5:38-48	막	누가복음 6:27-36	요
44 그러나 내가 너희에게 말하는데, 너희 원수들을 사랑하고 너희를 억누르는 사람들 을 위하여 기도하여라. 38 너희는 '눈에는 눈을, 이에는 이를'이라고 말해졌다는 것을 들었다. 39 그러나 내가 너희에게 말하는데, 악한 사람과 맞서지 마라. 차라리 누가 [네] 오른 뺨을 때리면, 다른 쪽도 그에게 돌		27 그러나 듣고 있는 너희에게 말하는데, 너 희 원수들을 사랑하고 너희를 미워하는 사 람들에게 잘해 주어라. 28 너희를 저주하는 사람들을 축복하고 너희를 모욕하는 사람들 을 위하여 기도하여라. 29 네 뺨을 치는 사람에게 다른 쪽도 갖	

마태복음 5:38-48

막

려 대고, [40] 네 속옷을 가지고 싶어서 너를
고소하는 사람에게 겉옷도 가지게 하고,
[41] 누가 너로 하여금 억지로 ※오 리를 가게
하면, 그와 함께 ※십 리를 가주어라. [42] 네
게 달라고 하는 사람에게 주고 네게
빌리고 싶어하는 ※사람에게 거절하지 마
라. 7 [12] 그러므로 사람들이 너희에게 해 주
기를 바라는 것은 무엇이든지 그 모두를 너
희도 그들에게 그대로 해 주어라. [43] 너희는
'네 이웃을 사랑하고 네 원수를 미워하여라'
라고 말해졌다는 것을 들었다. [44] 그러나 내
가 너희에게 말하는데, 너희 원수들을
사랑하고 너희를 억누르는 사람들을 위하여
기도하여라.

[45] 그렇게 하면
너희는 하늘에 계신 너희 아버지의
아들이 될 것이다. (그분은) 악한
사람들과 선한 사람들 위에 자신의 해가 돋
게 하시고 의로운 사람들과 불의한 사람들
위에 비를 내려 주시기 때문이다. [46] 너희를
사랑하는 사람들을 너희가 사랑한다면 너희
가 무슨 삯을 받겠느냐? 세리들도 그같이
하지 않느냐?
[47] 또 너희가 너희 형제들에게만 인사한다면
(남보다) 더 하는 것이 무엇이냐? 이방인들
도 그같이 하지 않느냐?

[44] 그러나
내가 너희에게 말하는데, 너희 원수들을 사

41 ※한 밀리온을, 두 밀리온을
42 ※사람에게서 돌아서지

누가복음 6:27-36

요

다 대고 네 겉옷을 빼앗는
사람에게 속옷도 막지 마라.

[30] 네
게 달라고 하는 모든 사람에게 주고 네 것을
빼앗는 사람에게 돌려달라고 하지 마
라. [31] 사람들이 너희에게 해 주
기를 바라는 대로
그들에게 똑같이 해 주어라.

[27] 그러나 듣
고 있는 너희에게 말하는데, 너희 원수들을
사랑하고 너희를 미워하는 사람들에게 잘해
주어라. [35] 그러나 너희 원수들을 사랑하고
선을 행하며 아무 것도 돌려받을 생각 없이
빌려 주어라. 그러면 너희 삯이 많을 것이
요 너희는 가장 높으신 분의 아
들이 될 것이다. 그분은 은혜를 모르는 사
람들과
악한
사람들에게도 선하시기 때문이다. [32] 너희를
사랑하는 사람들을 너희가 사랑하면 너희에
게 무슨 칭찬이 있겠느냐? 죄인들도 자기를
사랑하는 사람들을 사랑하기 때문이다.
[33] 너희에게 선을 행하는 사람들에게 너희가
선을 행하면 너희에게 무슨 칭찬이 있겠느
냐? 죄인들도 그같이 한다. [34] 너희가 받기
를 바라고 사람들에게 빌려준다면 너희에게
무슨 칭찬이 있겠느냐? 죄인들도 그대로 돌
려받으려고 죄인들에게 빌려준다. [35] 그러나
너희 원수들을 사

마태복음 5:38-48	막	**누가복음 6:27-36**	요
랑하고 너희를 억누르는 사람들을 위하여 기도하여라. 45 그렇게 하면 너희는 하늘에 계신 너희 아버지의 아들이 될 것이다. (그분은) 악한 사람들과 선한 사람들 위에 자신의 해가 돋게 하시고 의로운 사람들과 의롭지 못한 사람들 위에 비를 내려 주시기 때문이다. 48 **그러므로 너희** **하늘 아버지께서 완전하신 것처럼 너희도** **완전하여라.**		랑하고 선을 행하며 아무 것도 돌려받을 생 각 없이 빌려 주어라. 그러면 너희 삯이 많 을 것이요 너희는 가장 높으신 분의 아들이 될 것이다. 그분은 은혜를 모르는 사람들과 악한 사람들에게도 선하시기 때문 이다. 36 너희 아버지께서 자비로우신 것처럼 (너희도) 자비롭게 되어라.	

81. 비판에 관하여

마태복음 7:1-5	마가복음 4:24-25	**누가복음 6:37-42**	요
1 비판을 받지 않으려면 비판 을 하지 마라. 2 너희가 비판하 는 그 비판으로 너희가 비판을 받고, 너희가 재는 그 자로 너 희가 재어질 것이기 때문 이다.	 24 (예수 께서) 그들에게 말씀하셨다. "너희가 무엇을 듣는지 조심하 여라. 너희가 재는 그 자로 너 희가 재어지고, 너희에게 더해질 것이다. 25 가진 사람, 그에게는 주어지 고, 가지지 못한 사람은 그가	37 비판을 하지 마라. 그러면 너 희가 결코 비판을 받지 않을 것이다. 정죄하지 마라. 그러 면 너희가 결코 정죄되지 않을 것이다. 용서해 주어라. 그러 면 너희가 용서 받을 것이다. 38 주어라. 그러면 너희에게 주 어질 것이다. 좋은 되에 누르 고 흔들고 넘치게 담아서 너희 가슴에 안겨 줄 것이다. 너희가 재는 그 자로 너 희가 도로 재어질 것이기 때문 이다."	

마태복음 7:1-5

(13:12 참조)

3 어째서
네 형제의 눈 속에 있는 티는
보면서 네 눈 속에 있는
들보는 느끼지 못하느냐? 4 보
아라, 네 눈 속에 들보가
있는데 네가
어떻게 네 형제에게
'나로 하여금 네 눈에서
티를 빼내게 하여라' 라고 말하
겠느냐? 5 위선자야, 먼저 네
눈에서 들보를 빼내어라. 그러
면 그때 너는 네 형제의 눈에
서 티를 빼내도록 밝히 볼
것이다.

마가복음 4:24-25

가지고 있는 것도 자기에게서
빼앗기겠기 때문이다."

누가복음 6:37-42

(8:18 참조)

39 (예수께서) 또 비유로 그들
에게 말씀하셨다. "소경이 소
경을 인도할 수 있느냐? 둘
다 구덩이에 빠지지 않겠느냐?
40 제자가 선생 위에 있지는 않
지만 다 배운 사람마다 자기
선생과 같을 것이다. 41 어째서
네 형제의 눈 속에 있는 티는
보면서 자신의 눈 속에 있는
들보는 느끼지 못하느냐?
42 네 눈 속에 있는 들보를
네 자신이 보지 못하는데 네가
어떻게 네 형제에게 '형제여!
나로 하여금 네 눈 속에 있는
티를 빼내게 하여라' 라고 말할
수 있느냐? 위선자야! 먼저 네
눈에서 들보를 빼내어라. 그러
면 그때 너는 네 형제의 눈에
있는 티를 빼내도록 밝히 볼
것이다.

요

82. 열매로 알리라

마태복음 7:15-20; 12:33-35

15 거짓 선지자들을 조심하여라. 그들은 양
의 옷을 (걸치고) 너희에게 오지만 속은
※사나운 이리들이다.

15 ※빼앗는

막

누가복음 6:43-45

43 나쁜 열매 맺는 좋은 나무가

요

마태복음 7:15-20; 12:33-35

16 너희는 그들의 열매로 그들을 알
아볼 것이다. (사람들이) 가시덤불에서
포도를, 엉겅퀴에서 무화과를 따겠느냐?
17 이렇게, 좋은 나무마다
좋은 열매들을 맺고 나쁜 나무는 나쁜 열매
들을 맺는다. 18 좋은 나무가 나쁜 열매들을
맺을 수 없고 나쁜 나무가 좋은 열매들을
맺을 수 없다. 19 좋은 열매를 맺지 않는 나
무마다 찍혀서 불에 던져진다. 20 그러므로
너희는 그들의 열매들로 그들을 알아볼 것
이다. 12 33 나무도 좋고 그 열매도 좋다고
하든지 나무도 나쁘고 그 열매도 나쁘다고
하여라. 나무는 열매로 알게 되기 때문이다.
34 독뱀 새끼들아! 너희가 악한데 어떻게 선
한 것들을 말할 수 있느냐? 마음에 가득한
것을 입이 말하기 때문이다. 35 선한 사람은
선한 창고에서 선한 것들을 내보내고
악한 사람은 악한 창고에서 악한 것들을 내
보낸다.

막

누가복음 6:43-45

없고 또 좋은 열매 맺는 나쁜 나무도 없기
때문이다. 44 또 각 나무는 자신의 열매로 알
려지기 때문이고, (사람들이) 가시덤불에서
무화과를 따지 못하고 가시나무에서 포도를
거두지 못하기 때문이다.

45 선한 사람은
마음의 선한 창고에서 선한 것을 내고
악한 (사람은) 악한 (창고에서) 악한 것을
낸다. 마음에 가득한 것을 자기 입이 말
하기 때문이다.

요

83. 집짓는 사람의 비유

마태복음 7:21-27

21 내게 '주님, 주님' 하는 사람 모두가 하늘나
라에 들어가는 것은 아니다. 다만 하늘에 계
신 내 아버지의 뜻대로 행하는 사람이라야
한다. 22 그날에 많은 사람이 내게 말할 것이
다. '주님, 주님, 우리가 당신의 이름으로

막

누가복음 6:46-49

46 왜 너희는 나를 '주님, 주님' 하고 부르면
서도 내가 말하는 것들을 행하지 않느냐?

요

마태복음 7:21-27	막	누가복음 6:46-49	요
예언하였고 당신의 이름으로 귀신들을 내쫓았으며 당신의 이름으로 많은 기적을 일으키지 않았습니까?' [23] 그러나 그때 내가 그들에게 ※분명히 말할 것이다. '나는 너희를 도무지 알지 못한다. 내게서 떠나 가거라. 불법을 저지르는 사람들아.' [24] 그러므로 나의 이 말들을 듣고 그대로 행하는 사람마다 자기 집을 바위 위에 지은 슬기로운 사람과 같을 것이다. [25] 비가 내리고 강물이 넘치고 바람이 불어서 그 집에 휘몰아쳤지만 바위 위에 세워진 까닭에 무너지지 않았다. [26] 그러나 나의 이 말들을 듣고 그대로 행하지 않는 사람마다 자기 집을 모래 위에 지은 어리석은 사람과 같을 것이다. [27] 비가 내리고 강물이 넘치고 바람이 불어서 그 집에 휘몰아치자 집이 무너졌는데 그 부서짐이 컸다."		[47] 내게 와서 나의 말들을 듣고 그대로 행하는 사람마다 누구와 같은지를 너희에게 보여 주겠다. [48] 그는 집을 지으면서 땅을 깊게 파고 내려가서 기초를 바위 위에 놓은 사람과 같다. 홍수가 나고 강물이 그 집에 몰아닥쳐도 그 집이 잘 지어진 까닭에 그 집을 흔들 수 없었다. [49] 그러나 듣고 행하지 않은 사람은 기초도 없이 땅 위에 집을 지은 사람과 같다. 강물이 몰아닥치면 곧바로 무너지고 그 집이 크게 부서지게 되었다."	

23 ※ 고백할

VII. 갈릴리 계속 사역

마 8:1-16:12

막 3:20-8:26

눅 7:1-9:17

요 4:46b-6:59

84. 문둥병자를 고치심

마태복음 8:1-4	마가복음 1:40-45	누가복음 5:12-16	요
1 예수께서 산에서 내려오시자		12 예수께서 한 성에 계실 때에,	
많은 무리들이 그를 따랐다.		보라, 온 몸이 문둥병에 걸린	
2 보라, 어떤 문둥병자가 예수	40 어떤 문둥병자가 예수	어떤 남자가 예수	
께 다가와서	께 와서	를 보고 자기 얼굴이 땅에	
절하며 말하	[무릎을 꿇고] 간청하며 말하	닿게 엎드려 빌면서 말하	
였다. "주님, 당신이 원하시면	였다. "당신이 원하시면	였다. "주님, 당신이 원하시면	
저를 깨끗하게 하실 수 있습니	저를 깨끗하게 하실 수 있습니	저를 깨끗하게 하실 수 있습니	
다." 3 (예수께서)	다." 41 (예수께서) 가엾이 여	다." 13 (예수께서)	
손을 내밀어서 그	기시고 자기 손을 내밀어서 (그	손을 내밀어서 그	
를 만지시며 말씀하셨	를) 만지시며 그에게 말씀하셨	를 만지시며 말씀하셨	
다. "내가 원한다. 깨끗해져라."	다. "내가 원한다. 깨끗해져라."	다. "내가 원한다. 깨끗해져라."	
그러자 그의 문둥병이 곧바로	42 그러자 문둥병이 바로	그러자 문둥병이 곧바로	
깨끗해졌다.	그에게서 떠나고 깨끗해졌다.	그에게서 떠났다.	
4 예수께서 그에게	43 (예수께서) 그를 엄하게 타	14 (예수께서) 그에게	
	이르시고 바로 그를 보내시며		
말씀하셨다. "아무에게도	44 말씀하셨다. "아무에게 아무	지시하셨다. "아무에게도	
말하지 않도록 조심하고	것도 말하지 않도록 조심하고	말하지 말고	
가서 네 자신을 제사장에게 보	가서 네 자신을 제사장에게 보	가서 네 자신을 제사장에게 보	
이고 그들	이고 네 깨끗함에 관하여 그들	이고 네 깨끗함에 관하여 그들	
에게 증거가 되도록 모세가 지	에게 증거가 되도록 모세가 지	에게 증거가 되도록 모세가 지	
시한 예물을 바쳐라."	시한 것들을 바쳐라."	시한 대로 (예물을) 바쳐라."	
	45 그러나 그는 나가서 많은	15 그러나 그에 관한 말이	
	것을 전파하고 말을 퍼뜨리기	더 퍼져서	
	시작하였다. 예수께서는 더 이		
	상 드러나게 성으로 들어가실		
	수가 없어서 바깥 외진 곳에		
	계셨는데 사람들이	많은 무리들이 (말씀도)	
		듣고 자기들의 병에서도 고침	
	사방에서 그에게로 왔다.	을 받으려고 모여들었다. 16 그	
		러나 예수께서는 외진 곳으로	
		물러가서 기도하셨다.	

85. 가버나움의 백부장

마태복음 8:5-13	막	누가복음 7:1-10	요한복음 4:46b-54
5 그가		1 (예수께서) 자신의 모든 말씀들을 백성에게 들려주시기를 마치시고 나서	
가버나움에 들어가시자		가버나움에 들어가셨다.	46b 가버나움에
		2 어떤 백부장의 종, 곧 그가 아끼고 있었던 한 종이 병이 들어 죽게 되었는데,	왕의 신하 한 사람이 있었는데 그의 아들이 병들어 있었다. 47 예수께서 유대로부터 갈릴리로 오셨다는 (소문을) 이 사람이
한 백부장이		3 그가 예수에 관하여 듣고 유대인 장로들을 그에게 보내어,	듣고
그에게 다가와서		와서	그에게 와서, 내려와서
간청하며 6 말하였다. "주님, 제 종이 중풍으로 집에 누워서 몹시 괴로워합니다."		자기 종을 고쳐 달라고 그에게 청하였다.	자기 아들을 낫게 해 달라고 청하였다. (아들이) 죽어 가고 있었기 때문이다.
		4 그들이 예수께 와서 그에게 간절하게 부탁하며 말하였다. "그에게 이렇게 해 줄 만합니다. 5 왜냐하면 그가 우리 민족을 사랑하고 우리를 위해 직접 회당을 지었기 때문입니다."	
7 (예수께서) 그에게 말씀하셨다. "내가 가서 그를 고쳐주겠다."			48 예수께서 그에게 말씀하셨다. "너희가 표적과 기적을 보지 않으면 절대로 믿지 않을 것이다."
		6 예수께서 그들과 함께 가고 계셨는데 그가 그 집에서 멀지 않은 곳에 이르렀을 때에	
8 그러자 그 백부장이		그 백부장이 그에게 친구들을 보내어서	
대답하였다. "주님,		말하였다. "주님! 수고하지 마십시오.	
저는 당신이 제 처마 밑에 들어오실 만한 자격이 없습니다.		저는 당신이 제 처마 밑에 들어오실 만한 자격이 없기 때문입니다. 7 그래서 제 자신이 당신께 갈 엄두도 내지 못했습니다.	
그저 말씀만		그저 말씀으	

마태복음 8:5-13

해 주십시오. 그러면 제 종이
나을 것입니다. 9 저도 권
력 아래 있는 사람이고, 제
아래에도 병사들이 있어서, 이
사람에게 '가거라' 하면 그가 가
고, 다른 사람에게 '오너라' (하
면) 그가 오며, 제 종에게 '이
것을 하여라' (하면) 그가 하기
때문입니다." 10 예수께서
들으시고 놀라서
따르는 사람들에게
말씀하셨다. "참으로 내가
너희에게 말하는데, 이스라엘
가운데 아무에게서도 이렇게
큰 믿음을 발견하지 못하였다.
11 내가 너희에게 말하는데, 많
은 사람이 동쪽과 서쪽으로부
터 와서 하늘나라에서 아브라
함과 이삭과 야곱과 함께 식사
자리에 앉겠지만, 12 그 나라의
아들들은 바깥 어두움 속으로
내쫓길 것이다. 거기에서 울음
과 이를 갊이 있을 것이다."
13 예수께서 그 백부장에게 말
씀하셨다. "가거라. 네가 믿은
대로 네게 이루어져라."

그러자 [그의] 종이 그 시각에
나았다.

막

누가복음 7:1-10

로 하셔서 제 종이
낫게 해 주십시오. 8 저도 권
력 아래 세워진 사람이고, 제
아래에도 병사들이 있어서, 이
사람에게 '가거라' 하면 그가 가
고, 다른 사람에게 '오너라' (하
면) 그가 오며, 제 종에게 '이
것을 하여라' (하면) 그가 하기
때문입니다." 9 예수께서 이 말
을 들으시고 그에게 놀라서 자
기를 따르는 무리에게 돌아서
서 말씀하셨다. "내가
너희에게 말하는데, 이스라엘
가운데서 이렇게
큰 믿음을 발견하지 못하였다."

10 보내졌던 사람들이 집으로
돌아와서 그 종이 건강해진 것
을 발견하였다.

요한복음 4:46b-54

49 왕의 신하가 그
에게 말하였다. "주님, 제 아이
가 죽기 전에 내려와 주십시오."
50 예수께서 그에게 말
씀하셨다. "가라. 네 아들이 살
아 있다." 이 사람이 예수께서
자기에게 하신 말씀을 믿고 갔
다. 51 그가 아직 내려가고 있
을 때 그의 종들이 그를 마중
하며 그의 아이가 살아 있다고
말하였다. 52 그가 그들에게 아
이가 낫게 된 시각을 묻자 그
들은 "어제 일곱 시에 그에게
서 열이 떨어졌습니다" 하고 그

마태복음 8:5-13	막	누가복음 7:1-10	요한복음 4:46b-54
			에게 말하였다. [53] 아버지는 예 수께서 "네 아들이 살아 있다" 고 자기에게 말씀하신 그 시각 인 것을 알고 그와 그의 온 집 안이 믿었다. [54] 예수께서는 유 대로부터 갈릴리로 와서 이 두 번째 표적을 다시 행하셨다.

86. 나인성 과부의 아들을 살리심

마	막	누가복음 7:11-17	요
		[11] 얼마 후에 (예수께서) 나인이라는 성으로 가셨는데, 그의 제자들과 많은 무리가 그와 함께 갔다. [12] 그가 성문에 가까워지셨을 때, 보라, 사람들이 한 죽은 사람을 메고 나왔다. 그는 그 어머니의 외아들이었고 그 여자는 과부였다. 그 성의 많은 무 리가 그 여자와 함께 있었다. [13] 주님께서 그 여자를 보시고 가엾게 여기시며 그 여 자에게 말씀하셨다. "울지 마라." [14] 그리고 그는 다가가셔서 들것을 만지셨고, 메고 가던 사람들이 서자, 말씀하셨다. "청년아! 네게 말하는데, 일어나거라." [15] 그러자 죽은 사람이 일어나 앉고 말하기를 시작하였다. (예수께서) 그를 그의 어머니에게 주셨다. [16] 두려움이 모두를 사로잡았고, 그들은 하나님께 영광을 돌리면서 "큰 선지 자가 우리 가운데 일어나셨다" 또 "하나님께서 자기 백성을 돌아보셨다"라고 말하였 다. [17] 예수에 관한 이 말이 온 유대와 그 주변 전역에 퍼져 나갔다.	

87. 베드로의 장모를 고치심

마태복음 8:14-15	마가복음 1:29-31	누가복음 4:38-39	요
[14] 예수께서 베드로의 집으로 들어가셔서 그의 장모가 열병에 걸려 눠여 있는 것을 보시고 [15] 그 여자의 손을 만지시자, 그 여자는 열이 없어졌고 일어나서 그를 시중들었다.	[29] 그들은 회당에서 곧바로 나와서 야고보와 요한과 함께 시몬과 안드레의 집으로 들어갔다. [30] 시몬의 장모가 열병에 걸려 누워 있었고, 사람들이 그 여자에 관하여 곧바로 예수께 말씀드렸다. [31] (예수께서) 다가가서 손을 붙잡고 그 여자를 일으키시자, 그 여자는 열이 없어졌고 그들을 시중들었다.	[38] (예수께서) 일어나셔서 회당에서 (나와) 시몬의 집으로 들어가셨다. 시몬의 장모가 심한 열이 올라 있었고, 사람들이 그 여자에 관하여 예수께 부탁하였다. [39] (예수께서) 그 여자 앞에 서서 열병을 꾸짖으시자, 그 여자는 (열이) 없어졌고 곧장 일어나서 그들을 시중들었다.	

88. 저녁때의 치유사건

마태복음 8:16-17	마가복음 1:32-34	누가복음 4:40-41	요
[16] 저녁이 되자 사람들이 귀신들린 사람들을 많이 그에게 데려왔는데, (예수께서는) 말씀으로 그 영들을 내쫓으시고 아픈 사람들을 모두 고쳐주셨다.	[32] 저녁, 곧 해 질 때가 되자 사람들이 모든 아픈 사람들과 귀신들린 사람들을 그에게 데려왔고 [33] 온 성이 대문 앞에 모여들었다. [34] (예수께서는) 갖가지 병으로 아픈 사람들을 많이 고쳐주셨고 귀신들을 많이 내쫓으셨으나	[40] 해가 지자 갖가지 병으로 앓는 환자가 있는 모든 사람들이 환자들을 그에게 데려왔는데, 예수께서는 그들 중 하나하나에게 손을 얹어서 그들을 고쳐주셨다. [41] 귀신들도 "당신은 하나님의 아들이십니다" 라고 소리지르며 많은 사람들에게서 나갔는데, 예	

마태복음 8:16-17	마가복음 1:32-34	누가복음 4:40-41	요
[17] 이는 선지자 이사야를 통하여 "그는 몸소 우리의 약함을 맡으셨고 병들을 짊어지셨다" 라고 말씀하신 것이 이루어지게 하기 위함이었다.	귀신들이 말하는 것을 허락하지 아니하셨다. 그것들이 예수를 알았기 때문이다.	수께서는 꾸짖으시며 그것들이 말하는 것을 허락하지 아니하셨다. 그가 그리스도이신 것을 알았기 때문이다.	

89. 예수를 따름에 관하여

마태복음 8:18-22	막	누가복음 9:57-62	요
[18] 예수께서 자기 둘레의 무리를 보시고 나서 맞은편으로 가자고 명령하셨는데, [19] 율법학자 한 사람이 다가와서 그에게 말하였다. "선생님, 당신이 어디로 가시든지 저는 당신을 따르겠습니다." [20] 그러자 예수께서 그에게 말씀하셨다. "여우들은 굴이 있고 하늘의 새들은 둥지가 (있지만,) 인자는 머리 누일 곳이 없다." [21] [그의] 제자들 가운데 다른 사람이 그에게 말하였다. "주님, 먼저 가서 제 아버지를 장사하도록 제게 허락해 주십시오." [22] 그러나 예수께서 그에게 말씀하셨다. "너는 나를 따르고 죽은 사람들이 자기네 죽은 사람들을 장사하도록 놓아두어라."		[57] 그들이 길을 가고 있을 때에 누가 그에게 말하였다. "당신이 어디로 가시든지 저는 당신을 따르겠습니다." [58] 그러자 예수께서 그에게 말씀하셨다. "여우들은 굴이 있고 하늘의 새들은 둥지가 (있지만,) 인자는 머리 누일 곳이 없다." [59] (예수께서) 다른 사람에게 말씀하셨다. "나를 따라라." 그러나 그가 말하였다. "[주님,] 먼저 제 아버지를 장사하러 가도록 제게 허락해 주십시오." [60] 그러나 (예수께서) 그에게 말씀하셨다. "죽은 사람들이 자기네 죽은 사람들을 장사하도록 놓아두고 너는 가서 하나님의 나라를 전파하여라." [61] 또 다른 사람이 말하였다. "주님! 저는 당신을 따르겠습니다. 그러나 먼저 제 집 식구들과 작별하도록	

마태복음 8:18-22	막	누가복음 9:57-62	요
		제게 허락해 주십시오." [62] 예수께서 [그에게] 말씀하셨다. "쟁기에 손을 올려놓고도 뒤를 쳐다보는 사람은 아무도 하나님의 나라에 쓸모가 없다."	

90. 바다를 잔잔케 하심

마태복음 8:23-27	마가복음 4:35-41	누가복음 8:22-25	요
[23] (예수께서) 배에 오르시자,	[35] 그 날 저녁이 되자 (예수께서) 그들에게 "맞은편으로 건너가자" 고 말씀하셨다.	[22] 어느 날 하루 예수와 그의 제자들이 배에 올랐고 (예수께서) 그들에게 "호수 맞은편으로 건너가자"고 말씀하셔서 그들이 떠났다.	
그의 제자들이 그를 따랐는데,	[36] 그들은 무리를 놓아두고 그를 배에 계신 채로 모셔 갔는데 다른 배들도 그와 함께 있었다.	[23] 그들이 배를 타고 가는 동안 그는 잠에 빠져 드셨고,	
[24] 보라, 바다에 큰 풍랑이 일어서, 배가 파도에 뒤덮이게 되었지만,	[37] 아주 강한 바람이 불어오며 파도가 배 안으로 덮쳐서 이미 배에 (물이) 차올랐지만,	강한 바람이 호수 쪽으로 내리불어서 (배는 물로) 채워졌고, 그들은 위험에 처했다.	
그는 주무시고 계셨다.	[38] 예수께서는 고물에서 베개를 베시고 주무시고 계셨다.		
[25] 그들이 다가가서 그를 깨우며 말하였다. "주님, 살려 주십시오. 저희가 죽게 되었습니다."	그들이 그를 깨우며 그에게 말하였다. "선생님, 저희가 죽게 된 것을 돌아보지 않으십니까?"	[24] 그들이 다가가서 그를 깨우며 말하였다. "스승님, 스승님, 저희가 죽게 되었습니다."	
[26] (예수께서) 그들에게 말씀하셨다. "왜 무서워하느냐? 믿음이 작은 사람들아!" 그런 다음 일어나셔서 바람과	[39] (예수께서) 일어나셔서 바람을	(예수께서) 일어나셔서 바람과 넘실거리	

마태복음 8:23-27	마가복음 4:35-41	누가복음 8:22-25	요
바다를 꾸짖으시자,	꾸짖으시고 바다를 향해 말씀하셨다. "조용히 하여라. 잠잠해져라." 그러자 바람이 그치고	는 파도를 꾸짖으시자 (바람이) 멎고	
(바다가) 매우 잔잔해졌다.	(바다가) 매우 잔잔해졌다.	(바다가) 잔잔해졌다.	
	[40] 그러자 (예수께서) 그들에게 말씀하셨다. "왜 무서워하느냐? 너희가 아직 믿음이 없느냐?"	[25] (예수께서) 그들에게 말씀하셨다. "너희 믿음이 어디 있느냐?"	
[27] 그 사람들이 놀라서 말하였다. "바람도, 바다도 그에게 순종하니 이분은 어떤 분이신가?"	[41] 그들은 아주 크게 두려워하였고 서로 말하였다. "바람도, 바다도 그에게 순종하니 이분은 도대체 누구이신가?"	그들은 두려워하고 놀라며 서로 말하였다. "(이분은) 바람에게도, 물에게도 명령하시고 그것들이 그에게 순종하니 이분은 도대체 누구이신가?"	

91. 거라사의 광인을 고치심

마태복음 8:28-34	마가복음 5:1-20	누가복음 8:26-39	요
[28] 그가 건너편, 곧 「가다라 사람들의 지역에 가시자,	[1] 그들은 바다 건너편, 곧 거라사 사람들의 지역에 갔다.	[26] 그들은 갈릴리 맞은편에 있는 거라사 사람들의 지역에 닿았다.	
귀신 들린 사람 둘이 무덤 사이에서 나오다가 그와 마주쳤다.	[2] 그가 배에서 내리시자 더러운 영 들린 어떤 사람이 무덤 사이에서 (나오다가) 곧바로 그와 마주쳤다.	[27] 그가 땅에 내리시자 귀신 들린 어떤 남자가 성에서 (나오다가) 그와 마주쳤다.	
그들은 무척 사나워서 누가 그 길로 지나갈 수가 없었다.	[3] 그는 무덤 사이에서 살고 있었는데 아무도 더 이상 그를 쇠사슬로도 묶을 수	그는 오랜 기간 옷을 입지 않았고 집이 아니라 무덤 사이에서 지내고 있었다.	

28 「거라사, 겔게사, 가자

마태복음 8:28-34

29 그런데, 보라, 그들이
외치며 말하였다. "저희
와 당신이 무슨 상관입니까?
하나님의 아들이여!
때가 (되기) 전에 저희를
괴롭히려고 여기 오셨습니까?"
30 그들로
부터 먼 곳에 놓아먹이는 많은

마가복음 5:1-20

없었다. 4 그는 자주 쇠고랑과
쇠사슬에 묶였지만 쇠사슬은
그에게 끊어지고 쇠고랑은 부
서져서 아무도 그를 억제할 수
없었기 때문이다. 5 그는 밤낮
으로 늘 무덤이나 산에서 소리
지르고 돌로 자신을 치곤 했
다. 6 그가 멀리서 예수를 보고
달려와서 그 앞에 엎드려 7 큰
소리로 외치며 말하였다. "저
와 당신이 무슨 상관입니까?
가장 높으신 하나님의 아들 예
수여! 하나님을 두고 당신께
※애원하는데, 저를
괴롭히지 마십시오." 8 왜냐하
면 (예수께서 이미) 그에게
"더러운 영아, 그 사람에게서
나오라"라고 말씀하셨기 때문
이다.
4 그는 자주 쇠고랑과 쇠사
슬에 묶였지만
쇠사슬은 그에게 끊어지고 쇠
고랑은 부서져서
9 (예수께서) 그에게 물으셨다.
"네 이름이 무엇이냐?" 그가 (예
수께) 말하였다. "제 이름은 레
기온입니다. 저희가 많기
때문입니다."
10 그는 예수께 자기들을 그
지방 밖으로 보내지
마시기를 거듭거듭 빌었다.
11 거기 산기슭에 놓아먹이는 큰

7 ※맹세하는데

누가복음 8:26-39

29b 그를 쇠사슬과
쇠고랑으로 묶어두고 지켰지
만, 그는 그 묶은 것들을 끊고
귀신에게 홀려 황야로 뛰쳐나
갔다.
28 그가 예수를 보고
소리치며 그 앞에 엎드려서 큰
소리로 말하였다. "저
와 당신이 무슨 상관입니까?
가장 높으신 하나님의 아들 예
수여! 당신께
비는데 저를
괴롭히지 마십시오." 29 왜냐하
면 (예수께서 이미) 그 더러운
영에게 그 사람으로부터
나오라고 지시하셨기 때문
이다. (귀신이) 자주 그를 사
로잡아서 그를 쇠사슬과 쇠고
랑으로 묶어두고 지켰지만, 그
는 그 묶은 것들을 끊고 귀신에
게 홀려 황야로 뛰쳐나갔다.
30 예수께서 그에게 물으셨다.
"네 이름이 무엇이냐?" 그가
말하였다. "레
기온입니다." 많은 귀신들이
그에게 들어갔기 때문이다.
31 그들은 예수께 자기들에게
지옥으로 들어가라고 명령하지
마시기를 빌었다.
32 거기 산에 놓아먹이는 큰

요

마태복음 8:28-34

돼지 떼가 있었는데, [31] 귀신들
이 그에게 빌며 말하였다.
"저희를 내쫓으시려면
저희를 돼지 떼 안으로 보내
주십시오." [32] (예수께서) 그것
들에게 말씀하셨다. "가버려라."
그러자 그것들이
나와서 돼지들에게 들어갔는데,
보라, 온 (돼지) 떼가
비탈을 따라 바다로 내달았고
물에서 죽었다.
[33] (돼지) 치던 사람들이
달아나서 성으로 들
어갔고 귀신들렸던 사람들의
일을 비롯하여 모든 일들을 알
리자, [34] 보라, 온 성(사람들)이
예수를 만나러 나왔
고
그를 보고
나서
그들의 지역
에서 떠나 달라고 간청하였다.

마가복음 5:1-20

돼지 떼가 있었는데, [12] (귀신들
이) 그에게 빌며 말하였다.
"저희가 돼지들 안에 들어가도
록 저희를 그것들 안으로 보내
주십시오." [13] (예수께서) 그것
들에게 허락하시자,
더러운 영들이
나와서 돼지들에게 들어갔는데,
이천 마리 쯤의 (돼지) 떼가
비탈을 따라 바다로 내달았고
바다에서 숨이 막혀 죽었다.
[14] (돼지) 치던 사람들이 그들을
(피하여) 달아나서 성과 들에
알
리자, 사람들이
무슨 일이 벌어졌는지 보러 왔
고 [15] 예수께 와서는 귀신들렸
던 사람, 곧 군대 지폈던 사람
이 옷을 입고 멀쩡하게
있는 것을 보고
두려워하였다. [16] 본 사람
들이 그들에게 귀신들렸던 사
람과 돼지들에게 무슨 일이 벌
어졌는지를 이야기해 주자,
[17] 그들은 예수께 그들의 지역
에서 떠나 주시기를 간청하기
시작하였다.
[18] 예수께서 배
에 오르실 때 귀신
들렸던 사람이 그와 함
께 있게 해 주시기를 그에게
빌었지만, [19] (예수께서)

누가복음 8:26-39

돼지 떼가 있었는데, (귀신들
이)
그것들 안으로 들어가도
록 허락해 주시기를 그에게 빌
었다. (예수께서) 그것
들에게 허락하시자,
[33] 귀신들이 그 사람에게서
나와서 돼지들에게 들어갔는데,
(돼지) 떼가
비탈을 따라 호수로 내달았고
숨이 막혀 죽었다.
[34] (돼지) 치던 사람들이 일어난
일을 보고 달아나서 성과 들에
알
리자, [35] 사람들이
벌어진 일을 보러 나왔
고 예수께 와서는
귀신들이 나간 사람
이 옷을 입고 멀쩡하게 예수의
발 곁에 앉아 있는 것을 발견
하고 두려워하였다. [36] 본 사람
들이 그들에게 귀신들렸던 사
람이 어떻게 고
쳐졌는지를 알려 주자, [37] 거라
사 사람들의 지역에서 (온) 무
리 모두가 예수께 그들에게서
떠나 주시기를 부탁하였다.
그들이 큰 두려움에 휩
싸였기 때문이다. 예수께서 배
를 타고 돌아오시는데 [38] 귀신
들이 나간 그 남자가 그와 함
께 있고 싶다고 하였지만,
(예수께서) 그를

요

마태복음 8:28-34	마가복음 5:1-20	누가복음 8:26-39	요
	허락하지 않으시며 대신 그에게 말씀하셨다. "네 집, 네 가족들에게로 가서 주님이 네게 하시고 네게 자비를 베푸신 일들을 그들에게 알려라." [20] 그가 가서 예수께서 자기에게 하신 일들을 데가볼리에 전하기 시작하자 모든 사람들이 놀랐다.	돌려보내시며 말씀하셨다. [39] "네 집으로 돌아가서 하나님이 네게 하신 일들을 이야기하여라." 그가 가서 예수께서 자기에게 하신 일들을 온 성에 전하였다.	

92. 중풍병자를 고치심

마태복음 9:1-8	마가복음 2:1-12	누가복음 5:17-26	요한복음 5:8-9a
[1] (예수께서) 배를 타고 건너와서 자기 성으로 가셨다.	[1] 며칠 후에 예수께서 다시 가버나움에 들어가셨는데, 예수께서 집에 계시다는 (말이) 들리자, [2] 많은 사람이 모여서 대문 앞에조차 더 이상 빈틈이 없었다. 예수께서 그들에게 말씀을 전하셨다.	[17] 어느 날 하루였다. 예수께서 가르치고 계셨고, 갈릴리와 유대의 모든 마을과 예루살렘에서 온 바리새인들과 율법 선생들이 앉아 있었다. 주님의 능력이 예수께서 병을 고치도록 역사하였다.	
[2] 그런데, 보라, 사람들이 한 중풍환자를 침대 위에 누인 채	[3] 사람들이 한 중풍환자를 네 사람에게 들린 채	[18] 그런데, 보라, 남자들이 중풍에 걸려 있던 한 사람을 침대 위에 데려와서 그	

마태복음 9:1–8	마가복음 2:1–12	누가복음 5:17–26	요한복음 5:8–9a
예수께 데려왔다.	예수께 데려왔지만	를 데리고 들어가 (예수) 앞에 놓으려고 애를 썼지만	
	[4] 무리 때문에 예수께 데려갈 수가 없어서 예수께서 계시던 곳의 지붕을 걷어 내고 구멍을 뚫어서 그 중풍환자가 누워 있던 침상을 달아 내렸다.	[19] 무리 때문에 그를 데리고 들어갈 방법을 찾지 못하고 지붕 위에 올라가서 그를 침대째 기와들 사이로 달아서 예수 앞 한 가운데로 내려 보냈다.	
예수께서 그들의 믿음을 보시고 그 중풍환자에게 말씀하셨다. "안심하여라. 아이야, 네 죄들을 용서한다."	[5] 예수께서 그들의 믿음을 보시고 그 중풍환자에게 말씀하셨다. "아이야, 네 죄들을 용서한다."	[20] (예수께서) 그들의 믿음을 보시고 말씀하셨다. "(이) 사람아, 네 죄들을 네게 용서한다."	
[3] 그러자, 보라, 율법학자 몇이 속으로 중얼거렸다. "이 사람이 (하나님을) 모독하고 있다."	[6] 그런데 율법학자 몇이 그곳에 앉아 있다가 자기 마음속으로 수군거렸다. [7] "이 사람이 어떻게 이렇게 말하는가? (하나님을) 모독하고 있다. 하나님 한 분밖에는 누가 죄를 용서할 수 있는가?"	[21] 그러자 율법학자들과 바리새인들이 수군거리기 시작하였다. "(하나님을) 모독하는 말을 하는 이 사람은 누구냐? 오직 하나님 밖에는 누가 죄를 용서할 수 있는가?"	
[4] 예수께서 그들의 생각을 아시고 그들에게 말씀하셨다. "어찌하여 너희 마음속에 악한 것들을 생각하고 있느냐?	[8] 예수께서 그들이 속으로 이렇게 수군거리는 줄을 자기 영으로 바로 알아채시고 그들에게 말씀하셨다. "왜 너희 마음속으로 이렇게 수군거리느냐?	[22] 예수께서 그들의 수군거림을 알아채시고 그들에게 대답하셨다. "왜 너희 마음속으로 수군거리느냐?	[8] 예수께서 그에게 말씀하셨다.

마태복음 9:1–8

5 '네 죄들을 용서한다'라고 말하는 것과 일어나서 걸어가거라' 라고 말하는 것 (가운데서) 어느 것이 더 쉬우냐? 6 인자가 땅 위에서 죄를 용서하는 권한을 가지고 있다는 것을 알게 하려고 (그렇게 하였다)." 그리고 (예수께서) 그 중풍환자에게 말씀하셨다. "일어나서 네 침대를 들고 네 집으로 가거라." 7 그러자 그가 일어나서 자기 집으로 가버렸다. 8 무리들이 보고 두려워하며 이렇게 큰 권한을 사람들에게 주신 하나님께 영광을 돌렸다.

마가복음 2:1–12

9 중풍환자에게 '네 죄들을 용서한다'라고 말하는 것과 '일어나서 네 침상을 들고 걸어가거라' 라고 말하는 것 (가운데서) 어느 것이 더 쉬우냐? 10 인자가 땅 위에서 죄를 용서하는 권한을 가지고 있다는 것을 알게 하려고 (그렇게 하였다)." (예수께서) 그 중풍환자에게 말씀하셨다. 11 "내가 네게 말한다. 일어나서 네 침상을 들고 네 집으로 가거라." 12 그러자 그가 일어나서 곧바로 침상을 들고 모든 사람들 앞에서 나갔다. 모두가 놀랐고 "결코 이런 일을 보지 못하였다" 라고 말하면서 하나님께 영광을 돌렸다.

누가복음 5:17–26

23 '네 죄들을 네게 용서한다'라고 말하는 것과 '일어나서 걸어가거라' 라고 말하는 것 (가운데서) 어느 것이 더 쉬우냐? 24 인자가 땅 위에서 죄를 용서하는 권한을 가지고 있다는 것을 알게 하려고 (그렇게 하였다)." (예수께서) 그 중풍환자에게 말씀하셨다. "내가 네게 말한다. 일어나서 네 침대를 들고 네 집으로 가거라." 25 그러자 그가 그들 앞에서 금방 일어서서 자기가 누워 있던 (침대를) 들고 하나님께 영광을 돌리며 자기 집으로 가버렸다. 26 모두가 놀라움에 사로잡혔고 하나님께 영광을 돌렸으며 두려움에 가득 차서 "오늘 신기한 일들을 보았다"라고 말하였다.

요한복음 5:8–9a

"일어나서 네 침상을 들고 걸어가라." 9 그러자 그 사람이 곧바로 건강하게 되어 자기 침상을 들고 걸어갔다.

93. 세리를 부르심

마태복음 9:9-13	마가복음 2:13-17	누가복음 5:27-32	요
	13 (예수께서) 다시 바닷가로 나가셨다. 무리가 모두 예수께로 왔고 예수께서는 그들을 가르치셨다.	27 이 일들 뒤에 (예수께서) 나가셔서	
9 예수께서 거기서 지나가시다가 마태라고 하는 어떤 사람이 세관에 앉아 있는 것을 보시고 그에게 말씀하셨다. "나를 따라라." 그러자 그가 일어서서 예수를 따랐다. 10 예수께서 집에서 식사 자리에 앉게 되셨는데, 보라, 많은 세리들과 죄인들이 와서 예수와 그의 제자들과 함께 자리에 앉았다.	14 (예수께서) 지나가시다가 알패오의 아들 레위가 세관에 앉아 있는 것을 보시고 그에게 말씀하셨다. "나를 따라라." 그러자 그가 일어서서 예수를 따랐다. 15 예수께서 그의 집에서 식사 자리에 앉게 되시자, 많은 세리들과 죄인들이 예수와 그의 제자들과 함께 자리에 앉았다. 그들이 많았고 또 예수를 따랐기 때문이다.	레위라는 이름의 어떤 세리가 세관에 앉아 있는 것을 보시고 그에게 말씀하셨다. "나를 따라라." 28 그러자 그가 모든 것을 버려두고 일어서서 예수를 따랐다. 29 레위가 자기 집에서 예수를 위하여 큰 잔치를 베풀었는데, 세리들과 그들과 함께 있던 다른 사람들의 큰 무리가 식사 자리에 앉아 있었다.	
11 바리새인들이 보고 예수의 제자들에게 말하였다. "당신네 선생은 어째서 세리들과 죄인들하고 함께 먹고 있소?"	16 (예수께서) 죄인들과 세리들하고 함께 잡수시는 것을 바리새파 율법학자들이 보고 예수의 제자들에게 말하였다. "그가 세리들과 죄인들하고 함께 먹고 있소."	30 바리새인들과 그들의 율법학자들이 예수의 제자들에게 투덜거리며 말하였다. "당신들은 어째서 세리들과 죄인들하고 함께 먹고 마시고 있소?"	
12 예수께서 들으시고 그들에게 말씀하셨다. "튼튼한 사람들은 의사가 쓸데없지만, 아픈 사람들은 (의사가 꼭) 있어야 한다. 13 가서 '나는 제사가 아니라 자비를 바란다'라는 말씀이 무슨 (뜻)인지 배워라. 나는 의인들을 부르러 오지 않고 죄인들을	17 예수께서 들으시고 그들에게 말씀하셨다. "튼튼한 사람들은 의사가 쓸데없지만, 아픈 사람들은 (의사가 꼭) 있어야 한다. 나는 의인들을 부르러 오지 않고 죄인들을	31 예수께서 그들에게 대답하셨다. "건강한 사람들은 의사가 쓸데없지만, 아픈 사람들은 (의사가 꼭) 있어야 한다. 32 나는 의인들을 부르러 와 있지 않고 죄인들을	

마태복음 9:9-13	마가복음 2:13-17	누가복음 5:27-32	요
ᵀ(부르러 왔기) 때문이다."	(부르러 왔다.)"	(불러) 회개시키려고 (와 있다.)"	
13 ᵀ 회개하도록			

94. 금식에 관한 질문

마태복음 9:14-17	마가복음 2:18-22	누가복음 5:33-39	요
14 그때 요한의 제자들이 예수께 다가와서 말하였다. "저희와 바리새인들은 [자주] 금식하는데	18 요한의 제자들과 바리새인들은 금식하고 있었다. 사람들이 와서 예수께 말하였다. "요한의 제자들과 바리새인의 제자들은 금식하는데	33 사람들이 예수께 말하였다. "요한의 제자들은 자주 금식하고 기도를 하며 바리새인의 제자들도 똑같이 하는데	
어째서 당신의 제자들은 금식하지 않습니까?"	어째서 당신에게 (있는) 제자들은 금식하지 않습니까?"	당신에게 (있는 제자들은) 먹고 마시고 있습니다."	
15 예수께서 그들에게 말씀하셨다. "신랑이 결혼식 ※손님들과 함께 있는 동안 그들이 슬퍼할 수 있느냐?	19 예수께서 그들에게 말씀하셨다. "신랑이 결혼식 ※손님들과 함께 있는 동안 그들이 금식할 수 있느냐? 신랑이 그들과 함께 있는 기간 동안은 금식할 수 없다.	34 예수께서 그들에게 말씀하셨다. "신랑이 결혼식 ※손님들과 함께 있는 동안 너희가 그들을 금식하게 할 수 있느냐?	
그러나 그들에게서 신랑을 떼어놓는 날이 올 것이다. 그러면 그때 금식할 것이다.	20 그러나 그들에게서 신랑을 떼어놓는 날이 올 것이다. 그러면 그때, 그날에 금식할 것이다.	35 그러나 어떤 날, 곧 그들에게서 신랑을 떼어놓는 때가 올 것이다. 그때, 그날에 금식할 것이다." 36 (예수께서) 그들에게 또 비유를 말씀하셨다.	
16 아무도 오그라들지 않은	21 아무도 오그라들지 않은	"아무도 새 옷에서	
15 ※아들들과	19 ※아들들과	34 ※아들들과	

마태복음 9:14-17	마가복음 2:18-22	누가복음 5:33-39	요
헝겊조각을 낡은 옷에 덧대지 않는다. 그 덧댄 것이 옷을 당겨서 더 많이 찢어 지기 때문이다. [17] 사람들은 새 포도주를 낡은 가죽부대에 담 지도 않는다. 그렇게 하면 가죽부대가 터져서 포도주는 쏟아지고 가죽부대도 버린다. 새 포도주는 새 가죽부대에 담아야 둘 다 보존된다."	헝겊 조각을 낡은 옷에 대고 깁지 않는다. 그렇게 하 면 새로 덧댄 것이 바로 그 낡 은 것을 당겨서 더 많이 찢어 진다. [22] 아무도 새 포도주를 낡은 가죽부대에 담 지 않는다. 그렇게 하면 포 도주가 가죽부대를 터뜨려서 포도주도 버리고 가죽부대도 (버린다.) 새 포도주는 새 가죽부대에 (담아야 한다.)"	한 조각을 찢어서 낡은 옷에 덧대지 않는다. 그렇게 하 면 새 것도 찢고 새 것에서 떼 어낸 조각도 낡은 것에 맞지 않는다. [37] 아무도 새 포도주를 낡은 가죽부대에 담 지 않는다. 그렇게 하면 새 포 도주가 가죽부대를 터뜨려서 그것도 쏟아지고 가죽부대도 버리게 된다. [38] 새 포도주는 새 가죽부대에 담아야 한다. [39] 아무도 묵은 것을 마시면서 새 것을 원하지 않는다. '묵은 것이 더 좋다' 고 말하기 때문 이다."	

95. 야이로의 딸과 출혈증 여인

마태복음 9:18-26	마가복음 5:21-43	누가복음 8:40-56	요
[18] 그가 그들에게 이런 것들을 말씀하고 계실 때에, 보라, 관원 한 사람이 와서 그에게 절하며 말 하였다.	[21] 예수께서 [배를 타시고] 다시 맞은편으로 건너가시자, 많은 무리가 그에게 모여들었고, 그 는 바닷가에 계셨는데, [22] 회당장 가운데서 야이로 라고 하는 한 사람이 와서 그를 보고 그 발 앞에 엎드려 [23] 그에게 거듭 빌며 말 하였다.	[40] 예수께서 돌아오실 때 무리가 그를 반갑게 맞았다. 모 든 사람이 그를 기다리고 있었 기 때문이다. [41] 그리고, 보라, 야이로 라고 하는 어떤 남자가 왔다. 이 사람은 회당의 관원이었는 데 예수의 발 곁에 엎드려 자 기 집에 가 주실 것을 빌었다. [42] 그에게 열두 살 가량인 외동	

마태복음 9:18-26

"제 딸이 막 죽었습
니다. 하지만 오셔서 그 아이
에게 당신의 손을 얹어 주시면
(그 아이가) 살아날 것입
니다." 19 예수께서 일어나서 그
를 따라가셨고 그의 제자들도
(따라갔다.)
20 보라, 열두 해를 출혈에 시
달리던 한 여자가

뒤에서 다가와서 그
의 옷 가장자리를 만졌다.
21 그 여자는 속으로 "내가 그
의 옷을 만지기만 하면 낫게
될 것이다"라고 말해 왔기 때
문이다.

22 예수께서

돌아서서

마가복음 5:21-43

"제 딸이 죽어 갑
니다. 오셔서 그 아이
에게 손을 얹어 주시면
(그 아이가) 낫고 살아날 것입
니다." 24 (예수께서) 그
와 함께 가셨고, 많은 무리가
그를 따르며 그를 밀어댔다.
25 열두 해를 출혈이 있
던 한 여자가 26 많은 의사
들로 말미암아 많은 고생을 하
며 자기에게 있던 것을 다 허
비했지만 아무런 효력도 없이
오히려 (상태가) 더 나빠졌는
데 27 예수에 관하여 듣고 무
리 속에 (섞여) 뒤에 와서 그
의 옷을 만졌다.
28 "내가 그
의 옷을 만진다 해도 낫게
될 것이다"라고 말해 왔기 때
문이다. 29 그러자 그 여자의 피
나던 곳이 곧바로 말랐고, 그
여자는 병에서 나은 것을 몸으
로 느꼈다. 30 예수께서 자신에
게서 능력이 나간 줄을 즉시
스스로 아시고 무리 가운데서
돌아서서 말씀하셨다. "누가 내
옷을 만졌느냐?"
31 그의 제자들이 그에게
말하였다.
"당신을 미는 무리를 보시면서
'누가 나를 만졌느냐?' 하고 말
씀하십니까?"

누가복음 8:40-56

딸이 있는데 그 아이가 죽어가
고 있었기 때문이다.

그가
가실 때에 무리들이
그를 에워싸고 있었다.
43 열두 해 동안 출혈이 있
던 한 여자가 [의사
들에게
전 재산을
썼지만] 아무에게도
고침을 받을 수 없었는
데
뒤에서 다가와서 그
의 옷 가장자리를 만졌고,

즉시 그 여자의 출
혈이 멎었다.

45 예수께서

말씀하셨다. "나를 만
진 사람이 누구냐?" 모두가 아
니라고 할 때 베드로가
말하였다. "스승님! 무리들이
당신을 에워싸고 밀고 있습니
다."
46 예수께서 말씀하셨다.
"누가 나를 만졌다. 내게서 능
력이 나갔음을 내가 알기 때문

요

마태복음 9:18–26

그 여자를 보시고 말씀하셨다. "안심하여라. 딸아, 네 믿음이 너를 구원하였다."

그러자 그 여자가 그 시각부터 나았다.

[23]예수께서 그 관원의 집으로 들어가서
피리 부는 사람들과 떠들고 있는 무리를 보시고 [24] 말씀하셨다. "물러가거라.
소녀는 죽지 않았고 자고 있기 때문이다."

마가복음 5:21–43

[32](예수께서) 이렇게 한 여자를 보려고 둘러보시자 [33]그
여자는 자기에게 일어난 일을 알고는 두려워하고 떨며 와서 그 앞에 엎드려 그에게
모든 사실을 말하였다. [34] (예수께서) 그 여자에게 말씀하셨다. "딸아, 네 믿음이 너를 구원하였다. 평안히 가거라. 네 병에서 (벗어나) 건강하여라."
[35]그가 아직 말씀하고 계실 때에 회당장의 (집)에서 (사람들이) 와서 말하였다. "당신의 딸이 죽었습니다. 왜 아직도 선생님을 힘들게 하십니까?" [36] 그러나 예수께서 전하는 말을 엿들으시고 그 회당장에게 말씀하셨다. "두려워하지 말고 믿고만 있어라."
[37] 그는
베드로와 야고보와 야고보의 동생 요한 말고는 아무도 자기와 함께 따라가는 것을 허락하지 않으셨다. [38] 그들이 회당장의 집으로 들어갔는데 (예수께서) 야단법석과 우는 사람들과 크게 울부짖는 사람들을 보시고 [39] 들어가서 그들에게 말씀하셨다. "왜 야단을 떨며 울고들 있느냐? 아이는 죽지 않았고 자고 있다."

누가복음 8:40–56

이다."
[47] 그
여자는 숨기지 못할 줄 알고 떨며 와서 그 앞에 엎드려 그를 만진 까닭과 또 즉시 낫게 된 것을 모든 백성 앞에서 알렸다. [48] (예수께서) 그 여자에게 말씀하셨다. "딸아, 네 믿음이 너를 구원하였다. 평안히 가거라."

[49]그가 아직 말씀하고 계실 때에 회당장의 (집)에서 누가 와서 말하였다. "당신의 딸이 죽었습니다. 더 이상 선생님을 힘들게 하지 마십시오." [50] 그러나 예수께서
들으시고 그에게 대답하셨다. "두려워하지 말고 믿고만 있어라. 그러면 (딸이) 구원될 것이다." [51] 그는
집으로 들어가셔서 베드로와 요한과 야고보와 아이의 아버지와 어머니 말고는 누가 자기와 함께 들어가는 것을 허락하지 않으셨다.

[52]모두가 울며 그 아이 때문에 슬퍼하고 있었는데,
(예수께서) 말씀하셨다. "울지 마라.
(아이는) 죽지 않았고 자고 있기 때문이다."

요

마태복음 9:18–26

그러자 사람들이 그를 비웃었다.

[25] 무리가 쫓겨나자
(예수께서) 들어가서 그녀의 손을 잡으셨고
그 소녀가 일어났다.

[26] 그러자 소녀의 소문이 그곳 온 땅에 퍼져 나갔다.

마가복음 5:21–43

[40] 그러자 사람들이 그를 비웃었다.
그러나 그는 모두를 내쫓으셨고 아이의 아버지와 어머니, 그리고 자기와 함께 (간) 사람들을 데리고 아이가 있는 곳으로 들어가서
[41] 그 아이의 손을 잡고 그녀에게 "달리다굼" 하고 말씀하셨다. 이것을 번역하면 소녀야, 내가 네게 말하는데, 일어나라는 뜻이다.
[42] 그러자 그 소녀가 곧바로 일어나서 걸어 다녔다. 열두 살이었기 때문이다. 그들이 [곧] 크게 놀라고 또 놀랐다.
[43] (예수께서) 이것을 아무도 알지 못하게 하라고 그들에게 거듭 당부하셨고 그녀에게 먹을 것을 주라고 말씀하셨다.

누가복음 8:40–56

[53] 그러자 사람들이 그를 비웃었다. 아이가 죽었다는 것을 알고 있었기 때문이다.
[54] 그러나 그는
그녀의 손을 잡고 외치셨다.
"아이야,
일어나라."
[55] 그러자 그녀의 영이 돌아왔고 그녀는 즉시 일어났다.
(예수께서) 그녀에게 먹을 것을 주라고 명령하셨다.
[56] 그녀의 부모들이 놀라자 (예수께서) "일어난 일을 아무에게도 말하지 마라" 고 그들에게 지시하셨다.

요

96. 두 눈먼 사람을 보게 하심

마태복음 9:27-31	마태복음 20:29-34	마가복음 10:46-52	누가복음 18:35-43	요
27 예수께서	29 그들이	46 그들은 여리고로 들어갔다. 그와 그의 제자들, 그리고 수많은	35 그가	
그곳에서 더 가실 때에	여리고에서 나갈 때에 많은 무리가 그를 따랐는데	무리가 여리고에서 나갈 때에	여리고에 가까워지고 있을 때	
	30 보라,	디매오의 아들		
눈먼 사람 두 명이 [그를] 따라가며	눈먼 사람 두 명이 길가에 앉아 있다가	바디매오라는 한 눈먼 거지가 길가에 앉아 있다가	어떤 눈먼 사람이 길가에 앉아서 구걸을 하고 있다가 36 무리가 지나가는 (소리를) 듣고 이것이 무슨 일인지를 물었는데, 37 사람들이 그	
	예수께서 지나치신다는 (말을) 듣고	47 나사렛 사람 예수시라는 (말을) 듣고	에게 나사렛 사람 예수께서 지나가신다고 알려주었다. 38 그러자	
소리지르며 말하였다.	소리지르며 말하였다. "저희를 불쌍히 여겨 주십시오. [주님!] 다윗의 아들이여!" 31 무리가	소리지르며 말하기 시작하였다. "다윗의 아들 예수여, 저를 불쌍히 여겨 주십시오."	그가 외치며 말하였다. "다윗의 아들 예수여, 저를 불쌍히 여겨 주십시오."	
	그들을 조용히 하라고 꾸짖었지만 그들은 더 크게 소리지르며 말하였다.	48 많은 사람이 그를 조용히 하라고 꾸짖었지만 그는 더 많이 소리질렀다.	39 앞서가던 사람들이 그를 잠잠하라고 꾸짖었지만 그는 더 많이 소리질렀다.	
"저희를 불쌍히 여겨 주십시오. 다윗의 아들이여!"	"저희를 불쌍히 여겨 주십시오. 「주님! 다윗의 아들이여!"	"다윗의 아들이여, 저를 불쌍히 여겨 주십시오."	"다윗의 아들이여, 저를 불쌍히 여겨 주십시오."	
	31 「예수! 또는 없음			

마태복음 9:27-31	마태복음 20:29-34	마가복음 10:46-52	누가복음 18:35-43	요
	32 예수께서 서서 그들을 부르시고 말씀하셨다.	49 예수께서 서서 말씀하셨다. "그를 불러라." 사람들이 그 눈먼 사람을 부르며 그에게 말하였다. "안심하고 일어나라. 그가 너를 부르신다." 50 그러자 그는 자기 겉옷을 팽개치고 뛰어 일어나서 예수께로 왔다.	40 예수께서 서서 그를 자기에게 데려오라고 지시하셨고 그가 가까이 오자	
28 그가 집으로 들어가시자, 그 눈먼 사람들이 그에게 다가왔다. 그러자 예수께서 그들에게 말씀하셨다.		51 예수께서 그에게 대답하셨다.	그에게 물어 보셨다.	
"내가 이 일을 할 수 있다는 것을 너희가 믿느냐?"	"내가 너희에게 무엇을 해주기를 바라느냐?"	"내가 네게 무엇을 해주기를 바라느냐?"	41 "내가 네게 무엇을 해주기를 바라느냐?"	
그들이 "예, 주님!" 하고 그에게 말하였다.	33 그들이 그에게 말하였다. "주님! 저희 눈이 뜨이는 것입니다."	그 눈먼 사람이 그에게 말하였다. "선생님, 다시 보는 것입니다."	그가 말하였다. "주님, 다시 보는 것입니다."	
29 그때 (예수께서) 그들의 눈을 만지시며 말씀하셨다. "너희 믿음대로 너희에게 되어라."	34 예수께서 가엾이 여기시며 그들의 눈을 만지셨고,	52 예수께서 그에게 말씀하셨다. "가거라. 네 믿음이 너를 구원하였다."	42 예수께서 그에게 말씀하셨다. "다시 보아라. 네 믿음이 너를 구원하였다."	
30 그러자 그들의 눈이 열렸다. 예수께서 그들에게 단단히 당부하며 말씀하셨다. "조심하여라. 아무도 알지 못하게 하여라." 31 그러나 그들은 나가서 그	그들이 곧바로 다시 보며 그를 따랐다.	그러자 그가 곧바로 다시 보며 길에서 그를 따랐다.	43 그러자 그가 즉시 다시 보며 하나님께 영광을 돌리면서 그를 따랐다. 모	

마태복음 9:27-31	마태복음 20:29-34	마가복음 10:46-52	누가복음 18:35-43	요
의 소문을 그곳 온 땅에 퍼뜨렸다.			든 백성이 보고 하나님께 찬송을 드렸다.	

97. 말 못하는 사람을 고치심

마태복음 9:32-34	마태복음 12:22-24	마가복음 3:22	누가복음 11:14-15	요
32 그들이 나갈 때에, 보라, 사람들이 귀신 들려서 말을 못하는 어떤 사람을 그에게 데려왔는데 33 귀신이 내쫓기자 그 벙어리가 말을 하였다. 무리들이 놀라서 말하였다. "이스라엘에 이런 일이 나타난 적이 결코 없었다."	22 그때 귀신 들려서 눈이 멀고 말을 못하는 사람이 그에게 이끌려 왔는데 (예수께서) 그를 고쳐 주시자 그 벙어리가 말하고 보았으며 23 무리들이 모두 놀라서 말하였다. "이 사람이 다윗의 아들이냐?"		14 (예수께서) 벙어리[이었던] 귀신을 내쫓고 계셨다. 그 귀신이 나가게 되자 벙어리가 말하였고 무리들이 놀랐다.	
34 그러나 바리새인들은 말하였다. "그가 귀신들의 우두머리에 힘입어 귀신들을 내쫓는다."	24 그러나 바리새인들은 듣고 나서 말하였다. "이 사람이 귀신들의 우두머리인 바알세불에 힘입지 않고서는 귀신들을 내쫓지 못한다."	22 예루살렘에서 내려온 율법학자들은 말하였다. "그가 바알세불이 들렸고 그 귀신들의 우두머리에 힘입어 귀신들을 내쫓는다."	15 그러나 그들 가운데 어떤 사람들은 말하였다. "그가 귀신들의 우두머리인 바알세불에 힘입어 귀신들을 내쫓는다."	

98. 추수할 것이 많음

마태복음 9:35–38	마가복음 6:34	누가복음 10:2	요
35 예수께서 모든 성과 마을들을 두루 다니시며 그들의 회당에서 가르치시고 그 나라의 복음을 선포하시고 모든 병과 모든 약한 것을 고쳐주셨다.	34 (예수께서) 나오셔서		
36 그는 무리들을 보시고 그들을 가엾이 여기셨다. 그들이 목자 없는 양들같이 지치고 버려져 있었기 때문이다.	많은 무리를 보시고 그들을 가엾이 여기셨다. 그들이 목자 없는 양들 같았기 때문이다.		
37 그때 (예수께서) 자기 제자들에게 말씀하셨다.	그래서 그는 그들에게 많은 것들을 가르치기 시작하셨다.	2 그들에게 말씀하셨다.	
"추수는 많지만 일꾼들이 적다. 38 그러므로 너희는 추수의 주인에게 그의 추수에 일꾼들을 내보내 주시도록 요청하여라."		"추수는 많지만 일꾼들이 적다. 그러므로 너희는 추수의 주인에게 그의 추수에 일꾼들을 내보내 주시도록 요청하여라."	

99. 열두 사도를 뽑아서 보내심

마태복음 10:1–16	마가복음 3:13–19; 6:7–11	누가복음 6:12–16; 9:1–5	요
1 (예수께서)	3 13 (예수께서) 산에 올라가셔서	6 12 그 즈음에 예수께서 기도하러 산으로 나가셨고 하나님께 기도하시며 밤을 새우셨다.	
	자기가 원하는 사람들을 불러내시자, 그들이 예수께 나아왔다.	13 낮이 되었을 때 예수께서는 자기 제자들을 부르셨고 그들 가운데서	
자기 열두 제자들을 불러내시고	14 (예수께서) 열둘을 세우시고 [사도라고도 이름하셨는데,] (이것은) 자기와 함께 있	열둘을 뽑아 내셔서 사도라고도 이름하셨다.	
그들에게 더러운 영들			

마태복음 10:1-16

을 (제어하는) 권한을 주셔서
그것들을 내쫓고 모든
병과 모든 약한 것을 고쳐주게
하셨다. [2] 열두 사도들의 이름
은 이러하다. 먼저 베드로라고
하는 시몬과 그의
동생 안드레,
세베대의 아들 야고보와 그
의 동생 요한, [3] 빌
립과 바돌로매, 도
마와 세리 마태, 알패오의 아
들 야고보와 「다대오, [4] 가나안
사람 시몬과
(예수를) 넘겨준 가룟 유다
이다. [5] 예수께서 이 열두 명
을
보내시면서
(10:1 참조)
그들
에게 지시하셨다. "이방인들의
길로 가지 말고 사마리아인들
의 성에 들어가지 마라. [6] 차라
리 이스라엘 집의 잃은 양들에
게로 가거라. [7] 가면서 '하늘나
라가 가까이 왔다' 라고 선포하
여라. [8] 아픈 사람들을 고쳐주
고 죽은 사람들을 일으켜주고
문둥병자들을 깨끗하게 해주며

3 「렙바이오스, 또는 다대오라 하는 렙바이오스

마가 3:13-19; 6:7-11

게 하시고 그들을 보내서 전도
하고 [15] 귀신들을 내쫓는 권한
을 갖게 하시려는 것이었다.
[16] [(예수께서) 열둘을 세우셨
는데] (이들은) 베드로라는
이름을 덧붙여 주신 시몬과
[17] 보아너게 곧 천둥의 아
들들이라는 이름을 덧붙여 주
신 세베대의 아들 야고보와 그
의 동생 요한과 [18] 안드레와 빌
립과 바돌로매와 마태와 도
마와 알패오의 아
들 야고보와 다대오와 가나안
사람 시몬과
[19] 예수를 넘겨준 가룟 유다
이다. 6 [7] (예수께서) 열두 명
을 불러내시고 그들을 둘씩
보내기 시작하시며 그들에게
더러운 영들을 (제어하는)
권한을 주
시고
[8] 그들
에게 지시하시기를,

누가 6:12-16; 9:1-5

[14] (이들은) 베드로라고도
이름하신 시몬과 그의
동생 안드레와
야고보와
요한과 빌
립과 바돌로매와 [15] 마태와 도
마와 알패오의 아
들 야고보와 셀롯이라고
하는 시몬과 [16] 야고보의 아들
유다와 배반자가 된 가룟 유다
이다. 9 [1] (예수께서) 열두 명
을 함께 부르시고
그들에게
※모든 귀신들을 (제어하고)
병을 고치는 능력과 권한을 주
셔서 [2] 하나님의 나라를 선포
하고 [아픈 사람들을] 고쳐주
도록 그들을 보내시며 [3] 그들
에게 말씀하셨다.

9:1 ※모든 귀신들 위의 (권한과)

요

마태복음 10:1-16

귀신들을 내쫓아라. 너희가 거
저 받았으므로 거저 주어라.
9 너희 돈주머니에 금도 은도
동전도 가지지 말고 10 자루도
속옷 둘도 신발도 지팡이도 길
에서 쓰기 위해 (챙기지) 마라.
일꾼이 자기 음식을 (받는 것
이) 정당하기 때문이다.
11 어떤 성이
나 마을에든지 들어가면 그곳
에서 누가 적당한지 알아보고
떠날 때까지 거기 머무르되
12 그 집에 들어갈 때
그 집에 (평화의) 인사를 하여
라. 13 그 집이 적당하면 너희
가 (빈) 평화여, 그 집 위에 오
너라. 그 집이 적당하지 않으
면 너희가 (빈) 평화여, 너희에
게로 되돌아오너라. 14 누구도
너희를 맞아들이지 않고
너희 말을 듣지도 않으면
그 집이나 그 「성 밖으로」 나
가면서
너희 발의 먼지를 떨어버
려라. 15 참으로 내가 너희에게
말하는데, 심판 날에 소돔과
고모라 땅이 그 성보다 더 잘
버틸 것이다. 16 보아라, 너희를
이리들 가운데 양처럼 보낸다.
그러므로 뱀처럼 슬기롭고 비
둘기처럼 순결하여라.

14 「성이나 그 마을 밖으로

마가 3:13-19; 6:7-11

"오직 지
팡이밖에는 아무 것도, 곧 빵
도 자루도 돈주머니에 동전도
길에서 쓰기 위해 챙기지 말고
9 신발만 신고 속옷을 둘 입지
도 마라" 고 하셨다. 10 또 그
들에게 말씀하셨다. "어느 곳의
집에든지 들어가면 거기
서
떠날 때까지 거기 머물러라.
11 어느 곳도
너희를 맞아들이지 않고 사람
들이 너희 (말을) 듣지도 않으면
거기서 나
가면서 그들에게 증거가 되도
록 너희 발 밑의 흙을 떨어버
려라."

누가 6:12-16; 9:1-5

(2절)

"아무 것
도, 곧 지팡이도 자루도 빵도
은도 속옷 둘도 길에서 쓰기
위해 가져가려고 챙기지 마라.
4 어떤
집에든지 들어가면 거기
머물다가 거기
서 떠나라.
5 누구도
너희를 맞아들이지 않으면
그 성에서 나
가면서 그들에게 증거가 되도
록 너희 발에서 먼지를 떨어버
려라."

요

100. 제자들의 미래에 관하여

마태복음 10:17-25	마가복음 13:9-13	눅 21:12-19; 12:11-12; 6:40;	요
17 사람들을 조심하여라. 그들이 너희를 공회에 넘겨주고 그들의 회당에서 너희를 채찍질할 것이기 때문이다. 18 또 너희는 나 때문에 총독들과 임금들에게 이끌려가서 그들과 이방인들에게 증언할 것이다.	9 너희는 스스로 주의하여라. 사람들이 너희를 공회에 넘겨주고, 너희는 회당에서 매를 맞을 것이며 나 때문에 총독들과 임금들 앞에 세워져서 그들에게 증언할 것이다.	21 12 이 모든 일 이전에 사람들이 너희에게 그들의 손을 뻗쳐서 박해하고 회당과 감옥에 넘겨주겠고, 너희는 내 이름 때문에 임금들과 총독들에게 이끌려가겠지만, 13 이것이 너희에게 증언할 (기회를 줄) 것이다.	
	10 그래서 모든 민족에게 먼저 복음이 전파되어야 한다.		
19 사람들이 너희를 넘겨줄 때에 어떻게, 또는 무엇을 말할는지 걱정하지 마라. 말할 것이 그 시각에 너희에게 주어질 것이기 때문이다. 20 또 말하는 이들은 너희 자신이 아니라 너희 안에서 말씀하시는 분, 곧 너희 아버지의 영이시기 때문이다.	11 사람들이 너희를 데려다가 넘겨줄 때에 무엇을 말할는지 미리 걱정하지 마라. 무엇이나 그 시각에 너희에게 주어지는 것, 이것을 말하여라. 말하는 이들은 너희 자신이 아니라 성령이시기 때문이다.	12 11 사람들이 너희를 회당으로 데리고 들어가거나 통치자들과 권력자들에게로 (데려갈) 때에 어떻게, 또는 무엇을 변호하거나 무엇을 말할는지 걱정하지 마라. 12 바로 그 때에 성령이 너희를 마땅히 말해야 할 것들로 가르치실 것이기 때문이다.	
		21 15 너희를 반대하는 모든 사람들이 맞서거나 되받아 칠 수 없는 입과 지혜를 내가 너희에게 줄 것이기 때문이다.	
21 형제가 형제를, 아버지가 자식을 죽이도록 넘겨줄 것이요, 자식들이 부모에 맞서 일어나서 그들을 죽일 것	12 형제가 형제를, 아버지가 자식을 죽이도록 넘겨줄 것이요, 자식들이 부모에 맞서 일어나서 그들을 죽일 것	16 그러나 너희는 부모와 형제들과 친척들과 친구들에 의하여 넘겨질 것이고, 그들이 너희들 가운데서 (몇을) 죽일 것	

마태복음 10:17–25	마가복음 13:9–13	눅 21:12–19; 12:11–12; 6:40;	요
이다. 22 또 너희가 내 이름 때문에 모두에게 미움을 사게 되겠지만,	이다. 13 또 너희가 내 이름 때문에 모두에게 미움을 사게 되겠지만,	이다. 17 또 너희가 내 이름 때문에 모두에게 미움을 사게 되겠지만, 18 너희 머리에서 머리카락 하나도 절대로 없어지지 않을 것이다. 19 너희 인내로 너희 생명을 얻어라.	
끝까지 버티어 내는 사람, 이 사람이 구원될 것이다. 23 이 성에서 너희를 박해할 때에는 다른 성으로 달아나라. 참으로 내가 너희에게 말하는데, 인자가 오기까지 너희가 이스라엘 성들을 결코 다 돌지 못할 것이다. 24 제자가 선생 위에, 종이 자기 주인 위에 있지 않다. 25 제자가 제 선생처럼, 종이 제 주인처럼 되는 것으로 넉넉하다. 집주인을 바알세불이라고 불렀다면 그의 집안사람들에게야 얼마나 더 심하겠느냐?	끝까지 버티어 내는 사람, 이 사람이 구원될 것이다.	6 40 제자가 선생 위에 있지는 않지만 다 배운 사람은 누구나 자기 선생과 같을 것이다.	

101. 신앙고백에 관하여

마태복음 10:26–33	막	누가복음 12:2–9	요
26 그러므로 그들을 두려워하지 마라. 벗겨지지 않고 덮여 있을 것과 알려지지 않을 비밀은 아무 것도 없기 때문이다. 27 내가 어둠 속에서 너희에게 말하는 것을 빛 가운데서 말하고 너희가 귓속으로 듣는 것을 지붕 위에서 선포하여라.		2 벗겨지지 않고 덮여 있을 것과 알려지지 않을 비밀은 아무 것도 없다. 3 그러므로 너희가 어둠 속에서 말한 것들이 빛 가운데서 들릴 것이요 너희가 골방에서 귀에 얘기한 것이 지붕 위에서 선포될 것이다.	

마태복음 10:26-33	막	누가복음 12:2-9	요
28 몸은 죽이지만 영혼을 죽일 수는 없는 사람들을 두려워하지 마라. 오히려 영혼과 몸을 지옥에서 망하게 하실 수 있는 분을 두려워하여라.		4 내가 내 친구들인 너희에게 말하는데, 몸은 죽이지만 이 후에는 더 이상 할 것이 없는 사람들을 두려워하지 마라. 5 너희가 누구를 두려워할는지 너희에게 보여 주겠다. 죽인 후에 지옥에 던져 넣는 권세를 가지고 계신 분을 두려워하여라. 그렇다. 내가 너희에게 말하는데, 이분을 두려워하여라.	
29 참새 두 마리가 한 앗사리온에 팔리지 않느냐? 그러나 너희 아버지 없이는 그것들 가운데 하나도 땅에 떨어지지 않을 것이다. 30 너희 머리의 머리카락조차도 모조리 헤아려져 있다. 31 그러므로 두려워하지 마라. 너희는 많은 참새들보다 귀하다.		6 참새 다섯 마리가 두 앗사리온에 팔리지 않느냐? 그러나 하나님 앞에서는 그것들 가운데 하나도 잊혀지는 것이 아니다. 7 너희 머리의 머리카락조차도 모조리 헤아려졌다. 두려워하지 마라. 너희는 많은 참새들보다 귀하다.	
32 그러므로 누구든지 사람들 앞에서 나를 시인하면 하늘에 계신 내 아버지 앞에서 나도 그를 시인할 것이지만, 33 누구든지 사람들 앞에서 나를 부인하면 하늘에 계신 내 아버지 앞에서 나도 그를 부인할 것이다.		8 내가 너희에게 말하는데, 누구든지 사람들 앞에서 나를 시인하면 하나님의 천사들 앞에서 인자도 그를 시인할 것이지만, 9 사람들 앞에서 나를 부인하는 사람은 하나님의 천사들 앞에서 부인될 것이다.	

102. 평화가 아니라 칼을

마태복음 10:34-36	막	누가복음 12:51-53	요
34 내가 땅 위에 평화를 던지러 온 줄로 생각하지 마라. 나는 평화가 아니라 도리어 칼을 던지러 왔다.		51 내가 땅에 평화를 주려고 온 줄로 생각하느냐? 아니다. 내가 너희에게 말하는데, 분열을 (주려고 왔다.)	
35 나는 사람을 자기 아버지에게서, 딸을 자기 어머니에게서,		52 이제부터 한 집에 다섯이, 셋이 둘에 맞서고 둘이 셋에 맞서며 나뉘어 있을 것이기 때문이다. 53 아버지가 아들에 맞서고 아들이 아버지에 맞서며, 어머니가 딸에 맞서고 딸	

마태복음 10:34-36	막	누가복음 12:51-53	요
며느리를 자기 시어머니에게서 갈라놓으러 왔기 때문이다. [36] 사람의 원수가 자기 집안사람들일 것이다.		이 어머니에 맞서며, 시어머니가 자기 며느리에 맞서고 며느리가 시어머니에 맞서 나뉠 것이다."	

103. 따름에 관하여

마태복음 10:37-39	막	누가 14:25-27; 17:33	요한복음 12:25
		14 [25] 많은 무리들이 그와 함께 가고 있었는데, 그가 그들에게로 돌아서서 말씀하셨다. [26] "누가 내게 오면서 아직도	
[37] 아버지나 어머니를 나 이상으로 사랑하는 사람은 내게 맞지 않고 아들이나 딸을 나 이상으로 사랑하는 사람도 내게 맞지 않다. [38] 또 자기 십자가를 지지 않고 내 뒤를 따르는 사람도 내게 맞지 않다.		자신의 아버지와 어머니와 아내와 아이들과 형제들과 자매들, 심지어 자신의 목숨까지 미워하지 못하면 내 제자가 될 수 없다. [27] 누구든지 자신의 십자가를 메지 않고 내 뒤를 좇는 사람도 내 제자가 될 수 없다.	
[39] 자기 목숨을 찾은 사람은 그것을 잃을 것이요, 나 때문에 자기 목숨을 잃은 사람은 그것을 찾게 될 것이다.		17 [33] 누구든지 자기 목숨을 지키려고 힘쓰는 사람은 그것을 잃을 것이요, 누구든지 잃는 사람은 그것을 살릴 것이다.	[25] 자기 목숨을 사랑하는 사람은 그것을 잃고 이 세상에서 자기 목숨을 미워하는 사람은 영원한 생명에 (이르도록) 그것을 유지할 것이다.

104. 따름의 보상

마태복음 10:40–42	마가복음 9:41	누가복음 10:16	요한복음 13:20
[40] 너희를 맞아들이는 사람은 나를 맞아들이는 것이고, 나를 맞아들이는 사람은 나를 보내신 분을 맞아들이는 것이다. [41] 선지자의 이름으로 선지자를 맞아들이는 사람은 선지자의 삯을 받을 것이고, 의인의 이름으로 의인을 맞아들이는 사람은 의인의 삯을 받을 것이다.		[16] 너희 (말을) 듣는 사람은 나의 (말을) 듣는 것이요	[20] 진실로 진실로 내가 너희에게 말하는데 내가 보내는 사람이 누구든지 그를 맞아들이는 사람은 나를 맞아들이는 것이고, 나를 맞아들이는 사람은 나를 보내신 분을 맞아들이는 것이다."
[42] 참으로 내가 너희에게 말하는데, 이 작은 사람들 가운데 하나에게 제자의 이름으로 찬물 한 그릇만이라도 마시게 하는 사람은 결코 자기 삯을 잃지 않을 것이다."	[41] 참으로 내가 너희에게 말하는데, 너희가 그리스도에게 속하였다는 이름으로 너희에게 물 한 그릇을 마시게 하는 사람은 결코 자기 삯을 잃지 않을 것이다.	너희를 거부하는 사람은 나를 거부하는 것이요 나를 거부하는 사람은 나를 보내신 분을 거부하는 것이다."	

105. 여행 계속

마태복음 11:1	막	눅	요
1 예수께서 자기 열두 제자에게 지시하기를 끝내시고 그들의 성에서 가르치시고 전파하시려고 그곳을 떠나셨다.			

106. 요한의 질문과 예수의 대답

마태복음 11:2-6

2 요한이 감옥에서 그리스도의 일을 듣고
자기 제자들을
ᵀ 보내서 3 그에게 "당신
이 오시는 그분이십니까? 아니면 우리가 다
른 분을 기다릴까요?" 하고 말하게 하였다.

4 예수께서 그들에게
대답하셨다. "요한에게 가서 너희가 듣고 보
는 것을 전하여라. 5 눈먼 사람들이 보고, 저
는 사람들이 걷고, 문둥병자들이 깨끗해지
고, 귀 먹은 사람들이 듣고, 죽은 사람들이
살아나고, 가난한 사람들에게 복음이 전해
진다. 6 누구든지 나에게 걸려 넘어지지 않
는 사람이 복이 있다."

2 ᵀ두 명

막

누가복음 7:18-23

18 요한의 제자들이 이 모든 일들을 요한에
게 알려주자 요한이 자기 제자들 중에서 어
떤 사람 둘을 불러서 19 주님께 보내어 "당신
이 오시는 그분이십니까? 아니면 우리가 딴
분을 기다릴까요?" 하고 말하게 하였다.
20 그 사람들이 예수께 와서 말하였다. "세례
자 요한이 저희를 당신께 보내어서 당신이
오시는 그분이신지 아니면 딴 분을 기다릴
는지를 물어보게 하였습니다." 21 그 시간에
(예수께서는) 많은 사람들을 병과 전염병과
악한 영들로부터 고치셨고 많은 소경이 보
도록 은혜를 베풀어 주셨는데 22 그들에게
대답하셨다. "요한에게 가서 너희가 보고 들
은 것을 전하여라. 눈먼 사람들이 보고, 저
는 사람들이 걷고, 문둥병자들이 깨끗해지
고, 귀 먹은 사람들이 듣고, 죽은 사람들이
살아나고, 가난한 사람들에게 복음이 전해
진다. 23 누구든지 나에게 걸려 넘어지지 않
는 사람이 복이 있다."

요

107. 세례자 요한에 관하여

마태복음 11:7-19

[7] 이 사람들이 간 후에 예수께
서 요한에 관하여 무리들에게 말씀하기
를 시작하셨다. "너희가 무엇을 보려고 황
야로 나갔느냐? 바람에 흔들리는 갈대냐?
[8] 아니면 「무엇을 보려고 나갔느냐? 부드러
운 (옷을) 입은 사람이냐?」 보아라, 부드러
운 옷을 걸치는 사람들은 왕궁
에 있다. [9] 아니면 「무엇을 보려고 나갔느냐?
선지자냐?」 옳다. 내가 너희에게 말하는데
선지자보다 나은 사람이다. [10] 이것이 그에
관하여 적혀 있는 것이다. '보아라, 내가
내 심부름꾼을 네 앞에 보낸다. 그가 네 앞
에서 네 길을 마련할 것이다.' [11] 참으로 내
가 너희에게 말하는데, 여자한테서 태어난
사람들 가운데 세례자 요한보다 더
큰 사람이 태어난 적이 없다. 그러나 하늘
나라에서는 가장 작은 사람도 그보다
더 크다. [12] 세례자 요한의 날부터 이제까지
하늘나라는 힘에 눌리고 있고, 힘을 쓰는
사람들이 그것을 빼앗는다. [13] 모든 선지자
들과 율법이 요한에게까지 예언하였기 때문
이다. [14] 너희가 받아들이고자 한다면 그가
바로 와야 할 엘리야이다. [15 T] 귀 있는 사
람은 들어라. 21 [31] ... "참으로 내가 너희에게
말하는데, 세리들과 창녀들이 너희에 앞서
하나님의 나라에 들어가고 있다. [32] 왜냐하
면 요한이 의의 길로 너희에게 왔는데도 너

8 「왜 나갔느냐? 부드러운 옷을 입은 사람을 보려고 나갔느냐?

9 「왜 나갔느냐? 선지자를 보려고 나갔느냐?

15 [T] 들을

막

누가복음 7:24-35

[24] 요한의 심부름꾼들이 떠난 후에 (예수께
서) 요한에 관하여 무리들을 향해 말씀하기
를 시작하셨다. "너희가 무엇을 보려고 황
야로 나갔느냐? 바람에 흔들리는 갈대냐?
[25] 아니면 무엇을 보려고 나갔느냐? 부드러
운 옷을 입은 사람이냐? 보아라, 화려하고
사치스러운 옷을 입고 사는 사람들은 궁전
에 있다. [26] 아니면 무엇을 보려고 나갔느냐?
선지자냐? 옳다. 내가 너희에게 말하는데
선지자보다 나은 사람이다. [27] 이것이 그에
관하여 적혀 있는 것이다. '보아라, (내가)
내 심부름꾼을 네 앞에 보낸다. 그가 네 앞
에서 네 길을 마련할 것이다.' [28] 내
가 너희에게 말하는데, 여자한테서 태어난
사람들 가운데서 아무도 세례자 요한보다 더
크지 않다. 그러나 하나
님의 나라에서는 가장 작은 사람도 그보다
더 크다. 16 [16] 율법과 선지자들은 요한까지
이다. 그때부터 하나님의 나라가 전파되고
있으며, 모두가 힘을 써서 그 안으로 (들어
간다.)

[29] 모든 백성
과 세리들은 (요한의 말을) 듣고 요한의 세

요

마태복음 11:7-19	막	누가복음 7:24-35	요
희는 그를 믿지 않았지만 세리들과 창녀들 은 그를 믿었고, 너희들은 (이것을) 보고도 끝내 뉘우치지 않고 그를 믿지 않았기 때문 이다. [16] 이 세대를 무 엇에 비유할까? 그것은 장터에 앉아서 다른 아이들을 부 르는 어떤 아이들과 같다. [17] 그들이 말한다. '우리가 너희를 위해 피리 를 불었지만 너희는 춤추지 않았고, 우리가 슬피 울었지만 너희는 가슴을 치지 않았다.' [18] 왜냐하면 요한이 와서 먹지 도 않고 마시지도 않자 사람들이 '그는 귀신이 들렸다' 라고 하고 [19] 인자가 와 서 먹고 마시자 '보아라, 먹보요 술꾼이다. 세리들과 죄인들의 벗이다' 라고 말하기 때 문이다. 그러나 지혜는 그것의 ※일 들로부터 옳다고 확인되었다." 19 ※ 자녀들로부터		례를 받음으로 하나님을 의롭다고 인정하였 지만 [30] 바리새인들과 율법사들은 그에게 세 례를 받지 않음으로 스스로 하나님의 뜻을 저버렸다. [31] 그러면 이 세대의 사람들을 무 엇에 비유할까? 그들은 누구와 같은가? [32] 그들은 장터에 앉아서 다른 아이들을 불 러 (이렇게) 말하는 어떤 아이들과 같다. '우리가 너희를 위해 피리 를 불었지만 너희는 춤추지 않았고, 우리가 슬피 울었지만 너희는 울지 않았다.' [33] 왜냐하면 세례자 요한이 와서 빵을 먹지 도 않고 포도주를 마시지도 않자 너희가 '그는 귀신이 들렸다' 라고 하고 [34] 인자가 와 서 먹고 마시자 '보아라, 먹보요 술꾼이다. 세리들과 죄인들의 벗이다' 라고 말하기 때 문이다. [35] 그러나 지혜는 그것의 모든 자녀 들로부터 옳다고 확인되었다."	

108. 갈릴리 성들에 대한 애가

마태복음 11:20-24	막	누가복음 10:12-15	요
[20] (예수께서) 그때 자신이 많은 이적들을 행 하신 성들을 꾸짖기 시작하셨다. (그 성들 이) 회개하지 않았기 때문이다. [24] 그러나 내 가 너희에게 말하는데, 심판 날에 소돔 땅 이 너보다 더 잘 버틸 것이다. [21] "네게 화 가 있다. 고라신아! 네게 화가 있다. 벳새다 야! 너희 안에서 일어난 이적들이 두로와		[12] 내 가 너희에게 말하는데, 그 날에 소돔이 그 성보다 더 잘 버틸 것이다. [13] 네게 화 가 있다. 고라신아! 네게 화가 있다. 벳새다 야! 너희 안에서 일어난 이적들이 두로와	

마태복음 11:20-24

시돈에서 일어났더라면 그들은 벌써 베옷을
(입고) 재에 (앉아서) 회개하였을 것이다.
22 그러나 내가 너희에게 말하는데, 심판의
날에는 두로와 시돈이 너희보다 더 잘 버틸
것이다. 23 그리고 너 가버나움아! 하늘까지
높아지겠느냐? 지옥까지 낮아질 것이다. 네
안에서 일어난 이적들이 소돔에서 일어났더
라면 (그 성이) 오늘까지 남아 있을 것이기
때문이다. 24 그러나 내가 너희에게 말하는
데, 심판의 날에 소돔 땅이 너보다 더 잘 버틸
것이다."

막

누가복음 10:12-15

시돈에서 일어났더라면 그들은 벌써 베옷을
(입고) 재에 앉아서 회개하였을 것이다.
14 그러나 심판
때에는 두로와 시돈이 너희보다 더 잘 버틸
것이다. 15 그리고 너 가버나움아! 하늘까지
높아지겠느냐? 지옥까지 낮아질 것이다.

12 내가 너희에게 말하는
데, 그 날에 소돔이 그 성보다 더 잘 버틸
것이다.

요

109. 하나님께 감사하심

마태복음 11:25-27

25 그 무렵에 예수께서
대답하셨다. "당신께 감사합니다. 아버지, 하
늘과 땅의 주인이시여! 지혜롭고 똑똑한 사
람들에게는 이것들을 숨기시고 어린아
이들에게는 그것들을 나타내셨습니다. 26 옳
습니다. 아버지! 이것이 당신 앞에 기쁨이
되었습니다. 27 모든 것이 내 아버지로부터
내게 ※주어졌습니다. 아버지밖에는 아무도
아들을 알지 못하고 아들과 그
아들이 (아버지를) 나타내 주고 싶어 하는
사람밖에는 어느 누구도 아버지를
※알지 못합니다.

27 ※주어졌다. ※알지 못한다.

막

누가복음 10:21-22

21 그 때에 (예수께서) 성령으로 기뻐하시며
말씀하셨다. "당신께 감사합니다. 아버지, 하
늘과 땅의 주인이시여! 지혜롭고 똑똑한 사
람들에게는 이것들을 숨겨버리시고 어린아
이들에게는 그것들을 나타내셨습니다. 옳
습니다. 아버지! 이것이 당신 앞에 기쁨이
되었습니다. 22 모든 것이 내 아버지로부터
내게 ※주어졌습니다. 아버지밖에는 아무도
아들이 누구인지를 알지 못하고 아들과 그
아들이 (아버지를) 나타내 주고 싶어 하는
사람밖에는 (아무도) 아버지가 누구인지
를 (※알지 못합니다.)"

22 ※주어졌다. ※알지 못한다.

요

110. 쉼으로 초대하심

마태복음 11:28-30	막	눅	요
[28] 수고하고 무거운 짐 진 사람들아, 모두 내게로 오너라. 내가 너희를 쉬게 해 주 겠다. [29] 나는 온유하고 마음이 겸손하므로 너희는 내 멍에를 자기 위에 올려놓고 내게 배워라. 그러면 너희 영혼에 쉼을 찾게 될 것이다. [30] 내 멍에는 쉽고 내 짐은 가볍기 때문이다."			

111. 안식일에 이삭을 자른 사건

마태복음 12:1-8	마가복음 2:23-28	누가복음 6:1-5	요
[1] 그 즈음에 예수께서 안	[23] 예수께서 안	[1] (예수께서) 어떤 안	
식일에 밀밭 사이로 지나가셨	식일에 밀밭 사이로 지나가신	식일에 밀밭 사이로 지나가신	
는데, 그의 제자들이	적이 있었는데, 그의 제자들이	적이 있었는데, 그의 제자들이	
배가 고파서 이삭을 잘라서 먹	이삭을 자르며 길	이삭을 잘라서 손	
기 시작하였다. [2] 바리	을 내기 시작하였다. [24] 바리	으로 비벼 먹었다. [2] 어떤 바리	
새인들이 보고 예수께 말하였	새인들이 예수께 말하였	새인들이 말하였	
다. "보십시오, 당신의 제자들	다. "보십시오, 그들이 어째서	다. "당신들은 어째서	
이 안식일에 해서는 안 되는	안식일에 (해서는) 안 되는	안식일에 (해서는) 안 되는	
일을 하고 있습니다." [3] 예수	일을 합니까?" [25] (예수	일을 합니까?" [3] 예수	
께서 그들에게 말씀하셨다.	께서) 그들에게 말씀하셨다.	께서 그들에게 대답하셨다.	
"다윗과 그와 함께 한 사	"다윗과 그와 함께 한 사	"다윗과 그와 함께 [있던] 사	
람들이 배가	람들이 먹을 것이 없고 배가	람들이 배가	
고팠을 때 그가 무엇을 했는지	고팠을 때 그가 무엇을 했는지	고팠을 때 그가 했던 일, 이것	
읽어보지 못하였느냐?	한 번도 읽어보지 못하였느냐?	을 읽어보지 못하였느냐?	
[4] 그	[26] 대제사장 아비아달 때에 그	[4] 그	
가 어떻게 하나님의 집에 들어	가 어떻게 하나님의 집에 들어	가 하나님의 집에 들어	
가서 오직 제사장이 아니면 그	가서 제사장이 아니면	가서 오직 제사장이 아니면	
도, 또 그와 함께 (하던) 사람들			
도 먹어서는 안 되는 '바친 빵'	먹어서는 안 되는 '바친 빵'	먹어서는 안 되는 '바친 빵'	
을 먹었느냐?	을 먹고 자기와 함께	을 집어서 먹고 자기와 함께	

마태복음 12:1-8	마가복음 2:23-28	누가복음 6:1-5	요
	하던 사람들에게도 주었느냐?"	(하던) 사람들에게도 주지 않았느냐?"	
[5] 또 안식일에 제사장들이 성전에서 안식일을 어겨도 죄가 없다는 것을 율법에서 읽어 보지 못하였느냐? [6] 내가 너희에게 말하는데, 성전보다 더 큰 것이 여기 있다. [7] '제사가 아니라 자비를 바란다'는 (말씀이) 무슨 뜻인지 알았다면 죄 없는 사람들을 정죄하지 않았을 것이다.			
	[27] 또 그들에게 말씀하셨다. "사람을 위하여 안식일이 생겼지 안식일을 위하여 사람이 (생긴 것이) 아니다.	[5] 또 그들에게 말씀하셨다.	
[8] 왜냐하면 인자는 안식일의 주인이기 때문이다."	[28] 그러므로 인자는 안식일의 주인이기도 하다."	"인자는 안식일의 주인이다."	

112. 손 마른 사람을 고치심

마태복음 12:9-14	마가복음 3:1-6	누가복음 6:6-11	요
[9] (예수께서) 그곳을 떠나서 그들의 회당에 들어가셨는데,	[1] (예수께서) 다시 회당에 들어가셨는데,	[6] (예수께서) 다른 안식일에 회당에 들어가서 가르치신 적이 있었는데,	
[10] 보라, 한 손이 마비된 어떤 사람이 있었다.	거기 한 손이 마비되어 있는 어떤 사람이 있었다.	어떤 사람이 있었고 그의 오른손이 마비되어 있었다.	
사람들이 예수를 고소하려고 "안식일에 병을 고치는 것이 옳습니까?" 하고 그에게 물었다.	[2] 사람들이 예수를 고소하려고 안식일에 그 사람을 고쳐주시는지 그를 지켜보고 있었다.	[7] 율법학자들과 바리새인들이 예수를 고소할 (구실을) 찾아내려고 안식일에 (그 사람을) 고쳐주시는지 그를 지켜보고 있었다.	

마태복음 12:9–14

11 예수께서 그들에게 말
씀하셨다.

"너희 가운데 어떤
사람이 양 한 마리가 있는데,
이 양이 안식일에 구덩이에 빠
지면, 그것을 붙잡고 끌어내지
않을 사람이 누가 있겠느냐?
12 사람이 양보다 얼마나 더 귀
한가! 그러므로 안식일에 착하
게 행하는 것은 옳다." 13 그리
고 나서 (예수께서)

그 사람에게
말씀하셨다. "네 손을 내밀어
라." 그가 내
밀자 (그 손이) 다른 손처럼
성하게 회복되었다. 14 바리새인
들이 나가서
그를 없애려고 그
에 대한 (대책을) 의논하였다.

마가복음 3:1–6

3 (예수께서)
한 손이 마비된 사람에게
말씀하셨다. "가운데 일어나라."
4 그리고
(예수께서) 그들에게 말
씀하셨다.
"안식일에 착한 일을 하는 것
이 옳으냐? 나쁜 일 하는 것이
(옳으냐?) 목숨을 건져내는 것
이 (옳으냐?) 죽이는 것
이 옳으냐?" 그들은 말을 못하
고 있었다.

5 (예수께서) 그들의
마음이 굳어 있는 것에 몹시 슬
퍼하시고 성내시며 그들을
둘러보시고 나서 그 사람에게
말씀하셨다. "손을 내밀어
라." 그가 내
밀자 그의 손이
회복되었다. 6 바리새인
들이 곧바로 나가서 헤롯파 사
람들과 함께 그를 없애려고 그
에 대한 (대책을) 상의하였다.

누가복음 6:6–11

8 예수께서 그들의 생각을 아
시고 한 손이 마비된 남자에게
말씀하셨다. "일어나서 가운데
서라." 그러자 그가 일어나서
섰다. 9 예수께서 그들에게 말
씀하셨다. "너희에게 물어보자.
안식일에 착한 일 하는 것
이 옳으냐? 나쁜 일 하는 것이
(옳으냐?) 목숨을 건지는 것
이 (옳으냐?) 망하게 하는 것
이 (옳으냐?)"

10 (예수께서)
그들 모두를
둘러보시고 나서 그에게
말씀하셨다. "네 손을 내밀어
라." 그 사람이 (그렇게) 하자
그의 손이
회복되었다. 11 그들은
잔뜩 화가 나서
예수에게 어
떻게 할는지 서로 얘기하였다.

요

113. 바닷가에서 무리를 고치심

마태복음 12:15-21	마가복음 3:7-12	누가복음 6:17-19	요
15 그러나 예수께서 아시고 거기를 떠나셨으며, 많은 [무리들이] 그를 따랐는데	7 예수께서 자기 제자들과 함께 바다로 떠나셨고 많은 무리가 갈릴리로부터 (그를) [따랐다]. 또 유대와 8 예루살렘과 이두매와 요단강 맞은편과 두로와 시돈 부근으로부터 많은 무리가 예수께서 하고 계셨던 일들을 듣고 그에게로 왔다. 9 (예수께서는) 사람들이 무리 때문에 자기를 밀지 못하게 하시려고 자기에게 작은 배를 준비하도록 자기 제자들에게 지시하셨다.	17 (예수께서) 그들과 함께 내려오셔서 어떤 평평한 곳에 서셨는데 그의 많은 제자 무리와 온 유대, 예루살렘, 두로와 시돈의 해안 지역에서 온 백성의 많은 무리도 (있었다.)	
그는 그들을 모두 고쳐 주셨고	10 (예수께서) 많은 사람들을 고쳐 주셨으므로 병든 사람들이 그를 만지려고 그에게 밀려들었기 때문이다. 11 더러운 영들이 예수를 볼 때는 그 앞에 엎드려 "당신은 하나님의 아들이십니다" 하고 소리질렀는데,	18 그들은 예수의 (말씀을) 듣고 자기들의 병을 고치려고 왔는데 더러운 영들로부터 고통을 당하던 사람들이 고침을 받았다.	
16 자기를 나타내지 말라고 그들에게 당부하셨다.	12 (예수께서는) 자기를 나타내지 못하도록 그들을 거듭거듭 꾸짖으셨다.	19 온 무리가 예수를 만지려고 애썼는데 이는 예수에게서 능력이 나와서 모든 사람들을 낫게 하였기 때문이다.	
17 이는 선지자 이사야를 통하여 (이렇게) 말씀하신 것이 이루어지게 하기 위해서였다. 18 "보아라, 내가 고른 나의 종, 내 영혼이 기뻐하는, 나의 사랑하는 사람이다. 나는 내 영을 그 위에 두겠고, 그는 이방			

마태복음 12:15-21	마가복음 3:7-12	누가복음 6:17-19	요
인들에게 심판을 알릴 것이다. 19 그는 다투지도 않고 떠들지도 않을 것이요, 누구도 거리에서 그의 목소리를 듣지 못할 것이다. 20 그는 꺾인 갈대를 자르지 않고 그을음 나는 심지를 끄지 않을 것이다. 심판을 승리로 이끌기까지…. 21 그래서 이방인들이 그의 이름에 희망을 걸 것이다."			

114. 예수께 기름을 부은 여인

마태복음 26:6-13	마가복음 14:3-9	**누가복음 7:36-50**	요한복음 12:1-8
		36 바리새인들 가운데 어떤 사람이 자기와 함께 음식 잡수시기를 그에게 청하였다.	1 유월절 엿새 전에
6 예수께서 베다니에서 문둥병자 시몬의 집에 계셨다.	3 (예수께서) 베다니에서 문둥병자 시몬의 집에 계셨다.	(예수께서) 그 바리새인의 집에 들어가 자리에 앉으셨다.	예수께서 나사로가 있던 베다니로 가셨다. 그는 예수께서 죽은 사람들 가운데서 살리신 사람이다.
7 그가 식사 자리에 앉아 계시는 동안	그가 식사 자리에 앉아 계시는 동안	37 그러자 보라,	2 그들이 그를 위하여 거기서 잔치를 베풀었는데 마르다는 시중을 들었고 나사로는 그와 함께 식탁에 앉은 자들 중 하나로 있었다.
어떤 여자가	어떤 여자가	죄인인 어떤 여자가 그 성에 살고 있	3 마리아가

마태복음 26:6-13	마가복음 14:3-9	**누가복음 7:36-50**	요한복음 12:1-8
		었는데 예수께서 그 바리새인의 집에서 식사자리에 앉아 계시다는 것을 알고	
값비싼 향유 한 항아리를 가지고 그에게 다가와서 그의 머리에 부었다.	매우 비싼 향유, 곧 순 나드 한 항아리를 가지고 와서 항아리를 깨뜨리고 그의 머리에 부었다.	향유 한 항아리를 지니고 (와서) 38 그의 뒤, 발곁에 서서 울며 눈물로 그의 발을 적시기 시작하여 자기의 머리카락으로 닦고 그의 발에 입을 맞추고 향유를 발랐다.	값비싼 순 나드 향유 한 근을 가져 (와서) 예수의 발에 발랐고 자기의 머리카락으로 그의 발을 닦았다. 그 집이 향유 냄새로 가득 채워졌다.
8 그런데 제자들이 보고 성내며	4 그런데 어떤 사람들이 있다가 자기들끼리 성내면서	39 그를 청한 바리새인이 보고 속으로 "이 사람이 선지자라면 자기를 만지는 여자가 누구며 어떤 여자, 곧 죄인임을 알았을 것이다." 하고	4 그의 제자들 가운데 하나로 그를 넘겨줄 가룟 유다가
말하였다. "웬일로 이렇게 버리는가! 9 이것을 비싸게 팔아서 가난한 사람들에게 줄 수 있었을 것이다."	(말하였다.) "웬일로 향유를 이렇게 버리게 되었는가? 5 이 향유를 삼백 데나리온보다 높게 팔아서 가난한 사람들에게 줄 수 있었을 것이다." 그리고 그 여자를 꾸짖었다.	중얼거렸다.	말하였다. 5 "어째서 이 향유를 삼백 데나리온에 팔아 가난한 사람들에게 주지 않았소?" 6 그가 이렇게 말한 것은 가난한 사람들을 배려했기 때문이 아니라 그는 도둑이었고 돈자루를 맡았다가 들어 있는 것들을 꺼내가곤 했기 때문이다.
10 그러나 예수께서 아시고 그들에게 말씀	6 그러나 예수께서 말씀		7 그러자 예수께서 말씀

마태복음 26:6-13

하셨다.

"왜 그 여자에게
괴로움을 끼치느냐? 그
여자는 내게 좋은 일을
하였기 때문이다.
11 너희
가 가난한 사람들은 늘
너희 자신 곁에서 만나
지만

나를 늘 만나지는 않기
때문이다.
12 또 이 여자
가 내 몸에 이 향유를
부은 것은 나를 장사하
기 위해서 한 것이기 때
문이다.
13 참으로 내가
너희에게 말하는데, 온
세상 어디나 이 복음이
전해지는 곳에는 그 여
자를 기억하도록 이 여
자가 행한 일도 이야기
될 것이다."

마가복음 14:3-9

하셨다.

"그 여자를 놓아
두어라. 왜 그 여자에게
괴로움을 끼치느냐? 그
여자는 내게 좋은 일을
하였다.
7 너희
가 가난한 사람들은 늘
너희 자신 곁에서 만나
며 원할 때 그들에게 좋
은 일을 할 수 있지만
나를 늘 만나지는 않기
때문이다.
8 그 여자는
할 수 있는 일을 하였
다. 내 몸에 향유를
발라서 장사
행위를 미리 한 것이다.
9 참으로 내가
너희에게 말하는데, 온
세상 어디나 복음이
전해지는 곳에는 그 여
자를 기억하도록 이 여
자가 행한 일도 이야기
될 것이다."

누가복음 7:36-50

40 예수께서 그에게 대답
하셨다. "시몬아, 네게
말할 것이 있다." "선생
님, 말씀하십시오." (예수께서) 말씀하셨다.
41 "어떤 빚
쟁이에게 빚진 사람 둘이 있었는데 한 사람은 오백
데나리온을, 다른 사람은 오십 (데나리온을) 빚지고
있었다.
42 그들이 갚을 것이 없어서 그가 두 사람에
게 은혜를 베풀었다. 그러면 그들 가운데서 누가 그
를 더 사랑하겠느냐?"
43 시몬이 대답하였다. "저는 더
많은 은혜를 입은 사람이라고 생각합니다." 예수께서

요한복음 12:1-8

하셨다. "나의 장사날을
위하여 그것을 계속하
도록 그 여자를 놓아
두어라.

8 너희
가 가난한 사람들은 늘
너희 자신 곁에서 만나
지만

나를 늘 만나지는 않기
때문이다."

마 26:6-13	마 14:3-9	누가복음 7:36-50	요 12:1-8

그에게 말씀하셨다. "바르게 판단하였다." 44 그리고
그는 그 여자에게로 몸을 돌리시며 시몬에게 말씀하
셨다. "이 여자를 보느냐? 내가 네 집에 들어올 때 너
는 내 발에 물을 (부어)주지 않았으나 이 여자는 눈물
로 내 발을 적시고 자기 머리카락으로 닦았다. 45 너는
내게 입 맞추지 않았으나 이 여자는 내가 들어올 때
부터 내 발에 입 맞추기를 그치지 않았다. 46 너는 내
머리에 감람유를 바르지 않았으나 이 여자는 내 발에
향유를 발랐다. 47 그러므로 내가 네게 말하는데, 그
여자의 많은 죄들이 용서되었다. 많이 사랑하였기 때
문이다. 용서받을 일이 적은 사람은 적게 사랑한다."
48 그리고 예수께서 그 여자에게 말씀하셨다. "네 죄가
용서되었다." 49 그러자 함께 식사 자리에 앉아 있던
사람들이 속으로 중얼거리기 시작하였다. "죄도 용서
하는 이 사람은 누구냐?" 50 (예수께서) 그 여자에게
말씀하셨다. "네 믿음이 너를 건져내었다. 평안히 가
거라."

115. 예수를 섬긴 여인들

마	막	누가복음 8:1-3	요

1 그 후에 (예수께서) 성과 촌을 두루 여행하시며 하나님의 나라를 선포하시고 복음
을 전하셨는데, 열두 (제자도) 그와 함께 (있었고,) 2 악한 영들과 병들로부터 고침을
받은 어떤 여자들, 곧 일곱 귀신이 나간, 막달라 여자라고 하는 마리아와 3 헤롯의
청지기 구사의 아내 요안나와 수산나와 다른 많은 여자들이 자기들에게 있는 것으
로 그들을 섬겼다.

116. 예수와 그 가족

마	마가복음 3:20-21	눅	요
	20 (예수께서) 집으로 들어오시자 다시 무리가 모여서 그들은 빵조차도 먹을 수가 없었다. 21 그의 가족들이 듣고 그를 붙잡으러 나왔다. 그가 미쳤다고 사람들이 말하고 있었기 때문이다.		

117. 귀신 들렸다고 비난함

마태 12:22-30	마태 9:32-34	마가 3:22-27	누가 11:14-23	요
22 그때 귀신 들려서 눈이 멀고 말을 못하는 사람이 그에게 이끌려 왔는데 (예수께서) 그를 고쳐주시자	32 그들이 나갈 때에, 보라, 사람들이 귀신 들려서 말을 못하는 어떤 사람을 그에게 데려왔는데			
	33 귀신이 내쫓기자		14 (예수께서) 벙어리[이었던] 귀신을 내쫓고 계셨다. 그 귀신이 나가게 되자	
그 벙어리가 말하고 보았으며 23 무리들이 모두 놀라서 말하였다. "이 사람이 다윗의 아들이라고?"	그 벙어리가 말을 하였다. 무리들이 놀라서 말하였다.		벙어리가 말하였고 무리들이 놀랐다.	
	"이스라엘에 이런 일이 나타난 적이 결코 없었다."			
24 그러나 바리새인들은 듣고 나서 말하였다. "이 사람이 귀신들의 우두머리인 바알	34 그러나 바리새인들은 말하였다. "그가 귀신들의 우두머리에	22 예루살렘에서 내려온 율법학자들은 말하였다. "그가 바알세불이 들렸고 그 귀신들의 우두머리에	15 그러나 그들 가운데 어떤 사람들은 말하였다. "그가 귀신들의 우두머리인 바알	

마태 12:22-30	마 9:32-34	마가 3:22-27	누가 11:14-23	요
세불에 힘입지 않고서는 귀신들을 내쫓지 못한다."	힘입어 귀신들을 내쫓는다."	힘입어 귀신들을 내쫓는다."	세불에 힘입어 귀신들을 내쫓는다." 16 다른 사람들은 (그를) 시험하며 하늘로부터 (오는) 표적을 그에게서 찾고 있었다. 17 그러나	
25 (예수께서) 그들의 생각을 아시고 그들에게 말씀하셨다.		23 (예수께서) 그들을 불러다가 비유로 그들에게 말씀하셨다. "어떻게 사탄이 사탄을 내쫓을 수 있느냐?	예수께서 그들의 생각을 아시고 그들에게 말씀하셨다.	
"스스로 나누인 나라마다 황폐해지고, 스스로 나누인 성이나 집마다 서 있지 못한다.		24 나라가 스스로 나누이면 그 나라는 서 있을 수 없고, 25 집이 스스로 나누이면 그 집은 서 있을 수 없다.	"스스로 나누인 나라마다 황폐해지고, 집 위의 집은 무너진다.	
26 만일 사탄이 사탄을 내쫓으면 스스로 나누인 것이다. 그러므로 어떻게 그의 나라가 서 있겠느냐?		26 만일 사탄이 스스로 맞서고 나누이면 (그 나라가) 서 있을 수 없고 도리어 끝장나 버린다.	18 사탄도 스스로 나누이면 어떻게 그의 나라가 서 있겠느냐? 내가 바알세불에 힘입어 귀신들을 내쫓는다고 너희가 말하기 때문이다.	
27 만약 내가 바알세불에 힘입어 귀신들을 내쫓으면 너희 아들들은 누구에 힘입어서 (귀신들을) 내쫓느냐? 이러므로 바로 그들이 너희의 재판관이 될 것이다.			19 만약 내가 바알세불에 힘입어 귀신들을 내쫓으면 너희 아들들은 누구에 힘입어서 (귀신들을) 내쫓느냐? 이러므로 바로 그들이 너희의 재판관이 될 것이다.	
28 그러나 내가 하나님의 영에 힘입어서 귀신들을 내쫓으면 하나님의 나라가 이미 너희 위에 와 있다.			20 그러나 [내가] 하나님의 손가락에 힘입어서 귀신들을 내쫓으면 하나님의 나라가 이미 너희 위에 와 있다.	
			21 힘센 사람이 완전 무장을 하고 자기 뜰을 지킬 때에는 자기 소유물들이 안전하지만,	

마태 12:22-30	마 9:32-34	마가 3:22-27	누가 11:14-23	요
29 힘센 사람을 먼저 묶어 놓지 않으면 누가 어떻게 그 힘센 사람의 집에 들어가서 그의 살림살이를 빼앗을 수 있겠느냐? 그렇게 (한) 다음에 그의 집을 털어 갈 것이다. 30 나와 함께 있지 않는 사람은 내게 맞서는 것이고 나와 함께 모으지 않는 사람은 흩는 것이다.		27 힘센 사람을 먼저 묶어 놓지 않으면 아무도 그 힘센 사람의 집에 들어가서 그의 살림살이를 빼앗을 수 없다. 그렇게 (한) 다음에 그의 집을 털어 갈 것이다.	22 그보다 더 힘센 사람이 달려들어서 그를 제압할 때에는 믿고 있던 그의 무장을 해제하고 자기가 빼앗은 것들을 나누어준다. 23 나와 함께 있지 않는 사람은 내게 맞서는 것이고 나와 함께 모으지 않는 사람은 흩는 것이다.	

118. 성령을 대항하는 죄

마태복음 12:31-37	마가복음 3:28-30	누가복음 12:10; 6:43-45	요
31 이러므로 내가 너희에게 말하는데, 사람들이 모든 죄와 모독을 용서받겠지만, 성령에 (대한) 모독은 용서받지 못할 것이다. 32 인자에게 맞서 말하는 사람은 누구든지 용서받겠지만 성령에게 맞서 말하는 사람은 누구든지 이 세상에서도, 오는 세상에서도 용서받지 못할 것이다.	28 참으로 내가 너희에게 말하는데, 사람의 아들들이 모든 죄들과 그들이 내뱉은 모독들을 용서받겠지만, 29 성령을 모독하는 사람은 누구든지 영원히 용서받지 못하고 도리어 죄가 영원히 있을 것이다." 30 그들이 "그는 더러운 영이 들렸다" 고 말하였기 때문이다.	12 10 또 인자를 대항하여 말하는 사람은 모두 용서받겠지만, 성령을 모독하는 사람은 용서받지 못할 것이다. 10 또 인자를 대항하여 말하는 사람은 모두 용서받겠지만 성령을 모독하는 사람은 용서받지 못할 것이다.	

마태복음 12:31-37

[33] 나무도 좋고 그 열매도 좋다고 하든지 나무도 나쁘고 그 열매도 나쁘다고 하여라. 나무는 열매로 알려지기 때문이다.

[34] 독뱀 새끼들아! 너희가 악한데 어떻게 선한 것들을 말할 수 있느냐? 마음에 가득한 것을 입이 말하기 때문이다. [35] 선한 사람은 선한 창고에서 선한 것들을 내보내고 악한 사람은 악한 창고에서 악한 것들을 내보낸다.

[36] 내가 너희에게 말하는데, 사람들이 지껄이는 허튼 소리마다 심판의 날에 그것에 대하여 해명해야 할 것이다. [37] 네 말로 의롭다고 인정되고 네 말로 의롭지 않다고 인정될 것이기 때문이다."

마가복음 3:28-30

누가복음 12:10; 6:43-45

6 [43] 나쁜 열매 맺는 좋은 나무가 없고 또 좋은 열매 맺는 나쁜 나무도 (없기) 때문이다.
[44] 또 각 나무는 자신의 열매로 알려지기 때문이고, (사람들이) 가시덤불에서 무화과를 따지 못하고 가시나무에서 포도를 거두지 못하기 때문이다.

[45] 선한 사람은 마음의 선한 창고에서 선한 것을 내고 악한 (사람은) 악한 (창고에서) 악한 것을 낸다. 마음에 가득한 것을 자기 입이 말하기 때문이다.

요

119. 요나의 표적

마태 12:38-42	마태 16:1-4	마가 8:11-12	눅 11:16,29-32	요
38 그때 어떤 율법학자들과 바리새인들이	1 바리새인들과 사두개인들이 다가와서	11 바리새인들이 나와서 그와 함께 논쟁하기 시작하였는데	16 다른 사람들은	
그에게 대답하였다. "선생님, 당신에게서 표적을 보고 싶습니다."	그를 시험하며 하늘로부터 (오는) 표적을 자신들에게 보여 달라고 요청하였다.	그를 시험하며 그에게서 하늘로부터 (오는) 표적을 찾고 있었다.	(그를) 시험하며 하늘로부터 (오는) 표적을 그에게서 찾고 있었다.	
39 예수께서 그들에게 대답하셨다.	2 예수께서 그들에게 대답하셨다. ["저녁이 되면 '하늘이 붉그스레하니 날이 좋겠다' 라고 너희는 말하고 3 아침에는 '하늘이 붉그스레하고 흐리니 오늘은 날이 궂겠다' 라고 (말한다.) 너희가 하늘의 모습은 분간할 줄 알면서 시대의 표적은 (분간할 수) 없느냐?]	12 (예수께서) 자기 영으로 깊은 한숨을 쉬시며 말씀하셨다.	29 무리가 많아지고 있었는데 그가 말씀하시기 시작하셨다.	
"악하고 음란한 세대가 표적을 찾고 있지만 선지자 요나의 표적 말고는 이 (세대에게) 표적이 주어지지 않을 것이다. 40 요나가 사흘 낮, 사흘 밤을 큰 물고기 뱃속에 있었던 것처럼 인자도 이렇게	4 악하고 음란한 세대가 표적을 찾고 있지만 요나의 표적 말고는 이 (세대에게) 표적이 주어지지 않을 것이다."	"왜 이 세대가 표적을 찾고 있느냐? 참으로 내가 너희에게 말하는데, 이 세대에게 표적이 주어지지 않을 것이다."	"이 세대는 악한 세대이다. 표적을 찾고 있지만 요나의 표적 말고는 이 (세대에게) 표적이 주어지지 않을 것이다. 30 요나가	

마태 12:38–42	마태 16:1–4	마가 8:11–12	눅 11:16,29–32	요
사흘 낮, 사흘 밤을 땅 속에 있을 것이다.				
			니느웨 사람들에게 표적이 된 것처럼 인자도 이 세대에게 이러할 것이다.	
41 심판 때에 니느웨 사람들이 이 세대와 함께 일어나서 이 세대를 심판할 것이다. 그들이 요나의 선포에 회개하였기 때문이다. 보아라, 요나보다 더 큰 것이 여기 있다. 42 심판 때에 남쪽 여왕이 이 세대와 함께 일어나서 이 세대를 심판할 것이다. 그녀가 솔로몬의 지혜를 들으려고 땅 끝에서 왔기 때문이다. 보아라, 솔로몬보다 더 큰 것이 여기 있다. 41 심판 때에 니느웨 사람들이 이 세대와 함께 일어나서 이 세대를 심판할 것이다. 그들이 요나의 선포에 회개하였기 때문이다. 보아라, 요나보다 더 큰 것이 여기 있다.			32 심판 때에 니느웨 사람들이 이 세대와 함께 일어나서 이 세대를 심판할 것이다. 그들이 요나의 선포에 회개하였기 때문이다. 보아라, 요나보다 더 큰 것이 여기 있다. 31 심판 때에 남쪽 여왕이 이 세대의 사람들과 함께 일어나서 그들을 심판할 것이다. 그녀가 솔로몬의 지혜를 들으려고 땅 끝에서 왔기 때문이다. 보아라, 솔로몬보다 더 큰 것이 여기 있다. 32 심판 때에 니느웨 사람들이 이 세대와 함께 일어나서 이 세대를 심판할 것이다. 그들이 요나의 선포에 회개하였기 때문이다. 보아라, 요나보다 더 큰 것이 여기 있다.	
	(예수께서) 그들을 남겨 두고 가버리셨다.			

120. 돌아온 귀신 얘기

마태복음 12:43-45	막	누가복음 11:24-26	요
43 더러운 영이 사람에게서 나와서 물 없는 곳을 돌아다니며 쉼터를 찾다가 찾지 못하 게 되자 44 그 때 '내가 나온 내 집으로 돌 아가야겠다' 라고 말하며 갔는데 그 집이 비 어 있으며 치워지고 잘 꾸며져 있는 것을 발견한다. 45 그 때, 그것이 가서 자기보다 더 악한 다른 영 일곱을 자신과 함께 데리 고 들어가서 거기 자리를 잡는다. 그래서 그 사람의 마지막이 처음보다 더 나쁘게 된 다. 이 악한 세대도 이러할 것이다."		24 더러운 영이 사람에게서 나와서 물 없는 곳을 돌아다니며 쉼터를 찾다가 찾지 못하 게 되자 [그 때] '내가 나온 내 집으로 돌 아가야겠다' 라고 말하며 25 갔는데 그 집이 치워지고 잘 꾸며져 있는 것을 발견한다. 26 그 때, 그것이 가서 자기보다 더 악한 다른 영 일곱을 데리 고 들어가서 거기 자리를 잡는다. 그래서 그 사람의 마지막이 처음보다 더 나쁘게 된 다."	

121. 예수의 가족이 찾아옴

마태복음 12:46-50	마가복음 3:31-35	누가복음 8:19-21	요
46 그가 무리에게 아직 말씀하 고 계실 때에, 보라, 그의 어 머니와 형제들이 그에게 말을 건네려고 밖에 서서 찾고 있었다. 47 [누가 그에게 말하였다. "보십시오, 당신의 어머니와 당 신의 형제들이 당신에게 말을 건네려고 밖 에 서서 찾고 있습니 다."] 48 예수께서 자기에게 말 한 사람에게 대답하셨다. "누 가 내 어머니며 누가 내 형제	31 그의 어 머니와 그의 형제들이 와서 밖에 서서 그에게 (사람을) 보내어 그를 불렀다. 32 무리가 그의 주변에 앉아 있다가 그에게 말하였다. "보십시오, 당신의 어머니와 당 신의 형제들[과 당신의 자매들] 이 밖 에서 당신을 찾고 있습니 다." 33 (예수께서) 그들에게 대답하셨다. "누 가 내 어머니와 [내] 형제	19 그의 어 머니와 형제들이 그에게 왔지만 무리 때문에 그를 만날 수가 없었는데, 20 그에게 소식이 전해졌다. "당신의 어머니와 당 신의 형제들이 밖 에 서서 당신을 보고 싶어합니 다." 21 예수께서 그들에게 대답하셨다.	

마태복음 12:46-50	마가복음 3:31-35	누가복음 8:19-21	요
들이냐? 49 그리고는 자기 손을 자기 제자들 위로 내뻗으시며 말씀하셨다. "보아라, 내 어머니와 내 형제들이다. 50 누구든지 하늘에 계신 내 아버지의 뜻대로 하는 사람, 그 사람이 내 형제요 자매요 어머니이기 때문이다."	들이냐?" 34 그는 자기 주변에 둥그렇게 앉아 있는 사람들을 둘러보시고 나서 말씀하셨다. "보아라, 내 어머니와 내 형제들이다. 35 누구든지 하나님의 뜻대로 하는 사람, 이 사람이 내 형제요 자매요 어머니이기 [때문이다]."	"내 어머니와 내 형제들은 하나님의 말씀을 듣고 행하는 이 사람들이다."	

122. 씨 뿌리는 사람 비유

마태복음 13:1-9	마가복음 4:1-9	누가복음 8:4-8	요
1 그 날 예수께서 집에서 나가서 바닷가에 앉으셨다. 2 많은 무리들이 그에게로 모여들어서 그는 배에 올라가 앉으셨고 무리는 모두 해변에 서 있었다. 3 (예수께서) 그들에게 많은 것을 비유로 말씀하셨다. "보아라, 씨 뿌리는 사람이 씨를 뿌리려고 나갔다. 4 그가 씨를 뿌릴 때 어떤 것들은 길가에 떨어졌는데, 새들이 와서 그것들을 삼켜 버렸다.	1 (예수께서) 다시 바닷가에서 가르치기 시작하셨다. 무척 많은 무리가 그에게로 모여들어서 그는 바다에 (떠 있는) 배에 올라가 앉으셨고 무리는 모두 바다 곁의 뭍에 있었다. 2 (예수께서) 그들에게 많은 것을 비유로 가르치셨는데 그의 가르침에서 그들에게 (이렇게) 말씀하셨다. 3 "너희는 들어라. 보아라, 씨 뿌리는 사람이 씨를 뿌리려고 나갔다. 4 (그가) 씨를 뿌릴 때 어떤 것은 길가에 떨어졌는데, 새들이 와서 그것을 삼켜 버렸다.	4 많은 무리가 모이고 각 성 사람들이 그에게로 와서 그가 비유로 말씀하셨다. 5 "씨 뿌리는 사람이 자기 씨를 뿌리려고 나갔다. 그가 씨를 뿌릴 때 어떤 것은 길가에 떨어졌는데 밟히고, 하늘의 새들이 그것을 삼켜 버렸다.	

마태복음 13:1-9	마가복음 4:1-9	누가복음 8:4-8	요
5 다른 것들은 흙이 많지 않은 돌밭에 떨어졌는데 흙이 깊지 않아서 곧 싹이 텄지만 6 해가 돋자 시들고 뿌리가 없어서 말라죽었다. 7 다른 것들은 가시덤불에 떨어졌는데, 가시덤불이 자라서 그것들의 (성장을) 막았다. 8 다른 것들은 좋은 땅에 떨어져서 열매를 맺었는데 어떤 것은 백, 어떤 것은 육십, 어떤 것은 삼십이 (되었다.) 9 ㅜ 귀 있는 사람은 들어라." 9 ㅜ 들을	5 다른 것은 흙이 많지 않은 돌밭에 떨어졌는데 흙이 깊지 않아서 곧 싹이 텄지만 6 해가 돋았을 때 시들고 뿌리가 없어서 말라죽었다. 7 다른 것은 가시덤불 속에 떨어졌는데, 가시덤불이 자라서 그것의 (성장을) 막아 열매를 맺지 못했다. 8 다른 것들은 좋은 땅에 떨어져서 열매를 맺었는데 싹이 나고 자라서 하나는 삼십, 하나는 육십, 하나는 백을 가져왔다." 9 그리고 말씀하셨다. "들을 귀 있는 사람은 들어라."	6 다른 것은 바위 위에 떨어졌는데 싹이 나다가 물기가 없어서 말라죽었다. 7 다른 것은 가시덤불 가운데 떨어졌는데, 가시덤불이 함께 자라나서 그것의 (성장을) 막았다. 8 다른 것은 좋은 땅에 떨어져서 자라나서 백배의 열매를 맺었다." 그는 이렇게 말씀하시면서 소리치셨다. "들을 귀 있는 사람은 들어라."	

123. 비유를 말씀하신 이유

마태복음 13:10-17	마가복음 4:10-12	누가복음 8:9-10	요한복음 10:23-24
10 제자들이 그에게 다가와서 말하였다. "왜 그들에게 비유로 말씀하십니까?"	10 그가 혼자 계실 때 그의 둘레에 있던 사람들이 열두 명과 함께 그에게 비유들을 물었다.	9 그의 제자들이 그에게 이 비유들이 무슨 (뜻)인지를 물었다.	23 예수께서 성전에서 솔로몬 행각 안을 걷고 계셨다. 24 그러자 유대인들이 그를 둘러싸고 그에게 말하였다. "언제까지 당신이 우리 마음을 뒤흔들겠소? 당신이 그리스도이시면 우리에게 명백히 말해 주시오."

마태복음 13:10-17

11 예수께서 그들에게 대답
하셨다. 하늘나라의 비
밀들을 아는 것이 너희에
게는 주어져 있지만
저희에게는 주어져 있
지 않기 때문이다. 12 또,
가진 사람, 그에게는 주어
져서 넘치게 되겠지만, 가
지지 못한 사람은 그가 가
지고 있는 것도 자기에게
서 빼앗기겠기 때문이다.
13 그래서 그들에게 비유로
말한다. 그들은 보면서도
보지 못하고
들으면서도 듣지 못하고
깨닫지도 못하기 때문이
다. 14 이사야의 예언이 그
들에게 이루어지고 있다.
그가 말하였다. '너희가
듣기는 들어도 결코 깨닫
지 못하고 보기는 보아도
결코 보지 못할 것이다.
15 이 백성의 마음이 무디
어져서 귀로는 거의 듣지
못하며, 그들의 눈을 감아
버렸기 때문이다. 이는 그
들이 눈으로는 보지 못하
고 귀로는 듣지 못하고 마
음으로는 깨닫지 못하여
돌아오지 못하게 하고, 내
가 그들을 고치지 못하게
하려는 것이다.'

16 그러나 너희 눈은 보니

마가복음 4:10-12

11 (예수께서) 그들에게 말씀
하셨다. "하나님 나라의 비
밀이 너희에
게는 주어져 있지만 밖에
있는 저희에게는 모든 것
이 비유로 된다.

12 그들이 보기는 보
아도 보지 못하도록 하고,
듣기는 들어도
깨닫지 못하게 하려는 것
이다.

그렇지 않으면 그들이
돌아와서 용서를 받을 것
이다."

누가복음 8:9-10

10 예수께서 말씀
하셨다. "하나님 나라의 비
밀들을 아는 것이 너희에
게는 주어져 있지만 나머
지 사람들에게는
비유로 (주어진다).

그들이 보아도
보지 못하고
들어도
깨닫지 못하게 하려는 것
이다.

10 23 그는 따로
제자들에게로 돌아서서 말
씀하셨다. "너희가 보는 것

요 10:23-24

마태복음 13:10-17	마가복음 4:10-12	누가복음 8:9-10	요 10:23-24
까, 또 너희 귀는 들으니 까 복이 있다. [17] 참으로 내가 너희에게 말하는데, 많은 선지자들과 의인들이 너희가 보고 있는 것들을 보고 싶어했지만 보지 못하였고 너희가 듣고 있는 것들을 듣고 (싶어했지만) 듣지 못하였기 때문이다.		들을 보는 눈이 복이 있다. [24] 내가 너희에게 말하는데, 많은 선지자들과 임금들이 너희가 보고 있는 것들을 보기 원했지만 보지 못하였고 너희가 듣고 있는 것들을 듣기 (원했지만) 듣지 못하였기 때문이다."	

124. 씨 뿌리는 사람 비유의 뜻

마태복음 13:18-23	마가복음 4:13-20	누가복음 8:11-15	요
	[13] 그리고 그들에게 말씀하셨다. "너희가 이 비유를 알지 못하면서 어떻게 모든 비유들을 알겠느냐?		
[18] 그러므로 너희는 씨 뿌리는 사람의 비유를 들어라.	[14] 씨 뿌리는 사람은 말씀을 뿌린다.	[11] 이 비유는 (이렇다). 씨는 하나님의 말씀이다.	
[19] 누구나 그 나라의 말씀을 듣고 깨닫지 못하면 악한 자가 와서 그의 마음에 뿌려진 것을 앗아가 버린다. 이런 사람이 길가에 씨가 뿌려진 사람이다.	[15] 말씀이 뿌려진 곳이 길가인 사람들은 이런 사람들, 곧 (말씀을) 들을 때 곧바로 사탄이 와서 그들에게 뿌려진 말씀을 가져가 버리는 사람들이다.	[12] 길가에 (씨가 뿌려진) 사람들이란 (말씀을) 들은 다음에 마귀가 와서, 믿고 구원 받지 못하도록 저희 마음에서 말씀을 가져가 버리는 사람들이다.	
[20] 돌밭에 씨가 뿌려진 사람이란 이런 사람, 곧 말씀을 들으면서 기쁨으로 얼른 그것을 받는 사람이다.	[16] 돌밭에 씨가 뿌려지는 사람들이란 이런 사람들, 곧 말씀을 들을 때 기쁨으로 얼른 그것을 받는 사람들이다.	[13] 바위 위에 (씨가 뿌려진) 사람들이란 말씀을 들을 때 기쁨으로 받아들이는 사람들이다.	
[21] 그러나 그는 자신 안에	[17] 그러나 그들은 자신들 안에	그러나 이 사람들은	

마태복음 13:18-23	마가복음 4:13-20	누가복음 8:11-15	요
뿌리가 없어서 잠시 그러다가 말씀 때문에 어려움이나 박해가 일어나면 곧바로 넘어져 버린다. [22] 가시덤불에 씨가 뿌려진 사람이란 이런 사람, 곧 말씀을 듣지만 세상살이 걱정과 재물의 유혹이 말씀을 막아서 열매를 맺지 못하게 되는 사람이다. [23] 좋은 땅에 씨가 뿌려진 사람이란 이런 사람, 곧 말씀을 들으면서 이해하는 사람이다. 그는 정말로 열매를 맺는데 어떤 씨는 백, 어떤 씨는 육십, 어떤 씨는 삼십을 맺는다."	뿌리가 없어서 잠시 그러다가 그 다음에 말씀 때문에 어려움이나 박해가 일어나면 곧바로 넘어져 버린다. [18] 가시덤불에 씨가 뿌려지는 다른 사람들이란 이런 사람들, 곧 말씀을 들은 후에 [19] 세상살이 걱정과 재물의 유혹과 그 밖의 욕심이 들어와 말씀을 막아서 열매를 맺지 못하게 되는 사람들이다. [20] 좋은 땅에 씨가 뿌려진 사람들이란 저런 사람들, 곧 말씀을 들으면서 받아들여 열매를 맺는 사람들인데 씨 하나는 삼십, 씨 하나는 육십, 씨 하나는 백이 (된다.)"	뿌리가 없어서 잠시 믿다가 시험의 때에 물러서 버린다. [14] 가시덤불에 떨어진 것이란 이런 사람들, 곧 (말씀을) 듣지만 살아가는 동안 걱정과 재물과 삶의 즐거움에 막혀서 열매가 다 익지 못하는 사람들이다. [15] 좋은 땅에 (뿌려진) 것이란 이런 사람들, 곧 아름답고 착한 마음으로 말씀을 듣고 간직하며 인내로 열매를 맺는 사람들이다.	

125. 귀 있는 자는 들어라

마 5:15; 10:26; 7:2; 13:12	마가복음 4:21-25	누가복음 8:16-18	요
5 [15] 등잔은 켜서 말 밑에 놓지 않고 등잔대 위에 (놓는다.) 그래야 집 안에 있는 모두를 비춘다. 10 [26]… 벗겨지지 않고 덮여 있을 것과 알려지지	[21] (예수께서) 또 그들에게 말씀하셨다. "말 밑에나 침대 밑에 놓으려고 등을 가져오느냐? 등잔대 위에 놓으려는 것이 아니냐? [22] 밝혀지지 않을 비밀은 없고, 나타나지	[16] 아무도 등잔에 불을 붙여서 그릇으로 덮거나 침대 아래에 놓지 않고 들어오는 사람들이 빛을 보도록 등잔대 위에 놓는다. [17] 밝혀지지 않게 될 비밀이 없고, 알려지고	

마 5:15; 10:26; 7:2; 13:12	마가복음 4:21-25	누가복음 8:16-18	요
않을 비밀은 아무 것도 없기 때문이다.	(않고) 숨겨져 있을 것은 없기 때문이다. 23 누가 들을 귀가 있다면 들어라." 24 (예수께서) 그들에게 또 말씀하셨다. "너희가 무엇을 듣는지 조심하여라.	밝히 드러나지 않은 채 숨겨질 것은 없기 때문이다. 18 그러므로 너희가 어떻게 듣는지 조심하여라.	
7 2 … 너희가 재는 그 자로 너희가 재어질 것이기 때문이다.	너희가 재는 그 자로 너희가 재어지고, 너희에게 더해질 것이다.		
13 12 또, 가진 사람, 그에게는 주어져서 넘치게 되겠지만, 가지지 못한 사람은 그가 가지고 있는 것도 자기에게서 빼앗기겠기 때문이다.	25 가진 사람, 그에게는 주어지고, 가지지 못한 사람은 그가 가지고 있는 것도 자기에게서 빼앗기겠기 때문이다."	가진 사람은 누구든지, 그에게는 주어지고, 가지지 못한 사람은 누구든지, 그가 가지고 있다고 생각하는 것도 자기에게서 빼앗기겠기 때문이다."	

126. 저절로 자라는 씨 비유

마	마가복음 4:26-29	눅	요
	26 또 (예수께서) 말씀하셨다. "하나님의 나라는 이렇다. 어떤 사람이 땅에 씨를 뿌리고 27 밤낮 자고 깨는데 그 씨는 그가 알지 못하는 사이에 싹이 트고 자랐다. 28 땅이 저절로 열매를 맺게 하는데 처음에는 싹이요, 다음에는 이삭이요, 다음에는 이삭에 꽉 찬 알갱이다. 29 그러다 열매가 익으면 그는 곧바로 낫을 댄다. 거둘 때가 왔기 때문이다."		

127. 독보리 비유

마태복음 13:24-30	막	눅	요
[24] (예수께서) 다른 비유를 들어서 그들에게 말씀하셨다. "하늘나라는 자기 밭에 좋 은 씨를 뿌린 사람과 같다. [25] 사람들이 잘 때에 그의 원수가 와서 밀 가운데 독보 리를 덧뿌리고 가버렸다. [26] 싹이 트고 이삭이 팰 때 독보리들이 보여서 [27] 그 주인 의 종들이 주인에게 가서 말하였다. '주인님, 당신의 밭에 좋은 씨를 뿌리지 않으셨 습니까? 그러면 독보리들이 어디서 왔습니까?' [28] 주인이 그들에게 말하였다. '원수 진 사람이 이렇게 하였구나.' 종들이 그에게 말하였다. '그러면 저희가 가서 그것들 을 뽑아낼까요?' [29] 주인이 말하였다. '아니다. 독보리를 뽑아내다가 그것들과 함께 밀을 뽑을지도 모른다. [30] 밭걷이 때까지 둘이 함께 자라도록 놓아두어라. 밭걷이 때 내가 일꾼들에게 말할 것이다. '독보리를 태우도록 그것들을 먼저 모아서 단으로 묶고 곡식은 내 곳간에 거두어 들여라.'"			

128. 겨자씨 비유

마태복음 13:31-32	마가복음 4:30-32	누가복음 13:18-19	요
[31] (예수께서) 다른 비유를 들어서 그들에게 말씀하셨다.	[30] 또 (예수께서) 말씀하셨다. "우리가 하나님의 나라를 어떻게 비유할까? 그것을 무슨 비유로 설명할까?	[18] 그래서 (예수께서) 말씀하셨다. "하나님의 나라는 무엇과 같은가? 내가 그것을 무엇에 비유할까?	
"하늘나라는 어떤 사람이 가져다가 자기 밭에 뿌린 겨자씨와 같다. [32] 그것은	[31] (그것은) 겨자씨와 같아서 땅에 뿌려질 때는 땅	[19] 그것은 어떤 사람이 가져다가 자기 뜰에 심은 겨자씨와 같다. 그것은	
모든 씨들보다 더 작지만 자랐을 때에는 채소들보다 더 크고	위에 있는 모든 씨들보다 더 작지만 [32] 뿌려져서는 자라고 모든 채소들보다 더 크게	자라서	
나무가 되어 하늘의 새들이 와서 그 가지에 깃들인다."	되고 큰 가지들을 내어서 그 그늘 아래 하늘의 새들이 깃들일 수 있다."	나무로 되고 하늘의 새들이 그 가지에 깃들인다."	

129. 효모 비유

마태복음 13:33	막	누가복음 13:20-21	요
33 (예수께서) 그들에게 다른 비유를 말씀하셨다. "하늘나라는 어떤 여자가 가져다가 밀가루 서 ※말에 섞어 넣어서 전체를 발효시킨 효모와 같다." 33 ※헬, 사토(부피 단위)		20 (예수께서) 다시 말씀하셨다. "하나님의 나라를 무엇에 비유할까? 21 그것은 어떤 여자가 가져다가 밀가루 서 ※말에 섞어 넣어서 전체를 발효시킨 효모와 같다." 21 ※헬, 사토(부피 단위)	

130. 비유를 말씀하심

마태복음 13:34-35	마가복음 4:33-34	눅	요
34 예수께서 무리들에게 이 모두를 비유로 말씀하셨고 비유가 아니고는 그들에게 아무 것도 말씀하지 않으셨다. 35 이는 ᐪ 선지자를 통하여 "비유로 내 입을 열어서 [세상이] 만들어진 때부터 숨겨져 있는 것들을 드러낼 것이다" 라고 말씀하신 것이 이루어지게 하기 위함이었다. 35 ᐪ 이사야	33 (예수께서) 그들에게 그들이 들을 수 있을 만큼 이렇게 많은 비유로 말씀을 하셨고 34 비유가 아니고는 그들에게 말씀하지 않으셨으며 자신의 제자들에게는 따로 모든 것을 풀어주셨다.		

131. 독보리 비유의 뜻

마태복음 13:36-43	막	눅	요
36 그때 (예수께서) 무리들을 놓아두시고 집으로 들어가셨는데, 그의 제자들이 그에게 다가와서 말하였다. "밭의 독보리 비유를 저희에게 설명해 주십시오." 37 예수께서 그들에게 대답하셨다. "좋은 씨를 뿌리는 사람은 인자고 38 밭은 세상이고 좋은 씨, 이것들은 그 나라의 아들들이고 독보리는 악한 자의 아들들이고 39 그것들을 뿌린 원수는 마귀이고 밭걷이는 세상의 끝이고 일꾼들은 천사들이다. 40 독보리를 거두어 불에 태우듯이 세상의 마지막에 이러할 것이다. 41 인자가 자기 천사들을 보내어 모든 넘어지게 하는 것들과 불법을 저지르는 사람들을 자기 나라에서 모아서 42 그들을 불 아궁이에 던져 넣을 것이다. 거기에서 울음과 이를 갊이 있을 것이다. 43 그때 의로운 사람들은 그들의 아버지의 나라에서 해처럼 빛날 것이다. [T] 귀 있는 사람은 들어라. 43 [T] 들을			

132. 밭에 숨겨진 보물과 진주 찾는 상인 비유

마태복음 13:44-46	막	눅	요
44 하늘나라는 밭에 숨겨져 있는 보물과 같다. 어떤 사람이 그것을 발견하자 숨겨두고 기뻐하며 가서 자기가 가지고 있는 것들을 전부 팔아 그 밭을 산다. 45 또 하늘나라는 좋은 진주를 찾아다니는 상인 한 사람과 같다. 46 값진 진주 하나를 찾게 되자 가서 자기가 가진 것들을 전부 팔아서 그것을 샀다.			

133. 그물 비유

마태복음 13:47-50	막	눅	요
47 또 하늘나라는 바다에 던져져서 온갖 종류의 (고기를) 모으는 그물과 같다. 48 그물이 채워지면 사람들이 (그것을) 바닷가로 끌어 올리고 앉아서 좋은 것들은 동이에 모으고 나쁜 것들은 밖에 던져 버린다. 49 세상의 마지막에 이러할 것이다. 천사들이 나와서 의로운 사람들 가운데서 악한 사람들을 추려서 50 그들을 불 아궁이에 던져 넣을 것이다. 거기에서 울음과 이를 갊이 있을 것이다.			

134. 집주인 비유

마태복음 13:51-52	막	눅	요
51 이 모든 것들을 깨달았느냐?" 그들이 그에게 "예"라고 말하였다. 52 예수께서 그들에게 말씀하셨다. "이러므로 하늘나라를 위해 제자가 된 율법학자는 모두 자기 곳간에서 햇것과 묵은 것을 꺼내는 집주인 한 사람과 같다."			

135. 예수의 가족이 찾아옴

마태복음 12:46-50	마가복음 3:31-35	누가복음 8:19-21	요
46 그가 무리에게 아직 말씀하고 계실 때에, 보라, 그의 어머니와 형제들이 그에게 말을 건네려고 밖에 서서 찾고 있었다.	31 그의 어머니와 그의 형제들이 와서 밖에 서서 그에게 (사람을) 보내어 그를 불렀다.	19 그의 어머니와 형제들이 그에게 왔지만 무리 때문에 그를 만날 수가 없었는데,	
47 [누가 그에게 말하였다. "보십시오, 당신의 어머니와 당신의 형제들이	32 무리가 그의 주변에 앉아 있다가 그에게 말하였다. "보십시오, 당신의 어머니와 당신의 형제들[과 당신의 자매들]	20 그에게 소식이 전해졌다. "당신의 어머니와 당신의 형제들이	

마태복음 12:46-50	마가복음 3:31-35	누가복음 8:19-21	요
당신에게 말을 건네려고 밖에 서서 찾고 있습니다."] 48 예수께서 자기에게 말한 사람에게 대답하셨다. "누가 내 어머니며 누가 내 형제들이냐?" 49 그리고는 자기 손을 자기 제자들 위로 내뻗으시며 말씀하셨다. "보아라, 내 어머니와 내 형제들이다. 50 누구든지 하늘에 계신 내 아버지의 뜻대로 하는 사람, 그 사람이 내 형제요 자매요 어머니이기 때문이다."	이 밖에서 당신을 찾고 있습니다." 33 (예수께서) 그들에게 대답하셨다. "누가 내 어머니와 [내] 형제들이냐?" 34 그는 자기 주변에 둥그렇게 앉아 있는 사람들을 둘러보시고 나서 말씀하셨다. "보아라, 내 어머니와 내 형제들이다. 35 누구든지 하나님의 뜻대로 하는 사람, 이 사람이 내 형제요 자매요 어머니이기 [때문이다]."	밖에 서서 당신을 보고 싶어합니다." 21 예수께서 그들에게 대답하셨다. "내 어머니와 내 형제들은 하나님의 말씀을 듣고 행하는 이 사람들이다."	

136. 바다를 잔잔케 하심

마태복음 8:23-27	마가복음 4:35-41	누가복음 8:22-25	요
23 (예수께서) 배에 오르시자, 그의 제자들이 그를 따랐는데,	35 그 날 저녁이 되자 (예수께서) 제자들에게 "맞은편으로 건너가자" 고 말씀하셨다. 36 그들은 무리를 놓아두고 그를 배에 계신 채로 모셔 갔는데 다른 배들도 그와 함께 있었다.	22 어느 날 하루 예수와 그의 제자들이 배에 올랐고 (예수께서) 그들에게 "호수 맞은편으로 건너가자" 고 말씀하셔서 그들이 떠났다. 23 그들이 배를 타고 가는 동안 그는 잠에 빠져 드셨고,	

마태복음 8:23-27

24 보라, 바다에 큰 풍랑이
일어서,
배가 파도에 뒤덮
이게 되었지만,
그는
주무시고 계셨다. 25 그
들이 다가가서 그를 깨우며
말하였다. "주님,
살려 주십시오. 저희가 죽게
되었습니다."
26 (예수께서) 그들에게
말씀하셨다. "왜 무서워하느냐?
믿음이 작은 사람들아!" 그런
다음 일어나셔서 바람과
바다를 꾸짖으시자,
(바다가)
매우 잔잔해졌
다.
27 그 사람들이
놀라서 말하
였다.
"바람도, 바다도
그에게 순종하니 이분은
어떤 분이신가?"

마가복음 4:35-41

37 아주 강한 바람이
불어오며 파도가 배 안으로
덮쳐서 이미 배에 (물이) 차올
랐지만,
38 예수께서는 고물에서 베개를
베시고 주무시고 계셨다. 그
들이 그를 깨우며 그
에게 말하였다. "선생님,
저희가 죽게
된 것을 돌아보지 않으십니
까?" 39 (예수께서)
일어나셔서 바람을
꾸짖으시고 바다를 향해
말씀하셨다. "조용히 하여라.
잠잠해져라." 그러자 바람이 그
치고 (바다가) 매우 잔잔해졌
다. 40 그러자 (예수께서) 그들
에게 말씀하셨다. "왜 무서워
하느냐? 너희가 아직 믿음이
없느냐?" 41 그들은 아주 크게
두려워하였고 서로 말하
였다.
"바람도, 바다도
그에게 순종하니 이분은 도대
체 누구이신가?"

누가복음 8:22-25

강한 바람이 호수 쪽으로
내리불어서
(배는 물로) 채워
졌고, 그들은 위험에 처했다.
24 그
들이 다가가서 그를 깨우며
말하였다. "스승님, 스승님,
저희가 죽게
되었습니다."
(예수께서)
일어나셔서 바람과 넘실거
리는 파도를 꾸짖으시자
(바람이) 멎
고 (바다가) 잔잔해졌
다. 25 (예수께서) 그들
에게 말씀하셨다.
"너희 믿음이 어디 있느
냐?" 그들은
두려워하고 놀라며 서로 말하
였다. "(이분이) 바람에게도,
물에게도 명령하시고 그것들이
그에게 순종하니 이분은 도대
체 누구이신가?"

요

137. 거라사의 광인을 고치심

마태복음 8:28–34	마가복음 5:1–20	누가복음 8:26–39	요
[28] 그가 건너편, 곧 「가다라 사람들의 지역에 가시자, 귀신 들린 사람 둘이 무덤 사이에서 나오다가 그와 마주쳤다.	[1] 그들은 바다 건너편, 곧 거라사 사람들의 지역에 갔다. [2] 그가 배에서 내리시자 더러운 영 들린 어떤 사람이 무덤 사이에서 (나오다가) 곧바로 그와 마주쳤다. [3] 그는 무덤 사이에서 살고 있었는데 아무도 더 이상 그를 쇠사슬로도 묶을 수 없었다.	[26] 그들은 갈릴리 맞은편에 있는 거라사 사람들의 지역에 닿았다. [27] 그가 땅에 내리시자 귀신 들린 어떤 남자가 성에서 (나오다가) 그와 마주쳤다. 그는 오랜 기간 옷을 입지 않았고 집이 아니라 무덤 사이에서 지내고 있었다.	
그들은 무척 사나워서 누가 그 길로 지나갈 수가 없었다.	[4] 그는 자주 쇠고랑과 쇠사슬에 묶였지만 쇠사슬은 그에게 끊어지고 쇠고랑은 부서져서 아무도 그를 억제할 수 없었기 때문이다. [5] 그는 밤낮으로 늘 무덤이나 산에서 소리지르고 돌로 자신을 치곤 했다.	[29b] 그를 쇠사슬과 쇠고랑으로 묶어두고 지켰지만, 그는 그 묶은 것들을 끊고 귀신에게 홀려 황야로 뛰쳐나갔다.	
[29] 그런데, 보라, 그들이 외치며 말하였다. "저희와 당신이 무슨 상관입니까? 하나님의 아들이여! 때가 (되기) 전에 저희를 괴롭히려고 여기 오셨습니까?"	[6] 그가 멀리서 예수를 보고 달려와서 그 앞에 엎드려 [7] 큰 소리로 외치며 말하였다. "저와 당신이 무슨 상관입니까? 가장 높으신 하나님의 아들 예수여! 하나님을 두고 당신께 ※애원하는데, 저를 괴롭히지 마십시오."	[28] 그가 예수를 보고 소리치며 그 앞에 엎드려서 큰 소리로 말하였다. "저와 당신이 무슨 상관입니까? 가장 높으신 하나님의 아들 예수여! 당신께 비는데 저를 괴롭히지 마십시오."	
	[8] 왜냐하면 (예수께서 이미) 그에게 "더러운 영아, 그 사람에게서 나오라" 라고 말씀하셨기 때문이다.	[29] 왜냐하면 (예수께서 이미) 그 더러운 영에게 그 사람으로부터 나오라고 지시하셨기 때문이다. (귀신이) 자주 그를	
28 「 거라사, 겔게사, 가자	7 ※ 맹세하는데		

마태복음 8:28-34

[30]그들로부터 먼 곳에 놓아먹
이는 많은 돼지 떼가 있었는
데, [31]귀신들이 그에게 빌며
말하였다. "저희를 내쫓으시려
면 저희를 돼지 떼
안으로 보내 주십시오."
[32] (예수께서)
그것들에게 말씀하셨다. "가버
려라." 그러자 그것들이
나와서 돼지들에게
들어갔는데, 보라, 온
(돼지) 떼가 비탈을 따라 바다
로 내달았고 물에서
죽었다. [33] (돼지) 치던 사람
들이
달아나서 성으로 들어갔
고 귀신들렸던 사람들의 일을
비롯하여 모든 일들을 알리자,
[34] 보라, 온 성 (사람들)이
예수를 만나러 나왔고

마가복음 5:1-20

[4] 그는 자주 쇠고랑과 쇠
사슬에 묶였지만 쇠사슬은 그
에게 끊어지고 쇠고랑은 부서
져서
[9] (예수께서) 그에게 물으셨
다. "네 이름이 무엇이냐?" 그
가 (예수께) 말하였다. "제 이
름은 레기온입니다. 저희가 많
기
때문입니다." [10]그는 예수께
자기들을 그 지방 밖으로
보내지 마시기를 거듭거듭
빌었다.
[11]거기 산기슭에 놓아먹
이는 큰 돼지 떼가 있었는
데, [12] (귀신들이) 그에게 빌며
말하였다. "저희가 돼지들 안
에 들어가도록 저희를 그것들
안으로 보내 주십시오."
[13] (예수께서)
그것들에게 허락하시자,
더러운 영들이
나와서 돼지들에게
들어갔는데, 이천 마리 쯤의
(돼지) 떼가 비탈을 따라 바다
로 내달았고 바다에서 숨이 막
혀 죽었다. [14] (돼지) 치던 사람
들이 그들을 (피하여)
달아나서 성과 들에
알리자,
사람들이 무슨
일이 벌어졌는지 보러 왔고
[15] 예수께 와서는 귀신들렸던

누가복음 8:26-39

사로잡아서 그를 쇠사슬과 쇠
고랑으로 묶어두고 지켰지만,
그는 그 묶은 것들을 끊고 귀
신에게 홀려 황야로 뛰쳐나갔
다. [30] 예수께서 그에게 물으셨
다. "네 이름이 무엇이냐?" 그
가 말하였다.
"레기온입니다." 많
은 귀신들이 그에게 들어갔기
때문이다. [31] 그들은 예수께
자기들에게 지옥으로 들어가라
고 명령하지 마시기를
빌었다.
[32] 거기 산에 놓아먹
이는 큰 돼지 떼가 있었는
데, (귀신들이)
그것들
안에 들어가도록 허락해 주시
기를 그에게 빌었다. (예수께서)
그것들에게 허락하시자,
[33]귀신들이 그 사
람에게서 나와서 돼지들에게
들어갔는데,
(돼지) 떼가 비탈을 따라 호수
로 내달았고 숨이 막
혀 죽었다. [34](돼지) 치던 사람
들이 일어난 일을
보고 달아나서 성과 들에
알리자,
[35] 사람들이
벌어진 일을 보러 나왔고
예수께 와서는 귀신들이 나간

요

마태복음 8:28-34	마가복음 5:1-20	누가복음 8:26-39	요
그를 보고 나서 그들의 지역에서 떠나 달라고 간청하였다.	사람, 곧 군대 지폈던 사람이 옷을 입고 멀쩡하게 있는 것을 보고 두려워하였다. [16] 본 사람들이 그들에게 귀신들렸던 사람과 돼지들에게 무슨 일이 벌어졌는지를 이야기해 주자, [17] 그들은 예수께 그들의 지역에서 떠나 주시기를 간청하기 시작하였다. [18] 예수께서 배에 오르실 때 귀신들렸던 사람이 그와 함께 있게 해 주시기를 그에게 빌었지만, [19] (예수께서) 허락하지 않으시며 대신 그에게 말씀하셨다. "네 집, 네 가족들에게로 가서 주님이 네게 하시고 네게 자비를 베푸신 일들을 그들에게 알려라." [20] 그가 가서 예수께서 자기에게 하신 일들을 데가볼리에 전하기 시작하자 모든 사람들이 놀랐다.	사람이 옷을 입고 멀쩡하게 예수의 발곁에 앉아 있는 것을 발견하고 두려워하였다. [36] 본 사람들이 그들에게 귀신들렸던 사람이 어떻게 고쳐졌는지를 알려 주자, [37] 거라사 사람들의 지역에서 (온) 무리 모두가 예수께 그들에게서 떠나 주시기를 부탁하였다. 그들이 큰 두려움에 휩싸였기 때문이다. 예수께서 배를 타고 돌아오시는데 [38] 귀신들이 나간 그 남자가 그와 함께 있고 싶다고 하였지만, (예수께서) 그를 돌려보내시며 말씀하셨다. [39] "네 집으로 돌아가서 하나님이 네게 하신 일들을 이야기하여라." 그가 가서 예수께서 자기에게 하신 일들을 온 성에 전하였다.	

138. 야이로의 딸과 출혈증 여인

마태복음 9:18-26	마가복음 5:21-43	누가복음 8:40-56	요
[18] 그가 그들에게 이런 것들을 말씀하고 계실 때에,	[21] 예수께서 [배를 타시고] 다시 맞은편으로 건너가시자, 많은 무리가 그에게 모여들었고, 그	[40] 예수께서 돌아오실 때 무리가 그를 반갑게 맞았다. 모	

마태복음 9:18-26

보라,
관원
한 사람이 와서
그에게
절하며
말하였다.

"제 딸이 막 죽었습니
다. 하지만 오셔서 그 아이에
게 당신의 손을 얹어 주시면
(그 아이가) 살아날 것입
니다." 19 예수께서 일어나서
그를 따라가셨고 그의 제자들
도 (따라갔다.)
20 보라, 열두 해를 출
혈에 시달리던 한 여자가

뒤에서 다가와서
그의 옷 가장자리를 만졌다.
21 그 여자는 속으로 "내가 그
의 옷을 만지기만 하면 낫게
될 것이다"라고 말해 왔기 때
문이다.

22 예수께서

돌아서서

마가복음 5:21-43

는 바닷가에 계셨는데,

22 회당장 가운데서 야이로라고
하는 한 사람이 와서
그를 보고
그 발 앞에 엎드려 23 그에게
거듭 빌며 말하였다.

"제 딸이 죽어 갑니다.
오셔서 그 아이에게
손을 얹어 주시면
(그 아이가) 낫고 살아날 것입
니다." 24 (예수께서)
그와 함께 가셨고, 많은 무리
가 그를 따르며 그를 밀어댔
다. 25 열두 해를 출
혈이 있던 한 여자가 26 많
은 의사들로 말미암아 많은 고
생을 하며 자기에게 있던 것을
다 허비했지만 아무런 효력도
없이 오히려 (상태가) 더 나빠
졌는데 27 예수에 관하여 듣고
무리 속에 (섞여) 뒤에 와서
그의 옷을 만졌다.
28 "내가 그
의 옷을 만진다 해도 낫게
될 것이다"라고 말해 왔기 때
문이다. 29 그러자 그 여자의
피나던 곳이 곧바로 말랐고,
그 여자는 병에서 나은 것을
몸으로 느꼈다. 30 예수께서 자
신에게서 능력이 나간 줄을 즉
시 스스로 아시고 무리 가운데
서 돌아서서 말씀하셨다. "누가

누가복음 8:40-56

든 사람이 그를 기다리고 있었
기 때문이다. 41 그리고, 보라,
야이로라고
하는 어떤 남자가 왔다. 이 사
람은 회당의 관원이었는데 예
수의 발 곁에 엎드려 자기 집
에 가 주실 것을 빌었다. 42 그
에게 열두 살 가량인 외동딸이
있는데 그 아이가 죽어가고 있
었기 때문이다.

그가
가실 때에 무리
들이 그를 에워싸
고 있었다. 43 열두 해 동안 출
혈이 있던 한 여자가
[의사들에게
전 재산을
썼지만] 아무에게도 고침을
받을 수 없었는데

44 뒤에서 다가와서
그의 옷 가장자리를 만졌고,

즉시 그 여자의
출혈이 멎었다.

45 예수께서

말씀하셨다.

요

마태복음 9:18-26

그 여
자를 보시고 말씀하셨다. "안
심하여라. 딸아, 네 믿음이 너
를 구원하였다."

그러자 그 여자가 그 시각
부터 나았다.

마가복음 5:21-43

내 옷을 만졌느냐?"
31 그의 제자들
이 그에게 말하였다.
"당신을 미는 무리를 보
시면서 '누가 나를 만졌느냐?'
하고 말씀하십니까?"

32 (예수께서) 이렇게
한 여자를 보려고 둘러보시자
33 그 여자는 자기에게 일어난
일을 알고는 두려워하고 떨며
와서 그 앞에 엎드려 그에게
모든 사실을

말하였다. 34 (예수께서) 그 여
자에게 말씀하셨다.
"딸아, 네 믿음이 너
를 구원하였다. 평안히 가거라.
네 병에서 (벗어나) 건강하여
라."
35 그가 아직 말씀하고
계실 때에 회당장의 (집)에서
(사람들이) 와서 말하였다. "당
신의 딸이 죽었습니다. 왜 아
직도 선생님을 힘들게 하십니
까?" 36 그러나 예수께서 전하
는 말을 엿들으시고 그 회당장
에게 말씀하셨다. "두려워하지
말고 믿고만 있어라."
37 그는
베드로와
야고보와 야고보의 동생
요한 말고

누가복음 8:40-56

"나를 만진 사람이 누구냐?"
모두가 아니라고 할 때 베드로
가 말하였다. "스승님!
무리들이 당신을 에워싸고 밀
고 있습니다."
46 예수께서 말
씀하셨다. "누가 나를 만졌다.
내게서 능력이 나갔음을 내가
알기 때문이다."

47 그 여자는 숨기지 못할
줄 알고 떨며
와서 그 앞에 엎드려
그를 만진 까닭과 또 즉시 낫
게 된 것을 모든 백성 앞에서
알렸다. 48 (예수께서) 그 여
자에게 말씀하셨다.
"딸아, 네 믿음이 너
를 구원하였다. 평안히 가거
라."

49 그가 아직 말씀하고
계실 때에 회당장의 (집)에서
누가 와서 말하였다. "당
신의 딸이 죽었습니다. 더
이상 선생님을 힘들게 하지 마
십시오." 50 그러나 예수께서
들으시고 그에게
대답하셨다. "두려워하지
말고 믿고만 있어라. 그러면
(딸이) 구원될 것이다." 51 그는
집으로 들어가셔서 베드로와
요한과 야고보와
아이의 아버지와 어머니 말고

요

마태복음 9:18-26

[23] 예수께서 그 관원의 집으로
들어가서 피리
부는 사람들과 떠들고 있는
무리를 보시고
[24] 말씀하셨다.
"물러가거라.
소녀는 죽지 않았고
자고 있기 때문이다." 그러자
사람들이 그를 비웃었다.
[25] 무리가
쫓겨나자
(예수께서) 들어가서 그녀의
손을 잡으셨고
그 소녀가 일어났다.
[26] 그러자 소녀의 소문
이 그곳 온 땅에 퍼져 나갔다.

마가복음 5:21-43

는 아무도 자기와 함께 따라가
는 것을 허락하지 않으셨다.
[38] 그들이 회당장의 집으로
들어갔는데 (예수께서) 야단법
석과 우는 사람들과 크게 울부
짖는 사람들을 보시고 [39] 들어
가서 그들에게 말씀하셨다.
"왜 야단을 떨며 울고들
있느냐? 아이는 죽지 않았고
자고 있다." [40] 그러자
사람들이 그를 비웃었다.
그러나 (그는) 모두를
내쫓으셨고 아이의 아버지와 어
머니, 그리고 자기와 함께 (간)
사람들을 데리고 아이가 있는
곳으로 들어가서 [41] 그 아이의
손을 잡고 그녀에게 "달리다굼"
하고 말씀하셨다. 이것을 번역
하면 소녀야, 내가 네게 말하
는데, 일어나라는 뜻이다.
[42] 그러자
그 소녀가 곧바로 일어나서
걸어 다녔다. 열두 살이었기
때문이다. 그들이 [곧] 크게
놀라고 또 놀랐다. [43] (예수께
서) 이것을 아무도 알지 못하
게 하라고 그들에게 거듭 당부
하셨고 그녀에게 먹을 것을 주
라고 말씀하셨다.

누가복음 8:40-56

는 누가 자기와 함께 들어가
는 것을 허락하지 않으셨다.
[52] 모두가
울며 그 아이 때문에 슬퍼
하고 있었는데,
(예수께서) 말씀하셨다.
"울지
마라. (아이는) 죽지 않았고
자고 있기 때문이다." [53] 그러자
사람들이 그를 비웃었다. 아이
가 죽었다는 것을 알고 있었기
때문이다. [54] 그러나 (그는)
그녀의
손을 잡으시고
외치셨다.
"아이야,
일어나라."
[55] 그러자 그녀의 영이 돌아왔
고 그녀는 즉시 일어났다.
(예수께
서)
그녀에게 먹을 것을 주
라고 명령하셨다. [56] 그녀의 부
모들이 놀라자 (예수께서) "일
어난 일을 아무에게도 말하지
마라"고 그들에게 지시하셨다.

요

139. 나사렛 설교

마태복음 13:53-58	마가복음 6:1-6a	누가복음 4:16-30	요
53 예수께서 이 비유들을 마치신 후에 그곳을 떠나셨다.			
54 (예수께서) 자기 고향에 가서	1 (예수께서) 그곳에서 나와서 자기 고향에 가셨고, 그의 제자들이 그를 따랐다. 2 안식일이 되어서 그는	16 (예수께서) 자신이 자라나신 나사렛에 가셔서	
그들의 회당에서 사람들을 가르치시자	회당에서 가르치기 시작하셨는데,	그가 하시던 대로 안식일 날에 회당에 들어가셨고 (성경을) 읽으려고 일어나셨다. 17 그에게 선지자 이사야의 책이 건네지자, 그는 책을 펴서 (이렇게) 적혀 있는 곳을 찾으셨다. 18 "주님의 영이 내 위에 (오셨다.) 주님을 위하여 가난한 사람들에게 복음을 전하게 하시려고 그가 내게 기름을 부으셨고 나를 보내셨다. 사로잡힌 사람들에게 놓임과 눈먼 사람들에게 다시 봄을 전하고 억눌린 사람들을 놓아 보내며 19 주님의 은혜로운 해를 선포하게 하시려는 것이다." 20 (예수께서) 책을 말아서 사환에게 돌려주고 앉으시자 회당 안에 (있던) 모든 사람들의 눈이 그에게 집중되었다. 21 (예수께서) 그들에게 말씀하기 시작하셨다. "이 글이 오늘 너희 귀에 성취되었다." 22 그러	
그들이	많은 사람들이 듣고	자 모든 사람들이 그에게 한마디씩 하였고 그의 입에서 나	

마태복음 13:53-58

놀라서
말하였다. "이 지혜와 능력이
어디에서 이 사람에게 (났을
까?)

[55] 이 사람은 목수의
아들이 아니냐? 그의 어머니
는 마리아, 그의 형제들은 야
고보, 「요셉, 시몬, 유다라고
하지 않느냐? [56] 또 그
의 자매들이 모두 우리 곁에
있지 않느냐? 그러면 어디에
서 이 모든 것이 이 사람에게
났을까?" [57] 그러면서 그들은
※그를 못마땅해 하였다`. 예
수께서 그들에게 말씀하셨다.

"선지자가
고향과 자기 집
밖에서는 존경을 받지 못한 적
이 없다."

55 「요세 또는 요한
57 ※ 그에게 걸려 넘어졌다

마가복음 6:1-6a

놀라서
말하였다. "이것들이
어디에서 이 사람에게 (났을
까?) 이 사람에게 주어져 있는
지혜는 무엇이며 그의 손으로
벌어지는 이런 능력들은 (또
무엇인가?) [3] 이 사람은 목수요

마리아의 아들이요 야
고보와 요셉과 유다와
시몬의 형제가 아니냐? 또 그
의 자매들이 여기 우리 곁에
있지 않느냐?"

그러면서 그들은
※그를 못마땅해 하였다`. [4] 예
수께서 그들에게 말씀하셨다.

"선지자가 자기 고
향과 자기 친척들과 자기 집
밖에서는 존경을 받지 못한 적
이 없다."

3 ※그에게 걸려 넘어졌다.

누가복음 4:16-30

오는 은혜로운 말씀에 놀라며
말하였다.

"이 사람은 요셉의
아들이 아니냐?"

[23] (예
수께서) 그들에게 말씀하셨다.
"너희는 틀림없이 이 속담, 곧
'의사야 네 자신을 고쳐라'를
(빌려서) '가버나움에서 일어났
다고 우리가 들은 일들을 여
기, 당신의 고향에서도 해 보
아라'라고 내게 말할 것이다."
[24] (예수께서) 또 말씀하셨다.
"참으로 내가 너희에게 말하는
데, 선지자는 아무도 자기 고
향에서
환영을 받지 못한다.
[25] 정말로 내가 너희에게 말
하는데, 엘리야 시대, 곧 하늘
이 삼 년 육 개월 동안 닫혀서
온 땅에 큰 기근이 있었을 때

요

마태복음 13:53-58	마가복음 6:1-6a	누가복음 4:16-30	요
		에 이스라엘에 많은 과부들이 있었으나 26 엘리야는 시돈의 사렙다에 (있던) 한 과부 여자 말고는 그들 중 누구에게도 보냄을 받지 않았다. 27 또 선지자 엘리사 때에 이스라엘에 많은 문둥병자들이 있었으나 수리아 사람 나아만 말고는 그들 중 누구도 깨끗해지지 못했다."	
58 그들이 믿지 않는 까닭에 (예수께서는) 그곳에서 많은 기적을 일으키지 않으셨다.	5 (예수께서) 적은 병자들에게 손을 얹어 고쳐주신 것 말고는 그곳에서 아무 기적도 일으키지 못하셨고 6a 그들이 믿지 않는 까닭에 놀라셨다. 그는 마을들을 두루 돌아다니시며 가르치셨다.		
		28 회당에 있던 모두가 이 말들을 듣고 성이 잔뜩 나서 29 일어나 그를 성 밖으로 몰아내고 그들의 성이 세워져 있던 산의 벼랑까지 끌고 가서는 밑으로 밀어 떨어뜨리려고 하였다. 30 그러나 예수께서는 그들 가운데를 지나서 가버리셨다.	

140. 이차 예루살렘 방문

마	막	눅	요한복음 5:1
			1 이 일들 후에 유대인의 명절이 있었고 예수께서 예루살렘에 올라가셨다.

141. 벧자다 연못가에서

마	막	눅	요한복음 5:2-47

2 예루살렘에는 양의 문 곁에 히브리 말로 「벧자다라고 하는, 행각 다섯이 있는 연
못이 있는데 3 이 (행각들) 안에는 병든 사람들과 소경들과 절름발이들과 중풍병자들
의 무리가 누워 있었다. ⊤ 5 거기 38년 동안 자기 병을 앓고 있는 어떤 사람이 있
었다. 6 예수께서 이 사람이 누워 있는 것을 보시고 그가 이미 많은 세월을 보낸 것
을 아시고 그에게 말씀하셨다. "건강하게 되고 싶으냐?" 7 아픈 사람이 그에게 대답
하였다. "주님, 저는 물이 움직일 때 저를 연못에 넣어 줄 사람이 없습니다. 제가 가
는 동안 다른 사람이 제 앞서 내려갑니다." 8 예수께서 그에게 말씀하셨다. "일어나서
네 침상을 들고 걸어가라." 9 그러자 그 사람이 곧바로 건강하게 되어 자기 침상을
들고 걸어갔다. 그날은 안식일이었다. 10 그래서 유대인들이 병이 나은 사람에게 말
하였다. "안식일이므로 당신이 당신 침상을 들고 (가는) 것은 옳지 않소." 11 그가 그
들에게 말하였다. "나를 건강하게 하신 그분이 나에게 '네 침상을 들고 걸어가라' 고
말씀하셨소." 12 그들이 그에게 물었다. "당신에게 '들고 걸어가라' 고 말한 그 사람이
누구요?" 13 병이 나은 사람은 그가 누군지 알지 못했다. 왜냐하면 예수께서 자리를
뜨셨고 그곳에 무리가 있었기 때문이다. 14 이 일들 후에 예수께서 성전에서 그를 발
견하시고 그에게 말씀하셨다. "보아라, 네가 건강해졌다. 네게 더 나쁜 것이 생기지
않도록 더 이상 죄를 짓지 마라." 15 그 사람이 가서 유대인들에게 자신을 건강하게
하신 분이 예수이신 것을 알렸다. 16 이런 까닭에 유대인들이 예수를 박해하였다. 그
가 안식일에 이런 일들을 하셨기 때문이다. 17 그러나 [예수께서는] 그들에게 대답하
셨다. "내 아버지께서 지금까지 일을 하시므로 나도 일을 한다." 18 이 때문에 유대인
들이 더욱 그를 죽이려고 노력하였다. 그가 안식일을 범하셨을 뿐만 아니라 하나님
을 자신의 아버지라고 하심으로써 자신을 하나님과 똑같다고 하셨기 때문이다. 19 그
러므로 예수께서 그들에게 대답하셨다. "진실로 진실로 내가 너희에게 말하는데 아
들은 아버지가 행하는 것을 보지 않고는 아무 것도 스스로 할 수 없다. 그분이 하시
는 것이 무엇이든지 이것들을 아들도 똑같이 행하기 때문이다. 20 아버지께서 아들을
사랑하셔서 자신이 하는 일들을 모두 그에게 보여 주시고 이런 일들보다 더 큰 일들
을 그에게 보여 주셔서 너희가 놀라게 하실 것이기 때문이다. 21 아버지께서 죽은 사
람들을 일으키고 살리시는 것처럼 이렇게 아들도 자신이 원하는 사람들을 살리신다.
22 아버지께서는 아무도 심판하지 아니하시고 모든 심판을 아들에게 넘겨주셨다.

2 「베데스다, 또는 벳새다
3 ⊤천사가 때때로 연못에 내려와서 물을 움직였는데 물이 움직인 다음에 처음 내려가는 사람은 어떤 병을 가지고 있든지 건강하게 되었기 때문이다.

마	막	눅	요한복음 5:2–47

요한복음 5:2–47

23 모든 사람이 아버지를 존경하는 것처럼 아들을 존경하게 하려는 것이다. 아들을
존경하지 않는 사람은 그를 보내신 아버지를 존경하지 않는다. 24 진실로 진실로 내
가 너희에게 말하는데, 내 말을 듣고 나를 보내신 분을 믿는 사람은 영원한 생명을
가지며 심판에 이르지 않는다. 그는 죽음에서 생명으로 옮겼다. 25 진실로 진실로 내
가 너희에게 말하는데, 죽은 사람들이 하나님의 아들의 음성을 들을 시각이 오고 있
는데 지금이다. 듣는 사람들은 살아날 것이다. 26 아버지께서 자신 안에 생명을 가지
신 것처럼 이렇게 아들에게도 생명을 주셔서 그 자신 안에 생명을 가지게 하셨기 때
문이다. 27 또 그는 인자이시므로 (아버지께서) 그에게 심판하는 권한을 주셨다.
28 이것을 이상히 여기지 마라. 무덤 안에 있는 사람들 모두가 그의 음성을 들을 시
각이 온다. 29 선한 일들을 행한 사람들은 생명의 부활로, 악한 일들을 저지른 사람
들은 심판의 부활로 나갈 것이다. 30 나는 나 스스로는 아무것도 할 수 없다. 나는
듣는 대로 심판하는데 내 심판은 의롭다. 내 뜻을 찾지 않고 나를 보내신 분의 뜻을
(찾기) 때문이다. 31 내가 나 자신에 관하여 증언하면 내 증언은 참되지 않다. 32 나에
관해 증언하시는 분은 다른 분이다. 나는 나에 관하여 증언하시는 그 증언이 참되다
는 것을 알고 있다. 33 너희가 요한에게 (사람을) 보냈고 그가 진리를 증언하였다.
34 그러나 나는 사람에게서 증언을 얻지 않는다. 다만 너희가 구원되도록 이런 것들
을 말한다. 35 그는 불타고 비치는 등불이었는데 너희는 잠시 동안 그의 빛 안에서
즐거워하려 했다. 36 그러나 나는 요한(의 증언)보다 더 큰 증언이 있다. 내가 그것들
을 끝내도록 아버지께서 나에게 주신 일들, 곧 내가 하고 있는 일들 자체가 나에 관
하여, 아버지께서 나를 보내셨다는 것을 증언한다. 37 또 나를 보내신 아버지, 그분이
나에 관하여 증언하셨다. 너희는 언제라도 그의 음성을 듣지도 못했고 그의 모습을
보지도 못했다. 38 너희는 그의 말씀을 너희 속에 머무는 것으로 가지고 있지도 않다.
그분이 보내신 분, 이분을 너희가 믿지 않기 때문이다. 39 너희는 (성경) 안에서 영원
한 생명을 얻는다고 생각하기 때문에 성경을 연구한다. 그런데 그것은 나에 관해 증
언하는 것이다. 40 너희는 생명을 얻기 위하여 나에게 오려고 하지 않는다. 41 나는 사
람에게 영광을 받지 않는다. 42 그러나 나는 너희를 알고 있는데 너희는 너희 자신
안에 하나님의 사랑을 가지고 있지 않다. 43 내가 내 아버지의 이름으로 왔지만 너희
는 나를 받아들이지 않는다. 만약 다른 사람이 자신의 이름으로 오면 너희는 그 사
람을 받아들일 것이다. 44 너희가 서로에게서 영광을 받고 한 분이신 하나님에게서
오는 영광을 찾지 않는데 어떻게 믿을 수 있느냐? 45 내가 너희를 아버지께 고소할
것이라고 생각하지 마라. 너희를 고소하는 사람은 너희가 희망을 걸어온 모세이다.
46 너희가 모세를 믿었다면 나를 믿었을 것이다. 그가 나에 관하여 썼기 때문이다.
47 그러나 너희가 그의 글들을 믿지 않는데 어떻게 나의 말들을 믿겠느냐?"

142. 제자들을 보내심

마태복음 10:1,5–16	마가복음 6:6b–13	누가복음 9:1–6	요
1 (예수께서) 자기 열두 제자들을 불러내시고	6b 그는 마을들을 두루 돌아다니시며 가르치셨다. 7 (예수께서) 열두 명을 불러내시고 그들을 둘씩 보내기 시작하시며	1 (예수께서) 열두 명을 함께 부르시고	
그들에게 더러운 영들을 (제어하는)	그들에게 더러운 영들을 (제어하는)	그들에게 ※모든 귀신들을 (제어하고)[1] 병을 고치는	
권한을 주셔서	권한을 주시고	능력과 권한을 주셔서 2 하나님의 나라를 선포하고	
그것들을 내쫓고 모든 병과 모든 약한 것을 고쳐주게 하셨다.		[아픈 사람들을] 고쳐주도록 그들을 보내시며	
5 예수께서 이 열두 명을 보내시면서 그들에게 지시하셨다. "이방인들의 길로 가지 말고 사마리아인들의 성에 들어가지 마라. 6 차라리 이스라엘 집의 잃은 양들에게로 가거라. 7 가면서 '하늘나라가 가까이 왔다' 라고 선포하여라. 8 아픈 사람들을 고쳐주고 죽은 사람들을 일으켜 주고 문둥병자들을 깨끗하게 해 주며 귀신들을 내쫓아라. 너희가 거저 받았으므로 거저 주어라.	8 그들에게 지시하시기를,	3 그들에게 말씀하셨다.	
9 너희 돈주머니에 금도 은도 동전도 가지지 말고 10 자루도 속옷 둘도 신발도 지팡이도 길에서 쓰기 위해 (챙기지) 마라.	"오직 지팡이밖에는 아무 것도, 곧 빵도 자루도 돈주머니에 동전도 길에서 쓰기 위해 챙기지 말고 9 신발만 신고 속옷을 둘 입지도 마라" 고 하셨다.	"아무 것도, 곧 지팡이도 자루도 빵도 은도 속옷 둘도 길에서 쓰기 위해 가져가려고 챙기지 마라.	
일꾼이 자기 음식을 (받는 것이) 정당하기 때문이다.	10 또 그들		

1 ※ 모든 귀신들 위의 (권한과)

마태복음 10:1,5–16	**마가복음 6:6b–13**	**누가복음 9:1–6**	요
11 어떤 성이나 마을에든지 들어가면 그곳에서 누가 적당한지 알아보고 떠날 때까지 거기 머무르되 12 그 집에 들어갈 때 그 집에 (평화의) 인사를 하여라. 13 그 집이 적당하면 너희가 (빈) 평화여, 그 집 위에 오너라. 그 집이 적당하지 않으면 너희가 (빈) 평화여, 너희에게로 되돌아오너라.	에게 말씀하셨다. "어느 곳의 집에든지 들어가면 거기서 떠날 때까지 거기 머물러라.	4 어떤 집에든지 들어가면 거기 머물다가 거기서 떠나라.	
14 누구도 너희를 맞아들이지 않고 너희 말을 듣지도 않으면 그 집이나 그 「성 밖으로」 나가면서 너희 발의 먼지를 떨어버려라. 15 참으로 내가 너희에게 말하는데, 심판 날에 소돔과 고모라 땅이 그 성보다 더 잘 버틸 것이다. 16 보아라, 내가 너희를 이리들 가운데 양처럼 보낸다. 그러므로 뱀처럼 슬기롭고 비둘기처럼 순결하여라.	11 어느 곳도 너희를 맞아들이지 않고 사람들이 너희 (말을) 듣지도 않으면 거기서 나가면서 그들에게 증거가 되도록 너희 발밑의 흙을 떨어버려라."	5 누구도 너희를 맞아들이지 않으면 그 성에서 나가면서 그들에게 증거가 되도록 너희 발에서 먼지를 떨어버려라."	
	12 그들이 나가서 회개하라고 선포하였고 13 많은 귀신들을 내쫓으며 많은 아픈 사람들에게 기름을 발라서 병을 고쳐주었다.	6 그들이 나가서 마을들을 돌아다니며 어디서나 복음을 전하였고 병을 고쳐주었다.	

14 「성이나 그 마을 밖으로

143. 예수에 대한 헤롯의 생각

마태복음 14:1-2	마가복음 6:14-16	누가복음 9:7-9	요
1 그 무렵에 사분왕 헤롯이 예수의 소문을 듣고	14 왕 헤롯이 (이것을) 들었다. 그의 이름이 알려졌기 때문이다. 사람들은 세례 주던 요한이 죽은 사람들 가운데서 살아났고, 이 때문에 그 안에 능력들이 활동하고 있다고 말하였다. 15 다른 사람들은 그가 엘리야라고 하였고, 또 다른 사람들은 그는 선지자들 중 하나와 같은 선지자라고 하였다. 16 그러나 헤롯은	7 사분왕 헤롯이 일어난 일들을 모두 듣고 당황하였다. 어떤 사람들은 요한이 죽은 사람들 가운데서 살아났다고 말하고 8 어떤 사람들은 엘리야가 나타났다고 (하고,) 다른 사람들은 옛 (선지자들) 중 어떤 선지자가 살아났다고 (했기) 때문이다. 9 그러나 헤롯은	
2 자기 신하들에게 말하였다. "이 사람은 세례자 요한이다. 바로 그가 죽은 사람들로부터 살아났고, 이 때문에 그 안에 능력들이 활동하고 있다."	듣고 말하였다. "내가 목을 자른 요한, 이 사람이 살아났다."	말하였다. "요한은 내가 목을 잘랐는데, 내가 그에 관해 이러한 일들을 듣고 있는 이 사람은 누구냐?" 그리고 그는 (예수를) 보려고 찾고 있었다.	

144. 세례자 요한의 죽음

마태복음 14:3-12	마가복음 6:17-29	누가복음 3:19-20	요
3 헤롯이 자기 「동생 빌립의」 아내 헤로디아 때문에	17 이 사람 헤롯이 자기 동생 빌립의 아내 헤로디아 때문에	19 그러나 사분왕 헤롯이 자기 동생의 아내 헤로디아에 관하여, 또 자기가 행한 모든 악한 일들에 관하여 그에게 책망을 받고 20 모든 (악)에다	

3 「동생의

마태복음 14:3-12

요한을
붙잡고 [그를] 묶어서 감옥에
가두었다.
4 "당신이
그 여자와 사는 것은
정당하지 않다"라고 요한이
그에게 말한 까닭이었다.
5 (헤롯이)
그를 죽이고 싶어하나
무리를 무서워하였다. 왜냐하
면 그들은 (요한을)
선지자로 여겼기 때문이다.
6 그런데 헤롯의
생일이 되었을 때
헤로디
아의 딸이 (잔치 자리) 가운데
서 춤을 추어
헤롯을 기쁘게 하였
다. 7 그래서 (헤롯은) 달라고
하는 것은 무엇이나
주겠다고
그
아이에게 맹세하고 또 맹세하
였다.

마가복음 6:17-29

(사람들을) 보내어서 요한을
붙잡고 그를 감옥에
묶어 두었다. (헤롯이) 그 여자
와 결혼하였는데 18 "당신이 당
신 동생의 아내와 사는 것은
정당하지 않다"라고 요한이
헤롯에게 말한 까닭이었다.
19 헤로디아가 그에게 앙심을
품고 그를 죽이고 싶어했으나
할 수 없었다. 20 왜냐하
면 헤롯이 요한을 의롭고 거룩
한 사람으로 알고 그를 무서워
하면서도 그를 지켰고, 그의
(말을) 듣고 많이 괴로워하면
서도 기꺼이 그의 (말을) 들었
기 때문이다. 21 그러나 좋은
기회의 날이 왔다. 헤롯이 자
기 생일에 자기 고관들과 천부
장들과 갈릴리의 높은 사람들
을 위하여 잔치를 베풀었을 때
였다. 22 「그의 딸, 곧 헤로디
아의 (딸이)」 들어와서
춤을 추어 함께 앉아 있던
사람들과 헤롯을 기쁘게 하였
다. 왕이 소녀에게 "원
하는 것을 무엇이나 내게 청하
여라. 그러면 네게 주겠다"라
고 말하였고 23 [거듭거듭] 그
아이에게 맹세하
였다. "내게 달라고 하는 것은
무엇이든지, 내 나라의 절반까
지라도 네게 주겠다." 24 그러

22 「헤로디아 자신의 딸이

누가 3:19-20

가 이 (하나를) 더하여 요한을
감옥에
가두었다.

요

마태복음 14:3-12	마가복음 6:17-29	누가 3:19-20	요
8 (소녀는) 자기 어머니가 시키는 대로 말하였다. "세례자 요한의 머 리를 쟁반에 (얹어서) 여기서 제게 주십시오." 9 왕은 슬 퍼하였지만 맹세와 자리에 함께 앉아 있던 사람들 때문에 주라고 명령하였고 10 (사람을) 보내서 감옥에서 요한의 목을 잘랐 다. 11 그의 머리가 쟁반에 (얹혀) 날라져서 소녀에게 주어지자, 그 (소녀)는 자기 어머니에게 가 져갔다. 12 그의 제자들이 와서 시체를 가져다가 장사 지내고 예수께 가서 알렸다.	자 (소녀는) 나가서 자기 어머니에게 말하였다. "무엇을 달라고 할까요?" 그 여자가 말하였다. "세례 주던 요 한의 머리를 (달라고 하여라)." 25 (소녀는) 즉시 왕에게 황급히 들 어가서 청하였다. "세례자 요한의 머 리를 쟁반에 (얹어서) 곧 제게 주시기를 원합니다." 26 왕은 무척 슬 프게 되었지만 맹세와 자리에 앉아 있던 사람들 때문에 아이의 (청 을) 거절하려 하지 않았다. 27 그래서 왕은 즉시 시위병을 보내며 그의 머리를 가져오라고 명령하였고, 그는 가서 감옥에서 그의 목을 잘랐 다. 28 그의 머리를 쟁반에 (얹어서) 날라다가 그 (소녀)에게 주자 소녀는 그것을 자기 어머니에게 주 었다. 29 그의 제자들이 듣고 와서 그의 시체를 가져다가 무덤에 안장 하였다.		

145. 제자들이 돌아옴

마	마가복음 6:30-31	누가복음 9:10a	요
	30 사도들이 예수께 모여서 자기들이 한 것 과 가르친 것을 모두 그에게 알리자 31 (예수 께서) 그들에게 말씀하셨다. "너희는 따로 외진 곳으로 가서 좀 쉬어라." 왜냐하면 오 는 사람들과 가는 사람들이 많이 있어 먹을 틈도 없었기 때문이다.	10a 사도들이 돌아와서 자기들이 한 것 을 그에게 얘기하였다.	

146. 오천 명을 먹이심

마태 14:13-21	마가 6:32-44	누가 9:10b-17	요한 6:1-15
13 예수께서 들으시고 배를 (타고) 그곳을 떠나서 따로 빈 들판으로 가셨는데,	32 그래서 그들은 따로 배를 (타고) 빈 들판으로 갔다. 33 그들이 떠날 때에 많은	10b (예수께서) 그들을 데리시고 따로 벳새다라고 하는 성으로 물러가셨는데,	1 이 일들 후에 예수께서 갈릴리 바다 곧 디베랴 (바다)의 건너편으로 가셨는데 2 많은
무리들이 듣고 성들로부터 육지로 그를 따라갔다.	사람들이 보고 알았으며 모든 성들로부터 육지로 거기로 달려서 그들을 앞질러 갔다.	11 무리들이 알고 그를 따라갔다.	무리가 그를 따랐다. 그가 병자들에게 하신 표적들을 보았기 때문이다. 3 예수께서 산으로 올라가셨고 그곳에 자기 제자들과 함께 앉으셨다. 4 유대인의 명절인 유월절이 다가오고 있었다.
14 (예수께서) 나와서 많은 무리를 보시고 그들을 가엾이 여기시며	34 (예수께서) 나와서 많은 무리를 보시고 그들을 가엾이 여기셨다. 그들이 목자 없는 양들 같았기 때문이다. 그래서 그는	(예수께서) 그들을 맞아서	
그들 (가운데 있는) 아픈 사람들을 고쳐주셨다.	그들에게 많은 것들을 가르치기 시작하셨다.	하나님의 나라에 관하여 그들에게 말씀하셨고 치료가 필요한 사람들을 고쳐주셨다.	
15 저녁이 되자 제자들이 그에게 다가와서 말하였다.	35 시간이 이미 많이 지났을 때 그의 제자들이 그에게 다가와서 말하였다.	12 날이 저물기 시작하자 열두 (제자가) 다가와서 그에게 말하였다.	5 예수께서 눈을 들어 많은 무리가 자기에게 오는 것을 보시고 빌립에게 말씀하셨다.
"장소도 외지고 시간도 벌써 지났습니다. 마을로 가서 자신들을 위해 음식을 사도록 무리들을	"장소도 외지고 시간도 늦었습니다. 36 주변의 농가와 마을로 가서 자신들을 위해 먹을 것을 사도록 그들을	"주변의 마을과 농가로 가서 머무르기도 하고 식량도 구하도록 무리를	

마태 14:13-21	마가 6:32-44	누가 9:10b-17	요한 6:1-15
흩어지게 하십시오."	흩어지게 하십시오."	흩어지게 하십시오. 저희가 여기 외진 곳에 있기 때문입니다."	
16 그러자 [예수께서] 그들에게 말씀하셨다. "그들이 갈 필요는 없다. 너희가 그들에게 먹을 것을 주어라."	37 그러자 (예수께서) 그들에게 대답하셨다. "너희가 그들에게 먹을 것을 주어라."	13 그러자 (예수께서) 그들에게 말씀하셨다. "너희가 그들에게 먹을 것을 주어라."	"우리가 어디서 빵을 사서 이 사람들이 먹게 하겠느냐?" 6 이것은 그를 시험하시며 말씀하신 것이다. 왜냐하면 (예수께서는) 자신이 무슨 일을 하실는지 친히 알고 계셨기 때문이다.
17 제자들이 그에게 말하였다. "저희는	그들이 그에게 말하였다. "저희가 가서	제자들이 말하였다. "저희가 가서	7 빌립이 그에게 대답하였다. "각자가 [무엇을] 조금씩 받게 하더라도
	이백 데나리온 어치의 빵을 사다가 그들에게 주어서 먹게 할까요?" 38 예수께서 그들에게 말씀하셨다. "너희는 빵이 얼마나 있느냐? 가서 보아라." 그들이 알아보고	이 백성 모두를 위하여 음식을 사지 않는 한	이백 데나리온 (어치)의 빵이 그들에게 충분하지 않습니다."
			8 그의 제자들 중 하나, 곧 시몬 베드로의 형제인 안드레가 그에게 말하였다.
여기 빵 다섯 개와 물고기 두 마리밖에 없습니다."	말하였다. "다섯 개와 물고기 두 마리입니다."	저희에게는 빵 다섯 개와 물고기 두 마리 이상은 없습니다." 14 왜냐하면 약 오천 명의 남자들이 있었기 때문이다.	9 여기 보리빵 다섯과 물고기 둘을 가지고 있는 한 아이가 있습니다. 하지만 이것들이 이 많은 사람들에게 무엇이겠습니까?
18 (예수께서) "그것들을 여기 내게로 가져오라" 하고 말씀하셨고 19 무리들에게	39 (예수께서)	(예수께서)	10 예수께서
	그들에게	자기 제자들에게 말씀하셨다. "그들을 [한] 오십 명씩	"사람들을
풀 위에 앉으	모든 사람을 푸른 풀밭에 떼로 모아 앉히	떼 지어 앉혀	앉게

마태 14:13–21	마가 6:32–44	누가 9:10b–17	요한 6:1–15
라고 지시하셨다.	도록 지시하셔서 [40] 사람들은 오십 명씩, 백 명씩 무리 지어 앉았다.	라." [15] (제자들이) 이렇게 하여서 모든 사람을 앉혔다.	하라"고 말씀하셨다. 그 곳에 잔디가 많이 있어 수가 약 오천이 되는 남자들이 앉았다. [11] 그래서
(예수께서) 빵 다섯 개와 물고기 두 마리를 가지고 하늘을 우러러보며 감사하셨고 빵을 떼어 제자들에게 주셨으며, 제자들은 무리들에게 주었다.	[41] (예수께서) 빵 다섯 개와 물고기 두 마리를 가지고 하늘을 우러러보며 감사하셨고 빵을 떼어 [자기] 제자들에게 주셔서 그들 앞에 놓게 하셨다. 그는 물고기 두 마리도 모두에게 나누어 주셨다.	[16] (예수께서) 빵 다섯 개와 물고기 두 마리를 가지고 하늘을 우러러보며 그것들을 감사하셨고 떼어 제자들에게 주셔서 무리 앞에 놓게 하셨다.	예수께서 빵을 가지고 감사하신 후에 앉아 있는 사람들에게 그들이 원하는 만큼 나누어 주셨고 물고기도 똑같이 하셨다.
[20] 모든 사람이 먹고 배부르게 되었고	[42] 모든 사람이 먹고 배부르게 되었고	[17] 모든 사람이 먹고 배부르게 되었고,	[12] 그들이 배부르게 되자 (예수께서) 자기 제자들에게 말씀하셨다. "버려지는 것이 없도록 남은 부스러기를 모아라." [13] 그래서 그들은 보리빵 다섯으로 사람들이 먹고 남은 부스러기를 모아서 열두 바구니를 채웠다.
남은 부스러기를 열두 바구니 가득 모았다. [21] 먹은 사람들은 여자들과 아이들을 빼고도 남자들이 오천 명 가량이었다.	[43] (빵) 부스러기와 물고기 (남은 것을) 열두 바구니 가득 모았다. [44] [빵을] 먹은 사람들은 남자들 오천 명이었다.	그들에게 남은 부스러기가 열두 바구니 모였다.	
			[14] 사람들이 그가 행하신 표적을 보고 "이분은 참으로 세상에 오시는 그 선지자이시다" 라고 말하였다. [15] 사람들이 와서 자신을 붙들어 왕으로 삼으려 할

마태 14:13-21	마가 6:32-44	누가 9:10b-17	요한 6:1-15
			것을 예수께서 아시고 자기 혼자 다시 산으로 떠나가셨다.

147. 바다 위를 걸으심

마태복음 14:22-33	마가복음 6:45-52	눅	요한복음 6:16-21
22 그는 제자들이 배에 올라 자기보다 앞서 건너편으로 가도록 바로 재촉하셨고 자신은 그 동안 무리들을 흩으셨다. 23 무리들을 흩으시고 나서 그는 기도하러 따로 산으로 올라가셨고 저녁이 된 후에 그곳에 혼자 계셨다.	45 그는 자기 제자들이 배에 올라 앞서 건너편 벳새다로 가도록 바로 재촉하셨고 그 자신은 무리들을 흩으셨다. 46 그들과 헤어지신 후에 그는 기도하러 산으로 가셨다. 47 저녁이 된 후에 배는 바다 가운데 있었고 그 자신은 혼자 땅에 (계셨다.)		16 저녁이 되었을 때 그의 제자들이 바다로 내려가서 17 배를 타고 바다 건너편 가버나움으로 갔다. 이미 어두워졌지만 예수께서는 아직 그들에게 오지 않으셨다.
24 배는 이미 땅으로부터 「몇 리를」 떨어져 있었고 바람이 마주 불어와서 파도에 시달리고 있었다. 25 (예수께서) 밤 사경에 바다 위를 걸어서 그들에게 오셨다.	48 바람이 그들에게 마주 불어와서 그들이 노 젓기에 시달리고 있는 것을 (예수께서) 보시고 밤 사경 즈음 바다 위를 걸어서 그들에게 오셨고 그들을 지나쳐 가려 하셨다.		18 강한 바람이 불어서 바다가 출렁거렸다. 19 그들이 ※십오 리쯤 노를 젓다가
26 제자들은 그가 바다 위를 걸으시는 것을 보고 놀라서 유령이라고	49 그들은 그가 바다 위를 걸으시는 것을 보고 유령이라고		예수께서 바다 위를 걸어서 배에 가까워지시는 것을 보고
24 「몇 스타디온을			19 ※25 또는 30 스타디온 쯤

마태복음 14:22-33

말하며 겁에 질려 소리를 질렀
다.
[27] [예
수께서] 곧바로 그들에게 이야
기하셨다.
"안심하여라. 나다. 무서
워하지 마라." [28] 베드로가 그
에게 대답하였다. "주님! 당신
이시면 제가 물 위를 (걸어서)
당신에게 가도록 명령해 주십
시오." [29] 예수께서 말씀하셨
다. "오너라." 그러자 베드로
가 배에서 내려 물 위를 걸어
서 예수께로 갔다. [30] 그러나
그는 ○거센 바람을 보며 무서
워했고 가라앉기 시작하며 소
리 질렀다. "주님, 저를 건져
주십시오." [31] 예수께서 얼른
손을 뻗어서 그를 붙잡으시며
그에게 말씀하셨다. "믿음이
작은 사람아! 왜 의심하였느
냐?" [32] 그들이 배에 오르자
바람이
그쳤다. [33] 배에 있던 사람들
이 그에게 절하며 말하였다.
"당신은 참으로 하나님의 아들
이십니다."

마가복음 6:45-52

생각하며 소리를 질러
댔다. [50] 왜냐하면 모두가 그
를 보고 놀랐기 때문이다. 예
수께서 곧바로 그들과 이야
기하시며 그들에게 말씀하셨
다. "안심하여라. 나다. 무서
워하지 마라."

[51] 그는 배에 오르셔서
그들에게로 (가셨는데) 바람이
그쳤고

그들은 속으로 [너무나]
크게 놀랐다. [52] 왜냐하면 그
들은 빵에 관한 (일을) 깨닫지
못하고 그들의 마음이 굳어졌
기 때문이다.

눅

요한복음 6:16-21

무서워하였다.

[20] 예
수께서
그들에게 말씀하셨
다. "나다. 무서
워하지 마라."

[21] 그들은 기꺼이 그를 배
로 모셔 들였고

배는 곧바로 그들이
가고 있었던 땅에 이르렀다.

148. 게네사렛의 치유 사역

마태복음 14:34-36	마가복음 6:53-56	눅	요한복음 6:22-25
34 그들은 바다를 건너 게네사 렛 땅으로 갔다. 35 그곳 사람들이 그를 알아보고 그 주변 지방 전역으로 사람을 보내어 아픈 사람들을 모두 그에게 데리고 왔다. 36 그들은 그의 옷 가장자리를 만지 게만 해 주시도록 그에게 빌었 는데, 만진 사람은 완전히 낫게 되었다.	53 그들은 바다를 건너 게네사 렛 땅으로 가서 배를 대었다. 54 그들이 배에서 나오자 사람들이 곧 그를 알아보고 55 그 지방 전역을 뛰어 돌 아다니며 그가 계시다는 것을 들은 곳으로 아픈 사람들을 침대 위에 (뉘여) 데려오기 시작하였다. 56 그가 어느 마을이나 성이나 촌으로 든지 들어가면 사람들이 병든 사람들을 시장에 (데려다) 놓 고 그의 옷 가장자리라도 만지 게 해 주시도록 그에게 빌었 는데, 그것을 만진 사람은 누 구나 낫게 되었다.		22 이튿날, 바다 건너편에 서 있던 무리가 그곳에 배 한 척 말고는 다른 배가 없었고 예수 께서는 자기 제자들과 함께 그 배를 타지 않으셨으며 그의 제 자들만 가는 것을 보았었는데 23 디베랴에서 배들이 주님께서 감사하신 후에 사람들이 빵을 먹었던 곳에 가까이 왔다. 24 무리가 거기에 예수도 안 계 시고 그의 제자들도 없는 것을 보고 그들 자신이 배에 올라 예수를 찾으면서 가버나움으로 갔다. 25 그들이 바다 건너편에 서 그를 발견하고 그에게 말하 였다. "랍비여, 언제 여기로 (오 게) 되셨습니까?"

149. 생명의 빵이신 예수

마	막	눅	요한복음 6:26-59
			26 예수께서 그들에게 대답하셨다. "진실로 진실로 내가 너희에게 말하는데, 너희는 표적을 본 것 때문이 아니라 빵을 먹고 배부르게 된 것 때문에 나를 찾고 있다. 27 없어지는 양식이 아니라 영원한 생명에 (이르도록) 남아 있는 양식을 위하여 일하 라. 이것은 인자가 너희에게 줄 것이다. 그를 아버지 하나님께서 날인하셨기 때문이 다." 28 그러자 그들이 그에게 말하였다. "우리가 하나님의 일을 하려면 무엇을 할까 요?" 29 예수께서 그들에게 대답하셨다. "이것, 곧 그가 보낸 사람을 믿는 것이 하나 님의 일이다." 30 그들이 그에게 말했다. "우리가 보고 당신을 믿도록 당신이 무슨 표

마	막	눅	요한복음 6:26-59

요한복음 6:26-59

적을 행하십니까? 무슨 일을 하십니까? 31 우리 ※조상들은 황야에서 만나를 먹었습
니다. '그가 하늘로부터 빵을 그들에게 먹도록 주셨다' 라고 적혀 있는 것처럼 말입니
다." 32 그러자 예수께서 그들에게 말씀하셨다. "진실로 진실로 내가 너희에게 말하
는데, 모세가 하늘로부터 너희에게 빵을 준 것이 아니다. 내 아버지께서 하늘로부터
너희에게 참된 빵을 주신다. 33 하나님의 빵은 하늘에서 내려와서 세상에 생명을 주
는 것이기 때문이다." 34 그들이 그에게 말하였다. "주님, 이 빵을 항상 우리에게 주
십시오." 35 예수께서 그들에게 말씀하셨다. "내가 생명의 빵이다. 내게로 오는 사람
은 결코 주리지 아니할 것이요 나를 믿는 사람은 언제라도 결코 목마르지 아니할 것
이다. 36 그러나 나는 너희에게 너희가 [나를] 보고도 믿지 아니한다고 말하였다.
37 아버지께서 나에게 주시는 사람은 모두 내게 올 것이요 내게 오는 사람을 나는 결
코 밖에 내쫓지 아니할 것이다. 38 나는 내 뜻을 행하려고 (오지) 않고 나를 보내신
분의 뜻을 (행하려고) 하늘로부터 내려왔기 때문이다. 39 이것이 나를 보내신 분의
뜻이다. 곧 그분이 나에게 주신 것은 모두, 내가 그 중에서 (하나도) 잃지 아니하고
마지막 날에 그것을 살리는 것이다. 40 이것, 곧 아들을 보고 그를 믿는 사람은 모두
영원한 생명을 가지고 마지막 날에 내가 그를 살리는 것이 내 아버지의 뜻이기 때문
이다." 41 (예수께서) "나는 하늘에서 내려온 빵이다" 라고 말씀하셨기 때문에 유대인
들이 그에 관하여 수군거리며 42 말하였다. "이 사람은 요셉의 아들 예수가 아니냐?
우리가 그의 아버지와 어머니를 알고 있는데 그가 어떻게 하늘에서 내려왔다고 지금
말하는가?" 43 예수께서 그들에게 대답하셨다. "너희는 서로 수군거리지 마라. 44 나
를 보내신 아버지께서 끌어오지 아니하시면 아무도 나에게 올 수 없다. 나는 그를
마지막 날에 살릴 것이다. 45 '모든 사람이 하나님께 가르침을 받을 것이다' 라고 선
지자들(의 글)에 기록되어 있다. 아버지께 듣고 배운 사람은 모두 나에게 온다.
46 하나님에게서 온 사람 말고 누가 아버지를 보았다는 것이 아니고 이 사람이 아버
지를 보았다는 (것이다.) 47 진실로 진실로 내가 너희에게 말하는데 믿는 사람은 영
원한 생명을 가지고 있다. 48 나는 생명의 빵이다. 49 너희 ※조상들은 황야에서 만나
를 먹었고 죽었다. 50 하늘에서 내려오는 빵은 이런 것, 곧 누가 그것을 먹고 죽지
않는 것이다. 51 나는 하늘에서 내려온 살아 있는 빵이다. 누가 이 빵을 먹으면 영원히
살 것이다. 내가 줄 빵은 세상의 생명을 위한 내 살이다." 52 그러자 유대인들이 서
로 다투며 말하였다. "이 사람이 어떻게 우리에게 [자기] 살을 먹도록 줄 수 있겠느
냐?" 53 그래서 예수께서 그들에게 말씀하셨다. "진실로 진실로 내가 너희에게 말하
는데, 너희가 인자의 살을 먹지 아니하고 그의 피를 마시지 아니하면 너희 자신 안에

31 ※아버지들은
49 ※아버지들은

마	막	눅	요한복음 6:26-59
			생명이 없다. [54] 나의 살을 먹고 나의 피를 마시는 사람은 영원한 생명을 가지고 있 고 내가 그를 마지막 날에 살릴 것이다. [55] 나의 살은 참된 양식이요 나의 피는 참된 음료이기 때문이다. [56] 나의 살을 먹고 나의 피를 마시는 사람은 내 안에 머물고 나 도 그 안에 (머문다.) [57] 살아 계신 아버지께서 나를 보내셔서 내가 아버지로 말미암 아 사는 것처럼 나를 먹는 자, 그 사람도 나로 말미암아 살 것이다. [58] 이것이 하늘 에서 내려온 빵이다. ※조상들이 먹고도 죽은 것과 같지 않게 이 빵을 먹는 사람은 영원히 살 것이다." [59] 이런 것을 그는 가버나움 회당에서 가르치실 때에 말씀하셨다. 58 ※아버지들이

150. 전통에 관한 논쟁

마태복음 15:1-20	마가복음 7:1-23	누가 11:37-41; 6:39	요
		[37] (예수께서) 말씀하고 계실 때	
[1] 그때 바리새인들과 율법 학자들이 예루살렘으로부터 예수께 와서	[1] 바리새인들과 몇몇 율법 학자들이 예루살렘으로부터 와서 (예수께) 모였다가	에 한 바리새인이	
		자기와 함께 식사를 하자고 그를 청하였다. 그가 들어가서 앉으셨는데	
	[2] 그의 제자들 가운데 몇이 부정한, 곧 씻지 않은 손으로 빵을 먹는 것을 보았다.	[38] 식사하시기 전에 먼저 씻지 않는 것을 그 바리새인이 보고 이상하게 생각하였다.	
	[3] 바리새인들과 모든 유대인들은 장로들의 전통을 지키면서 ※규칙대로 손을 씻지 않으면 먹지 않았고 [4] 시장에서 (돌아와서도) 씻지 않으면 먹지 않는 등, 전해 받아서 지키는 다		
	3 ※ 주먹으로, 또는 팔꿈치까지		

마태복음 15:1-20

말하였다.
2 "왜 당신의 제자들이 장로들
의 전통을 어깁니까?
빵을 먹을 때
[그들의] 손을 씻지 않기 때문
입니다." 3 예수께서 그들에게
대답하셨다. 7 위선자들아, 이사
야가 너희를 두고 잘
예언하였다.
8 '이 백성이 입술로는 나를
공경하지만 그들의 마음은 내
게서 멀어져 있다. 9 그들은 사
람들의 규칙을 교훈으로 가르
치면서 나에게 헛되이 예배한
다.'

"왜 너희는 너희 전통 때문
에 하나님의 계명을 어
기느냐? 4 하나님께서 '아
버지와 어머니를 공경하여
라' 또 '아버지나 어머니를 욕
하는 사람은 꼭 죽여라' 라고

마가복음 7:1-23

른 (규칙들이) 많았다. 잔과 단
지와 놋그릇과 [침대를] 씻는
것이다. 5 그래서 바리새인들과
율법학자들이 그에게 물었다.
"왜 당신의 제자들이 장로들
의 전통을 따라서 행동하지 않
고 부정한 손으로 빵을 먹습니
까?"
6 예수께서 그들에게
말씀하셨다. "이사
야가 너희 위선자들을 두고 잘
예언하였다. 이렇게 적혀 있다.
'이 백성이 입술로는 나를
공경하지만 그들의 마음은 내
게서 멀어져 있다. 7 그들은 사
람들의 규칙을 교훈으로 가르
치면서 나에게 헛되이 예배한
다.' 8 너희는 하나님의 계명들
을 버리고 사람들의 전통을 지
키고 있다." 9 그들에게 또 말
씀하셨다.

"너희는 너희 전통을 세
우려고 하나님의 계명을 잘 저
버린다. 10 모세가 '네 아
버지와 네 어머니를 공경하여
라' 또 '아버지나 어머니를 욕
하는 사람은 꼭 죽여라' 라고

누가 11:37-41; 6:39

39 주님께서 그에게
말씀하셨다.

"지금 너희 바리새인
들은 잔과 접시의 겉은 깨끗이
하지만 너희 속은 강탈과 악독
이 가득하다. 40 멍청이들아! 겉
을 만드신 분이 속도 만드시지
않았느냐? 41 속에 있는 것들로
구제를 하여라. 그러면, 보아라,
모든 것들이 너희에게 깨끗할
것이다.

요

마태복음 15:1-20

말씀하셨는데도 [5] 너희는 말하
기를 '누구든지 아버지나 어머
니에게 제게 받으셔야 할 것이
헌물입니다 라고
말하면, [6] 그는 자기 「아버지를
아예 공경
하지 않아도 된다' 라고 함으로
써 너희 전통
때문에 하나님의 「말씀을 쓸
모없게 만들기
때문이다.
[7] 위선자들아, 이사야가 너희를
두고 잘 예언하였
다. [8] '이 백
성이 입술로는 나를 공경하지
만 그들의 마음은 내게서 멀어
져 있다. [9] 그들은 사람들의 규
칙을 교훈으로 가르치면서 나
에게 헛되이 예배한다.' "
[10] (예수께서) 무리를 가
까이 불러서 그들에게 말씀하
셨다. "듣고 깨달
아라. [11] 입으로 들
어가는 것이 사람을 더럽히지
않고 오히려
입에서 나오는 것, 이것이 사
람을 더럽힌다."

[12] 그때
제자들이 그에게 다가와서 말
하였다. "바리새인들이 말씀을

6 「 아버지와 어머니를
6 「 계명을, 또는 율법을

마가복음 7:1-23

말씀하셨는데도 [11] 너희는 말하
기를 '사람이 아버지나 어머
니에게 제게 받으셔야 할 것이
고르반, 곧 헌물입니다 라고
말하면 [12] 그는 아버지나
어머니에게 더 이상 아무 것도
하지 않아도 된다' 라고 함으로
써 [13] 너희가 전해 받은 전통
을 위하여 하나님의 말씀을 쓸
모없게 만들고 이와 비슷한 일
들을 많이 하기 때문이다."
[6] 이사야가 너희
위선자들을 두고 잘 예언하였
다. 이렇게 적혀 있다. '이 백
성이 입술로는 나를 공경하지
만 그들의 마음은 내게서 멀어
져 있다. [7] 그들은 사람들의 규
칙을 교훈으로 가르치면서 나
에게 헛되이 예배한다.'
[14] (예수께서) 무리를 다시 가
까이 불러서 그들에게 말씀하
셨다. "모두 나에게 듣고 깨달
아라. [15] 사람 밖에서 그에게로
들어가서 그를 더럽힐 수 있는
것은 아무 것도 없다. 오히려
사람에게서 나오는 것들이 사
람을 더럽히는 것들이다." [16] ᵀ
[17] (예수께서) 무리를 (떠나서)
집으로 들어가셨을 때

16 ᵀ 들을 귀 있는 사람은 들어라.

누가 11:37-41; 6:39

요

마태복음 15:1-20

듣고 기분이 상했다는 것을 아
십니까?" [13] 예수께서 대답하
셨다. "하늘에 (계신) 내 아버지
께서 심지 않으신 식물은 모두
뽑힐 것이다. [14] 그들을 놓아 두
어라. 「[소경을] 안내하는 소경
들이다.」 소경이 소경을 안내하
면 둘 다 구덩이에 빠진다."

[15] 베드로가 그에게 대답하였다. "[이] 비유를
저희에게 설명해 주십시오." [16] 예수께서
말씀하셨다. "너희도 여태 깨닫지
못하느냐? [17] 입으로 들어가는 것은
모두
뱃속으로 내려가서 뒷간에 버려지는 것을
알지 못하느냐?
[18] 그러나
입에서 나오는 것들은 마음으로부터 나오
는데 그것들이 사람을 더럽힌다.
[19] 마음에서는 악한 생각,
살인, 간음, 음행, 도둑질,
위증, 모독이 나오기
때문이다. [20] 이것들이
사람을 더럽히는 것이지 씻지 않
은 손으로 먹는 것이 사람을 더럽히지는 못
한다."

14 「 눈먼 안내인들이다.

마가복음 7:1-23

그의 제자들이 그에게 그 비유를
물었다. [18] (예수께서) 그
들에게 말씀하셨다. "너희도 이렇게 깨닫지
못하느냐? 밖에서 사람에게 들어가는 것은
모두 그를 더럽힐 수 없다는 것을 알지 못
하느냐? [19] 그것은 그의 마음속이 아니라
뱃속으로 들어가서 뒷간으로 나가기 때문이
다." 그는 (이렇게) 모든 음식을 깨끗하다고
하셨다. [20] 또 그가 말씀하셨다.
"사람에게서 나오는 것,
그것이 사람을 더럽힌다. [21] 속, 곧 사
람들의 마음에서는 나쁜 생각들이 나오기
때문이다. 곧 음행, 도둑질, 살인, [22] 간음,
탐욕, 악, 사기, 방탕, 악한 눈, 모독, 교만,
어리석음이다. [23] 이 모든 악한 것들이 속에
서 나와서 사람을 더럽힌다."

누가 11:37-41; 6:39

6 [39] (예수께서) 또 비유로
그들에게 말씀하셨다. "소경이
소경을 인도할 수 있느냐? 둘
다 구덩이에 빠지지 않겠느냐?

요

151. 가나안 여인

마태복음 15:21-28

21 예수께서 그곳에서 나와서 두로와 시돈
지방으로 떠나셨는데,

22 보라,
한 가나안 여자가 그 지역에서 나와서 소리
지르며 말하였다. "저를 불쌍히 여겨 주십
시오. 주님! 다윗의 아들이시여! 제 딸이 심
하게 귀신들렸습니다."
23 그러나 예수께서는 그 여자에게
한 마디도 대답하지 않으셨다. 그의 제자들
이 다가와서 그에게 간청하였다. "그 여자를
돌려보내십시오. 저희 뒤에서 소리 지르고
있습니다." 24 예수께서 대답하셨다. "나는
이스라엘 집의 잃어버린 양들 말고는 (아무
에게도) 보냄을 받지 않았다." 25 그러나 그
여자가 와서 그에게 절하며 말하였다. "주님,
저를 도와주십시오." 26 예수께서
대답하셨다.
"자녀의 빵을 집어서 개들에게 던져
주는 것은 좋지 않다." 27 그러자
그 여자가 말하였다. "옳습니다. 주님,
개들도 제 주인의 상에서 떨어지는
부스러기를 먹기 때문입니다." 28 그때 예수
께서 그 여자에게 대답하셨다. "오! 여자여!
네 믿음이 크구나. 바라는 대로 네게 이루
어져라." 그러자 그 여자의 딸이 그 시각부
터 나았다.

마가복음 7:24-30

24 (예수께서) 그곳에서 일어나서 두로
지방으로 가셔서 어떤 집에 들어가셨는데
누가 아는 것을 원하지 않으셨지만 숨길 수
가 없었다. 25 자기 딸이 더러운 영이 들린
한 여자가 곧 (예수에) 관하여 듣고
와서 그의 발 앞에 엎드렸다. 26 그 여자는
헬라인으로 수로보니게 출신이었는데 자기
딸에게서 귀신을 내쫓아 주실 것을 그에게
간청하였다.

27 그러자 (예수께서) 그 여자에게
말씀하셨다. "먼저 자녀들이 배부르게 해주
어라. 자녀의 빵을 집어서 개들에게 던져
주는 것은 좋지 않기 때문이다." 28 그러자
그 여자가 그에게 대답하였다. "주님,
개들도 상 아래에서 자녀들이 (흘리는)
부스러기를 먹습니다." 29 (예수
께서) 그 여자에게 말씀하셨다. "이 말을
(했으므로), 돌아가거라. 네 딸에게서 귀신
이 나갔다." 30 그 여자가 자기 집으로 가서
아이가 침상 위에 누워 있고 귀신이 나간
것을 발견하였다.

눅

요

152. 많은 병자들을 고치심

마태복음 15:29-31	마가복음 7:31-37	눅	요
29 예수께서 그곳에서 내려가서 갈릴리 바닷가로 가셨고 산에 올라가서 거 기 앉으셨다. 30 많은 무리들이 그에게 오면 서 저는 사람들, 눈먼 사람들, 걷지 못하는 사람들, 말 못하는 사람들과 다른 많은 사 람들을 함께 데리고 와서 그의 발 곁에 내 려놓자 (예수께서) 그들을 고쳐주셨다. 31 무리는 벙어리들이 말하고 절던 사람들이 성하게 되고 걷지 못하던 사 람들이 걸어 다니고 눈먼 사람들이 보는 것 을 보면서 놀라며 이스라엘의 하나님께 영 광을 돌렸다.	31 (예수께서) 다시 두로 지방에서 나와서 시 돈을 거쳐 데가볼리 지방 가운데를 (지나) 갈릴리 바다에 가셨다. 32 사람들이 귀 먹고 말을 더듬는 사람을 그에게 데려와서 그에게 손을 얹어 주시기를 간청하였다. 33 (예수께서) 그를 무 리로부터 따로 데리고 나와서 자기 손가락 들을 그의 귀에 넣으셨다가 침을 뱉고 그의 혀를 만지셨으며 34 하늘을 우러러보시고 나 서 한숨을 쉬시며 "에바다" 라고 그에게 말 씀하셨다. 이것은 "열려라" 라는 뜻이다. 35 그러자 [곧바로] 그의 귀들이 열리고 뻣 뻣하던 그의 혀가 풀려서 그가 또렷하게 말 하였다. 36 (예수께서는) 아무에게도 말하지 말라고 그들에게 지시하셨는데, 그들에게 지시하실수록 그들은 더 많이 전하였고, 37 사람들은 매우 놀라며 말하였다. "그가 모든 것을 잘 하였다. 귀 먹은 사람들도 듣 게 하고 [그] 말 못하는 사람들도 말하게 한다."		

153. 사천 명을 먹이심

마태복음 15:32-39

32 예수께서 자기 제자들을
부르셔서 말씀하셨다.
"나는 무리를 가엾이 여긴다. 그들이 이미
사흘을 내 곁에 머물러 있어서 먹을 것이
없기 때문이다. 그들을 굶은 채로
흩어 보내고 싶지 않다. 그렇게 하면
길에서 쓰러질지도 모른다."
33 제자들
이 그에게 말하였다. "황야 어디에
서 우리가 이 많은 무리를 배부르게
할 만큼 많은 빵을 (구하겠습니까)?" 34 예
수께서 그들에게 말씀하셨다. "빵이 얼마나
있느냐?" 그들이 말하였다. "일곱 개입니
다. 또 생선이 조금 (있습니다.)" 35 (예수께
서) 무리에게 땅에 앉도록 지시하시고 36 빵
일곱 개와 생선을 들고 감사하신 후에 떼어
서 제자들에게 주셨고,
제자들이 무리들에게 주었다.

37 모두가 먹고 배부르게 되었으며
남은 부스러기를 일곱 광주리 가득 주웠는
데, 38 먹은 사람들은 여자들과 아이들을 빼
고도 남자들이 사천 명이었다. 39 (예수께서)
무리들을 흩으시고 배를 타고
「마가단 지방으로 가셨
다.

39 「 막달라

마가복음 8:1-10

1 그 즈음에 다시 많은 무리가 있을 때에 먹
을 것이 없었다. (예수께서) 제자들을
가까이 부르셔서 그들에게 말씀하셨다.
2 "나는 무리를 가엾이 여긴다. 그들이 이미
사흘을 내 곁에 머물러 있어서 먹을 것이
없기 때문이다. 3 그들을 굶은 채로 그들의
집으로 흩어 보내면
길에서 쓰러질 것이다. 그들 가운데 어떤
사람들은 멀리서부터 왔다." 4 그의 제자들
이 그에게 대답하였다. "여기 황야 어디에
서, 누가 이들을 빵으로 배부르게
할 수 있겠습니까?" 5 (예
수께서) 그들에게 물으셨다. "빵이 얼마나
있느냐?" 그들이 말하였다. "일곱 개입니
다." 6 (예수께
서) 무리에게 땅에 앉도록 지시하시고 빵
일곱 개를 들고 감사하신 후에 떼어
서 자기 제자들에게 주셔서 나누어 주게 하
셨는데, 그들이 무리에게 나누어 주었다.
7 또 생선이 조금 있어서, (예수께서) 그것
들을 축복하시고 그것들도 나누어 주라고
하셨다. 8 사람들이 먹고 배부르게 되었으며
남은 부스러기를 일곱 광주리 주웠는
데, 9 그들은
사천 명 가량이었다. (예수께서)
그들을 흩으시고 10 곧바로 배를 타고 자
기 제자들과 함께 달마누다 지역으로 가셨
다.

누

요

154. 표적에 관하여

마태 16:1-4	마태 12:38-39	마가 8:11-13	눅 11:16,29; 12:54-56	요
[1] 바리새인들과 사두개인들이 다가와서	[38] 그때 어떤 율법학자들과 바리새인들이	[11] 바리새인들이 나와서 그와 함께 논쟁하기 시작하였는데	11 [16] 다른 사람들은	
그를 시험하며 하늘로부터 (오는) 표적을 자신들에게 보여 달라고 요청하였다.	그에게 대답하였다. "선생님, 당신에게서 표적을 보고 싶습니다."	그를 시험하며 그에게서 하늘로부터 (오는) 표적을 찾고 있었다.	(그를) 시험하며 하늘로부터 (오는) 표적을 그에게서 찾고 있었다.	
[2] 예수께서 그들에게 대답하셨다. ["저녁이 되면 '하늘이 불그스레하니 날이 좋겠다' 라고 너희는 말하고 [3] 아침에는 '하늘이 불그스레하고 흐리니 오늘은 날이 궂겠다.' 라고 (말한다.) 너희가 하늘의 모습은 분간할 줄 알면서 시대의 표적은 (분간할) 수 없느냐?]	[39] 예수께서 그들에게 대답하셨다.	[12] (예수께서) 자기 영으로 깊은 한숨을 쉬시며 말씀하셨다.	12 [54] 그가 무리들에게도 말씀하셨다. "너희가 구름이 서쪽에서 떠오르는 것을 볼 때 곧바로 '소나기가 오겠다' 라고 말하면, 그렇게 되고, [55] 남풍이 불어올 때 '덥겠다' 라고 말하면, (그렇게) 된다. [56] 위선자들아, 너희가 땅과 하늘의 모습은 관찰할 줄 알면서 어떻게 이 시대는 관찰할 줄 모르느냐?	
[4] 악하고 음란한 세대가 표적을 찾고 있지만	"악하고 음란한 세대가 표적을 찾고 있지만	"왜 이 세대가 표적을 찾고 있느냐? 참으로 내가 너희에게 말하는데,	11 [29] 무리가 많아지고 있었는데 그가 말씀하시기 시작하셨다. "이 세대는 악한 세대이다. 표적을 찾고 있지만	
요나의 표적 말고는 이 (세대	선지자 요나의 표적 말고는 이 (세대	이 세대	요나의 표적 말고는 이 (세대	

마태 16:1-4	마태 12:38-39	마가 8:11-13	눅 11:16,29; 12:54-56	요
에게) 표적이 주어지 지 않을 것이다." (예수께서) 그들을 남겨두고 가버리셨다.	에게) 표적이 주어지 지 않을 것이다.	에게 표적이 주어지 지 않을 것이다." [13](예수께서) 그들을 놓아두고 다시 (배에) 오르셔서 건너 편으로 가버리셨다.	에게) 표적이 주어지 지 않을 것이다.	

155. 바리새인의 효모

마태복음 16:5-12	마가복음 8:14-21	누가복음 12:1	요
[5] 제자들이 건너편으로 가면서 빵을 가져가는 것을 잊었는데, [6] 예수께서 그 들에게 말씀하 셨다. "바리새인 들과 사두개인들의 효모를 살 펴보고 주의하여라." [7] 제자들 이 자기들끼리 수군거리며 "우 리가 빵을 가져오지 않았다" 고 말하였다. [8] 예수 께서 아시고 말씀하 셨다. "왜 너희가 빵이 없다고 너희끼리 수군거리느냐? 믿음 이 작은 사람들아! [9] 여태 알 아채지 못하고 오천 명이 (먹은) 빵 다섯 개를 기억하지도 못하느냐? 그러고도	[14] 그들이 빵을 가져가는 것을 잊어서, 배 안에는 저희에게 빵 한 개 밖에 없었는데, [15] (예수께서) 그 들에게 주의를 주시며 말씀하 셨다. "보아라, 바리새인 들의 효모와 헤롯의 효모를 조심하여라." [16] 그들은 "빵이 없다 " 고 서로 수군거렸다. [17] (예수 께서) 아시고 그들에게 말씀하 셨다. "왜 너희가 빵이 없다고 수군거리느냐? 여태 알 아채지 못하고 깨닫지도 못하 느냐? 너희 마음이 굳어졌느냐? [18] 너희는 눈이 있어도 보지 못 하고 귀가 있어도 듣지 못하느 냐? 또 기억하지 못하느냐? [19] 빵 다섯 개를 오천 명에게 떼어 주었을 때 부스러기를	[1] 그 동안 무리가 수만 명 모 여들어서 서로 밟히게 되었는 데, (예수께서) 자기 제자 들에게 먼저 말씀하 시기 시작하셨다. "바리새인 들의 효모, 곧 위선을 스스로 주의하여라.	

마태복음 16:5-12	마가복음 8:14-21	누가복음 12:1	요
몇 바구니를 거두었느냐?	몇 바구니에 가득 주워 담았느냐?" 그들이 그에게 말하였다. "열두 (바구니)입니다."		
10 또 사천 명이 (먹은) 빵 일곱 개를 (기억하지) 못하느냐? 그러고도 너희가 몇 광주리를 거두었느냐?	20 "(빵) 일곱 개를 사천 명에게 (떼어 주었을) 때 부스러기를 몇 광주리에 가득히 주워 담았느냐?" 그들이 [그에게] 말하였다. "일곱 (광주리)입니다." 21 (예수께서) 또 그들에게 말씀하셨다.	1 그 동안 무리가 수만 명 모여들어서 서로 밟히게 되었는데, (예수께서) 자기 제자들에게 먼저 말씀하시기 시작하셨다.	
11 빵을 두고 너희에게 말하지 않았다는 것을 어떻게 너희가 알아채지 못하느냐? 너희는 바리새인들과 사두개인들의 효모를 주의하여라." 12 그제야 그들은 (예수께서) 빵의 효모가 아니라 바리새인들과 사두개인들의 가르침을 조심하라고 말씀하셨다는 것을 깨달았다.	"아직도 깨닫지 못하느냐?"	"바리새인들의 효모, 곧 위선을 스스로 주의하여라.	

156. 벳세다에서 소경을 고치심

마	마가복음 8:22-26	눅	요
	22 그들이 벳새다로 갔는데 사람들이 그에게 한 소경을 데려와서 그를 만져 주시기를 간청하였다. 23 (예수께서) 그 소경의 손을 잡고 그를 마을 밖으로 데리고 나가셔서 그의 눈에 침을 뱉고 그에게 손을 얹으신 후에 그에게 물으셨다. "뭐가 보이느냐?" 24 그가 보고 나서 말하였다. "사람들이 보입니다. 마치 나무 같은 것들이 걸어 다니는 것을 봅니다." 25 그러자 (예수께서) 그의 눈 위에 다시 손을 얹으셨고, 그는 눈을 떴으며 나아서 모든 것을 또렷이 보았다. 26 (예수께서) 그를 그의 집으로 보내시며 말씀하셨다. "마을에 들어가지 마라."		

VIII. 고난을 향하여

마 16:13-18:35
막 8:27-9:50
눅 9:18-9:50
요 6:60-71

157. 많은 제자가 돌아섬

마	막	눅	요한복음 6:60-66
			[60] 그의 제자들 중에서 많은 사람이 듣고 말하였다. "이 말씀은 어렵소. 누가 그것을 들을 수 있겠소?" [61] 예수께서 자기 제자들이 이 (말씀)에 관하여 수군거리고 있다는 것을 스스로 아시고 그들에게 말씀하셨다. "이것이 ※너희에게 걸리느냐? [62] 인자가 먼저 있던 곳에 올라가는 것을 너희가 보면 (어떻겠느냐?) [63] 영은 살리는 것이다. 육은 아무 데도 쓸모 없다. 내가 너희에게 한 말들은 영이고 생명이다. [64] 그러나 너 희 가운데 믿지 않는 사람들이 몇 있다." 예수께서는 처음부터 누가 믿지 않는 사람 들인지, 또 누가 자신을 넘겨 줄 사람인지 아셨기 때문이다. [65] 또 말씀하셨다. "이러 므로 내가 너희에게 '아버지로부터 그에게 주어진 것이 아니라면 아무도 나에게 올 수 없다' 고 말했다." [66] 이 후에 그의 제자들 [중에서] 많은 사람이 뒤로 물러갔고 더 이상 그와 함께 다니지 않았다. 61 ※ 너희를 넘어지게 하느냐?

158. 베드로의 신앙고백

마태 16:13-20	마가 8:27-30	누가 9:18-21	요한 6:67-71
[13] 예수께서 빌립보의 가이사랴 지방에 가셨을 때 자기 제자들에게 물어보셨다. "사람들이 인자를 누구라고 하느냐?" [14] 그들이 말하였다. "어떤 사람들은 세례자 요한, 다른 사람들은 엘리야, 또 다른 사람들은 예레미야나 선지자들 가운데	[27] 예수와 그의 제자들이 빌립보의 가이사랴 마을을 향해 나가셨는데 예수께서 길에서 자기 제자들에게 물어보셨다. "사람들이 나를 누구라고 하느냐?" [28] 그들이 그에게 말하였다. "(어떤 사람들은) 세례자 요한, 다른 사람들은 엘리야, 또 다른 사람들은 선지자들 가운데	[18] 그가 홀로 기도하고 계실 때에 제자들이 그에게 모였는데, 예수께서 그들에게 물어보셨다. "무리들이 나를 누구라고 하느냐?" [19] 그들이 대답하였다. "(어떤 사람들은) 세례자 요한, 다른 사람들은 엘리야, 또 다른 사람들은 옛 사람들 가운데	

마태 16:13-20

한 분이라고
(합니다.)" 15 그가 그
들에게 말씀하셨다. "그
러면 너희는 나를 누구
라고 하느냐?" 16 시몬
베드로가 대답
하였다. "당신은
그리스도시며 살아계신
하나님의 아들이십니다."

17 예
수께서 그에게 대답
하셨다. "너는 복이 있
다. 시몬 바요나야! 살
과 피가 아니라 하늘에
계신 내 아버지께서 (이
것을) 네게 드러내 주셨
기 때문이다. 18 나도 네
게 말하는데, 너는 베드
로다. 이 바위 위에 내
교회를 세울 텐데 지옥
의 문들이 그것을 이기
지 못할 것이다. 19 네게
하늘나라의 열쇠들을 주
겠다. 네가 땅 위에서
묶는 것은 무엇이든지
하늘에서 묶여 있을 것
이고 네가 땅 위에서 푸
는 것은 무엇이든지 하
늘에서 풀려 있을 것이
다." 20 그때 그는 자신

마가 8:27-30

한 분이라고
(합니다.)" 29 그가 그
들에게 물어보셨다. "그
러면 너희는 나를 누구
라고 하느냐?"
베드로가 그에게 대답
하였다. "당신은
그리스도이십니다."

30 그는 자신

누가 9:18-21

어떤 선지자가 살아났다
고 (합니다.)" 20 그가 그
들에게 말씀하셨다. "그
러면 너희는 나를 누구
라고 하느냐?"
베드로가 대답
하였다. "하나님의
그리스도이십니다."

21 예수께서는

요한 6:67-71

67 그래서 예수께서
열두 명에게 말씀하셨다.
"너희도
가려느냐?" 68 시몬
베드로가 그에게 대답
하였다. "주님, 저희가
누구에게로 가겠습니까?
당신은 영원한 생명의
말씀을 가지고 계십니다.
69 우리는 당신이 하나님
의 거룩하신 분임을 믿
었고 알았습니다." 70 예
수께서 그들에게 대답
하셨다.

마태 16:13-20	마가 8:27-30	누가 9:18-21	요한 6:67-71
이 ⊤ 그리스도이심을 아무에게도 말하지 말도록 제자들에게 당부하셨다.	에 관해 아무에게도 말하지 말도록 그들에게 경고하셨다.	이것을 아무에게도 말하지 말라고 그들에게 경고하시고 지시하셨다.	"내가 너희 열두 명을 뽑지 않았느냐? 그래도 너희들 중에서 하나는 마귀다." [71]그는 시몬 가룟의 아들 유다를 (두고) 말씀하셨다. 이 사람은 열둘 가운데 하나이고 그를 넘겨줄 사람이었다.
20 ⊤ 예수			

159. 첫 번째 고난 예고

마태복음 16:21-23	마가복음 8:31-33	누가복음 9:22	요
[21] 그때부터 「예수께서 자기가 예루살렘으로 가야 하고 장로들과 대제사장들과 율법학자들에게 고통을 많이 받아야 하며 죽임을 당하고 셋째 날에 살아나야 할 것을 자기 제자들에게 밝히기 시작하셨다. [22] 그러자 베드로가 그를 붙들고 그를 꾸짖기 시작하며 말하였다. "주님, 그럴 수는 없습니다. 이	[31] 그는 인자가 고통을 많이 받아야 하고 장로들과 대제사장들과 율법학자들에게 배척당해야 하며 죽임을 당하고 사흘 후에 살아나야 할 것을 그들에게 가르치기 시작하셨다. [32] 그가 (이) 말씀을 공공연하게 하시자 베드로가 그를 붙들고 그를 꾸짖기 시작하였다.	[22] 그는 인자가 고통을 많이 받아야 하고 장로들과 대제사장들과 율법학자들에게 배척당해야 하며 죽임을 당하고 셋째 날에 살아나야 할 것을 말씀하셨다.	
21 「 예수 그리스도께서			

마태복음 16:21-23	마가복음 8:31-33	누가복음 9:22	요
일이 절대로 당신에게 일어나지 않을 것입니다." [23] 예수께서 돌아서서 베드로에게 말씀하셨다. "내 뒤로 물러가라! 사탄아! 너는 내 걸림돌이다. 네가 하나님의 일들을 생각하지 않고 사람의 일들을 (생각하기) 때문이다."	[33] 예수께서 돌아서서 자기 제자들을 보시고 베드로를 꾸짖으셨다. "내 뒤로 물러가라! 사탄아! 네가 하나님의 일들을 생각하지 않고 사람의 일들을 (생각하기) 때문이다."		

160. 나를 따르려거든

마태복음 16:24-28	마가복음 8:34-9:1	누가복음 9:23-27	요한복음 12:25
[24] 그때 예수께서 자기 제자들에게 말씀하셨다. "누가 내 뒤를 따라오고 싶어 하거든 자기를 부정하고 자기 십자가를 지고 나를 따라라. [25] 누구든지 자기 목숨을 건지고 싶어 하는 사람은 그것을 잃을 것이고, 누구든지 나 때문에 자기 목숨을 잃는 사람은 그것을 찾게 될 것이기 때문이다.	[34] 그는 자기 제자들과 함께 무리를 가까이 부르시고 그들에게 말씀하셨다. "누가 내 뒤를 따르고 싶어 하거든 자기를 부정하고 자기 십자가를 지고 나를 따라라. [35] 누구든지 자기 목숨을 건지고 싶어 하는 사람은 그것을 잃을 것이고, 누구든지 나와 복음 때문에 자기 목숨을 잃는 사람은 그것을 건질 것이기 때문이다.	[23] 또 그는 모두에게 말씀하셨다. "누가 내 뒤를 따라오고 싶어 하거든 자기를 부정하고 날마다 자기 십자가를 지고 나를 따라라. [24] 누구든지 자기 목숨을 건지고 싶어 하는 사람은 그것을 잃을 것이고, 누구든지 나 때문에 자기 목숨을 잃는 사람, 이 사람은 그것을 건질 것이기 때문이다.	[25] 자기 목숨을 사랑하는 사람은 그것을 잃고 이 세상에서 자기 목숨을 미워하는 사람은 영원한 생명에 (이르도록) 그것을 유지할 것이다.

마태복음 16:24–28

26 사람이 온 세상을 얻고 자기 목숨을
해치면 득 될 것이 무엇이냐? 사람이 자기 목숨의 대가로 무엇을 주겠느냐?

27 인자가 자기
아버지의
영광 속에 자기 천사들과 함께 올 텐데
그때 그는 각 사람에게 그 행위대로 갚아 줄 것이다.

28 참으로 내가
너희에게 말하는데, 여기 서 있는 사람들 가운데 인자가 자기 나라에 오는 것을 보기까지 결코 죽음을 맛보지 않을 사람들이 있다."

마가복음 8:34–9:1

36 사람이 온 세상을 얻고 자기 목숨을
해치면 득 될 것이 무엇이냐?
37 사람이 자기 목숨의 대가로 무엇을 주겠느냐?
38 누구든지 이 음란하고 죄 많은 세대에서 나와 내 말을 부끄러워하면 인자도 자기
아버지의
영광 속에 거룩한 천사들과 함께 올 때에
그를 부끄러워할 것이다."

9
1 또 그가 그들에게 말씀하셨다. "참으로 내가
너희에게 말하는데, 여기 서 있는 사람들 가운데 하나님의 나라가 능력으로 와 있는 것을 보기까지 결코 죽음을 맛보지 않을 사람들이 있다."

누가복음 9:23–27

25 사람이 온 세상을 얻고 자신을 잃거나
해치면 득 될 것이 무엇이냐?

26 누구든지
나와 내 말을 부끄러워하면 인자가 자신과 아버지와 거룩한 천사들의 영광 속에
올 때에 이 사람을 부끄러워할 것이다.

27 정말로 내가
너희에게 말하는데, 여기에 서 있는 사람들 가운데 하나님의 나라를
볼 때까지 결코 죽음을 맛보지 않을 사람들이 있다."

요한복음 12:25

161. 변화산 사건

마태복음 17:1-9	마가복음 9:2-10	누가복음 9:28-36	요
[1] 엿새 후에 예수께서 베드로와 야고보와 그의 형제 요한을 데리시고 따로 한 높은 산으로 오르셨는데	[2] 엿새 후에 예수께서 베드로와 야고보와 요한만을 데리시고 따로 한 높은 산으로 오르셨는데	[28] 이 말씀들이 (있은) 후 여드레쯤 되었을 때 그는 베드로와 요한과 야고보를 데리시고 기도하러 산으로 올라가셨는데	
[2] 그들 앞에서 모습이 바뀌셨고, 그의 얼굴은 해처럼 빛났으며 그의 옷은 빛처럼 하얘졌다.	그들 앞에서 모습이 바뀌셨고, [3] 그의 옷은 땅에서 빨래하는 사람이 이렇게 하얗게는 할 수 없을 만큼 매우 하얗고 빛나게 되었다.	[29] 그가 기도하시는 동안 그의 얼굴 모양이 달라졌고, 그의 옷은 하얗게 빛났다.	
[3] 그리고, 보라, 모세와 엘리야가 그와 함께 이야기하고 있는 것이 그들에게 보였다.	[4] 그리고 엘리야가 모세와 함께 그들에게 보였는데 그들은 예수와 함께 이야기하고 있었다.	[30] 그리고, 보라, 두 남자가 그와 함께 이야기하고 있었는데 그들은 모세와 엘리야였다. [31] 영광 가운데 보인 그들은 그의 떠나심, 곧 그가 예루살렘에서 이루실 일에 (관하여) 말하고 있었다. [32] 베드로와 그와 함께 있던 (제자들은) 피곤하여 졸다가 깨어나서 그의 영광과 그와 함께 서 있던 두 남자를 보았다. [33] 그들이 그에게서 떠날 때에	
[4] 베드로가 예수께 대답하였다. "주님, 저희는 여기 있는 것이 좋습니다. 당신이 원하시면 제가 여기에 초막 셋을 짓겠습니다. 당신을 위해서 하나,	[5] 베드로가 예수께 대답하였다. "※랍비여, 저희는 여기 있는 것이 좋습니다. 저희가 초막 셋을 짓겠습니다. 당신을 위해서 하나,	베드로가 예수께 말하였다. "스승님, 저희는 여기 있는 것이 좋습니다. 저희가 초막 셋을 짓겠습니다. 하나는 당신을 위해서,	

5 ※선생님

마태복음 17:1-9

모세를 위해서 하나, 그리고
엘리야를 위해서 하나
(입니다.)"

5 그가 아직 말하고
있을 때에, 보라, 빛나는 구름
이 그들을 뒤덮었고,
보라,
구름 속에서 소리가 있었다.
"이 사람은 사랑하는 내 아들
이다. 내가 그를 기뻐하였다.
너희는 그의 (말을) 들어라."
6 제자들이 듣고 그들의 얼굴
이 땅에 닿게 엎드려 무척 무
서워하였다. 7 예수께서 다가와
서 그들을 만지시며 말씀하셨
다. "일어나라. 무서워하지 마
라." 8 그들이 그들의 눈을 들
었지만
바로 그 예수 혼자밖에는 아무
도 보지 못하였다. 9 그들
이 산에서 내려올 때에 예수께
서 그들에게 당부하셨다. "인
자가 죽은 사람들 가운데서 살
아날 때까지는 그 광경을
아무에게도 말하지 마라."

마가복음 9:2-10

모세를 위해서 하나, 그리고
엘리야를 위해서 하나
(입니다.)" 6 그는 무슨 대답을
해야 할지를 알지 못했다. 그
들이 무서워하고 있었기 때문
이다.
7 그러자 구름
이 그들을 뒤덮었고
구름 속에서 소리가 났다.
"이 사람은 사랑하는 내 아들
이다.
너희는 그의 (말을) 들어라."

8 그들이 즉시 둘러보
았지만 더 이상 아무도 보지
못하였고 예수만 자신들과 함
께 (계신 것을 보았다). 9 그들
이 산에서 내려올 때에 그는
그들에게 인
자가 죽은 사람들 가운데서 살
아날 때가 아니면 본 것들을
아무에게도 이야기하지 말라고
지시하셨다. 10 그들은 이 말씀
을 (마음에) 새기면서 서로 의
논하였다. "죽은 사람들 가운데
서 살아나는 것이 무엇일까?"

누가복음 9:28-36

하나는 모세를 위해서, 그리고
하나는 엘리야를 위해서
(입니다.)" 그는 자기가 말하는
것을 알지 못했다.

34 그가 이것들을 말하고
있을 때에 구름
이 일어나서 그들을 뒤덮었다.
그들이 구름 속으로 들어갈 때
그들은 무서워하였다. 35 그러
자 구름 속에서 소리가 났다.
"이 사람은 뽑혀 있는 내 아들
이다.
너희는 그의 (말을) 들어라."

36 소리가 났을 때
예수께서는 혼자 계
셨다.

그들은 침묵을 지키면서 그들
이 본 것들 중에서 어느 것이
나 그 무렵에는 아무에게도 알
리지 않았다.

요

162. 엘리야에 관하여

마태복음 17:10-13	마가복음 9:11-13	눅	요
10 제자들이 그에게 물었다. "그러면 왜 율법학자들이 엘리야가 먼저 와야 한다고 말합니까?" 11 예수께서 대답하셨다. "정말로 엘리야가 와서 모든 것을 회복할 것이다. 12 내가 너희에게 말하는데, 엘리야가 벌써 왔지만 사람들이 그를 알아보지 못하고 오히려 그들이 원한 것들을 그에게 하였다. 이렇게 인자도 그들에게 고통을 당할 것이다." 13 그때 제자들은 그가 세례자 요한을 두고 자기들에게 말씀하셨다는 것을 깨달았다.	11 그들이 그에게 물었다. "어째서 율법학자들이 엘리야가 먼저 와야 한다고 말합니까?" 12 예수께서 그들에게 말씀하셨다. "정말로 엘리야가 먼저 와서 모든 것을 회복한다. 그런데 어떻게 인자에 관하여는 '그가 고통을 많이 당하고 멸시를 받을 것이다' 라고 적혀 있느냐? 13 그러나 내가 너희에게 말하는데, 엘리야가 와 있지만 그에 관하여 적혀 있는 것처럼 사람들은 그들이 원한 것들을 그에게 하였다."		

163. 귀신들린 아이를 고치심

마태복음 17:14-21	마가복음 9:14-29	누가복음 9:37-43a	요
14 그들이 무리에게 오자	14 그들은 제자들에게 와서 많은 무리가 그들을 둘러싸고 있고 율법학자들이 그들과 말다툼을 하고 있는 것을 보았다. 15 모든 무리가 곧바로 (예수를) 보고 매우 놀랐고 달려와서 그에게 인사를 하였다. 16 (예수께서) 그들에게 물으셨다. "그들과 무슨 말다툼을 하고 있느냐?"	37 이튿날이 되어 그들이 산에서 내려오자 많은 무리가 그를 맞았는데,	

마태복음 17:14-21

한 사람이 (예수께) 다가와서 그에게 무릎을 꿇고 [15] 말하였다. "주님! 제 아들을 불쌍히 여겨 주십시오. 그가 간질에 걸려 무척 고통을 당하고 있습니다. 그는 자주 불에 엎어지고 자주 물에 (빠지곤) 하기 때문입니다.

[16] 그를 당신의 제자들에게 데려 왔지만 그들은 그를 고칠 수 없었습니다."

[17] 예수께서 대답하셨다. "오, 믿지 못하고 뒤틀린 세대여! 내가 언제까지 너희와 함께 있겠느냐? 내가 언제까지 너희에게 참겠느냐? 그를 여기 내게 데려오너라."

마가복음 9:14-29

[17] 무리 가운데서 한 사람이 그에게 대답하였다. "선생님, 제가 말 못하는 영이 들린 제 아들을 당신께 데려왔습니다.

[18] 그 (영이) 어디서든지 그를 사로잡고 고꾸라뜨리면, 그는 거품을 물고 이를 갈며 뻣뻣해집니다.

당신의 제자들에게 그것을 내쫓아 달라고 하였지만 그들은 하지 못했습니다."

[19] 예수께서 그들에게 대답하셨다. "오, 믿지 못하는 세대여! 내가 언제까지 너희 곁에 있겠느냐? 내가 언제까지 너희에게 참겠느냐? 그를 내게로 데려오너라."

[20] 사람들이 그를 (예수께) 데려왔는데, 그 영이 그를 보자 곧바로 그 아이가 경련을 일으키게 하였고, 그는 땅에 쓰러져서 뒹굴며 (입에) 거품을 물었다.

[21] (예수께서) 그의 아버지에게 물으셨다. "얼마나 오래 그에게 이같은 일이 일어났느냐?" 그가 대답하였다. "어릴 적부터입니다.

누가복음 9:37-43a

[38] 보라, 무리로부터 한 남자가 소리치며 말하였다. "선생님, 당신께 비는데 제 아들을 돌아보아 주십시오. 그는 제 외아들입니다.

[39] 보십시오, 영이 그를 사로잡으면, 그는 갑자기 소리 지르는데, (그 영은) 그에게 경련을 일으키고 거품을 물게 하고 그를 상하게 해야 겨우 그에게서 떠납니다.

[40] 당신의 제자들에게 그것을 내쫓아 달라고 빌었지만 그들은 할 수 없었습니다."

[41] 예수께서 대답하셨다. "오, 믿지 못하고 뒤틀린 세대여! 내가 언제까지 너희 곁에 있으며 너희에게 참겠느냐? 네 아들을 여기 데려오너라."

[42] 그가 아직 오고 있을 때에 귀신이 그를 고꾸라뜨리고 경련을 일으키게 하였다.

요

마태복음 17:14-21

18 예수께
서
그를 꾸짖으시자
그에게서 귀신이
나가고
그 아이가 그 시각부터
나았다.

19 그때
제자들이 따로 예수께 다가
와서 말하였다. "왜 저희
는 그것을 내쫓을 수 없었습니
까?" 20 예수께서 그들에게 말씀

마가복음 9:14-29

22 (영이) 그를 죽이려고 그를
자주 불에도 물에도 쓰러뜨렸
습니다. 그러나 무얼 하실 수
있다면 저희를 가엾이 여겨서
저흴 도와주십시오." 23 예수께
서 그에게 말씀하셨다. "'할 수
있다면' 이라고? 믿는 사람에게
는 모든 것이 가능하다." 24 그
아이의 아버지가 곧바로 소리
질렀다. "제가 믿습니다. 제 불
신을 도와주십시오." 25 예수께
서 무리가 몰려드는 것을 보시
고 그 더러운 영을 꾸짖으시며
그에게 말씀하셨다. "말 못하
고 귀먹은 영아, 내가 네게 명
령하는데, 그에게서 나오고 다
시는 그에게 들어가지 마라."
26 그러자 그 (영이) 소리 지르
고 많은 경련을 일으키게 하고
나갔고, 아이는 죽은 사람처럼
되었다. 그래서 많은 사람들이
아이가 죽었다고 말하였다.
27 그러나 예수께서 그의 손을
잡고 그를 일으키시자 그가 일
어섰다.

28 그가 집으로 들어가시자 그
의 제자들이 따로 그에게
물었다. "어째서 저희
는 그것을 내쫓을 수 없었습니
까?" 29 그가 그들에게 말씀

누가복음 9:37-43a

예수께
서
그 더러운 영을 꾸짖으셔서
그 아이를
고쳐 주셨고 그를 그의 아버지
에게 돌려주셨다. 43a 모든 사람
이 하나님의 크신 일에 놀랐
다.

요

마태복음 17:14-21	마가복음 9:14-29	누가복음 9:37-43a	요
하셨다. "너희의 「작은 믿음」 때문이다. 참으로 내가 너희에게 말하는데, 너희가 겨자씨 같은 믿음이 있으면 이 산더러 '여기서 저기로 옮겨져라' 라고 말할 것이고 그것이 옮겨질 것이다. 그리고 아무것도 너희에게 불가능하지 않을 것이다."	하셨다.		
21 ⊤	"이런 종류는 기도로 (하지) 않으면 무슨 수로도 내쫓을 수 없다."		
20 「불신앙 21 ⊤그러나 이런 종류는 기도와 금식이 아니면 나가지 않는다.			

164. 두 번째 고난 예고

마태복음 17:22-23	마가복음 9:30-32	누가복음 9:43b-45	요
		43b 모두가 그가 하신 모든 일에 놀라고 있을 때	
22 그들이 갈릴리에 「모였을 때에	30 그들이 그곳에서 나와서 갈릴리를 통과했는데, (예수께서는) 누가 아는 것을 원하지 않으셨다.		
예수께서	31 그는 자기 제자들을 가르치셨고,	그가 자기 제자들에게 말씀하셨다. 44 "너희는 이 말들을 너희 귀에 담아 두어라.	
그들에게 말씀하셨다. "인자가 사람들의 손에 넘겨질 것이다. 23 그들은 그를 죽이겠지만 그는 셋째	그들에게 인자가 사람들의 손에 넘겨지고, 그들이 그를 죽일 것이며, 그는 죽임을 당하고 나서 사흘	인자가 사람들의 손에 넘겨질 것이다."	
22 「머물고 있을			

마태복음 17:22-23	마가복음 9:30-32	누가복음 9:43b-45	요
날에 살아날 것이다."	후에 살아날 것이라고 말씀하셨다. [32] 그러나 제자들은 그 말씀을 알지 못했고	[45] 그러나 그들은 이 말씀을 알지 못했다. 그들이 그것을 깨닫지 못하도록 그것이 그들에게 숨겨져 있었다. 또 그들은 이 말씀에 관하여	
그러자 그들이 무척 슬퍼하였다.	그에게 묻는 것도 두려워하였다.	그에게 묻는 것도 두려워하고 있었다.	

165. 성전세를 바치심

마태복음 17:24-27	막	눅	요
[24] 그들이 가버나움에 들어가자 (성전세로) 두 드라크마를 거두는 사람들이 베드로에게 다가와서 말하였다. "당신네 선생은 두 드라크마를 내시지 않느냐?" [25] 그가 "「내신다" 라고 말하고 집으로 들어가자 예수께서 그에게 먼저 말씀하셨다. "시몬아, 너는 어떻게 생각하느냐? 땅의 임금들이 누구에게 관세와 주민세를 받느냐? 자기 아들들이냐 아니면 남들이냐?" [26] 「그가 말하였다. "남들입니다." 예수께서 그에게 말씀하셨다. "그렇다면 아들들은 내지 않아도 되는구나. [27] 그러나 우리가 그들을 넘어지게 하면 안 되니까 너는 바다로 가서 낚시를 던져라. 먼저 올라오는 고기를 잡아서 그 입을 벌리면 네가 「은전을 발견할 것이다. 그것을 가져다가 나와 너의 몫으로 그들에게 주어라."			

25 「 예
26 「 베드로가
27 「 스타테라를

166. 누가 큰가를 다툼

마태복음 18:1-5	마가복음 9:33-37	누가복음 9:46-48	요
	33 그들은 가버나움으로 갔다. 그는 집에 들어가셔서 그들에게 물으셨다. "너희가 길에서 무슨 일로 말다툼을 하였느냐?"		
1 그 시각에 제자들이 예수께 다가와서 말하였다. "하늘나라에서는 대체 누가 더 큽니까?"	34 그들은 말이 없었다. 왜냐하면 그들은 길에서 누가 더 큰가 하고 서로 말다툼을 하였기 때문이다.	46 그들 가운데서 누가 더 클까 하는 말다툼이 그들 사이에 일어났다. 47 예수께서 그들의 마음속에 (있던) 말다툼을 아시고	
	35 그는 앉으셔서 열두 명을 부르셨고 그들에게 말씀하셨다. "누가 으뜸이 되고 싶으면 모두의 마지막이 되고 모두를 섬기는 사람이 ※되어라."		
2 그는 한 어린아이를 불러다가 그를 그들 가운데 세우시고 3 말씀하셨다. "참으로 내가 너희에게 말하는데, 너희가 돌이켜서 어린아이들처럼 되지 않으면 결코 하늘나라에 들어가지 못할 것이다. 4 그러므로 누구든지 자신을 이 어린아이처럼 낮추는 사람, 이 사람이 하늘나라에서 더 큰 사람이다.	36 그리고 그는 한 어린아이를 데려다가 그를 그들 가운데 세우시고 그를 안아 주시고 나서 그들에게 말씀하셨다.	한 어린아이를 데려다가 그를 자기 곁에 세우시고 48 그들에게 말씀하셨다.	
5 누구든지 내 이름으로 이런 어린아이 하나를 맞아들이는 사람은 나를 맞아들이는 것이다.	37 "누구든지 내 이름으로 이런 어린아이들 가운데 하나를 맞아들이는 사람은 나를 맞아들이는 것이다. 또 누구든지 나를 맞아들이는 사람은 나를 맞	"누구든지 내 이름으로 이 어린아이를 맞아들이는 사람은 나를 맞아들이는 것이다. 또 누구든지 나를 맞아들이는 사람은	

35 ※되어야 한다

마태복음 18:1-5	마가복음 9:33-37	누가복음 9:46-48	요
[4] 그러므로 누구든지 자신을 이 어린아이처럼 낮추는 사람, 이 사람이 하늘나라에서 더 큰 사람이다.	아들이는 것이 아니요 나를 보내신 분을 (맞아들이는 것이다.)"	나를 보내신 분을 맞아들이는 것이다. 너희 모두 가운데서 가장 작은 사람, 이 사람이 큰 사람이기 때문이다."	

167. 귀신을 내쫓는 사람들

마태복음 10:42	마가복음 9:38-41	누가복음 9:49-50	요
	38 요한이 그에게 말하였다. "선생님, 누가 당신의 이름으로 귀신들을 내쫓는 것을 저희가 보고 그가 저희를 따르지 않았기 때문에 못하게 했습니다." 39 예수께서 말씀하셨다. "그를 막지 마라. 내 이름으로 능력을 행하고 금방 나를 욕할 수 있는 사람은 아무도 없기 때문이다.	49 요한이 대답하였다. "스승님, 누가 당신의 이름으로 귀신들을 내쫓는 것을 저희가 보고 그가 저희와 함께 따르지 않기 때문에 못하게 했습니다." 50 예수께서 그에게 말씀하셨다. "막지 마라.	
	40 또 우리에게 맞서지 않는 사람은 우리를 위하기 때문이다.	너희에게 맞서지 않는 사람은 너희를 위하기 때문이다."	
42 참으로 내가 너희에게 말하는데, 이 작은 사람들 가운데 하나에게 제자의 이름으로 찬 물 한 그릇만이라도 마시게 하는 사람은 결코 자기 삶을 잃지 않을 것이다."	41 참으로 내가 너희에게 말하는데, 너희가 그리스도에게 속하였다는 이름으로 너희에게 물 한 그릇을 마시게 하는 사람은 결코 자기 삶을 잃지 않을 것이다.		

168. 넘어지게 하는 것에 관하여

마태복음 18:6-9

7 ...... 넘어지게 하는 일들
은 일어나기 마련이지만 넘어
지게 하는 일을 일어나게 하는
그 사람에게는 화가 있다.

6 그러나 나를 믿는 이 작은
사람들 가운데서 하나를 넘어
지게 하는 사람은 누구든지 자
기 목에 연자매가 걸린 채
바다 깊은 곳에 빠뜨려지는 것
이 자기에게 낫다. 7 넘어지게
하는 일들 때문에 세상에는 화
가 있다. 넘어지게 하는 일들
은 일어나기 마련이지만 넘어
지게 하는 일을 일어나게 하는
그 사람에게는 화가 있다.
8 만약 네 손이나 네 발이 너
를 넘어지게 하면 그것을 네게
서 잘라서 내버려라. 장애인이
나 절름발이로 생명에 들어가
는 것이 두 손과 두 발을 가진
채 영원한 불에
던져지는 것보다 네게는 좋다.

9 만약 네 눈이 너

마가복음 9:42-50

42 그리고 [나를] 믿는 이 작은
사람들 가운데서 하나를 넘어
지게 하는 사람은 누구든지 자
기 목에 연자매가 매달린 채
바다에 던져지는 것
이 자기에게 더 좋다.

43 만일 네 손이 너
를 넘어지게 하면 그것을
잘라 버려라. 장애인으
로 생명에 들어가
는 것이 두 손을 가진
채 지옥, 곧 꺼지지 않는 불에
들어가는 것보다 네게는 좋다.
44 T 45 만일 네 발이 너를 넘
어지게 하면 그것을 잘라 버려
라. 절름발이로 생명에 들어가
는 것이 두 발을 가진 채 지옥
에 던져지는 것보다 네게는 좋
다. 46 T 47 만일 네 눈이 너

44, 46 T거기는 그들의 구더기가 죽지 않고 불도 꺼지지 않는다.

누가 17:1-2; 14:34-35

1 그가 자기 제자들에게 말씀
하셨다. "넘어지게 하는 일들
이 일어나지 않는 것은 있을
수 없지만 일어나게 하는
사람은 화가 있다.
2 이 작은
사람들 가운데서 하나를 넘어
지게 하는 것보다는 자
기 목에 연자맷돌이 매달린 채
바다에 던져지는 것
이 자기에게 더 낫다.

1 ......"넘어지게 하는 일들
이 일어나지 않는 것은 있을
수 없지만 일어나게 하는
사람은 화가 있다.

요

마태복음 18:6-9

를 넘어지게 하면 그것을 네게
서 뽑아서 내버려라. 외눈박이
로 생명에 들어가는
것이 두 눈을 가진 채 불지옥
에 던져지는 것보다 네게는 좋
다.

마가복음 9:42-50

를 넘어지게 하면 그것을
뽑아 버려라. 외눈박이
로 하나님의 나라에 들어가는
것이 두 눈을 가진 채 지옥
에 던져지는 것보다 네게는 좋
다. [48] 거기는 그들의 구더기가
죽지 않고 불도 꺼지지 않는
다. [49] 모두가 불에 절여질 것이
기 때문이다. [50] 소금은 좋은
것이다. 그러나 소금이 짜지 않
게 되면 무엇으로 그것
을 간맞추겠느냐? 너희 자신
들 속에 소금을 가지고 서로
평화를 이루어라."

누가 17:1-2; 14:34-35

14 [34] 소금은 좋은
것이다. 그러나 소금이 맛을
잃으면 (그것은) 무엇으로
간맞춰지겠느냐? [35] 땅에도
거름에도 쓸 수가 없어서 (사
람들이) 그것을 밖에 버린다.
들을 귀 있는 사람은 들어라.

요

169. 잃은 양 비유

마태복음 18:10-14

[10] 이 작은 사람들 가운데 하나를 업신여기
지 않도록 조심하여라. 내가 너희에게 말하
는데, 하늘에서 그들의 천사들이 하늘에 계
신 내 아버지의 얼굴을 늘 뵙고 있기 때문
이다. [11] T [12] 너희는 어떻게 생각하느냐?
어떤 사람에게 양 백 마리가 있는데 그 중
에서 한 마리가 길을 잃으면 아흔아홉
마리를 산에 두고 가서 그 길 잃은

11 ᵀ인자는 잃어버린 것을 구원하러 왔기 때문
이다.

막

누가복음 15:3-7

[3] 그가 그들에게 이 비유를 말씀하
셨다. [4] "너희 가운데
어떤 사람이 양 백 마리가 있는데 그 중
에서 한 마리를 잃어버리면 아흔아홉
마리를 황야에 남겨 두고 그 잃어버린

요

마태복음 18:10-14	막	누가복음 15:3-7	요
양을 찾지 않겠느냐? [3] 참으로 내가 너희에게 말하는데, 그 양을 찾게 되면, 길을 잃지 않은 아흔아홉 마리보다 그 양 때문에 더 기뻐할 것이다. [14] 이와 같이 이 작은 사람들 가운데서 하나가 망하는 것은 하늘에 계신 「너희 아버지의 뜻이 아니다. 14 「내		양을 찾게 되기까지 (찾아) 다니지 않겠느냐? [5] 찾은 후에는 자기 어깨에 메고 기뻐하며 [6] 집에 와서 벗들과 이웃들을 불러 그들에게 말한다. '잃어버린 내 양을 찾았으니 나와 함께 기뻐해 주시오.' [7] 내가 너희에게 말하는데, 하늘에서는 이렇게, 회개할 필요가 없는 의인 아흔아홉보다 회개하는 죄인 하나 때문에 기쁨이 있을 것이다.	

170. 형제가 죄를 지으면

마태복음 18:15-18	막	누가복음 17:3	요한복음 20:23
[15] 네 형제가 ○네게 죄를 지으면 가서 너와 그 ※사람만 있을 때` 그를 깨우쳐 주어라. 그가 네 (말을) 들으면 네가 네 형제를 얻은 것이다. [16] 그러나 듣지 않으면 너와 함께, 한 두 사람을 더 데리고 가서 두 세 증인들의 입으로 모든 말을 확인하여라. [17] 그들의 (말도) 듣지 않으면 교회에 말하고 교회의 (말도) 듣지 않으면 ※너는 그를 15 ※사람 사이에서만		[3] 너희는 스스로 조심하여라. 네 형제가 죄를 지으면 그를 꾸짖고, 회개하면 그를 용서해 주어라.	

마태복음 18:15–18	막	누가복음 17:3	요한복음 20:23
를 이방인이나 세리처럼 대하여라.ˎ [18] 참으로 내가 너희에게 말하는데, 너희가 땅 위에서 묶는 것은 무엇이나 하늘에서 묶여 있을 것이고 너희가 땅 위에서 푸는 것은 무엇이나 하늘에서 풀려 있을 것이다. 17 ※그는 너에게 이방인이나 세리처럼 되어라.			[23] 너희가 누구의 죄든지 용서하면 그것이 그들에게 용서될 것이요 누구의 (죄든지) 붙잡고 있으면 그것이 붙잡혀 있을 것이다.

171. 두 세 사람이 모이면

마태복음 18:19–20	막	눅	요
[19] [참으로] 내가 너희에게 다시 말하는데, 너희 가운데 두 사람이 땅 위에서 무슨 일에든지 마음을 합쳐서 구하면 그것이 하늘에 계신 내 아버지에 의해 그들에게 이루어질 것이다. [20] 두 세 사람이 내 이름으로 모여 있는 곳, 거기, 그들 가운데 내가 있기 때문이다."			

172. 용서에 관하여

마태복음 18:21–22	막	누가복음 17:4	요
[21] 그때 베드로가 그에게 다가와서 말하였다. "주님, 제 형제가 제게 죄를 지을 때 몇 번이나 그를 용서해 줄까요? 일곱 번까지 할까요?" [22] 예수께서 그에게 말씀하셨다. "내가 네게 말하는데, 일곱 번까지가 아니라 「일흔 번씩 일곱ˎ 번까지이다. 22 「 일흔일곱		[4] 하루에 일곱 번 네게 죄를 짓고 일곱 번 네게로 돌아와서 '회개하네' 하면 그를 용서해 주어라."	

173. 일만 달란트 비유

마태복음 18:23-35	막	눅	요

23 그러므로 하늘나라는 어떤 사람, 곧 자기 종들과 계산을 끝내려 했던 한 임금과
같다. 24 그가 계산하기를 시작하자 만 달란트를 빚진 사람 하나가 그에게로 끌려왔
다. 25 그러나 그는 갚을 것이 없어서 주인이 그와 아내와 자녀들과 그가 가진 모든
것을 팔아서 갚도록 명령하였다. 26 그러자 그 종이 엎드려서 그에게 절하며 말하였
다. '제게 참아 주십시오. 당신께 모두 갚겠습니다.' 27 주인이 그 종을 가엾이 여겨
서 그를 놓아주며 그의 빚을 탕감해 주었다. 28 그 종이 나가서 자기 동료 종들 가
운데 자기에게 백 데나리온을 빚진 사람 하나를 발견하고는 그를 붙들고 멱살을 잡
으며 말하였다. '뭘 빚졌으면 갚아라.' 29 그러자 그의 동료 종이 엎드려 그에게 빌
며 말하였다. '내게 참아 주게나. 자네에게 갚겠네.' 30 그러나 그 종은 (그렇게) 하
려 하지 않고 가서 빚진 것을 갚기까지 그를 감옥에 집어넣었다. 31 그의 동료 종들
이 벌어진 일들을 보고는 몹시 가슴 아파하며 가서 자신들의 주인에게 벌어진 일들
을 모두 일러바쳤다. 32 그러자 그의 주인이 그를 불러서 그에게 말하였다. '악한 종
아, 네가 내게 빌었기 때문에 내가 그 모든 빚을 네게 탕감해 주었다. 33 나도 너를
가엾이 여긴 것처럼 너도 네 동료 종을 가엾이 여겼어야 하지 않느냐?' 34 그의 주
인은 성이 나서 빚진 것을 그가 모두 갚을 때까지 그를 간수들에게 넘겨주었다.
35 너희 각 사람이 자기 형제를 자기의 마음으로 용서해 주지 않으면 내 하늘 아버
지께서도 너희에게 이렇게 하실 것이다."

IX. 예루살렘으로 가는 길

눅 9:51-18:14

174. 예루살렘으로 가실 것을 결정하심

마태복음 19:1-2	마가복음 10:1	누가복음 9:51	요
[1] 예수께서 이 말씀들을 마치시고 갈릴리를 떠나 요단강 건너편 유대 지방으로 들어가셨다. [2] 많은 무리가 그를 따랐는데, 그는 거기서 그들을 고쳐 주셨다.	[1] (예수께서) 거기서 일어나서 유대 지방과 요단강 건너편으로 가셨는데, 무리가 다시 그에게로 모여와서, 늘 하시던 대로 다시 그들을 가르치셨다.	[51] 자신의 승천 날이 다 되어 가자 (예수께서) 예루살렘에 가시기로 뜻을 굳히시고	

175. 사마리아인들의 거부

마	막	누가복음 9:52-56	요
		[52] 심부름꾼들을 자기 앞에 보내셨다. 그들은 그를 위한 준비를 하려고 가다가 사마리아 사람들의 어떤 마을에 들어갔지만, [53] 그의 뜻이 예루살렘으로 가는 것이었기 때문에 그들은 그를 받아들이지 않았다. [54] 제자 야고보와 요한이 보고 말하였다. "주님! 불을 향해 하늘에서 내려와서 저들을 없애버리라고 할까요?" [55] 그러나 그는 돌아서서 그들을 꾸짖으셨고 [56] 다른 마을로 가셨다.	

176. 예수를 따름에 관하여

마태복음 8:18-22	막	누가복음 9:57-62	요
[18] 예수께서 자기 둘레의 무리를 보시고 나서 맞은편으로 가자고 명령하셨는데, [19] 율법학자 한 사람이 다가와서 그에게 말하였다. "선생님, 당신이 어디로 가시든지 저는 당신		[57] 그들이 길을 가고 있을 때에 누가 그에게 말하였다. "당신이 어디로 가시든지 저는 당신	

마태복음 8:18-22

을 따르겠습니다." [20] 그러자 예수께서 그에
게 말씀하셨다. "여우들은 굴이 있고 하늘의
새들은 둥지가 (있지만,) 인자는 머리 누일
곳이 없다."
[21] [그의] 제자들 가운데 다른 사
람이 그에게 말하였다. "주님, 먼저 가서 제
아버지를 장사하도록 제게 허락해 주
십시오." [2] 그러나 예수께서 그에게 말씀
하셨다. "너는 나를 따르고 죽은 사람들이
자기네 죽은 사람들을 장사하도록 놓아두어
라."

막

누가복음 9:57-62

을 따르겠습니다." [58] 그러자 예수께서 그에
게 말씀하셨다. "여우들은 굴이 있고 하늘의
새들은 둥지가 (있지만,) 인자는 머리 누일
곳이 없다." [59] (예수께서) 다른 사람에게 말
씀하셨다. "나를 따라라." 그러나
그가 말하였다. "[주님,] 먼저 제
아버지를 장사하러 가도록 제게 허락해 주
십시오." [60] 그러나 (예수께서) 그에게 말씀
하셨다. "죽은 사람들이
자기네 죽은 사람들을 장사하도록 놓아두고
너는 가서 하나님의 나라를 전파하여라."
[61] 또 다른 사람이 말하였다. "주님! 저는 당
신을 따르겠습니다. 그러나 먼저 제 집 식
구들과 작별하도록 제게 허락해 주십시오."
[62] 예수께서 [그에게] 말씀하셨다. "쟁기에 손
을 올려놓고 뒤를 쳐다보는 사람은 아무도
하나님의 나라에 쓸모가 없다."

요

177. 칠십 명 파송

마태복음 9:37-38; 10:7-16

[37] 그때 (예수께서)
자기
제자들에게 말씀하셨다. "추수는 많지만 일
꾼들이 적다. [38] 그러므로 너희는 추수의 주
인에게 그의 추수에 일꾼들을 내보내 주시
도록 요청하여라." 10 [16] 보아라, 너희를
이리들 가운데 양처럼 보낸다. 그러므
로 뱀처럼 슬기롭고 비둘기처럼 순결하여라.
10 [7] 가면서 '하늘나라가 가까이 왔다' 라고

막

누가복음 10:1-12

[1] 이 일들 후에 주님께서 다른 칠십[두] 명
을 세우셔서 각 성과 자신이 가려고 하시는
곳으로 그들을 둘씩 자기 앞에 보내시며
[2] 그들에게 말씀하셨다. "추수는 많지만 일
꾼들이 적다. 그러므로 너희는 추수의 주
인에게 그의 추수에 일꾼들을 내보내 주시
도록 요청하여라. [3] 가거라. 보아라, 너희를
이리들 가운데 어린 양처럼 보낸다.

요

마태복음 9:37-38; 10:7-16

선포하여라. [8] 아픈 사람들을 고쳐주고 죽은
사람들을 일으켜 주고 문둥병자들을 깨끗하
게 해 주며 귀신들을 내쫓아라. 너희가 거
저 받았으므로 거저 주어라. [9] 너희 돈주머
니에 금도 은도 동전도 가지지 말고 [10] 자루
도 속옷 둘도 신발도 지팡이도 길에서 쓰기
위해 (챙기지) 마라. 일꾼이 자기 음식을 (받
는 것이) 정당하기 때문이다. [11] 어떤 성이나
마을에든지 들어가면 그곳에서 누가 적당한
지 알아보고 떠날 때까지 거기 머무르되
[12] 그 집에 들어갈 때 그 집에 (평화의) 인
사를 하여라. [13] 그 집
이 적당하면 너희가 (빈) 평화여, 그 집 위
에 오너라. 그 집이 적당하지 않으면 너희
가 (빈) 평화여, 너희에게로 되돌아오너라.

[14] 누구도 너희를
맞아들이지 않고 너희 말을 듣지도 않으면
그 집이나 그 「성 밖으로」 나가면서
너희 발의
먼지를 떨어 버려라.

[15] 참으로 내가 너희에게 말하는
데, 심판 날에 소돔과 고모라 땅이 그 성보
다 더 잘 버틸 것이다.

14 「성이나 그 마을 밖으로

막

누가복음 10:1-12

[4] 주머니나
자루
나 신발을 가져가지 말고 길에서 아무에게
도 인사하지 마라.
[5] 어떤 집에든
지 들어가면

먼저 '이 집에 평화가 (있
어라)' 하고 말하여라. [6] 거기에 평화의 ※사
람이 있으면 너희가 (빈) 평화가 그에게 머
물러 있을 것이고 그렇지 않으면
너희에게로 돌아올 것이다.
[7] 너희는 그 집에 머무르며 그들에게 있는
것들을 먹고 마셔라. 일꾼이 자기 삯을 (받
는 것이) 정당하기 때문이다. 이 집에서 저
집으로 옮겨 다니지 마라. [8] 어느 성엔가 들
어가는데 사람들이 너희를 맞아들이면 너희
앞에 차려지는 것들을 먹고 [9] 그곳에 있는
병자들을 고쳐주고 그들에게 '하나님의 나라
가 너희에게 가까이 왔.' 고 말해 주어라.
[10] 어느 성엔가 들어가는데 사람들이 너희를
맞아들이지 않으면
그 성의 거리로 나가서 (이렇게)
말하여라. [11] '너희 성에서 우리 발에 묻은
먼지도 너희에게 떨어 버린다. 그러나 하나
님의 나라가 가까이 왔다는 것, 이것은 알
아 두어라.' [12] 내가 너희에게 말하는
데, 그 날에 소돔이 그 성보
다 더 잘 버틸 것이다.

6 ※아들이

요

178. 갈릴리 성들에 대한 애가

마태복음 11:20-24

20 (예수께서는) 그때 자신이 많은 이적들을
행하신 성들을 꾸짖기 시작하셨다. 그 성들
이 회개하지 않았기 때문이다. 21 "네게 화가
있다. 고라신아! 네게 화가 있다. 벳새다야!
너희 안에서 일어난 이적들이 두로와 시돈
에서 일어났더라면 그들은 벌써 베옷을 (입
고) 재에 (앉아서) 회개하였을 것이다. 22 그
러나 내가 너희에게 말하는데, 심판의 날에
는 두로와 시돈이 너희보다 더 잘 버틸 것
이다. 23 그리고 너 가버나움아! 하늘까지 높
아지겠느냐? 지옥까지 낮아질 것이다. 네 안
에서 일어난 이적들이 소돔에서 일어났더라
면 (그 성이) 오늘까지 남아 있을 것이기
때문이다. 24 그러나 내가 너희에게 말하는
데, 심판의 날에 소돔 땅이 너보다 더 잘
버틸 것이다."

막

누가복음 10:13-15

13 네게 화가
있다. 고라신아! 네게 화가 있다. 벳새다야!
너희 안에서 일어난 이적들이 두로와 시돈
에서 일어났더라면 그들은 벌써 베옷을 (입
고) 재에 앉아서 회개하였을 것이다. 14 그
러나 심판 때에
는 두로와 시돈이 너희보다 더 잘 버틸 것
이다. 15 그리고 너 가버나움아! 하늘까지 높
아지겠느냐? 지옥까지 낮아질 것이다.

12 내가 너희에게 말하는
데, 그 날에 소돔이 그 성보다 더 잘
버틸 것이다.

요

179. 보내진 자의 신분

마태복음 10:40

40 너희를 맞아들이는 사람은 나를 맞아들이
는 것이고,
나를 맞아들이는 사람은 나
를 보내신 분을 맞아들이는 것이다.

막

누가복음 10:16

16 너희 (말을) 듣는 사람은 나의 (말을) 듣
는 것이고, 너희를 거부하는 사람은 나를
거부하는 것이고, 나를 거부하는 사람은 나
를 보내신 분을 거부하는 것이다."

요

180. 칠십 명이 돌아옴

마	막	누가복음 10:17-20	요

[17] 칠십[두] 명이 돌아와서 기뻐하며 말하였다. "주님! 당신의 이름에는 귀신들도 우
리에게 복종합니다." [18] 그가 그들에게 말씀하셨다. "사탄이 하늘에서 번개처럼 떨어
진 것을 내가 보았다. [19] 보아라, 내가 너희에게 뱀과 전갈을 밟고 또 원수의 모든
힘을 능가하는 권세를 주었으므로 아무 것도 너희를 결코 해하지 못할 것이다.
[20] 그러나 영들이 너희에게 복종하는 것, 이것을 기뻐하지 말고 너희 이름이 하늘에
새겨져 있는 것을 기뻐하여라."

181. 감사와 축복

마태복음 11:25-27; 13:16-17	막	누가복음 10:21-24	요

마태복음 11:25-27; 13:16-17

[25] 그 무렵에 예수께서
대답하셨다. "당신께 감사합니다. 아버지, 하
늘과 땅의 주인이시여! 지혜롭고 똑똑한 사
람들에게는 이것들을 숨기시고 어린아이
들에게는 그것들을 나타내셨습니다. [26] 옳습
니다. 아버지! 이것이 당신 앞에 기쁨이 되
었습니다. [27] 모든 것이 내 아버지로부터 내
게 ※주어졌습니다. 아버지밖에는 아무도 아
들을 알지 못하고 아들과 그 아
들이 (아버지를) 나타내 주고 싶어하는 사
람밖에는 어느 누구도 아버지를
※알지 못합니다.
13 [16] 그러나 너희
눈은 보니까, 너희 귀는 들으니까 복이 있다.
[17] 참으로 내가 너희에게 말하는데, 많은 선
지자들과 의인들이 너희가 보고 있는 것들을

27 ※주어졌다. ※알지 못한다.

누가복음 10:21-24

[21] 그 때에 (예수께서) 성령으로 기뻐하시며
말씀하셨다. "당신께 감사합니다. 아버지, 하
늘과 땅의 주인이시여! 지혜롭고 똑똑한 사
람들에게는 이것들을 숨겨버리시고 어린아
이들에게는 그것들을 나타내셨습니다. 옳습
니다. 아버지! 이것이 당신 앞에 기쁨이 되
었습니다. [22] 모든 것이 내 아버지로부터 내
게 ※주어졌습니다. 아버지밖에는 아무도 아
들이 누구인지를 알지 못하고 아들과 그 아
들이 (아버지를) 나타내 주고 싶어하는 사
람밖에는 (아무도) 아버지가 누구인지
를 (※알지 못합니다.)" [23] 그는 따로 제자들
에게로 돌아서서 말씀하셨다. "너희가 보는
것들을 보는 눈이 복이 있다.
[24] 내가 너희에게 말하는데, 많은 선
지자들과 임금들이 너희가 보고 있는 것들을

22 ※주어졌다. ※알지 못한다.

마태복음 11:25-27; 13:16-17	막	누가복음 10:21-24	요
을 보고 싶어 했지만 보지 못하였고 너희가 듣고 있는 것들을 듣고 (싶어했지만) 듣지 못하였기 때문이다.		을 보기 원했지만 보지 못하였고 너희가 듣고 있는 것들을 듣기 (원했지만) 듣지 못하였기 때문이다."	

182. 가장 큰 계명에 관하여

마태복음 22:34-40	마가복음 12:28-34	누가복음 10:25-28	요
34 (예수께서) 사두개인들을 침묵케 하셨다는 것을 바리새인들이 듣고 한 자리에 모였다. 35 그들 가운데서 한 「[율법사가] 그를 시험하며 물었다. 36 "선생님, 율법 안에서 어떤 계명이 큽니까?" 37 예수께서 그에게 말씀하셨다.	28 그들이 토론하고 있을 때에 율법학자들 중 한 사람이 와서 듣다가 그가 그들에게 대답을 잘 하시는 것을 보고 그에게 물었다. "모든 (계명들) 가운데서 으뜸인 계명은 어떤 것입니까?" 29 예수께서 대답하셨다. "으뜸은 (이것이다). '들어라, 이스라엘아! 주님, 곧 우리 하나님은 하나이신 주님이시다.	25 보라, 어떤 율법사가 일어나서 그를 시험하며 말하였다. "선생님, 무엇을 하여야 영원한 생명을 물려받겠습니까?" 26 예수께서 그에게 말씀하셨다. "율법에 무엇이 적혀 있느냐? 네가 어떻게 읽느냐?" 27 그가 대답하였다.	
"'네 온 마음과 네 온 목숨과 네 온 생각으로 주님, 곧 네 하나님을 사랑하여라.' 38 이것이 크고 으뜸인 계명이다. 39 둘째는 이것과 같다.	30 네 온 마음과 네 온 목숨과 네 온 생각과 네 온 힘으로 주님, 곧 네 하나님을 사랑하여라.' 31 둘째는 이것이다.	"네 온 마음과 네 온 목숨과 네 온 힘과 네 온 생각으로 주님, 곧 네 하나님을 사랑하고	

35 「 사람이

마태복음 22:34-40	마가복음 12:28-34	누가복음 10:25-28	요
'네 이웃을 네 자신처럼 사랑하여라.' 40 이 두 계명에 온 율법과 선지자들이 달려 있다."	'네 이웃을 네 자신처럼 사랑하여라.' 이 (계명들)보다 더 큰 다른 계명은 없다." 32 그 율법학자가 그에게 말하였다. "맞습니다. 선생님. (하나님은) 한 분이시고 그 분 말고는 다른 이가 없다고 당신이 옳게 말씀하셨습니다. 33 또 온 마음과 온 지성과 온 힘으로 그를 사랑하는 것과 이웃을 자신처럼 사랑하는 것이 모든 번제와 제물들보다 더 낫습니다." 34 예수께서 그가 지혜롭게 대답하는 것을 보시고 그에게 말씀하셨다. "네가 하나님의 나라에서 먼 곳에 있지 않구나." 그러자 아무도 감히 그에게 더 이상 묻지 않았다.	네 이웃을 네 자신처럼 (사랑하여라)' 라고 (되어 있습니다.)" 28 (예수께서) 그에게 말씀하셨다. "네가 바르게 대답하였다. 이렇게 하여라. 그러면 네가 살 것이다."	

183. 선한 사마리아인 비유

마	막	누가복음 10:29-37	요
		29 그는 자신을 정당화하고 싶어하며 예수께 말하였다. "그러면 누가 제 이웃입니 까?" 30 예수께서 받아서 말씀하셨다. "어떤 사람이 예루살렘에서 여리고로 내려가다 가 강도들에게 걸려들었다. 그들은 그의 옷을 벗기고 상처를 입혀서 반쯤 죽은 것을 버리고 가버렸다. 31 마침 어떤 제사장이 그 길로 내려가다가 그를 보고 피하여 지 나갔고, 32 한 레위 사람도 똑같이 그곳에 오게 [되어서] 보고 피하여 갔는데, 33 어 떤 사마리아 사람은 여행 중에 같은 곳에 이르러서 보고 가엾게 여기며 34 다가가서 그의 상처에 기름과 포도주를 붓고 싸매었으며 그를 자기 짐승에 태워서 여관으로 데려가서 그를 돌보아 주었다. 35 다음날 그는 두 데나리온을 꺼내어 여관 주인에게	

마	막	누가복음 10:29-37	요
		주면서 말하였다. '그를 돌보아 주시오. 더 드는 것이 있으면 내가 돌아오는 길에 당신에게 갚겠소.' 36 너는 이 세 사람 가운데서 누가 강도에게 걸려 든 사람의 이웃 이 되었다고 생각하느냐?" 37 그가 말하였다. "그에게 자비를 베푼 사람입니다." 예수 께서 그에게 말씀하셨다. "가서 너도 똑같이 하여라."	

184. 마르다와 마리아

마	막	누가복음 10:38-42	요
		38 그들이 가고 있을 때에 그가 어떤 마을에 들어가셨는데 마르다라고 하는 어떤 여 자가 그를 맞아들였다. 39 그 여자에게 마리아라고 하는 여동생이 있었는데 주님의 발 앞에 앉아서 그의 말씀을 듣고 있었다. 40 마르다는 접대하는 일이 많아서 매우 분주하였으므로 (예수께) 와서 말하였다. "주님! 제 동생이 저만 일하도록 놓아둔 것 을 상관하지 않으십니까? 저를 도와주라고 동생에게 말해 주십시오." 41 주님께서 마 르다에게 대답하셨다. "마르다야! 마르다야! 너는 많은 일로 염려하고 부산을 떨지 만 42 있어야 할 것은 하나다. 마리아는 좋은 쪽을 선택하였으므로 그것을 빼앗기지 않을 것이다."	

185. 주기도문

마태복음 6:9-13	막	누가복음 11:1-4	요
9 그러므로 너희는 이렇게 기도하여라.		1 (예수께서) 어떤 곳에서 기도하고 계셨는 데 기도를 끝내시자 그의 제자들 가운데서 누가 그에게 말하였다. "주님! 요한이 자기 제자들에게 가르쳐 준 것처럼 저희에게 기 도하기를 가르쳐 주십시오." 2 (예수께서) 그들에게 말씀하셨다. "기도할 때에 너희는 (이렇게) 말하여라.	

마태복음 6:9-13	막	누가복음 11:1-4	요
'하늘에 계신 우리 아버지, 당신의 이름이 거룩해지시고, 10 당신의 나라가 오시며, 하늘에서처럼 땅 위에서도 당신의 뜻이 이루어지소서. 11 오늘 우리에게 우리의 하루치 빵을 주시고, 12 우리 또한 우리의 빚진 사람들을 용서한 것처럼 우리의 빚을 용서해 주시며, 13 우리를 시험으로 이끌지 마시고, 오히려 ※악으로부터 우리를 건져주소서. ⊤		'아버지, 당신의 이름이 거룩해지시고, 당신의 나라가 오시며, 3 날마다 우리에게 우리의 하루치 빵을 주시고 4 우리 자신도 우리에게 빚진 모두를 용서하므로 우리의 죄를 용서해 주시며, 우리를 시험으로 이끌지 마소서.'"	

13 ※악한 자들로부터
⊤나라와 권세와 영광이 영원히 당신의 것입니다. 아멘.

186. 빵을 비는 친구 비유

마	막	누가복음 11:5-8	요
		5 또 그들에게 말씀하셨다. "너희 가운데 누가 친구가 있는데 한밤중에 자기에게 와서 '친구야, 내게 빵 세 개만 빌려주게. 6 내 친구가 여행 중에 내게 왔는데 그에게 차려줄 것이 없네' 하고 말하면 7 그가 안에서 '나를 성가시게 하지 말게. 문이 이미 닫혔고 내 아이들이 나와 함께 잠자리에 들어서 일어나서 자네에게 줄 수가 없네' 라고 대답하겠느냐? 8 내가 너희에게 말하는데, 그가 벗이라는 것 때문에 일어나서 그에게 주지 않더라도 그가 조르는 것 때문에 일어나서 필요로 하는 것을 그에게 줄 것이다.	

187. 기도를 들으심에 관하여

마태복음 7:7–11

7 구하여라. 그러면
너희에게 주어질 것이다. 찾아라. 그러면 너
희가 찾게 될 것이다. 두드려라. 그러면 너
희에게 열릴 것이다. 8 구하는 사람마다 받
고, 찾는 사람이 찾게 되며, 두드리는 사람
에게 열릴 것이기 때문이다. 9 너희 가운데
자기 아들이 빵을 달라고 하는데 그에게 돌
을 줄 사람이 누가 있느냐? 10 또 생선을 달
라고 하는데 그에게 뱀을 주
느냐?
11 너희가 악해도
자기 아이들에게 좋은 선물들을 줄 줄 안다
면, 하늘에 계신 너희 아버지께서는 자기에
게 구하는 사람들에게 좋은 것들을 얼마나
많이 주실까!

막

누가복음 11:9–13

9 내가 너희에게 말한다. 구하여라. 그러면
너희에게 주어질 것이다. 찾아라. 그러면 너
희가 찾게 될 것이다. 두드려라. 그러면 너
희에게 열릴 것이다. 10 구하는 사람마다 받
고, 찾는 사람이 찾게 되며, 두드리는 사람
에게 열릴 것이기 때문이다. 11 너희 가운데
아들이
생선을 달
라고 하는데, 생선 대신에 그에게 뱀을 줄
아버지가 누구냐? 12 또 알을 달라고 하는데,
그에게 전갈을 주느냐? 13 너희가 악하지만
자기 아이들에게 좋은 선물들을 줄 줄 안다
면, 하늘에 계신 아버지께서는 자기에
게 구하는 사람들에게 성령을 얼마나
많이 주실까!

요

188. 귀신 들렸다고 비난함

마태복음 12:22–30

22 그때 귀신들려서 눈이 멀고
말을 못하는 사람이 그에게 이
끌려 왔는데 (예수께서) 그를
고쳐주시자
그 벙어리가 말하고 보았으며
23 무리들이 모두 놀라서 말하
였다. "이 사람이 다윗의 아들
이라고?" 24 그러나

마가복음 3:22–27

22 예루살렘에서 내려온

누가복음 11:14–23

14 (예수께서) 벙어
리[이었던] 귀신을 내쫓고 계
셨다. 그 귀신이 나가게 되자
벙어리가 말하였고
무리들이 놀랐다.
15 그러나 그들 가운데

요

마태복음 12:22-30

바리새인들은 듣고 나서 말하
였다. "이 사람이
귀신들의 우두머리인 바알
세불에 힘입지 않고서는 귀신
들을 내쫓지 못한다."

25 (예수께서) 그들의 생각을 아
시고 그들에게 말씀하셨
다.
"스
스로 나누인 나라마다 황폐해
지고, 스스로
나누인 성이나 집마다 서 있지
못한다. 26 만일 사탄이 사탄을
내쫓으면 스스로 나누인
것이다. 그러므로 어떻게 그의
나라가 서 있겠느냐?

27 만약 내가 바알세불에 힘입
어 귀신들을 내쫓으면 너희 아
들들은 누구에 힘입어서 (귀신
들을) 내쫓느냐? 이러므로 바로
그들이 너희의 재판관이 될 것
이다. 28 그러나 내가 하나님
의 영에 힘입어서 귀신들
을 내쫓으면 하나님의 나라가
이미 너희 위에 와 있다.

마가복음 3:22-27

율법학자들은 말하
였다. "그가 바알세불이 들렸고
그 귀신들의 우두머리에
힘입어 귀신
들을 내쫓는다."

23 (예수께서) 그들을 불러다가
비유로 그들에게 말씀하셨
다. "어떻게 사탄이 사탄을 내
쫓을 수 있느냐? 24 나라가 스
스로 나누이면 그 나라는 서
있을 수 없고, 25 집이 스스로
나누이면 그 집은 서 있을 수
없다. 26 만일 사탄이
스스로 맞서고 나누이
면 (그
나라가) 서 있을 수 없고 도리
어 끝장나 버린다.

누가복음 11:14-23

어떤 사람들은 말하
였다. "그가
귀신들의 우두머리인 바알
세불에 힘입어 귀신
들을 내쫓는다."
16 다른 사람들은 (그를) 시험
하며 하늘로부터 (오는) 표적을
그에게서 찾고 있었다. 17 그러
나 예수께서 그들의 생각을 아
시고 그들에게 말씀하셨
다.
"스
스로 나누인 나라마다 황폐해
지고, 집 위의
집은 무너
진다. 18 사탄도
스스로 나누이
면 어떻게 그의
나라가 서 있겠느냐?
내가 바알세불에
힘입어 귀신들을 내쫓는다고
너희가 말하기 때문이다.
19 만약 내가 바알세불에 힘입
어 귀신들을 내쫓으면 너희 아
들들은 누구에 힘입어서 (귀신
들을) 내쫓느냐? 이러므로 바로
그들이 너희의 재판관이 될 것
이다. 20 그러나 [내가] 하나님
의 손가락에 힘입어서 귀신들
을 내쫓으면 하나님의 나라가
이미 너희 위에 와 있다.
21 힘센 사람이 완전 무장을 하
고 자기 뜰을 지킬 때에는 자
기 소유물들이 안전하지만,

요

마태복음 12:22-30	마가복음 3:22-27	누가복음 11:14-23	요
29 힘센 사람을 먼저 묶어 놓지 않으면 누가 어떻게 그 힘센 사람의 집에 들어가서 그의 살림살이를 빼앗을 수 있겠느냐? 그렇게 (한) 다음에 그 의 집을 털어 갈 것이다. 30 나와 함께 있지 않는 사람은 내게 맞서는 것이고 나와 함께 모으지 않는 사람은 흩는 것이다.	27 힘센 사람을 먼저 묶어 놓지 않으면 아무도 그 힘센 사람의 집에 들어가서 그의 살림살이를 빼앗을 수 없다. 그렇게 (한) 다음에 그 의 집을 털어 갈 것이다.	22 그보다 더 힘센 사람이 달려들어서 그를 제압할 때에는 믿고 있던 그의 무장을 해제하고 자기가 빼앗은 것들을 나누어 준다. 23 나와 함께 있지 않는 사람은 내게 맞서는 것이고 나와 함께 모으지 않는 사람은 흩는 것이다.	

189. 돌아온 귀신 얘기

마태복음 12:43-45	막	누가복음 11:24-26	요
43 더러운 영이 사람에게서 나와서 물 없는 곳을 돌아다니며 쉼터를 찾다가 찾지 못하게 되자 44 그 때 '내가 나온 내 집으로 돌아가야겠다' 라고 말하며 갔는데 그 집이 비어 있으며 치워지고 잘 꾸며져 있는 것을 발견한다. 45 그 때, 그것이 가서 자기보다 더 악한 다른 영 일곱을 자신과 함께 데리고 들어가서 거기 자리를 잡는다. 그래서 그 사람의 마지막이 처음보다 더 나쁘게 된다. 이 악한 세대도 이러할 것이다."		24 더러운 영이 사람에게서 나와서 물 없는 곳을 돌아다니며 쉼터를 찾다가 찾지 못하게 되자 [그 때] '내가 나온 내 집으로 돌아가야겠다' 라고 말하며 25 갔는데 그 집이 치워지고 잘 꾸며져 있는 것을 발견한다. 26 그 때, 그것이 가서 자기보다 더 악한 다른 영 일곱을 데리고 들어가서 거기 자리를 잡는다. 그래서 그 사람의 마지막이 처음보다 더 나쁘게 된다."	

190. 참 복

마	막	누가복음 11:27-28	요
		27 (예수께서) 이것들을 말씀하고 계실 때에 무리 가운데서 어떤 여자가 소리를 높여서 그에게 말하였다. "당신을 배었던 태와 먹였던 젖이 복이 있습니다." 28 그러나 그가 말씀하셨다. "오히려 하나님의 말씀을 듣고 지키는 사람들이 복이 있다."	

191. 요나의 표적

마태복음 12:38-42	마가복음 8:11-12	누가복음 11:29-32	요
38 그때 어떤 율법학자들과 바리새인들이 그에게 대답하였다. "선생님, 당신에게서 표적을 보고 싶습니다." 39 예수께서 그들에게 대답하셨다. "악하고 음란한 세대가 표적을 찾고 있지만 선지자 요나의 표적 말고는 이 (세대에게) 표적이 주어지지 않을 것이다. 40 요나가 사흘 낮, 사흘 밤을 큰 물고기 뱃속에 있었던 것처럼 인자도 이렇게 사흘 낮, 사흘 밤을 땅 속에 있을 것이다. 41 심판 때에 니느웨 사람들이 이 세대와 함께 일어나서 이 세대를 심판할 것이다. 그들이 요나의 선포에 회개하였기 때문이다. 보아라, 요나보다 더 큰 것이 여기 있다. 42 심판 때에 남쪽 여왕이 이 세대와 함께 일어나서 이 세대를 심판할 것이다. 그녀가 솔로몬의 지혜를 들으려고 땅 끝에서 왔기 때문이다. 보아라, 솔로몬보다 더 큰 것이 여기 있다. 41 심판 때에 니느웨 사람들이 이 세대와 함께 일어나서 이 세대를 심판할 것이다. 그들이	11 바리새인들이 나와서 그와 함께 논쟁하기 시작하였는데 그를 시험하며 그에게서 하늘로부터 (오는) 표적을 찾고 있었다. 12 (예수께서) 자기 영으로 깊은 한숨을 쉬시며 말씀하셨다. "왜 이 세대가 표적을 찾고 있느냐? 참으로 내가 너희에게 말하는데, 이 세대에게 표적이 주어지지 않을 것이다."	29 무리가 많아지고 있었는데 그가 말씀하시기 시작하셨다. "이 세대는 악한 세대이다. 표적을 찾고 있지만 요나의 표적 말고는 이 (세대에게) 표적이 주어지지 않을 것이다. 30 요나가 니느웨 사람들에게 표적이 된 것처럼 인자도 이 세대에게 이러할 것이다. 32 심판 때에 니느웨 사람들이 이 세대와 함께 일어나서 이 세대를 심판할 것이다. 그들이 요나의 선포에 회개하였기 때문이다. 보아라, 요나보다 더 큰 것이 여기 있다. 31 심판 때에 남쪽 여왕이 이 세대의 사람들과 함께 일어나서 그들을 심판할 것이다. 그녀가 솔로몬의 지혜를 들으려고 땅 끝에서 왔기 때문이다. 보아라, 솔로몬보다 더 큰 것이 여기 있다. 32 심판 때에 니느웨 사람들이 이 세대와 함께 일어나서 이 세대를 심판할 것이다. 그들이	

마태복음 12:38-42	마가복음 8:11-12	**누가복음 11:29-32**	요
요나의 선포에 회개하였기 때문이다. 보아라, 요나 보다 더 큰 것이 여기 있다.		요나의 선포에 회개하였기 때문이다. 보아라, 요나보다 더 큰 것이 여기 있다.	

192. 빛 비유

마태복음 5:15	마가복음 4:21	**누가복음 11:33**	요
15 등잔은 켜서 말 밑에 놓지 않고 등잔대 위에 (놓는다.) 그래야 집 안에 있는 모두를 비춘다.	21 (예수께서) 또 그들에게 말씀하셨다. "말 밑에나 침대 밑에 놓으려고 등을 가져오느냐? 등잔대 위에 놓으려는 것이 아니냐?	33 아무도 등잔에 불을 붙여서 움 속에나 [말 아래] 놓지 않고 들어오는 사람들이 빛을 보도록 등잔대 위에 (놓는다.)	

193. 몸의 등불에 관하여

마태복음 6:22-23	막	**누가복음 11:34-36**	요
22 몸의 등불은 눈이다. 그러므로 네 눈이 좋으면 네 온 몸이 밝을 것이지만, 23 네 눈이 나쁘면 네 온 몸이 어두울 것이다. 그러므로 네 속에 있는 빛이 어두우면 그 어둠이 얼마나 (짙겠느냐?)		34 몸의 등불은 네 눈이다. 네 눈이 좋은 때는 네 온 몸이 밝지만, 나쁜 때는 네 몸이 어둡다. 35 그러므로 네 속에 있는 빛이 어둡지 않은지 살펴보아라. 36 그러므로 네 온 몸이 밝고 어떤 어두운 부분도 없으면 등잔이 그 빛으로 너를 비출 때처럼 온 (몸이) 밝을 것이다."	

194. 바리새인들과 율법학자들에 대하여

마태 15:1-9; 23:4-36	마가복음 7:1-9	누가복음 11:37-54	요
		37 (예수께서) 말씀하고 계실 때	
1 그때 바리새인들과 율법학자들이 예루살렘으로부터 예수께 와서	1 바리새인들과 몇몇 율법학자들이 예루살렘으로부터 와서 (예수께) 모였다가	에 한 바리새인이	
		자기와 함께 식사를 하자고 그를 청하였다. 그가 들어가서 앉으셨는데	
	2 그의 제자들 가운데 몇이 부정한, 곧 씻지 않은 손으로 빵을 먹는 것을 보았다.	38 식사하시기 전에 먼저 씻지 않는 것을 그 바리새인이 보고 이상하게 생각하였다.	
	3 바리새인들과 모든 유대인들은 장로들의 전통을 지키면서 ※규칙대로 손을 씻지 않으면 먹지 않았고 4 시장에서 (돌아와서도) 씻지 않으면 먹지 않는 등, 전해 받아서 지키는 다른 (규칙들이) 많았다. 잔과 단지와 놋그릇과 [침대를] 씻는 것이다.		
말하였다. 2 "왜 당신의 제자들이 장로들의 전통을 어깁니까? 빵을 먹을 때 [그들의] 손을 씻지 않기 때문입니다."	5 그래서 바리새인들과 율법학자들이 그에게 물었다. "왜 당신의 제자들이 장로들의 전통을 따라서 행동하지 않고 부정한 손으로 빵을 먹습니까?"		
3a 예수께서 그들에게 대답하셨다. 7 위선자들아, 이사야가 너희를 두고 잘 예언하였다. 8 '이	6 예수께서 그들에게 말씀하셨다. "이사야가 너희 위선자들을 두고 잘 예언하였다. 이렇게 적혀 있다. '이	39 주님께서 그에게 말씀하셨다.	
	3 ※주먹으로, 또는 팔꿈치까지		

마태 15:1-9; 23:4-36

백성이 입술로는 나를 공경하
지만 그들의 마음은 내게서 멀
어져 있다. 9 그들은 사람들의
규칙을 교훈으로 가르치면서
나에게 헛되이 예배한다.'

3b "왜 너희는 너희 전통 때
문에 하나님의 계명을
어기느냐?
23 25 너희에게 화가 있다. 율
법학자들과 바리새인들아! 위
선자들아! 너희가 잔과 접시의
겉은 깨끗이 하지만 속은
강탈과 방종으로 가득하기 때
문이다. 26 눈먼 바리새인아!

잔의 겉도 깨끗하게 되
도록 먼저 「잔의 속을 깨끗이
하여라.
23 23 너희에게 화가 있
다. 율법학자들과 바리새인들
아! 위선자들아! 너희가 박하
와 회향과 커민의 십일조
는 드리지만 율법의 더 중요한
것들, 곧 ※공의와 자비와 믿음
을 버렸기 때문이다. 그러나
이것들도 하고 저것들도 버리
지 말아야 했다.
23 6 그들은

26 「잔과 접시의
23 ※심판과

마가복음 7:1-9

백성이 입술로는 나를 공경하
지만 그들의 마음은 내게서 멀
어져 있다. 7 그들은 사람들의
규칙을 교훈으로 가르치면서
나에게 헛되이 예배한다.'
8 너희는 하나님의 계명들을
버리고 사람들의 전통을 지키
고 있다." 9 그들에게 또 말씀
하셨다. "너희는 너희 전통을
세우려고 하나님의 계명을 잘
저버린다.

누가복음 11:37-54

"지금 너희
바리새인들은
잔과 접시의
겉은 깨끗이 하지만 너희 속은
강탈과 악독이 가득하다.
40 멍청이들아! 겉을 만
드신 분이 속도 만드시지 않았
느냐? 41 속에 있는 것들로 구
제를 하여라. 그러면, 보아라,
모든 것이 너희에게 깨끗할 것
이다. 42 그러나 너희
바리새인들
에게 화가 있다. 너희가 박하
와 운향과 모든 채소의 십일조
는 드리지만
하나님의 공의와 사랑은 지나
쳐 버리기 때문이다. 그러나
이것들도 하고 저것들도 거부
하지 말아야 했다. 43 너희 바리
새인들에게 화가 있다. 너희가

요

마태복음 15:1-9; 23:4-36

잔치에서는 윗자리를, 회당에서는 앞자리를
좋아하고 [7] 장터에서 인사(받기)와 사람들에
게 랍비라고 불리기를 (좋아한다). 23 [27] 너
희에게 화가 있다. 율법학자들과 바리새인
들아! 위선자들아! 너희는 회칠한 무덤
과 같다. 그것들은 겉은 아름답게 보이지만
안은 죽은 사람들의 뼈들과 온갖 더러운 것
들이 가득하다. [28] 이렇게 너희도 겉은 사람
들에게 의롭게 보이지만 안은 위선과 불법
이 가득 차 있다.

23 [4] 그들은
무겁고 °힘든 짐을 묶어서 사람들의 어깨
위에 올려놓지만 그들 자신은 자기 손가락
으로도 그것들을 움직이려고 하지 않는다.
23 [29] 너희에게 화가 있다. 율법학자들과 바
리새인들아! 위선자들아! 너희는 선지자들
의 무덤을 만들고 의로운 사람들의 비석을
꾸미며 [30] '우리가 우리 조상들의 시대
에 있었더라면 선지자들이 피를 (흘릴 때)
우리는 그들에게 가담하지 않았을 것이다'
라고 말함으로써 [31] 너희가 선지자들을 죽인
사람들의 아들들임을 스스로 증언하고 있기
때문이다. [32] 너희가 너희 조상들의 분량을
채워라.
23 [34] 그러므로, 보아라, 내가
너희에게 선지자들과 지혜로운 사람들과 율
법학자들을 보낸다. 너희가 그 사람들 가운
데서 (더러는) 죽이고 십자가에 못 박으며,
그들 가운데서 (더러는) 너희 회당에서 채
찍질하고 이 성에서 저 성으로 박해할 것이
다. [35] 그리하여

막

누가복음 11:37-54

회당에서는 앞자리를,
장터에서는 인사(받기)를 사랑하기 때
문이다. [44] 너
희에게 화가 있다.
너희는 보이지 않는 무덤
과 같다. 사람들이 그 위를 밟고 다니지만
알지를 못한다."

[45] 율법사들 가운데 누가 그에게 대답하였다.
"선생님, 이렇게 말씀하시면 저희도 모욕하
시는 것입니다." [46] 예수께서 말씀하셨다.
"또 너희 율법사들에게 화가 있다. 너희는
힘든 짐을 사람들에게
지우고 너희 자신은 자기 손가락
하나로도 그 짐들을 건드리지 않기 때문이
다. [47] 너희에게 화가 있다.
너희는 선지자들
의 비석을
만들고 있기 때문이다. 너희 조상들이 그들
을 죽였다. [48] 그들은 저희를 죽였고, 너희
는 (무덤을) 만들고 있으니,
너희는
증인들이요
너희 조상들의 행실을
함께 옳다고 하는 사람들이다.
[49] 그러므로 하나님의 지혜가 말하였다. '내가
그들에게 선지자들과 사도들을 보낼 텐데
그들이 그 사람들 가운
데서 (더러는) 죽이고
박해할 것이
다. [50] 그래서 세상이 만들어진 때로부터 쏟

요

마태복음 15:1-9; 23:4-36	막	누가복음 11:37-54	요
		아진 모든 선지자들의 피를 이 세대에게서 찾게 될 것이다. [51] 그렇다. 내가 너희에게 말하는데,	
의인 아벨의 피로부터 너희가 성전과 제단 사이에서 죽인, 바라갸의 아들 사가랴의 피까지, 땅 위에 쏟아진 모든 의로운 피가 너희 위에 올 것이다. [36] 참으로 내가 너희에게 말하는데, 이 모두가 이 세대에게 올 것이다.		아벨의 피로부터 제단과 ※(성전) 사이에서 죽은 사가랴의 피까지 이 세대에게서 찾게 될 것이다.	
23 [13] 너희에게 화가 있다. 율법학자들과 바리새인들아! 위선자들아! 너희는 사람들 앞에서 하늘나라를 닫고 너희도 들어가지 않고 들어가는 사람들도 들어가게 놓아두지 않기 때문이다.		[52] 너희 율법사들에게 화가 있다. 너희는 지식의 열쇠를 치우고 너희 자신이 들어가지 않았고 들어가는 사람들도 막았기 때문이다." [53] 그가 거기서 나오시자 율법학자들과 바리새인들이 독하게 앙심을 품고 그에게 많은 질문을 퍼붓기 시작하였고 [54] 그의 입에서 나오는 무엇을 꼬투리 잡으려고 그를 지켜보았다.	
		51 ※집	

195. 바리새인의 효모

마태복음 16:5-6	마가복음 8:14-15	누가복음 12:1	요
[5] 제자들이 건너편으로 가면서 빵을 가져가는 것을 잊었는데,	[14] 그들이 빵을 가져가는 것을 잊어서, 배 안에는 저희에게 빵 한 개 밖에 없었는데,	[1] 그 동안 무리가 수만 명 모여들어서 서로 밟히게 되었는데,	
[6] 예수께서 그들에게 말씀하셨다. "바리새인들과 사두개인들의 효모를 살펴보고 주의하여라."	[15] (예수께서) 그들에게 주의를 주시며 말씀하셨다. "보아라, 바리새인들의 효모와 헤롯의 효모를 조심하여라."	(예수께서) 자기 제자들에게 먼저 말씀하시기 시작하셨다. "바리새인들의 효모, 곧 위선을 스스로 주의하여라.	

196. 신앙고백에 관하여

마태복음 10:26-33	막	**누가복음 12:2-9**	요

마태복음 10:26-33

26 그러므로 그들을 두려워하지 마라. 벗겨지
지 않고 덮여 있을 것과 알려지지 않을 비
밀은 아무 것도 없기 때문이다. 27 내
가 어둠 속에서 너희에게 말하는 것을 빛
가운데서 말하고 너희가 귓속
으로 듣는 것을 지붕 위에서 선포하여라.

28 몸은 죽이지만 영혼을 죽일 수는
없는 사람들을 두려워하지 마라.

오히려 영혼과 몸을 지옥에서 망하게 하실
수 있는 분을 두려워하여라.

29 참새 두 마리가 한 앗사리온에 팔리지
않느냐? 그러나 너희 아버지 없이는 그것들
가운데 하나도 땅에 떨어지지 않을 것이다.
30 너희 머리의 머리카락조차도 모조리 헤아
려져 있다. 31 그러므로 두려워하지 마라. 너
희는 많은 참새들보다 귀하다.
32 그러므로 누구든지 사람들 앞에서 나
를 시인하면 하늘에 계신 내 아버지 앞에서
나도 그를 시인할 것이지만, 33 누구든지 사
람들 앞에서 나를 부인하면 하늘에 계신
내 아버지 앞에서 나도 그를 부인할 것이다.

누가복음 12:2-9

2 벗겨지
지 않고 덮여 있을 것과 알려지지 않을 비
밀은 아무 것도 없다. 3 그러므로 너희
가 어둠 속에서 말한 것들이 빛
가운데서 들릴 것이요 너희가 골방에서 귀에
얘기한 것이 지붕 위에서 선포될 것이다.
4 내가 내 친구들인 너희에게 말하는데,
몸은 죽이지만 이 후에는 더 이상 할 것이
없는 사람들을 두려워하지 마라. 5 너희가
누구를 두려워할는지 너희에게 보여 주겠다.
죽인 후에 지옥에 던져 넣는 권세를 가지고
계신 분을 두려워하여라. 그렇다. 내가 너희
에게 말하는데, 이분을 두려워하여라.
6 참새 다섯 마리가 두 앗사리온에 팔리지
않느냐? 그러나 하나님 앞에서는 그것들
가운데 하나도 잊혀지는 것이 아니다.
7 너희 머리의 머리카락조차도 모조리 헤아
려졌다. 두려워하지 마라. 너
희는 많은 참새들보다 귀하다. 8 내가 너희
에게 말하는데, 누구든지 사람들 앞에서 나
를 시인하면 하나님의 천사들 앞에서
인자도 그를 시인할 것이지만, 9 사
람들 앞에서 나를 부인하는 사람은 하나님
의 천사들 앞에서 부인될 것이다.

197. 성령을 대항하는 죄

마태복음 12:31-32	마가복음 3:28-30	누가복음 12:10	요
31 이러므로 내가 너희에게 말하는데, 사람들이 모든 죄와 모독을 용서받겠지만, 성령에 (대한) 모독은 용서받지 못할 것이다. 32 인자에게 맞서 말하는 사람은 누구든지 용서받겠지만 성령에게 맞서 말하는 사람은 누구든지 이 세상에서도, 오는 세상에서도 용서받지 못할 것이다.	28 "참으로 내가 너희에게 말하는데, 사람의 아들들이 모든 죄들과 그들이 내뱉은 모독들을 용서받겠지만, 29 성령을 모독하는 사람은 누구든지 영원히 용서받지 못하고 도리어 죄가 영원히 있을 것이다." 30 그들이 "그는 더러운 영이 들렸다"고 말하였기 때문이다.	10 또 인자를 대항하여 말하는 사람은 모두 용서받겠지만, 성령을 모독하는 사람은 용서받지 못할 것이다.	

198. 성령에 관하여

마 10:19-20	막 13:11	눅 12:11-12	눅 21:14-15	요 12:26
19 사람들이 너희를 넘겨줄 때에 어떻게, 또는 무엇을 말할는지 걱정하지 마라. 말할 것이 그	11 사람들이 너희를 데려다가 넘겨줄 때에 무엇을 말할는지 미리 걱정하지 마라. 무엇이나 그	11 사람들이 너희를 회당으로 데리고 들어가거나 통치자들과 권력자들에게로 (데려갈) 때에 어떻게, 또는 무엇을 변호하거나 무엇을 말할는지 걱정하지 마라. 12 바로 그	14 그러므로 너희는 변명할 것을 미리 궁리하지 않도록 너희 마음에	26 누가 나를 섬기면 나를 따라라. 내가 있는 곳, 거기

마 10:19-20	막 13:11	눅 12:11-12	눅 21:14-15	요 12:26
시각에 너희에게 주어질 것이기 때문이다. [20] 또 말하는 이들은 너희 자신이 아니라 너희 안에서 말씀하시는 분, 곧 너희 아버지의 영이시기 때문이다.	시각에 너희에게 주어지는 것, 이것을 말하여라. 말하는 이들은 너희 자신이 아니라 성령이시기 때문이다.	때에 성령이 너희를 마땅히 말해야 할 것들로 가르치실 것이기 때문이다."	새겨 두어라. [15] 너희를 반대하는 모든 사람들이 맞서거나 되받아칠 수 없는 입과 지혜를 내가 너희에게 줄 것이기 때문이다.	에 나를 섬기는 사람도 있을 것이다. 누가 나를 섬기면 아버지께서 그를 존중할 것이다.

199. 탐욕에 관하여

마	막	누가복음 12:13-15	요
		[13] 무리 가운데서 누가 그에게 말하였다. "선생님, 제 형제에게 유산을 저와 나누라고 말씀해 주십시오." [14] 예수께서 그에게 말씀하셨다. "(이) 사람아, 누가 나를 너희의 재판관이나 중재인으로 세웠느냐?" [15] 그리고 그들에게 말씀하셨다. "너희는 조심하며 모든 탐심으로부터 (자신을) 지켜라. 누구에게나 그의 생명은 그의 소유물이 넘치는 것에 달려 있지 않기 때문이다."	

200. 어리석은 부자 비유

마	막	누가복음 12:16-21	요
		[16] 또 그가 그들에게 비유로 말씀하셨다. "어떤 부유한 사람이 밭에서 많은 수확을 얻자 [17] 속으로 궁리하였다. '내 곡식을 쌓을 곳이 없으니 어떻게 할까?' [18] 또 그는 말하였다. '이렇게 하자. 내 창고를 헐고 더 큰 것을 지어서 거기 모든 곡식과 내 좋은 것들을 쌓아 두자. [19] 그리고 내 영혼에게 말하자. 영혼아, 여러 해 쓸 좋은 것들을 많이 쌓아 두었으니 편히 쉬고, 먹고, 마시고, 즐겨라.' [20] 그러나 하나님께서 그에게 말씀하셨다. '어리석은 사람아, 이 밤에 사람들이 네 목숨을 네게서 앗아갈 것이다. 그러면 네가 마련해 놓은 것들이 누구의 것이 되겠느냐?' [21] 자신을 위해서 재물을 쌓아 놓으면서 하나님을 향하여 넉넉하지 못한 사람이 이러하다."	

201. 염려에 관하여

마태복음 6:25-34

25 그
러므로 내가 너희에게 말하는데, 너희 목숨
을 위하여 무엇을 먹을까, [무엇을 마실까,]
또 너희 몸을 위하여 무엇을 입을까 걱정하
지 마라. 목숨이 음식보다, 몸이 옷보다
더 소중하지 않느냐? 26 하늘의 새들을 바
라보아라. 그것들은 씨를 뿌리지도 않고
거두지도 않고 창고에 모으지도 않지만,
너희 하늘 아버지께서 그것들을 먹이신다.
너희는 그것들보다 더 값지지 않느냐?
27 너희 가운데 누가 걱정하면서 자기 ※키를
한 ※자 늘릴 수 있느냐? 28 너희
는 왜 옷에
대하여 걱정하느냐? 들의 백합이 어떻게
자라는지 살펴보아라. 그것들은 애쓰지도 않
고 실을 뽑지도 않는다. 29 그러나 내가 너희
에게 말하는데, 솔로몬이 자기 모든 영화로
도 이것들 중 하나처럼 입지 못하였다.
30 오늘 있다가 내일 아궁이에 던져지는 들
풀을 하나님께서 이렇게 입히신다면
너희를 훨씬 잘 (입히시지) 않겠느냐? 믿음
이 작은 사람들아! 31 그러므로 너희는 '무
엇을 먹을까?', 또는 '무엇을 마실까?', 또는
'무엇을 입을까?' 라고 말하며 걱정하지 마
라. 32 이것들은 모두 이방인들이
찾기 때문이다. 또 너희는 이것들 모두가 필
요하다는 것을 너희 하늘 아버지께서 아시
기 때문이다. 33 그러나 너희는 먼저 [하나님
의] 나라와 그의 의를 찾아라. 그러면 이것
들 모두가 너희에게 더해질 것이다.

27 ※나이를, ※페퀴, 즉 큐빗

막

누가복음 12:22-32

22 그가 [자기] 제자들에게 말씀하셨다. "그
러므로 내가 너희에게 말하는데, 목숨
을 위하여 무엇을 먹을까,
또 몸을 위하여 무엇을 입을까 걱정하
지 마라. 23 목숨이 음식보다, 몸이 옷보다
더 소중하기 때문이다. 24 까마귀들을 생각
해 보아라. 그것들은 씨를 뿌리지도 않고
거두지도 않으며, 그것들에게는 광도 창고
도 없지만, 하나님께서 그것들을 먹이신다.
너희는 그 새들보다 얼마나 더 값지냐?
25 너희 가운데 누가 걱정하면서 자기 ※키를
(한) ※자 늘릴 수 있느냐? 26 그러므로 너희
가 가장 작은 것도 할 수 없다면 왜 남은 것
들에 대하여 걱정하느냐? 27 백합이 어떻게
자라는지 생각해 보아라. 그것은 애쓰지도 않
고 실을 뽑지도 않는다. 그러나 내가 너희
에게 말하는데, 솔로몬이 자기 모든 영화로
도 이것들 중 하나처럼 입지 못하였다.
28 오늘 있다가 내일 아궁이에 던져지는 들
판의 풀을 하나님께서 이렇게 입히신다면
너희를 얼마나 잘 입히시겠느냐? 믿음
이 작은 사람들아! 29 너희는 무
엇을 먹고, 무엇 마실지
찾지도 말고 염려하지도 마
라. 30 이것들은 모두 세상의 이방인들이
찾기 때문이다. 또 너희는 이것들이 필
요하다는 것을 너희 아버지께서 아시
기 때문이다. 31 그러므로 너희는
그의 나라를 찾아라. 그러면 이것
들이 너희에게 더해질 것이다.

25 ※나이를, ※페퀴, 즉 큐빗

요

마태복음 6:25-34	막	**누가복음 12:22-32**	요
34 그러므로 내일을 위하여 걱정하지 마라. 내일은 그날 걱정할 것이요 하루의 괴로움은 그날로 충분하기 때문이다.		32 무서워하지 마라. 작은 (양)떼여, 너희 아버지께서 너희에게 그 나라를 주시기를 기뻐하셨다.	

202. 하늘의 보물에 관하여

마태복음 6:19-21	막	**누가복음 12:33-34**	요
		33 너희 소유물을 팔아서 자선을 베풀어라. 너희 자신들을 위하여 낡지 않는 주머니,	
19 너희를 위하여 땅 위에 보물을 쌓아 두지 마라. 여기는 좀과 녹이 못쓰게 만들고, 여기는 도둑들이 뚫고 들어와서 훔쳐가 버린다. 20 너희를 위하여 하늘에 보물을 쌓아 두어라. 거기는 좀도 녹도 못쓰게 만들지 못하고, 거기는 도둑들이 뚫고 들어가서 훔쳐가지도 못한다.		곧 없어지지 않는 하늘의 보물을 만들어라. 거기는 도둑이 가까이하지 못하고 좀도 슬지 않는다.	
21 네 보물이 있는 곳, 거기 네 마음도 있을 것이기 때문이다.		34 너희 보물이 있는 곳, 거기 너희 마음도 있을 것이기 때문이다.	

203. 깨어 있음과 성실에 관하여

마태복음 24:42-51	막	**누가복음 12:35-48**	요
		35 너희 허리에 띠를 동여매고 등잔불을 켜 놓고 서 있어라. 36 너희는 자기 주인이 결혼 잔치에서 돌아올 때 그가 와서 (문을) 두드리면 그에게 곧 열어 주려고 기다리고 있는 사람들과 같다. 37 주인이 와서 깨어 있는 것을 보게 될 그런 종들은 복이 있다. 참으로 내가 너희에게 말하는데, 그가 허리띠를	

마태복음 24:42-51

[42] 그러므로
깨어 있어라. 어느 날 너희 주님이 오시는지
너희가 알지 못하기 때문이다. [43] 이것을 알
아 두어라. 도둑이 어느 시점에 올 지 집주
인이 알았더라면 깨어 있으면서 자기 집이
뚫리도록 내버려두지는 않았을 것이다.
[44] 그러므로 너희도 준비하고 있어라. 인자
는 너희가 생각하지 못한 시간에 오시기 때
문이다.

[45] 주인이 자기 집안사람들을 맡기고 그
들에게 제때에 음식을 주게 할, 믿음직하고
슬기로운 종이 과연 누구냐? [46] 이렇게
하고 있는 동안 자기 주인이 와서 발견하게
될 그 종은 복이 있다. [47] 참으로 내가 너희
에게 말하는데, (주인이) ※자기 소유 모두를
그에게 맡길 것이다. [48] 그러나 그 악한 종
이 자기 마음속으로 '나의 주인이 늦어지시
는구나' 라고 중얼거리면서 [49] 자기
동료 종들을 때리기 시작하고 술꾼들과 함
께 먹고 마시면, [50] 미처
생각하지 못한 날, 알지 못하는 시각에 그
종의 주인이 와서 [51] 그를 ※엄하게 벌하고
그를 위선자들과 함께 처리할
것이다. 거기에서 울음과 이를 갊이 있을
것이다.

47 ※자기의 모든 소유 위에 그를 세울 것이다.
51 ※둘로 쪼개고 그의 부분을 위선자들과 함께 둘 것이다.

막

누가복음 12:35-48

동여매고 그들을 자리에 앉히고 곁에 와서
그들을 시중할 것이다. [38] 그가 혹시 ※밤에,
혹시 ※새벽에 오더라도 그렇게 (하고 있는
것을) 보게 된다면 그들은 복이 있다.

[39] 이것을 알
고 있어라. 도둑이 몇 시에 올 지 집주
인이 알았더라면 자기 집이
뚫리도록 놓아두지는 않았을 것이다.
[40] 너희도 준비하고 있어라. 인자
는 너희가 생각하지 못한 시간에 오시기 때
문이다." [41] 베드로가 말하였다. "주님, 이
비유를 저희에게 말씀하신 것입니까? 모두
에게 (하신 것입니까?)" [42] 주님께서 말씀하
셨다. "주인이 자기 하인들을 맡기고
제때에 양식을 주게 할, 믿음직하고
슬기로운 청지기가 과연 누구냐? [43] 이렇게
하고 있는 동안 자기 주인이 와서 발견하게
될 그 종은 복이 있다. [44] 정말로 내가 너희
에게 말하는데, (주인이) ※자기 소유 모두를
그에게 맡길 것이다. [45] 그러나 그 종
이 자기 마음속으로 '나의 주인이 오시는 것
이 늦어지시는구나' 라고 중얼거리면서 남종
들과 여종들을 때리고
먹고 마시고 술 취하기 시작하면, [46] 미처
생각하지 못한 날, 알지 못하는 시각에 그
종의 주인이 와서 그를 ※엄하게 벌하고
그를 신실하지 못한 사람들과 함께 처리할
것이다.

38 ※2경에 ※3경에
44 ※자기의 모든 소유 위에 그를 세울 것이다.
46 ※둘로 쪼개고 그의 부분을 신실하지 못한 사람들과 함께 둘 것이다.

요

마태복음 24:42-51 | 막 | **누가복음 12:35-48** | 요

47 자기 주인의 뜻을 알고 준비하지 않거나
그의 뜻대로 행하지 않은 그런 종은 많이
맞을 것이요, 48 알지 못하여서 맞을 만한 일
들을 행한 종은 적게 맞을 것이다. 많이 주
어진 사람들 모두에게서는 많이 찾을 것이
요, 많이 맡겨진 사람에게는 더 많은 것을
요청할 것이다.

204. 평화가 아니라 칼을

마태복음 10:34-36

34 내가 땅 위에 평화를
던지러 온 줄로 생각하지 마라.
나는 평화가 아니라 도리어
칼을 던지러 왔다.

35 나는
사람을 자기 아버지에게서,
딸을 자기 어머니에게서,
며느리를 자기 시어머니에게서
갈라놓으러 왔기 때문이다.
36 사람의 원수가 자기 집안사람들일 것이
다.

막

누가복음 12:49-53

49 나는 땅에 불을 던지러 왔다. 이미 불이
붙었으면 내가 무엇을 바라겠느냐? 50 내가
받을 세례가 있는데 이것이 끝나기까지 내
가 얼마나 괴롭겠느냐? 51 내가 땅에 평화를
주려고 온 줄로 생각하느냐? 아니다. 내가
너희에게 말하는데, 분
열을 (주려고 왔다.) 52 이제부터 한 집에
다섯이, 셋이 둘에 맞서고 둘이 셋에 맞서
며 나뉘어 있을 것이기 때문이다. 53 아버지
가 아들에 맞서고 아들이 아버지에 맞서며,
어머니가 딸에 맞서고 딸이 어머니에 맞서
며, 시어머니가 자기 며느리에 맞서고 며느
리가 시어머니에 맞서 나뉠 것이다."

요

205. 시대의 표적

마태복음 16:2-3	막	누가복음 12:54-56	요
2 예수께서 그들에게 대답하셨다. ["저녁이 되면 '하늘이 불그스레하니 날이 좋겠다' 라고 너희는 말하고 3 아침에는 '하늘이 불그스레하고 흐리니 오늘은 날이 궂겠다' 라고 (말한다.) 너희가 하늘의 모습은 분간할 줄 알면서 시대의 표적은 (분간할) 수 없느냐?]		54 그가 무리들에게도 말씀하셨다. "너희가 구름이 서쪽에서 떠오르는 것을 볼 때 곧바로 '소나기가 오겠다' 라고 말하면 그렇게 되고, 55 남풍이 불어올 때 '덥겠다' 라고 말하면 (그렇게) 된다. 56 위선자들아, 너희가 땅과 하늘의 모습은 관찰할 줄 알면서 어떻게 이 시대는 관찰할 줄 모르느냐?	

206. 화해에 관하여

마태복음 5:25-26	막	누가복음 12:57-59	요
25 너를 고소하는 사람과 함께 길에 있는 동안에 빨리 그와 타협하여라. 그렇게 하지 않으면 고소인이 너를 재판관에게, 재판관이 옥졸에게 넘겨주어서, 네가 감옥에 갇힐 것이다. 26 참으로 내가 네게 말하는데, 네가 마지막 고드란트를 갚기까지 거기서 절대로 나오지 못할 것이다.		57 왜 너희는 옳은 것을 스스로 판단하지도 못하느냐? 58 너를 고소하는 사람과 함께 관원에게 갈 때에 그에게서 벗어나도록 길에서 힘써라. 그렇게 하지 않으면 그가 너를 재판관에게 끌고 가고, 재판관이 너를 간수에게 넘겨주고 간수가 너를 감옥에 가둘 것이다. 59 내가 네게 말하는데, 네가 마지막 렙돈마저 갚기까지 거기서 절대로 나오지 못할 것이다."	

207. 열매 없는 나무 비유

마	막	누가복음 13:1-9	요
		[1] 바로 그 시간에 어떤 사람들이 와서 빌라도가 갈릴리 사람들의 피를 그들의 제물 과 함께 섞은 것을 (예수께) 알렸는데, [2] 그가 그들에게 대답하셨다. "이 갈릴리 사람 들이 이런 고통을 당했다고 모든 갈릴리 사람들보다 더 큰 죄인들이라고 생각하느 냐? [3] 아니다. 내가 너희에게 말하는데, 만일 회개하지 않으면 너희 모두가 똑같이 망할 것이다. [4] 또는 실로암에서 망대가 그들 위에 무너져서 죽은 그 열여덟 명이 예루살렘에 살고 있는 모든 사람들보다 빚을 더 많이 졌다고 생각하느냐? [5] 아니다. 내가 너희에게 말하는데, 회개하지 않으면 너희 모두 똑같이 망할 것이다." [6] 그가 이 비유를 말씀하셨다. "어떤 사람이 자기 포도원에 무화과나무를 심어 두었는데 그 가 와서 그 나무에서 열매를 찾았지만 얻지 못하자 [7] 포도원지기에게 말하였다. '보 아라. 내가 삼 년을 이 무화과나무에서 열매를 따려고 왔지만 얻지 못하였다. [그러 니] 이것을 찍어 버려라. 왜 땅까지 버리느냐?' [8] 그러자 그 포도원지기가 주인에게 대답하였다. '주인님, 올해도 그것을 놓아두십시오. 제가 그 둘레를 파고 거름을 주 면 [9] 내년에는 열매를 맺을지도 모릅니다. 그렇지 않으면 그것을 찍어 버리십시오.'"	

208. 꼬부라진 여인을 고치심

마	막	누가복음 13:10-17	요
		[10] 그가 안식일에 한 회당에서 가르치고 계셨다. [11] 보라, 열여덟 해를 귀신들려서 아 프고 꼬부라져 전혀 펼 수 없는 어떤 여자가 있었는데, [12] 예수께서 그 여자를 보시 고 부르셔서 말씀하셨다. "여자여, 네가 네 병에서 풀려났다." [13] 그리고 그 여자에게 손을 얹으시자 그 여자가 즉시 (허리를) 폈고 하나님께 영광을 돌렸다. [14] 예수께서 안식일에 병을 고치셨기 때문에 회당장이 성을 내면서 무리에게 대답하였다. "일해 야 하는 엿새가 있으므로 그때 와서 고침을 받고 안식일에는 (그러지) 마시오." [15] 주님께서 그에게 대답하셨다. "위선자들아, 너희는 저마다 안식일에 자기 소나 나 귀를 외양간에서 풀어 끌고 가서 물을 먹이지 않느냐? [16] 보아라, 사탄이 아브라함 의 딸인 이 여자를 열여덟 해나 묶어 놓았는데 안식일에 이 결박에서 풀어주어야 하지 않느냐?" [17] 그가 이렇게 말씀하시자, 그에게 맞대들던 사람들은 모두 부끄러워 하였고, 무리는 모두 그에 의하여 벌어지는, 모든 영광스러운 일들을 기뻐하였다.	

209. 겨자씨 비유

마태복음 13:31-32	마가복음 4:30-32	**누가복음 13:18-19**	요
31 (예수께서) 다른 비유를 들어서 그들에게 말씀하셨다. "하늘나라는 어떤 사람이 가져다가 자기 밭에 뿌린 겨자씨와 같다. 32 그것은 모든 씨들보다 더 작지만 자랐을 때에는 채소들보다 더 크고 나무가 되어 하늘의 새들이 와서 그 가지에 깃들인다."	30 또 (예수께서) 말씀하셨다. "우리가 하나님의 나라를 어떻게 비유할까? 그것을 무슨 비유로 설명할까? 31 (그것은) 겨자씨와 같아서 땅에 뿌려질 때는 땅 위에 있는 모든 씨들보다 더 작지만 32 뿌려져서는 자라고 모든 채소들보다 더 크게 되고 큰 가지들을 내어서 그 그늘 아래 하늘의 새들이 깃들일 수 있다."	18 그래서 (예수께서) 말씀하셨다. "하나님의 나라는 무엇과 같은가? 내가 그것을 무엇에 비유할까? 19 그것은 어떤 사람이 가져다가 자기 뜰에 심은 겨자씨와 같다. 그것은 자라서 나무로 되고 하늘의 새들이 그 가지에 깃들인다."	

210. 효모 비유

마태복음 13:33	막	**누가복음 13:20-21**	요
33 (예수께서) 그들에게 다른 비유를 말씀하셨다. "하늘나라는 어떤 여자가 가져다가 밀가루 서 ※말에 섞어 넣어서 전체를 발효시킨 효모와 같다." 33 ※헬, 사토(부피 단위)		20 (예수께서) 다시 말씀하셨다. "하나님의 나라를 무엇에 비유할까? 21 그것은 어떤 여자가 가져다가 밀가루 서 ※말에 섞어 넣어서 전체를 발효시킨 효모와 같다." 21 ※헬, 사토(부피 단위)	

211. 천국에 들어가는 사람들

마 7:13-14; 7:22-23; 8:11-12; 19:30

7 [13] 좁은 문으
로 들어가거라. 멸망으로 이끄는 문은
크고 그 길도 넓어서 거기로 들어가는
사람들이 많지만 [14] 생명으로 이끄는 문
은 작고 그 길도 좁아서 그것을 찾게
되는 사람들이 적기 때문이다.
7 [22] 그날에 많은 사람이 내게 말할 것
이다. '주님, 주님, 우리가 당신의 이름
으로 예언하였고 당신의 이름으로 귀
신들을 내쫓았으며 당신의 이름으로
많은 기적을 일으키지 않았습니까?'

[23] 그러나 그때 내가 그들에게 ※분명히
말할 것이다. '나는 너희를 도무지 알
지 못한다. 내게서 떠나 가거라.
불법을 저지르는 사람들아.'
8 [11] 내가 너희에게 말하는데, 많은 사람
이 동쪽과 서쪽으로부터 오고 하늘나
라에서 아브라함과 이삭과 야곱과 함께
식사 자리에 앉겠지만,
[12] 그 나라의 아들들은 바깥 어두움 속

7:23 ※고백할

마가 10:31

누가복음 13:22-30

[22] 그는 성과 마을을 두루 다니시며 가
르치셨고 예루살렘으로 여행을 하셨는
데, [23] 어떤 사람이 그에게 말하였다.
"주님, 구원되는 사람이 적습니까?" 그
가 그들에게 말씀하셨다. [24] "좁은 문으
로 들어가기를 힘써라. 내가 너희에게
말하는데, 많은 사람이 들어가려 하겠
지만 할 수 없을 것이기 때문이다.

[25] 집주인이 일어나서 문을 닫아 걸면,
너희가 밖에 서서 문을 두드리기 시작
하며 '주님, 저희에게 열어주십시오' 하
고 말하여도,

내가 너희에게 '나는 너희가 어디서
왔는지 알지 못한다' 라고 대답할 것이
다. [26] 그때 너희가 '저희는 당신 앞에
서 먹고 마셨으며 당신은 저희 길에서
가르치셨습니다' 하고 말하기 시작하여
도, [27] 내가 너희에게
'나는 너희가 어디서 왔
는지 알지 못한다. 내게서 떠나라.
불의를 저지르는 모든 사람들아' 라고
대답할 것이다.

[28] 아브라함과 이삭과 야곱과 모든
선지자들은 하나님의 나라에 (있고)
너희는 밖에 내쫓긴 것을

요

마 7:13-14; 7:22-23; 8:11-12; 19:30	마가 10:31	**누가복음 13:22-30**	요
으로 내쫓길 것이다. 거기에서 울음과 이를 갊이 있을 것이다.		볼 때, 거기에서 울음과 이를 갊이 있을 것이다. [29] 사람들이 동쪽과 서쪽으로부터, 또 북쪽과 남쪽으로부터 와서 하나님의 나라에서 식사 자리에 앉겠지만,	
19 [30] 그러나 많은 첫째들이 꼴찌가 되고 꼴찌들이 첫째가 될 것이다.	[31] 그러나 많은 첫째들이 꼴찌가 되고 꼴찌들이 첫째가 될 것이다.	[30] 보아라, 첫째가 될 꼴찌들이 있고 꼴찌가 될 첫째들이 있다."	

212. 헤롯에 대한 경고

마	막	**누가복음 13:31-33**	요
		[31] 그 시간에 어떤 바리새인들이 그에게 다가와서 말하였다. "헤롯이 당신을 죽이려고 하니까 나가서 여기를 떠나십시오." [32] 그가 그들에게 말씀하셨다. "가서 이 여우에게 말하여라. '보아라, 내가 오늘과 내일 귀신들을 내쫓고 병들을 고치고 셋째 날 (내 일을) 끝낸다. [33] 그러나 오늘과 내일과 모레 나는 가야만 한다. 선지자가 예루살렘 밖에서 죽을 수는 없기 때문이다.	

213. 예루살렘에 대한 애가

마태복음 23:37-39	막	**누가복음 13:34-35**	요
[37] 예루살렘아, 예루살렘아, 선지자들을 죽이고 네게 보낸 사람들을 돌로 치는 성이여! 암탉이 자기 새끼들을 날개 아래 모으는 것과 마찬가지로 내가 얼마나 자주 네		[34] 예루살렘아, 예루살렘아, 선지자들을 죽이고 네게 보낸 사람들을 돌로 치는 성이여! 암탉이 제 자신의 새끼를 날개 아래 (모으는 것과) 마찬가지로 내가 얼마나 자주 네	

마태복음 23:37-39	막	누가복음 13:34-35	요
자녀들을 모으고 싶어 하였느냐? 그러나 너희가 원하지 않았다. [38] 보아라! 너희 집이 너희에게 황무지로 버려진다. [39] 내가 너희에게 말하는데, '주님의 이름으로 오시는 분은 복되시다!' 라고 말할 때까지 지금부터 너희가 결코 나를 보지 못할 것이기 때문이다."		자녀들을 모으고 싶어 하였느냐? 그러나 너희가 원하지 않았다. [35] 보아라! 너희 집이 너희에게 버려진다. 내가 너희에게 말하는데, '주님의 이름으로 오시는 분은 복되시다!'라고 말할 때[가 오기]까지 너희가 결코 나를 보지 못할 것이다."	

214. 수종병 환자를 고치심

마	막	누가복음 14:1-6	요
		[1] 그가 안식일에 빵을 잡수시려고 바리새인의 지도자들 가운데 어떤 사람의 집에 들어가셨을 때 그들이 그를 지켜보고 있었는데, [2] 보라, 수종에 걸린 어떤 사람이 그의 앞에 있었다. [3] 예수께서 그 대응으로 율법사들과 바리새인들에게 말씀하셨다. "안식일에 병을 고치는 것이 옳으냐? 그렇지 않으냐?" [4] 그들은 침묵하였고 (예수께서는) 그를 데려다가 고쳐서 보내셨다. [5] 그리고 그들에게 말씀하셨다. "너희 가운데 누구의 아들이나 소가 구덩이에 빠지면 안식일에라도 곧바로 끌어올리지 않겠느냐?" [6] 그들은 이 (말씀)에 대하여 대답을 할 수가 없었다.	

215. 겸손에 관하여

마	막	누가복음 14:7-14	요
		[7] 그는 초대를 받은 사람들이 어떻게 윗자리를 고르는지를 눈여겨보시며 그들에게 비유를 말씀하셨다. [8] "누구에게 결혼잔치에 초대를 받을 때 윗자리에 앉지 마라. 그러지 않으면, 너보다 더 귀한 사람이 그에게 초대를 받았을 때 [9] 너와 그를 초대한 사람이 네게 와서 말할 것이다. '이 사람에게 자리를 내주시오.' 그때 너는 부끄러워하며 끝자리를 차지하게 될 것이다. [10] 초대를 받았을 때 차라리 끝자리에 가서	

마	막	누가복음 14:7-14	요
		앉아라. 그러면 너를 초대한 사람이 와서 네게 '벗이여, 올라앉으시오' 라고 말할 때, 그때 너와 함께 앉아 있는 모든 사람들 앞에서 네게 영광이 있을 것이다. [11] 자신을 높이는 사람마다 낮추어질 것이고, 자신을 낮추는 사람마다 높여질 것이기 때문이다." [12] 그는 자기를 초대한 사람에게도 말씀하셨다. "만찬이나 연회를 베풀 때에 네 친구들이나 네 형제들이나 네 친척들이나 부자 이웃들을 부르지 마라. 그러지 않으면 그들도 너를 되불러서 네게 되갚아줄 것이다. [13] 잔치를 베풀 때에는 차라리 가난한 사람들과 장애인들과 저는 사람들과 눈먼 사람들을 초대하여라. [14] 그들은 네게 되갚아줄 것이 없으므로 네게 복이 있을 것이다. 의인들이 부활할 때에 네게 되갚아질 것이기 때문이다."	

216. 혼인잔치 비유

마태복음 22:1-14	막	누가복음 14:15-24	요
		[15] 함께 식사 자리에 앉아 있던 사람들 가운데 누가 이 말씀들을 듣고 그에게 말하였다. "하나님의 나라에서 빵을 먹는 사람이 복이 있습니다." [16] 예수께서 그에게	
[1] 예수께서 그들에게 대답하시며 다시 비유로 말씀하셨다. [2] "하늘나라는 어떤 사람, 곧 자기 아들을 위하여 결혼잔치를 베푼 임금과 같다.		말씀하셨다. "어떤 사람이 큰 잔치를 베풀고 많은 사람을 초대하였다.	
[3] 그가 결혼잔치에 초대받은 사람들을 불러오도록 자기 종들을 보내었으나, 그들은 오고 싶어 하지 않았다. [4] 그는 다시 다른 종들을 보내며 말하였다. '초대받은 사람들에게 말하여라. 보시오, 내 만찬이 준비되어 있소. 내 황소와 살진 짐승들을 잡아 두었고 모든 것이 준비되었소. 결혼잔치에 오시오.'		[17] 그가 잔치 시간에 (맞추어) 자기 종을 보내어서 초대받은 사람들에게 말하였다. '이미 준비가 되었습니다. 오십시오.'	
[5] 그러나 그들은 관심도 갖지 않고 하나는 자기 밭으로, 하나는 자기 장사차 가버렸다.		[18] 그러나 모두가 하나씩 변명하기 시작하였다. 첫 사람이 그에게 말하였다. '나는 밭을 샀는데 그것을 보러 꼭 나가야 하오. 부탁하는데,	

마태복음 22:1-14

6 남은 사람들은 그의 종들을 붙잡아서 모
욕하고 죽였다.

7 그러자 임금
은 성이 나서 자기 군대를 보내어 그 살인
자들을 죽이고 그들의 성을 불태워 버렸다.
8 그 후에 그는 자기 종들에게 말하였다.
'결혼잔치는 준비되어 있는데 초대받은 사람
들이 마땅하지 않다. 9 그러므로 길 네거리
로 가서 너희가 만나는 사람들은 누구든지
결혼잔치에 불러오너라.'

10 그 종들이 길에 나가서 악한 사람이든 선
한 사람이든 그들이 만난 사람들을 모두 데
려왔다. 그래서 결혼잔치는 앉아 있는 손님
들로 가득 채워졌다. 11 임금이 앉아 있는 사
람들을 보려고 들어왔다가 거기서 결혼잔치
의 예복을 입지 않은 한 사람을 보고 12 그
에게 말하였다. '벗이여, 어떻게 결혼잔치의
예복을 입지 아니한 채 여기 들어왔는가?'
그러나 그는 ※입을 다물고 있었다. 13 그때
임금이 시중드는 사람들에게 말하였다. '그
의 발과 손을 묶어서 그를 바깥의 어두움
속으로 내던져 버려라.' 거기에 울음과 이를
갊이 있을 것이다. 14 초대 받은 사람들은 많
지만 뽑힌 사람들은 적기 때문이다."

12 ※말문이 막혔다.

막

누가복음 14:15-24

변명하는 나를 양해해 주시오.' 19 다른 사람
이 말하였다. '나는 겨릿소 다섯 쌍을 샀는
데 그것들을 시험하러 나가오. 부탁하는데,
변명하는 나를 양해해 주시오.' 20 또 다른
사람이 말하였다. '나는 아내를 얻었소. 그
러므로 갈 수가 없소.' 21 그 종이 돌아와서
이것을 자기 주인에게 알렸다. 그러자 집주
인은 성이 나서

자기 종에게 말하였다.

'빨리 성의 큰길과 거리
로 나가서 가난한 사람들과 장애인들과 눈
먼 사람들과 저는 사람들을 여기로 데려오너
라.' 22 그 종이 말하였다. '주인님, 명하신
대로하였지만 아직 자리가 있습니다.' 23 주
인이 그 종에게 말하였다. '길들과 성벽으로
나가서 오라고 강요하여 내 집을 채워라.'

24 내가 너희
에게 말하는데, 초대를 받았던 저 사람들
가운데서는 아무도 내 잔치를 맛보지 못할
것이기 때문이다."

요

217. 제자의 조건에 관하여

마태복음 10:37-38

37 아버지
나 어머니를 나 이상으로 사랑하는 사람은
내게 맞지 않고 아들이나 딸을 나 이상으로
사랑하는 사람도 내게 맞지 않다.
38 또
자기 십자가를 지지 않고 내 뒤를 따르는
사람도 내게 맞지 않다.

막

누가복음 14:25-33

25 많은 무리들이 그와 함께 가고 있었는데
그가 그들에게로 돌아서서 말씀하셨다.
26 "누가 내게 오면서 아직도 자신의 아버지
와 어머니와
아내와 아이들과 형제들과
자매들, 심지어 자신의 목숨까지 미워하지
못하면 내 제자가 될 수 없다. 27 누구든지
자신의 십자가를 메지 않고 내 뒤를 좇는
사람도 내 제자가 될 수 없다. 28 너희 가운
데 누가 망대를 세우고 싶어하면 자신이 끝
낼 만큼 가지고 있는지 먼저 앉아서 그 비
용을 계산하지 않겠느냐? 29 그렇게 하지
않고 기초만 놓고 끝낼 수가 없었다면 보는
사람들이 모두 그를 비웃기 시작하며
30 '이 사람이 세우기를 시작하였으나 끝낼
수가 없었구나' 하고 말할 것이다. 31 또는 어
떤 왕이 다른 왕과 전쟁을 하려고 나갈 때
이만 명과 함께 자기를 향하여 오는 그를
만 명으로 대항할 수 있는지를 먼저 앉아서
따져 보지 않겠느냐? 32 그럴 수 없으면 그
가 아직 멀리 있을 때에 대표를 보내서 평
화를 위한 일들을 물을 것이다.
33 그러므로 이렇게 자신의 모든 소유를 포
기하지 않는 사람은 너희 가운데 누구도 내
제자가 될 수 없다.

요

218. 소금의 비유

마태복음 5:13	마가복음 9:50	**누가복음 14:34-35**	요
13 너희는 땅의 소금이다. 그러 나 소금이 맛을 잃으면 (그것 은) 무엇으로 짜게 되겠 느냐? 바깥에 버려져서 사람들에게 밟히는 것밖에는 아무짝에도 쓸모가 없다.	50 소금은 좋은 것이다. 그러 나 소금이 짜지 않게 되면 무엇으로 그것을 간맞추겠 느냐? 너희 자신들 속에 소금을 가지고 서로 평화를 이 루어라.	34 소금은 좋은 것이다. 그러 나 소금이 맛을 잃으면 (그것 은) 무엇으로 간맞춰지겠 느냐? 35 땅에도 거름에도 쓸 수가 없어서 (사람들이) 그것 을 밖에 버린다. 들을 귀 있는 사람 은 들어라."	

219. 잃은 양 비유

마태복음 18:12-14	막	**누가복음 15:1-7**	요
12 너희는 어떻게 생 각하느냐? 어떤 사람에게 양 백 마리가 있는데 그 중에서 한 마리가 길 을 잃으면 아흔아홉 마리를 산에 두 고 가서 그 길 잃은 양을 찾지 않겠느냐? 13 참으로 내가 너희에게 말하는데, 그 양을 찾게 되면, 길 을 잃지 않은		1 세리들과 죄인들이 모두 그의 (말씀을) 들 으려고 그에게 가까이 왔는데, 2 바리새인들 과 율법학자들이 수군거렸다. "이 사람이 죄인들을 받아들이고 그들과 함께 먹는다." 3 그가 그들에게 이 비유를 말씀하셨다. 4 "너희 가운데 어떤 사람이 양 백 마리가 있는데 그 중에서 한 마리를 잃 어버리면 아흔아홉 마리를 황야에 남겨 두 고 그 잃어버린 양을 찾게 되기까지 (찾아) 다니지 않겠느냐? 5 찾은 후에는 자 기 어깨에 메고 기뻐하며 6 집에 와서 벗들 과 이웃들을 불러 그들에게 말한다. '잃어버 린 내 양을 찾았으니 나와 함께 기뻐해 주시	

마태복음 18:12-14	막	누가복음 15:1-7	요
아흔아홉 마리보다 그 양 때문에 더 기뻐할 것이다. [14] 이와 같이 이 작은 사람들 가운데서 하나가 망하는 것은 하늘에 계신 「너희 아버지의 뜻이 아니다. 14 「내		오.' [7] 내가 너희에게 말하는데, 하늘에서는 이렇게, 회개할 필요가 없는 의인 아흔아홉보다 회개하는 죄인 하나 때문에 기쁨이 있을 것이다.	

220. 잃은 동전 비유

마	막	누가복음 15:8-10	요
		[8] 또는 어떤 여자가 열 드라크마를 가졌는데 한 드라크마를 잃어버리면 등잔을 켜고 집(안)을 쓸면서 찾을 때까지 샅샅이 찾지 않겠느냐? [9] 찾은 후에는 벗들과 이웃들을 불러 모으고 말할 것이다. '잃어버린 드라크마를 찾았으니 나와 함께 기뻐해 주시오.' [10] 내가 너희에게 말하는데, 하나님의 천사들 앞에서는 이렇게 회개하는 한 죄인 위에 기쁨이 있을 것이다."	

221. 탕자 비유

마	막	누가복음 15:11-32	요
		[11] 그가 말씀하셨다. "어떤 사람이 두 아들이 있었는데 [12] 그들 가운데서 작은 아들이 아버지에게 말하였다. '아버지, 재산 중에서 (제게) 돌아올 몫을 제게 주십시오.' 그래서 아버지는 살림을 그들에게 나누어 주었다. [13] 며칠이 되지 않아서 작은 아들은 모든 것을 모아서 먼 지방으로 가버렸고 거기서 방탕하게 살면서 자기 재산을 허비하였다. [14] 그가 모든 것을 탕진하고 나서 그 지방에 기근이 크게 들었고, 그는 쪼들리기 시작하였다. [15] 그래서 그는 가서 그 지방의 주민 한 사람에게 붙어살았는데, 그 사람은 그를 자기 들로 보내서 돼지를 먹이게 하였다. [16] 그는 돼지들이 먹는 쥐엄나무 열매로 배를 채우고 싶어했지만, 아무도 그에게 주지 않았다. [17] 그때 그는 정	

마	막	누가복음 15:11-32	요

신을 차리고 말하였다. '얼마나 많은, 내 아버지의 품꾼들이 빵이 넘치는가! 나는 여
기서 굶어 죽는구나. [18] 일어나서 내 아버지께 가서 (이렇게) 말해 봐야지. '아버지,
제가 하늘에, 또 아버지 앞에 죄를 지었습니다. [19] 저는 더 이상 아버지의 아들이라
고 불릴 자격이 없습니다. 저를 아버지의 품꾼들 가운데 하나처럼 다루어 주십시오.'
[20] 그는 일어나서 자신의 아버지에게로 갔다. 그러나 그가 아직도 멀리 떨어져 있을
때에 그의 아버지가 그를 보고 가엾어 하며 달려가서 그의 목을 안고 그에게 입을
맞추었다. [21] 아들이 아버지에게 말하였다. '아버지, 제가 하늘에, 또 아버지 앞에
죄를 지었습니다. 저는 더 이상 아버지의 아들이라 불릴 자격이 없습니다.' [22] 그러나
아버지는 자기 종들에게 말하였다. '빨리 제일 좋은 옷을 꺼내 와서 그에게 입히고
그의 손에 가락지를 끼우고 발에 신을 신겨라. [23] 또 살진 송아지를 끌어다가 잡아
라. 우리가 먹고 즐거워하자. [24] 이 내 아들이 죽었다가 다시 살았으며, 잃어버렸었
는데 찾게 되었기 때문이다.' 그리고 그는 기뻐하기 시작하였다. [25] 그의 큰 아들이
들에 있었는데 오다가 집에 가까워지자 음악 소리와 춤추는 소리를 들었다. [26] 그가
종 가운데 하나를 불러서 이것이 무슨 일인지를 물었다. [27] 종이 그에게 말하였다.
'당신의 동생이 왔습니다. 당신의 아버지가 그를 건강한 채 맞아들이게 되어서 살진
송아지를 잡았습니다.' [28] 그는 성이 나서 들어가고 싶어하지 않았다. 그러자 그의
아버지가 나와서 그를 타일렀지만, [29] 그는 자기 아버지에게 대답하였다. '보세요,
저는 이렇게 여러 해를 아버지를 섬기고 아버지의 지시를 결코 어긴 적이 없었는데,
제게는 제 친구들과 즐기도록 염소 새끼를 주신 적도 없었습니다. [30] 그런데 아버지
의 살림을 창녀들과 함께 삼켜 버린 이 아들이 오자 그를 위해 살진 송아지를 잡았
습니다.' [31] 아버지가 그에게 말하였다. '얘야, 너는 언제나 나와 함께 있었고, 내 것
은 모두 네 것이다. [32] 이 네 동생은 죽었다가 다시 살았으며, 잃어버렸었는데 찾게
되었으니 즐거워하고 기뻐하는 것이 당연하다.'"

222. 불의한 청지기 비유

마	막	누가복음 16:1-9	요

[1] 그가 제자들에게도 말씀하셨다. "어떤 부자 한 사람이 청지기를 두었는데 이 청지
기가 그의 재산을 낭비하고 있다는 비난이 그에게 들리자 [2] 그를 불러서 말하였다.
'너에 관하여 내가 이런 말을 듣는데 어떻게 된 일인가? 이제 청지기 일을 할 수 없
으니 네 청지기 직을 정리하라.' [3] 그 청지기가 속으로 생각하였다. '내 주인이 내게

마	막	누가복음 16:1-9	요

서 청지기 직을 빼앗으니 무얼 할까? 땅파기에는 힘이 없고 구걸하기에는 부끄럽구
나. 4 무엇을 할 지 알았다. 내가 청지기 직에서 쫓겨날 때 사람들이 나를 자기 집
으로 맞아들이도록 (해야겠다.)' 5 그는 자신의 주인에게 빚진 사람들을 하나하나 불
러서 그 첫 사람에게 말하였다. '당신은 내 주인에게 얼마나 빚졌소?' 6 그가 말하였
다. '기름 백 통이오.' 청지기가 그에게 말하였다. '당신의 문서를 받고 앉아서 빨리
오십이라고 쓰시오.' 7 그리고 나서 그는 다른 사람에게 말하였다. '당신은 얼마나
빚졌소?' 그가 말하였다. '밀 백 부대요.' (청지기가) 그에게 말하였다. '당신의 문서
를 받아 팔십이라고 쓰시오.' 8 불의한 청지기가 지혜롭게 했기 때문에 주인이 그를
칭찬하였다. 이 세상의 아들들이 자신들의 세대에는 빛의 아들들보다 훨씬 더 슬기
롭기 때문이다. 9 내가 너희에게 말하는데, 너희 자신들을 위하여 불의의 재물로 친
구들을 만들어서 (재물이) 다 없어질 때에 그들이 너희를 영원한 거처로 맞아들이도
록 하여라.

223. 작은 것에 성실할 것

마	막	누가복음 16:10-12	요

10 가장 작은 것에 믿음직한 사람은 많은 것에도 믿음직하고 가장 작은 것에 불의한
사람은 많은 것에도 불의하다. 11 불의의 재물에 믿음직하게 되지 못하면 누가 참된
것을 너희에게 맡기겠느냐? 12 다른 사람의 것에 믿음직하게 되지 못하면 누가 너희
자신의 것을 너희에게 주겠느냐?

224. 두 주인을 섬김에 관하여

마태복음 6:24	막	누가복음 16:13	요
24 아무도 두 주인을 섬길 수 없다. 왜냐하면 한 쪽을 미워하고 다른 쪽을 사랑하거나 한 쪽에 매달리고 다른 쪽을 업신여길 것이기 때문이다. 너희가 하나님과 재물을 (함께) 섬길 수는 없다.		13 어떤 하인도 두 주인을 섬길 수 없다. 왜냐하면 한 쪽을 미워하고 다른 쪽을 사랑하거나 한 쪽에 매달리고 다른 쪽을 업신여길 것이기 때문이다. 너희가 하나님과 재물을 (함께) 섬길 수는 없다."	

225. 바리새인들을 꾸짖으심

마	막	누가복음 16:14-15	요
		[14] 돈을 사랑하고 있는 바리새인들이 이 모든 말씀들을 듣고 그에게 코웃음을 쳤다. [15] 그러자 그가 그들에게 말씀하셨다. "너희는 사람들 앞에서 자신들을 의롭다고 하는 사람들이다. 그러나 하나님은 너희 마음을 알고 계신다. 사람들 사이에서 높은 것은 하나님 앞에서는 혐오스러운 것이다.	

226. 요한의 위치에 관하여

마태복음 11:12-13; 5:18	막	누가복음 16:16-17	요
[12] 세례자 요한의 날부터 이제까지 하늘나라는 힘에 눌리고 있고, 힘을 쓰는 사람들이 그것을 빼앗는다. [13] 모든 선지자들과 율법이 요한에게까지 예언하였기 때문이다. 5 [18] 참으로 내가 너희에게 말하는데, 하늘과 땅이 없어지기까지는, 또 모든 것이 이루어지기까지는 율법으로부터 한 ※점이나 한 획도 결코 없어지지 않을 것이기 때문이다. 18 ※'이오타' 나		[16] 율법과 선지자들은 요한까지이다. 그때부터 하나님의 나라가 전파되고 있으며, 모두가 힘을 써서 그 안으로 (들어간다.) [17] 그러나 율법의 한 획이 떨어지는 것보다는 하늘과 땅이 없어지는 것이 더 쉽다.	

227. 이혼에 관하여

마태복음 19:9	마가복음 10:11–12	**누가복음 16:18**	요
9 내가 너희에게 말하는데, 음행의 사유 이외에 자기 아내를 버리고 다른 여자에게 장가드는 사람은 누구든지 간음하는 「것이다."	11 그는 그들에게 말씀하셨다. "자기 아내를 버리고 다른 여자에게 장가드는 사람은 누구든지 그 여자와 간음하는 것이고 12 아내가 자기 남편을 버리고 다른 남자에게 시집가도 간음하는 것이다."	18 자기 아내를 버리고 다른 여자에게 장가드는 사람마다 간음하는 것이고 남편에게 버림받은 여자에게 장가드는 사람도 간음하는 것이다.	
9 「것이고 버림받은 여자에게 장가드는 사람도 간음하는 것이다.			

228. 부자와 나사로 비유

마	막	**누가복음 16:19–31**	요
		19 어떤 부자 한 사람이 있었는데 그는 자주색 옷과 고운 베옷을 입고 매일 호화롭게 즐거워하고 있었다. 20 나사로라는 어떤 가난한 사람이 그의 문 앞에 (온몸이) 헐어 서 몸져누워 있었다. 21 그는 그 부자의 밥상에서 떨어지는 것들로 배를 채우고 싶 어 했지만 개들조차 나와서 그의 헌데를 핥았다. 22 그 가난한 사람은 죽어서 천사 들에 의하여 아브라함의 품으로 옮겨졌고, 그 부자도 죽어서 장사되었는데 23 지옥 에서 고통 속에 있다가 자기 눈을 들어서 멀리 아브라함과 그의 품에 있는 나사로 를 보고 24 소리치며 말하였다. '아버지 아브라함이여, 저를 불쌍히 여기시고 나사로 를 보내서 그의 손가락 끝에 물을 찍어다가 제 혓바닥을 식히게 하여 주십시오. 저 는 이 불꽃 속에서 고통을 받고 있습니다.' 25 그러자 아브라함이 말하였다. '얘야, 너는 네 삶에서 네 좋은 것들을 받았고 나사로는 ※살았을 때 나쁜 것들을 (받았다) 는 것을 기억하여라. 이제 그는 여기서 위로를 받고 너는 고통을 받는 것이다. 26 더욱이 우리와 너희 사이에는 큰 구렁텅이가 놓여 있어서 여기서 너희에게로 건너 25 ※ 같은 때	

마	막	누가복음 16:19-31	요
		가려는 사람들이 (갈) 수 없고, 거기서 우리에게로 건너오지도 못한다.' [27] (부자가) 말하였다. '아버지여, 그러면 그를 제 아버지의 집으로 보내 주시기를 부탁합니다. [28] 제가 다섯 형제가 있는데 그가 그들에게 증언하여서 그들은 이 고통 받는 곳에 오지 않도록 해 주십시오.' [29] 아브라함이 말하였다. '그들은 모세와 선지자들이 있다. 그들은 그들에게 들어라.' [30] 부자가 말하였다. '아닙니다. 아버지 아브라함이여, 죽은 사람들 가운데서 누가 그들에게로 가면 그들이 회개할 것입니다.' [31] (아브라함이) 그에게 말하였다. '그들이 모세와 선지자들의 (말을) 듣지 않으면 죽은 사람들 가운데서 누가 살아나도 믿지 않을 것이다.'"	

229. 넘어지게 하는 것에 관하여

마태복음 18:6-7	마가복음 9:42	누가복음 17:1-3a	요
		[1] 그가 자기 제자들에게 말씀하셨다. "넘어지게 하는 일들이 일어나지 않는 것은 있을 수 없지만 일어나게 하는 사람은 화가 있다.	
[7] ...... 넘어지게 하는 일들은 일어나기 마련이지만 넘어지게 하는 일을 일어나게 하는 그 사람에게는 화가 있다.			
[6] 그러나 나를 믿는 이 작은 사람들 가운데서 하나를 넘어지게 하는 사람은 누구든지 자기 목에 연자매가 걸린 채 바다 깊은 곳에 빠뜨려지는 것이 자기에게 낫다.	[42] 그리고 [나를] 믿는 이 작은 사람들 가운데서 하나를 넘어지게 하는 사람은 누구든지 자기 목에 연자매가 매달린 채 바다에 던져지는 것이 자기에게 더 좋다.	[2] 이 작은 사람들 가운데서 하나를 넘어지게 하는 것보다는 자기 목에 연자맷돌이 매달린 채 바다에 던져지는 것이 자기에게 더 낫다. [3a] 너희는 스스로 조심하여라.	
[7] 넘어지게 하는 일들 때문에 세상에는 화가 있다. 넘어지게 하는 일들은 일어나기 마련이지만 넘어지게 하는 일을 일어나게 하는 그 사람에게는 화가 있다.		[1] ...... "넘어지게 하는 일들이 일어나지 않는 것은 있을 수 없지만 일어나게 하는 사람은 화가 있다.	

230. 형제가 죄를 지으면

마태복음 18:15	막	**누가복음 17:3b-4**	요
15 네 형제가 ○네게 죄를 지으면 가서 너와 그 ※사람만 있을 때 그를 깨우쳐 주어라. 그가 네 (말을) 들으면 네가 네 형제를 얻은 것이다. 15 ※사람 사이에서만		3b 네 형제가 죄를 지으면 그를 꾸짖고, 회개하면 그를 용서해 주어라. 4 하루에 일곱 번 네게 죄를 짓고 일곱 번 네게로 돌아와서 '회개하네' 하면 그를 용서해 주어라."	

231. 믿음에 관하여

마태복음 17:19-21	마가복음 9:28-29	**누가복음 17:5-6**	요
19 그때 제자들이 따로 예수께 다가와서 말하였다. "왜 저희는 그것을 내쫓을 수 없었습니까?" 20 예수께서 그들에게 말씀하셨다. "너희의 「작은 믿음」 때문이다. 참으로 내가 너희에게 말하는데, 너희가 겨자씨 같은 믿음이 있으면 이 산더러 '여기서 저기로 옮겨져라' 라고 말할 것이고 그것이 옮겨질 것이다. 그리고 아무것도 너희에게 불가능하지 않을 것이다." 21 ┬ 20 「불신앙 21 ┬그러나 이런 종류는 기도와 금식이 아니면 나가지 않는다.	28 그가 집으로 들어가시자 그의 제자들이 따로 그에게 물었다. "어째서 저희는 그것을 내쫓을 수 없었습니까?" 29 그가 그들에게 말씀하셨다. "이런 종류는 기도로 (하지) 않으면 무슨 수로도 내쫓을 수 없다.	5 사도들이 주님께 말하였다. "저희에게 믿음을 보태어 주십시오." 6 주님께서 말씀하셨다. "너희가 겨자씨 같은 믿음이 있으면 [이] 뽕나무더러 '뽑혀서 바다에 심겨라' 라고 했을 것이고 그것이 너희 말을 들었을 것이다.	

232. 종의 태도에 관하여

마	막	누가복음 17:7-10	요

7 너희 가운데 누가 밭을 갈거나 양을 치는 종이 있는데 그가 들에서 들어오면 '얼
른 와서 식사 자리에 앉아라' 라고 말하겠느냐? 8 오히려 그에게 '먹을 것을 준비하
고 허리띠를 동이고 내가 먹고 마시기까지 내 시중을 들어라. 그리고 너는 그 다음
에 먹고 마셔라' 라고 말하지 않겠느냐? 9 지시한 대로 했다고 그 종에게 고맙다고
하느냐? 10 너희도 이렇게 너희에게 지시된 것들을 다 하였을 때에 '저희는 쓸모없
는 종들입니다. 저희가 해야 할 일을 하였습니다' 라고 말하여라."

233. 열 문둥병자를 고치심

마	막	누가복음 17:11-19	요

11 (예수께서) 예루살렘으로 가실 때에 사마리아와 갈릴리 사이를 지나가셨다. 12 그가
어떤 마을에 들어가실 때에 문둥병자 열 사람이 [그와] 마주쳤다. 그들은 멀리 서서
13 소리를 높여서 말하였다. "예수 스승님, 저희를 불쌍히 여겨 주십시오." 14 그가
보시고 그들에게 말씀하셨다. "가서 제사장들에게 너희 자신을 보여라." 그러자 그
들이 가는 동안에 깨끗해졌다. 15 그런데 그들 가운데 한 사람은 자신이 나은 것을
보고 큰 소리로 하나님께 영광을 돌리며 돌아왔고 16 (예수의) 발 앞에 얼굴이 땅에
닿도록 엎드려서 그에게 감사하였는데, 그는 사마리아 사람이었다. 17 예수께서 대답
하셨다. "열 명이 깨끗해지지 않았느냐? 그런데 아홉 명은 어디 있느냐? 18 하나님
께 영광을 드리려고 돌아온 사람이 이 이방인 말고는 보이지 않느냐?" 19 그리고 그
에게 말씀하셨다. "일어나서 가라. 네 믿음이 너를 구원하였다."

234. 하나님 나라가 옴에 관하여

마	막	누가복음 17:20-21	요

20 (예수께서) "언제 하나님의 나라가 옵니까?" 라는 질문을 바리새인들에게 받으시고
그들에게 대답하셨다. "하나님의 나라는 보이게 오지 않는다. 21 '보라, 여기 있다' 또
는 '저기 있다' 라고도 못할 것이다. 보아라, 하나님의 나라는 너희들 ※속에 있기 때
문이다."

21 ※가운데

235. 인자의 날에 관하여

마태 24:17-28,37-41; 10:39

24 23 그때 누가 너희
에게 '보라, 그리스도가 여기
(계신다)' 또는 '여기
(계신다)' 라고 하여도 믿지 마
라.
24 거짓 그리스도
들과 거짓 선지자들이 일어나
서 큰 표적과 기적을 보여주면
서 할 수 있다면 뽑힌 사람들
도 꾈 것이기 때문이다.
25 보아라, 내가 너
희에게 미리 말하였
다. 26 그러므로 사람들이 너희
에게 '보라, 그가 황야에 계신
다' 라고 말해도 나가지 말고
'보라, 골방에 (계신다' 라고 해
도) 믿지 마라. 27 번개가 동쪽
에서 나와서 서쪽
까지 밝히는 것처럼 인자의 오
심도 이럴 것이기 때문이
다.

마가복음 13:15-23

19 왜냐하면 하나님께서 만드신
창조의 처음부터 이제까지 일
어난 적이 없었고 또 결코 없
을 그런 큰 환난의 날이 될 것
이기 때문이다. 20 주님께서 그
날들을 줄여 주지 않으셨다면
모든 육체가 구원되지 못하겠
지만 자기가 고르신, 곧 뽑힌
사람들을 위하여 그 날들을 줄
여 주셨다. 21 그때 누가 너희
에게 '보라, 그리스도가 여기
(계신다) 보라, 저기
(계신다)' 라고 하여도 믿지 마
라.
22 거짓 그리스도
들과 거짓 선지자들이 일어나
서 표적과 기적을 보여주면
서 할 수 있다면 뽑힌 사람들
을 꾀어낼 것이기 때문이다.
23 너희는 조심하여라. 내가 너
희에게 모든 것을 미리 말하였
다.

누가복음 17:22-37

22 그가 제자들에게 말씀하셨다.
"너희가 인자의 날들 가운데
하루를 보고 싶어 하여도 보지
못할 날들이 올 것이다.
23 사람들이 너희
에게 '보라, 저기
(계신다)' [또는] '보라, 여기
(계신다)' 라고 하겠지만,
너희는 떠나지 말고 뒤쫓
지도 마라.
24 번개가 하늘
이 쪽에서 번쩍여서 하늘 저 쪽
으로 비추는 것처럼 인자도 [자
기 날에] 이럴 것이기 때문이
다. 25 그러나 그는 먼저 고통
을 많이 받고 이 세대에게 버림

요

마태 24:17-28,37-41; 10:39

24 37 노아 때처럼
인자의 오심도 그
러할 것이기 때문이다. 38 노아
가 방주에 들어간 그 날까지
사람들은 홍수 이전의 [그] 나
날을 먹고 마시고 장가가고
시집가고 하면서 39 홍수가 나
서 모두를 쓸어 가기까지 알지
못했던 것처럼, 인자의 오심도
그럴 것이다.

24 17 지붕
위에 있는 사람은 자기 집에
있는 것들
을 챙기러 내려가지 말고,
18 들에 있는 사람
은 자기 겉옷을 챙기러 뒤로
돌아서지 마라.

10 39 자기 목숨을
찾은 사람은 그것을 잃
을 것이요, 나 때문에
자기 목숨을 잃은 사람은 그것
을 찾게 될 것이다.

24 40 그때 둘이
들에 있어도 하나는
데려가고 하나는 버려둘

마가복음 13:15-23

13 15 지붕
위에 있는 사람은
내려가지 말고 자기
집에서 무엇을 챙기러 들어가
지도 말고, 16 들에 있는 사람
은 자기 겉옷을 챙기러 뒤에
있는 것을 향해 돌아서지 마라.

누가복음 17:22-37

을 받아야 한다. 26 노아 때 있
었던 것같이 인자의 때에도 그
러할 것이다. 27 노아
가 방주에 들어간 그 날까지
사람들은
먹고 마시고 장가가고
시집갔는데, 홍수가 나
서 모두를 멸망시켰다.

28 롯의 때에 있었던 것
과도 같다. 사람들은 먹고 마
시고 사고 팔고 심고 집 짓고
있었는데, 29 롯이 소돔에서 나
간 날 하늘에서 불과 유황이
내려서 모두를 멸망시켰다.
30 인자가 나타나는 날에도 같
을 것이다. 31 그날에는 지붕
위에 있는 사람은 자기 살림살
이가 집안에 (있어도) 그것들
을 챙기러 내려가지 말고,
들에 있는 사람
은 똑같이 뒤에
있는 것을 향해 돌아서지 마라.
32 롯의 아내를 기억하여라.
33 누구든지 자기 목숨을 지키
려고 힘쓰는 사람은 그것을 잃
을 것이요, 누구든지
잃는 사람은 그것
을 살릴 것이다. 34 내가 너희
에게 말하는데, 그 밤에 둘이
한 침대에 있어도 한 사람은
데려가고 다른 사람은 버려둘

요

마태 24:17-28,37-41; 10:39

것이다. 41 둘이 맷돌을 갈아도 한 (여자는) 데려가고 한 (여자는) 버려둘 것이다.

24 28 주검이 있는 곳, 거기 독수리들이 모여들 것이다.

마가복음 13:15-23

누가복음 17:22-37

것이다. 35 둘이 같이 (맷돌을) 갈고 있어도 한 여자는 데려가고 다른 여자는 버려둘 것이다." 36 T 37 그러자 그들이 그에게 대답하였다. "어디로 말입니까? 주님!" 예수께서 그들에게 말씀하셨다. "주검이 있는 곳, 거기 독수리들도 모여들 것이다."

36 T 둘이 들에 있어도 하나는 데려가고 다른 사람은 버려둘 것이다.

요

236. 재판관과 과부 비유

마 | 막 | **누가복음 18:1-8** | 요

1 (예수께서) 그들에게 항상 기도하고 낙심하지 말아야 한다는 것을 비유로 말씀하
셨다. 2 "어떤 성에 하나님을 두려워하지 않고 사람을 존중하지 않는 어떤 재판관이
있었다. 3 또 그 성에 한 과부가 있었는데 늘 그에게 가서 말하였다. '제 원수에게서
제 권리를 찾아 주십시오.' 4 그는 얼마 동안은 응하려 하지 않았지만 그 후에 속으
로 말하였다. '내가 하나님도 두려워하지 않고 사람도 존중하지 않지만 5 이 과부가
나를 매우 성가시게 하므로 그 여자의 권리를 찾아주어서 계속 와서 나를 괴롭히지
못하게 해야 하겠다.'" 6 주님께서 말씀하셨다. "불의한 재판관이 말하는 것을 들어
보아라. 7 하나님께서 밤낮 자기에게 부르짖는, 자기가 뽑은 사람들의 권리를 반드
시 찾아 주시지 않겠느냐? 그들에게 오래 참으시겠느냐? 8 내가 너희에게 말하는데,
(하나님께서) 속히 그들의 권리를 찾아 주실 것이다. 그러나 인자가 와서 과연 땅에
서 믿음을 발견하겠느냐?"

237. 바리새인과 세리

마	막	누가복음 18:9-14	요

9 자신이 의로운 사람이라고 스스로 믿고 다른 사람을 업신여기는 어떤 사람들에게
이 비유를 말씀하셨다. 10 "두 사람이 기도하려고 성전에 올라갔다. 한 사람은 바리
새인이고 다른 사람은 세리였다. 11 그 바리새인은 따로 서서 이렇게 기도하였다. '
하나님, 저는 다른 사람들, 곧 착복하거나 불의하거나 간음하는 사람들과 같지 않고
또 이 세리와도 같지 않음을 당신께 감사합니다. 12 저는 한 주일에 두 번 금식하고
제가 버는 모든 것의 십일조를 드립니다.' 13 그러나 세리는 멀리 서서 하늘을 향해
눈을 들어 올리려고도 하지 못하고 자기 가슴을 치면서 말하였다. '하나님, 죄인인
제게 자비를 베풀어 주십시오.' 14 내가 너희에게 말하는데, 저 사람보다 이 사람이
※의롭다고 인정받고` 자기 집으로 내려갔다. 자신을 높이는 사람마다 낮아질 것이고
자신을 낮추는 사람마다 높아질 것이기 때문이다."

14 ※ 의로워져서

X. 예루살렘의 장막절

요 7:1-10:21

238. 갈릴리에 머무심

마	막	눅	요한복음 7:1-9

1 이 일들 후에 예수께서 갈릴리에서 다니셨고 유대에서 다니려 하지 않으셨다. 유
대인들이 그를 죽이려고 찾고 있었기 때문이다. 2 유대인의 명절인 초막절이 다가오
고 있었다. 3 그러자 그의 형제들이 그에게 말하였다. "여기서 떠나서 유대로 가십시
오. 당신의 제자들도 당신이 하시는 일들을 보도록 말입니다. 4 아무도 자신이 알려
지기를 애쓰면서 숨어서 무엇을 하지 않습니다. 당신이 이런 일들을 행하시려면 당
신 자신을 세상에 드러내십시오." 5 그의 형제들은 그를 믿지 않았기 때문이다. 6 예
수께서 그들에게 말씀하셨다. "아직 내 때가 오지 않았다. 그러나 너희의 때는 항상
준비되어 있다. 7 세상은 너희를 미워할 수 없지만 나를 미워한다. 내가 그에 관하여
그 일들이 악하다고 증언하기 때문이다. 8 너희는 명절에 올라가라. 나는 이 명절에
올라가지 않겠다. 내 때가 아직 차지 않았기 때문이다." 9 그는 이렇게 말씀하시고
나서 갈릴리에 머무셨다.

239. 예루살렘에 몰래 올라가심

마	막	눅	요한복음 7:10-13

10 그의 형제들이 명절에 올라가자 그때 그 자신도 올라가셨는데 공공연히 하지 않으
시고 비밀히 하셨다. 11 유대인들이 명절에 그를 찾으며 말하였다. "그 사람이 어디
에 있는가?" 12 또 무리들 사이에 그에 관하여 많은 수군거림이 있었다. 어떤 사람들
은 그는 선한 사람이라고 말했고 다른 사람들은 "아니, 백성을 미혹한다." 고 말했다.
13 그러나 유대인들을 무서워한 까닭에 아무도 그에 관하여 공공연하게 말하지 못하
였다.

240. 성전 설교

마	막	눅	요한복음 7:14-39

14 이미 명절의 중간이 (되었을 때) 예수께서 성전에 올라가서 가르치셨다. 15 그러자
유대인들이 놀라며 말하였다. "이 사람은 배우지 않았는데 어떻게 글을 아는가?"
16 예수께서 그들에게 대답하셨다. "나의 가르침은 나의 것이 아니고 나를 보내신 분
의 것이다. 17 누가 그분의 뜻을 행하려고 하면 (이) 가르침에 관하여 이것이 하나님
에게서 나온 것인지 내가 내 스스로 말하는 것인지를 알 것이다. 18 스스로 말하는
사람은 자신의 영광을 추구하지만 자기를 보내신 분의 영광을 추구하는 사람, 이 사
람은 참되고 그 안에 불의가 있지 않다. 19 모세가 너희에게 율법을 주지 않았느냐?
그러나 너희들 중에 아무도 율법을 지키지 않는다. 왜 너희는 나를 죽일 (길을) 찾느
냐?" 20 무리가 대답하였다. "당신은 귀신이 들렸소. 누가 당신을 죽일 (길을) 찾고
있소?" 21 예수께서 그들에게 대답하셨다. "내가 한 일을 행하자 너희 모두가 놀라고
있다. 22 이런 까닭에서다. 모세가 너희에게 할례를 주었다. 이것은 모세에게서가 아
니라 조상들에게서 난 것인데, 너희는 안식일에도 사람에게 할례를 행한다. 23 모세
의 법이 깨어지지 않게 하려고 사람이 안식일에 할례를 받는다면, 내가 안식일에 어
떤 사람 전체를 건강하게 만들었다고 너희가 나에게 화를 내느냐? 24 너희는 겉모습
을 따라 판단하지 말고 올바른 판단을 내려라." 25 예루살렘 사람들 가운데서 어떤
사람들이 말하였다. "그들이 죽이려고 찾고 있는 사람이 이 사람 아닌가? 26 보라.
그가 공공연히 말하는데 그들은 그에게 아무 말도 하지 않는다. 당국자들은 참으로
이 사람이 그리스도인 줄로 알고 있는가? 27 그러나 우리는 이 사람이 어디서 왔는
지 알고 있다. 그렇지만 그리스도, 그가 올 때는 어디서 오는지 아무도 알지 못한
다." 28 그러자 예수께서 성전 안에서 외치며 가르치셨다. "너희는 나를 알고 내가
어디서 왔는지도 알고 있다. 나는 스스로 오지 않았다. 나를 보내신 분은 참되신데
너희는 그를 알지 못한다. 29 나는 그를 알고 있다. 내가 그에게서 왔고 그분이 나를
보내셨기 때문이다." 30 그러자 그들이 그를 잡으려고 노력하였지만 아무도 그에게
손을 대지 못하였다. 아직 그의 때가 오지 않았기 때문이다. 31 그러나 무리 중에서
많은 사람이 그를 믿고 말하였다. "그리스도, 그가 오실 때 이 사람이 행한 것보다
더 많은 표적을 행하시겠는가?" 32 무리가 그에 관하여 이런 것들을 수군거리고 있을
때 바리새인들이 들었다. 그리고 대제사장들과 바리새인들이 그를 붙잡으려고 하인
들을 보냈다. 33 그러자 예수께서 말씀하셨다. "나는 아직 잠시 동안 너희와 함께 있
다가 나를 보내신 분에게로 간다. 34 너희가 나를 찾겠지만 [나를] 발견하지 못할 것
이다. 내가 있는 곳에 너희는 올 수 없다." 35 유대인들이 자기들끼리 말하였다. "우
리가 그를 발견하지 못하도록 이 사람이 어디로 가려는가? 헬라인들의 거주지로 가
서 헬라인들을 가르치려고 하는가? 36 '너희가 나를 찾겠지만 [나를] 발견하지 못할 것

마	막	눅	요한복음 7:14-39
			이다. 내가 있는 곳에 너희는 올 수 없다' 고 그가 한 이 말이 무슨 뜻인가?" [37] 명절 의 큰 (날), 곧 마지막 날에 예수께서 일어서서 외치며 말씀하셨다. "누가 목마르거 든 내게로 와서 마셔라. [38] 나를 믿는 사람은 성경이 말한 것처럼 그의 배에서 살아 있는 물의 강이 흘러나올 것이다." [39] 이것은 그를 믿은 사람들이 받을 성령에 관하 여 말씀하신 것이다. 예수께서 아직 영광을 받지 않으셔서 성령이 아직 계시지 않았 기 때문이다.

241. 예수에 대한 의견들

마	막	눅	요한복음 7:40-52
			[40] 무리 중에서 이 말씀들을 들은 사람들이 말하였다. "이 분은 참으로 그 선지자이 시다." [41] 다른 사람들이 말하였다. "이 분은 그리스도이시다." 그러나 어떤 사람들은 말하였다. "그리스도가 갈릴리에서 나오느냐? [42] 성경은 그리스도가 다윗의 후손 중 에서, 또 다윗이 있던 마을 베들레헴에서 나온다고 말하지 않았는가?" [43] 이리하여 무리 가운데 그로 말미암아 분열이 발생하였다. [44] 그들 가운데 어떤 사람들은 그를 잡고 싶어 했지만 아무도 그에게 손을 대지 못하였다. [45] 하인들이 대제사장들과 바 리새인들에게 가자 그들이 (하인들에게) 말하였다. "왜 그를 데려오지 않았느냐?" [46] 하인들이 대답하였다. "어떤 사람도 이렇게 말한 적이 없습니다." [47] 바리새인들이 그들에게 대답하였다. "너희도 미혹된 것은 아니지? [48] 당국자들이나 바리새인들 중 에서 누가 그를 믿었느냐? [49] 율법을 알지 못하는 이 무리는 저주받은 (사람들)이다." [50] 그들 가운데 한 사람으로서 전에 그에게 왔던 니고데모가 그들에게 말하였다. [51] "우리 율법은 그에게 먼저 듣고 그가 무엇을 했는지 알아보는 것도 없이 사람을 심판하오?" [52] 그들이 그에게 대답하였다. "당신도 갈릴리 출신이오? 갈릴리에서는 선지자가 일어날 수 없다는 것을 연구하고 알아두시오."

242. 간음 중에 잡힌 여인

마	막	눅	요한복음 7:53-8:11

53 [그들은 각자 자기 집으로 갔고 8 1 예수께서는 감람산으로 가셨다. 2 그가 이른
아침에 다시 성전에 들어가시자 모든 백성이 그에게로 왔다. 그는 앉으셔서 그들을
가르치셨다. 3 율법학자들과 바리새인들이 간음 중에 잡힌 어떤 여자를 데리고 와
서 그 여자를 가운데 세우고 4 그에게 말하였다. "선생님, 이 여자가 간음을 하다가
범행 중에 잡혔습니다. 5 모세는 율법에 이러한 여자들을 돌로 치도록 우리에게 명
령했습니다. 그런데 당신은 뭐라고 말씀하시겠습니까?" 6 그들은 그를 고소할 (구실
을) 얻으려고 그를 시험하며 이렇게 말한 것이다. 그러나 예수께서는 밑으로 몸을
굽히시고 손가락으로 땅에다가 (글을) 쓰고 계셨다. 7 그들이 그에게 묻기를 계속하
자 그는 몸을 일으키셔서 그들에게 말씀하셨다. "너희들 중에서 죄가 없는 사람이
먼저 그 여자에게 돌을 던져라." 8 그리고 그는 다시 밑으로 몸을 굽혀서 땅에 쓰고
계셨다. 9 (이것을) 들은 사람들이 나이 많은 사람들로부터 시작하여 하나하나 빠져
나갔고 그만 혼자 남았으며 여자가 그 가운데 있었다. 10 예수께서 몸을 일으키시고
그 여자에게 말씀하셨다. "여자여, 그들이 어디 있느냐? 아무도 너를 정죄하지 않았
느냐?" 11 그 여자가 말하였다. "아무도 없습니다. 주님." 예수께서 말씀하셨다. "나
도 너를 정죄하지 않는다. 가라. 지금부터 더 이상 죄를 짓지 마라."]

243. 세상의 빛이신 예수

마	막	눅	요한복음 8:12-20

12 예수께서 다시 그들에게 말씀하셨다. "나는 세상의 빛이다. 나를 따르는 사람은
결코 어둠 속을 걷지 않고 생명의 빛을 가질 것이다." 13 그러자 바리새인들이 그에
게 말하였다. "당신이 당신 자신에 관하여 증언하므로 당신의 증언은 참되지 않소."
14 예수께서 그들에게 대답하셨다. "내가 내 자신에 관하여 증언하더라도 내 증언은
참되다. 나는 내가 어디서 왔고 어디로 가는지 알고 있기 때문이다. 그러나 너희는
내가 어디서 오고 어디로 가는지 알지 못한다. 15 너희는 육체를 따라서 판단하지만
나는 아무도 판단하지 않는다. 16 내가 판단하더라도 나의 판단은 참되다. 나는 혼자
있지 않고 나와 나를 보내신 아버지가 (함께 있기) 때문이다. 17 너희 율법에도 두 사
람의 증언이 참되다고 기록되어 있다. 18 내가 나 자신에 관하여 증언하는 사람이다.

마	막	눅	요한복음 8:12-20
			또 나를 보내신 아버지께서 나에 관하여 증언하신다." [19] 그러자 그들이 그에게 말하였다. "당신의 아버지가 어디 계시오?" 예수께서 대답하셨다. "너희는 나도 나의 아버지도 알지 못한다. 만약 너희가 나를 알았다면 내 아버지도 알았을 것이다." [20] 그는 성전에서 가르치시면서 헌금함이 있는 방에서 이 말씀들을 하셨다. 그러나 아무도 그를 붙잡지 않았다. 아직 그의 때가 오지 않았기 때문이다.

244. 유대인들과 논쟁하심

마	막	눅	요한복음 8:21-29
			[21] 그가 다시 그들에게 말씀하셨다. "나는 떠나간다. 너희는 나를 찾다가 너희 죄 가운데서 죽을 것이다. 내가 떠나가는 곳에 너희는 올 수 없다." [22] 그러자 유대인들이 말하였다. "그는 '내가 떠나가는 곳에 너희는 올 수 없다' 고 말하는데 자살을 하려는 것일까?" [23] 그가 그들에게 말씀하셨다. "너희는 아래서 났고 나는 위에서 났다. 너희는 이 세상에 속하지만 나는 이 세상에 속하지 않았다. [24] 그래서 내가 너희에게 '너희는 너희 죄 가운데서 죽을 것이다' 라고 말하였다. 내가 (그인) 것을 믿지 않으면 너희가 너희 죄 가운데서 죽을 것이기 때문이다." [25] 그러자 그들이 그에게 말하였다. "당신은 누구요?" 예수께서 그들에게 말씀하셨다. "(내가) 무엇인지는 너희에게도 처음부터 말하고 있다. [26] 내가 너희에 관하여 말하고 판단할 것이 많지만 나를 보내신 분이 참되셔서 나는 그분에게 들은 것, 이것들을 세상에 말한다." [27] 그들은 그가 아버지를 두고 자신들에게 말씀하고 계셨다는 것을 알지 못하였다. [28] 그러므로 예수께서 [그들에게] 말씀하셨다. "너희가 인자를 들어올릴 때, 그때 너희는 내가 (그)라는 것과 스스로는 아무 것도 하지 않고 아버지께서 나에게 가르치신 대로 이것들을 말하는 줄 알 것이다. [29] 나를 보내신 분이 나와 함께 계신다. 그분은 나를 홀로 버려두지 않으셨다. 나는 항상 그분을 기쁘게 하는 일들을 하기 때문이다."

245. 진리가 자유케 하리라

마	막	눅	요한복음 8:30-36

30 그가 이런 것들을 말씀하실 때에 많은 사람이 그를 믿었다. 31 그러므로 예수께서
자신을 믿은 유대인들에게 말씀하셨다. "너희가 나의 말 안에 머물면 진실로 나의
제자들이다. 32 너희가 진리를 알 것이고 진리가 너희를 자유롭게 할 것이다." 33 그
들이 그에게 대답하였다. "우리는 아브라함의 ※자손이고 아무에게도 종이 된 적이
없소. 당신이 어떻게 너희가 자유롭게 될 것이라고 말하시오?" 34 예수께서 그들에게
대답하셨다. "진실로 진실로 내가 너희에게 말하는데 죄를 짓는 사람은 모두 죄의
종이다. 35 종은 집에 영원히 머물지 못하지만 아들은 영원히 머문다. 36 그러므로 아
들이 너희를 자유롭게 하면 너희가 참으로 자유로울 것이다.

33 ※씨이고

246. 사탄의 자녀들

마	막	눅	요한복음 8:37-47

37 나는 너희가 아브라함의 ※자손인 것을 알고 있다. 그런데 너희는 나를 죽일 (방법
을) 찾고 있다. 내 말이 너희 안에 자리 잡지 못하기 때문이다. 38 나는 (내) 아버지
에게서 본 것들을 말하고 너희는 (너희) 아버지에게 들은 것들을 행한다." 39 그들이
그에게 대답하였다. "우리 아버지는 아브라함이오." 예수께서 그들에게 말씀하셨다.
"만약 너희가 아브라함의 자녀들이라면 아브라함의 일들을 하였을 것이다. 40 그러나
지금 너희는 하나님에게 들은 진리를 너희에게 말한 사람인 나를 죽일 (방법을) 찾고
있다. 아브라함은 이런 일을 하지 않았다. 41 너희는 너희 아버지의 일들을 행한다."
[그러자] 그들이 그에게 말하였다. "우리는 음행에서 태어나지 않았소. 우리는 한 아
버지 곧 하나님이 있소." 42 예수께서 그들에게 말씀하셨다. "하나님이 너희 아버지
였다면 나를 사랑하였을 것이다. 내가 하나님에게서 나왔고 (여기) 있기 때문이다.
또 내가 스스로 오지 않았고 그분이 나를 보내셨기 때문이다. 43 왜 내 말들을 깨닫
지 못하느냐? 너희가 내 말을 들을 수 없기 때문이다. 44 너희는 아버지 곧 마귀에게

37 ※씨인

마	막	눅	요한복음 8:37-47
			서 나서 너희 아버지의 욕망을 행하려고 한다. 그는 처음부터 살인자였고 진리 안에 서 있지 않았다. 그 안에 진리가 없기 때문이다. 그가 거짓을 말할 때는 자신의 (본성)에서 말한다. 그는 거짓말쟁이요 거짓의 아비(이기) 때문이다. [45] 그러나 나는 진리를 말하므로 너희가 나를 믿지 않는다. [46] 너희 가운데 누가 나를 죄 있다고 입증하겠느냐? 내가 진리를 말하면 왜 너희가 나를 믿지 않느냐? [47] 하나님에게서 난 사람은 하나님의 말씀들을 듣는다. 그러므로 너희가 듣지 않는 것은 하나님에게서 나지 않았기 때문이다."

247. 아브라함 전부터 있었다

마	막	눅	요한복음 8:48-59
			[48] 유대인들이 그에게 대답하였다. "우리가 당신은 사마리아인이고 귀신이 들렸다고 말하는 것이 옳지 않소?" [49] 예수께서 대답하셨다. "나는 귀신 들리지 않았다. 다만 내 아버지를 존경하는데 너희가 나를 모욕한다. [50] 나는 내 영광을 찾지 않지만 찾고 판단하시는 분이 계신다. [51] 진실로 진실로 내가 너희에게 말하는데 누가 나의 말을 지키면 결코 죽음을 영원히 보지 않을 것이다." [52] [그러자] 유대인들이 그에게 말하였다. "당신이 귀신 들린 것을 우리가 지금 알았소. 아브라함이 죽고 예언자들도 (죽었는데) 당신은 누가 내 말을 지키면 결코 죽음을 영원히 맛보지 않을 것이라고 말하고 있소. [53] 당신이 죽은 우리 ※조상 아브라함보다 더 크단 말이오? 예언자들도 죽었소. 당신은 자신을 누구라고 하시오?" [54] 예수께서 대답하셨다. "내가 나 자신을 영광스럽게 하면 내 영광은 아무 것도 아니다. 나를 영광스럽게 하시는 분은 내 아버지이시다. 그분을 너희는 '그분은 우리 하나님이시다' 라고 말한다. [55] 너희는 그분을 알지 못했다. 그러나 나는 그분을 알고 있다. 내가 그분을 알지 못한다고 하면 나도 너희와 같은 거짓말쟁이일 것이다. 그렇지만 나는 그분을 알고 있고 그분의 말씀을 지키고 있다. [56] 너희 ※조상 아브라함은 즐거워하며 나의 날을 보고 싶어하다가 보고 기뻐하였다." [57] 그러자 유대인들이 그에게 말하였다. "당신이 아직 쉰 살도 먹지 않았는데 아브라함을 보았소?" [58] 예수께서 그들에게 말씀하셨다. "진실로 진실로 내가 너희에게 말하는데 아브라함이 나기 전부터 내가 있다." [59] 그러자 그들이 그에게 던지려고 돌을 들었다. 그러나 예수께서는 피하여 성전 밖으로 나가셨다. 53 ※아버지 56 ※아버지

248. 소경을 보게 하심

마	막	눅	요한복음 9:1-41

1 (예수께서) 가시다가 날 때부터 소경인 어떤 사람을 보셨다. 2 그의 제자들이 그에
게 질문하였다. "랍비여, 누가 죄를 지어서 이 사람이 소경으로 태어났습니까? 이
사람입니까? 그의 부모입니까?" 3 예수께서 대답하셨다. "이 사람도 그의 부모도 죄
를 짓지 않았다. 그에게서 하나님의 일들이 나타나게 하려는 것이다. 4 아직 낮일 때
나를 보내신 분의 일들을 우리가 하여야 한다. 아무도 일할 수 없는 밤이 오고 있
다. 5 내가 세상에 있는 동안 나는 세상의 빛이다." 6 그는 이렇게 말씀하시고 땅에
침을 뱉으셨고 침으로 흙을 이겨 그 흙을 그의 눈에 바르셨다. 7 그리고 그에게 말씀
하셨다. "실로암의 연못에 가서 씻어라." 이것은 보내졌다는 뜻이다. 그래서 그가 가
서 씻었고 보면서 왔다. 8 이웃사람들과 이전에 거지였던 그를 본 사람들이 말하였
다. "이 사람은 앉아서 구걸하던 사람이 아니오?" 9 어떤 사람들은 이 사람이 (그)라고
말하였고 다른 사람들은 "아니오, 다만 그와 비슷한 사람이오"라고 말하였다. 그 사
람은 "내가 (그 사람)이오"라고 말하였다. 10 그러자 사람들이 그에게 말하였다. "[그
러면] 어떻게 당신의 눈이 뜨였소?" 11 그 사람이 대답하였다. "예수라고 불리는 사람
이 흙을 이겨서 내 눈에 바르고 나에게 실로암에 가서 씻으라고 말하였소. 그래서
내가 가서 씻고 보게 되었소." 12 사람들이 그에게 말했다. "그 사람이 어디 있소?"
그는 "모르오"라고 말하였다. 13 사람들이 전에 소경(이었던) 그를 바리새인들에게 데
려갔다. 14 예수께서 흙을 이겨 그의 눈을 뜨게 하신 날은 안식일이었다.

15 그러므로 바리새인들도 그가 어떻게 보게 되었는지 다시 그에게 물었다. 그가 그
들에게 말하였다. "그분이 흙을 내 눈 위에 붙이셨고 내가 씻고 보오." 16 그래서 바
리새인들 중 어떤 사람들이 말하였다. "이 사람은 하나님에게서 오지 않았소. 안식일
을 지키지 않기 때문이오." 그러나 다른 사람들은 말하였다. "사람이 죄인으로서 어
떻게 이와 같은 표적을 행할 수 있겠소?" 그리하여 그들 가운데 분열이 생겼다.

17 그러자 그들이 그 소경에게 다시 말하였다. "그가 당신의 눈을 뜨게 하였으므로
당신은 그에 관하여 무슨 말을 하겠소?" 그는 그가 선지자라고 말하였다. 18 유대인
들은 그에 관하여 그가 소경이었고 다시 보게 되었다는 것을 믿지 않았고 결국 다시
보게 된 그 사람의 부모를 불러서 19 그들에게 물었다. "이 사람이 소경으로 태어났
다고 당신들이 말하는 당신네 아들이오? 그러면 지금은 어떻게 그가 보고 있소?"

20 그의 부모가 대답하였다. "이 사람이 우리 아들이고 소경으로 태어난 것은 우리가
알지만 21 그가 지금 어떻게 보는지 알지 못하오. 또 누가 그의 눈을 뜨게 하였는지
도 알지 못하오. 그에게 물어 보시오. 나이가 찼으니 그가 자신에 관하여 말할 것이
오." 22 그의 부모는 유대인들을 두려워하여서 이렇게 말하였다. 누가 그를 그리스도
라고 고백하면 회당에서 쫓아내기로 유대인들이 이미 결정해 두었기 때문이다.

마	막	눅	요한복음 9:1-41

요한복음 9:1-41

23 그래서 그의 부모가 "나이가 찼으니 그에게 물어보시오"라고 말한 것이다. 24 그
러므로 그들이 소경이었던 그 사람을 두 번째로 불러서 그에게 말하였다. "영광을
하나님께 돌리시오. 우리는 이 사람이 죄인임을 알고 있소." 25 그러자 그 사람이 대
답하였다. "그분이 죄인인지 나는 알지 못하오. 그러나 하나는 알고 있소. 곧 내가
소경이면서 지금은 본다는 것이오." 26 그들이 그에게 말하였다. "그가 당신에게 무
슨 일을 하였소? 그가 어떻게 당신의 눈을 뜨게 하였소?" 27 그가 그들에게 대답하였
다. "내가 이미 당신들에게 말하였지만 당신들이 듣지 않았소. 어째서 다시 듣고 싶
어 하시오? 여러분도 그의 제자가 되고 싶은 것은 아니지요?" 28 그들은 그에게 욕하
며 말하였다. "당신은 그 사람의 제자이지만 우리는 모세의 제자들이오. 29 우리는
하나님이 모세에게 말씀하신 것은 알고 있지만 이 사람은 어디서 왔는지 알지 못하
오." 30 그 사람이 대답하며 그들에게 말하였다. "그가 내 눈을 뜨게 하셨는데 당신
들은 그가 어디서 왔는지 알지 못하니 이건 이상한 일이오. 31 하나님은 죄인들(의
말)을 듣지 않으시지만 누가 경건하고 자신의 뜻을 행하면 이 사람(의 말)은 들으신
다는 것을 우리는 알고 있소. 32 세상이 (생긴) 후에 누가 소경으로 태어난 사람의
눈을 뜨게 하였다는 (말을) 들어본 적이 없소. 33 이 사람이 하나님에게서 오지 않았
다면 아무 것도 할 수 없었을 것이오." 34 그들이 그에게 대답하였다. "당신이 전적
으로 죄 가운데 태어났으면서 우리를 가르치는 거요?" 그리고 그를 밖으로 내쫓았
다. 35 그들이 그를 밖으로 내쫓았다는 것을 예수께서 들으셨다가 그를 발견하자 말
씀하셨다. "너는 인자를 믿느냐?" 36 그 사람이 대답하였다. "그분이 누구입니까? 주
님! 그분을 믿겠습니다." 37 예수께서 그에게 말씀하셨다. "네가 그를 보았다. 너와
얘기하는 사람이 그 사람이다." 38 그가 말하였다. "제가 믿습니다. 주님!" 그리고 그
는 (예수께) 절하였다. 39 예수께서 또 말씀하셨다. "나는 심판하려고 이 세상에 왔
다. 보지 못하는 사람들이 보고, 보는 사람들이 소경이 되게 하려는 것이다." 40 바
리새인들 중에서 그와 함께 있던 사람들이 이 말씀들을 듣고 그에게 말하였다. "우
리도 소경이라고요?" 41 예수께서 그들에게 말씀하셨다. "너희가 소경이었다면 죄가
없었을 것이다. 그러나 너희가 본다고 지금 말하니 너희 죄가 남아 있다.

249. 선한 목자 비유

마	막	눅	요한복음 10:1-18
			1 진실로 진실로 내가 너희에게 말하는데 양의 우리에 문으로 들어가지 않고 다른 곳으로 넘어가는 사람, 그 사람은 도둑이요 강도지만 2 문으로 들어가는 사람은 양들 의 목자다. 3 이 사람에게 문지기는 (문을) 열고 양들은 그의 음성을 들으며 그는 자 기 양들의 이름을 불러서 그것들을 이끌고 나온다. 4 자기 양들을 다 내놓은 후에 그는 양들을 앞서 가는데 양들이 그의 음성을 알고 있어서 그를 따라간다. 5 양들은 낯선 사람은 결코 따라가지 않고 오히려 그로부터 도망칠 것이다. 그 낯선 사람의 음성을 알지 못하기 때문이다." 6 예수께서 이 비유를 그들에게 말씀하셨지만 그들은 자기들에게 하시는 말씀이 무슨 (뜻)인지를 깨닫지 못하였다. 7 그러므로 예수께서 다시 말씀하셨다. "진실로 진실로 내가 너희에게 말하는데 나는 양들의 문이다. 8 [내 앞에] 온 사람들은 모두 도둑이요 강도다. 그래서 양들이 그들(의 말)을 듣지 않았다. 9 내가 문이다. 누가 나를 통하여 들어오면 구원될 것이고 들어오며 나가며 풀밭을 발견할 것이다. 10 도적은 훔치고 죽이고 부수는 것 이외의 목적으로 오지 않 는다. 나는 (양들이) 생명을 가지게 하고 풍성히 가지게 하려고 왔다. 11 나는 좋은 목자다. 좋은 목자는 양들을 위하여 자기 목숨을 내어 놓는다. 12 삯꾼은 목자도 아 니요 양도 자기 양이 아니어서 이리가 오는 것을 보고 양들을 버리고 달아난다. 그 러면 이리가 그것들을 움키고 흩어 버린다. 13 그는 삯꾼이어서 양들에 관하여 걱정 하지 않기 때문이다. 14 나는 좋은 목자다. 나는 내 양들을 알고 내 양들은 나를 안 다. 15 아버지께서 나를 아시고 내가 아버지를 아는 것과 같다. 나는 양들을 위하여 내 목숨을 내어 놓는다. 16 나는 이 우리에 속하지 않은 다른 양들이 있는데 내가 그 양들도 이끌어야 하고 그 양들도 내 음성을 들을 것이다. 그들은 한 무리가 될 것이 고 (나는) 한 목자가 (될 것이다.) 17 이것 때문에, 곧 내가 내 목숨을 다시 얻기 위 하여 그것을 내어 놓기 때문에 아버지께서 나를 사랑하신다. 18 아무도 그것을 내게 서 빼앗아 가지 않지만 내가 스스로 그것을 내어 놓는다. 나는 목숨을 내어 놓을 권 세도 있고 목숨을 다시 얻을 권세도 있다. 이 계명을 나는 내 아버지에게 받았다."

250. 유대인들의 의견 분열

마	막	눅	요한복음 10:19-21
			[19] 이 말씀들 때문에 유대인들 가운데 다시 분열이 일어났다. [20] 그들 중에서 많은 사람이 말하였다. "그는 귀신이 들렸고 미쳤소. 왜 그의 (말을) 듣고 있소." [21] 다른 사람들은 말하였다. "이 말들은 귀신 들린 사람의 (말이) 아니오. 귀신이 소경들의 눈을 뜨게 할 수 있소?"

XI. 유대 사역

마 19:1-20:34
막 10:1-52
눅 18:15-19:27
요 10:22-12:11

251. 유대로 출발하심

마태복음 19:1-2	마가복음 10:1	누가복음 9:51	요
1 예수께서 이 말씀들을 마치시고 갈릴리를 떠나 요단강 건너편 유대 지방으로 들어가셨다. 2 많은 무리가 그를 따랐는데, 그는 거기서 그들을 고쳐주셨다.	1 (예수께서) 거기서 일어나서 유대 지방과 요단강 건너편으로 가셨는데, 무리가 다시 그에게로 모여와서, 늘 하시던 대로 다시 그들을 가르치셨다.	51 자신의 승천 날이 다 되어 가자 (예수께서) 예루살렘에 가시기로 뜻을 굳히시고	

252. 이혼과 독신에 관하여

마태복음 19:3-12	마가복음 10:2-12	누가복음 16:18	요
3 바리새인들이 (예수께) 다가와서 그를 시험하며 말하였다. "사람이 아무 이유로나 자기 아내를 버리는 것은 정당합니까?" 4 예수께서 대답하셨다. 7 그들이 그에게 말하였다. "그러면 왜 모세는 이혼문서를 주고 [아내를] 버리도록 명령하였습니까?" 8 (예수께서) 그들에게 말씀하셨다. "모세는 너희의 완고한 마음 때문에 너희 아내를 버리는 것을 너희에게 허락하였다. "너희는 (이 말씀을) 읽어보지 못하였느냐?	2 바리새인들이 다가와서 그를 시험하며 그에게 물었다. "남편이 아내를 버리는 것이 정당합니까?" 3 예수께서 그들에게 대답하셨다. "모세가 너희에게 어떻게 명령하였느냐?" 4 그들이 말하였다. "모세는 이혼문서를 써 (주고) 버리는 것을 허락하였습니다." 5 예수께서 그들에게 말씀하셨다. "그는 너희의 완고한 마음 때문에 너희에게 이 계명을 써 (주었다.)		

마태복음 19:3-12

'창조하신 분이 처
음부터 그들을 남자와 여자로
만드시고 5 이러므로 사람이
아버지와 어머니를 떠나
서 자기 아내와 합하여
두 사람이 한 몸이 될 것이
라고 말씀하셨다.' 6 그래서 그
들은 더 이상 둘이 아니고 한
몸이다. 그러므로 하나님이
짝지어 주신 것을 사람이 나누
지 마라." 7 그들이 그에게 말
하였다. "그러면 왜 모세는 이
혼문서를 주고 「[아내를] 버리
도록 명령하였습니까?"
8 (예수께서) 그들에게 말씀하
셨다. "모세는 너희의 완고한
마음 때문에 자기 아내를 버리
는 것을 너희에게
허락하였다. 그러나 처음부터
이렇게 되어 있지는 않다.

9 내가 너희에게 말하는데, 음
행의 사유 이외에 자기 아내를
버리고 다른 여자에게 장가드
는 사람은 누구든지
간음하는 「것이다."

7 「그 여자를
9 「것이고 버림받은 여자에게
장가드는 사람도 간음하는
것이다.

마가복음 10:2-12

6 그러나 (하나님은) 창조의 처
음부터 그들을 남자와 여자로
만드셨다. 7 이러므로 사람이
자기 아버지와 어머니를 떠나
서 [자기 아내에게 합하여]
8 두 사람이 한 몸이 될 것이
다. 그래서 그
들은 더 이상 둘이 아니고 한
몸이다. 9 그러므로 하나님이
짝지어 주신 것을 사람이 나누
지 마라." 4 그들이 말
하였다. "모세는 이
혼문서를 써 (주고) 버리
는 것을 허락하였습니다."
5 예수께서 그들에게 말씀하
셨다. "그는 너희의 완고한
마음 때문에
너희에게 이 계명을
써 (주었다.)

10 집에서 제자들이 다시 이 (말
씀에) 관하여 그에게 물었고,
11 그는 그들에게 말씀하셨다.

"자기 아내를
버리고 다른 여자에게 장가드
는 사람은 누구든지 그 여자에
게 간음하는 것이고 12 아내가
자기 남편을 버리고 다른 남자
에게 시집가도 간음하는 것이
다."

누가복음 16:18

18 자기 아내를
버리고 다른 여자에게 장가드
는 사람마다
간음하는 것이고

남편에게 버림받은 여자에
게 장가드는 사람도 간음하는
것이다.

요

마태복음 19:3-12	막 10:2-12	눅 16:18	요
[10] [그의] 제자들이 그에게 말하였다. "아내와 함께 하는 사람의 도리가 이렇다면 장가드는 것이 좋지도 않습니다." [11] 예수께서 그들에게 말씀하셨다. "모든 사람이 [이] 말을 받아들이지는 못한다. 다만 (이것이) 주어진 사람들이라야 (한다.) [12] 왜냐하면 어머니의 태로부터 이렇게 태어난 고자들도 있고, 사람들에 의해 거세된 고자들도 있고, 하늘나라 때문에 자신을 거세한 고자들도 있기 때문이다. 받아들일 수 있는 사람은 받아들여라."			

253. 어린이를 축복하심

마태복음 19:13-15	마가복음 10:13-16	누가복음 18:15-17	요
[13] 그때 사람들이 아이들에게 손을 얹고 기도해 주시기를 (바라며) 그에게 아이들을 데려왔지만, 제자들이 그들을 꾸짖었다. [14] 예수께서 말씀하셨다. "아이들을 놓아두고 그들이 내게로 오는 것을 막지 마라. 하늘나라는 이런 사람들의 것이기 때문이다." [15] 그리고 그들에게 손을 얹어 주시고 나서 그곳을 떠나셨다.	[13] 사람들이 아이들을 만져 주시기를 (바라며) 그에게 아이들을 데려왔지만, 제자들이 그들을 꾸짖었다. [14] 예수께서 보시고 성이 나서 그들에게 말씀하셨다. "아이들이 내게로 오도록 놓아두고 그들을 막지 마라. 하나님의 나라는 이런 사람들의 것이기 때문이다. [15] 참으로 내가 너희에게 말하는데, 누구든지 하나님의 나라를 아이처럼 받아들이지 않는 사람은 결코 그리로 들어가지 못할 것이다." [16] 그리고 그들을 안으셔서 그들에게 손을 얹어 주시고 축복하셨다.	[15] 사람들이 아기들을 만져 주시기를 (바라며) 그에게 아기들도 데려왔지만, 제자들이 보고 그들을 꾸짖었다. [16] 예수께서 그 아기들을 가까이 부르시고 말씀하셨다. "아이들이 내게로 오도록 놓아두고 그들을 막지 마라. 하나님의 나라가 이런 사람들의 것이기 때문이다. [17] 참으로 내가 너희에게 말하는데, 누구든지 하나님의 나라를 아이처럼 받아들이지 않는 사람은 결코 그리로 들어가지 못할 것이다."	

254. 부자 청년

마태복음 19:16-22	마가복음 10:17-22	누가복음 18:18-23	요
16 보라, 한 사람이 그에게 다가와서 말하였다. "선생님! 제가 영원한 생명을 가지려면 무슨 선한 일을 해야 합니까?" 17 예수께서 그에게 말씀하셨다. "왜 선한 일에 관하여 나에게 묻느냐? 선한 이는 한 분이시다. 네가 생명에 들어가고 싶으면 계명들을 지켜라." 18 그가 (예수께) 말하였다. "어떤 것입니까?" 예수께서 말씀하셨다. "'살인하지 마라. 간음하지 마라. 도둑질하지 마라. 거짓 증언하지 마라.	17 그가 길에 나가시자 한 사람이 달려와서 그에게 무릎을 꿇고 물었다. "선하신 선생님! 제가 영원한 생명을 물려받으려면 무엇을 해야 합니까?" 18 예수께서 그에게 말씀하셨다. "왜 나를 선하다고 하느냐? 하나님 한 분밖에는 아무도 선하지 않다. 19 네가 계명들을 알고 있다. 살인하지 마라. 간음하지 마라. 도둑질하지 마라. 거짓 증언하지 마라. 속여서 빼앗지 마라.	18 어떤 관원이 그에게 물었다. "선하신 선생님! 제가 무엇을 해야 영원한 생명을 물려받겠습니까?" 19 예수께서 그에게 말씀하셨다. "왜 나를 선하다고 하느냐? 하나님 한 분밖에는 아무도 선하지 않다. 20 네가 계명들을 알고 있다. 간음하지 마라. 살인하지 마라. 도둑질하지 마라. 거짓 증언하지 마라.	
19 아버지와 어머니를 공경하여라' 그리고 '네 이웃을 네 자신처럼 사랑하여라' 이다."	네 아버지와 어머니를 공경하여라."	네 아버지와 어머니를 공경하여라."	
20 그 젊은이가 (예수께) 말하였다. "저는 이 모두를 ᵀ 지켰습니다. 아직 무엇이 모자랍니까?"	20 그가 (예수께) 말하였다. "선생님, 저는 이 모두를 제 어릴 적부터 지켰습니다."	21 그가 말하였다. "저는 이 모두를 어릴 적부터 지켰습니다."	
21 예수께서 그에게 말씀하셨다. "네가 완전해지고 싶다면 가서 네 소유를 팔아서 가난한 사람들에게 주어라. 그러면 너는 하늘에 보물이 있을 것이다. 그리고 와서 나를 따라라."	21 예수께서 그를 쳐다보시고 그를 사랑하시며 그에게 말씀하셨다. "하나가 네게 모자라다. 가서 네게 있는 것들을 팔아서 가난한 사람들에게 주어라. 그러면 너는 하늘에 보물이 있을 것이다. 그리고 와서 나를 따라라."	22 예수께서 들으시고 그에게 말씀하셨다. "아직 하나가 네게 남아 있다. 네게 있는 것들을 모두 팔아서 가난한 사람들에게 나누어 주어라. 그러면 너는 하늘에 보물이 있을 것이다. 그리고 와서 나를 따라라."	

20 ᵀ 어릴 적부터

마태복음 19:16-22	마가복음 10:17-22	누가복음 18:18-23	요
22 그러나 젊은이는 그 말씀을 듣고 나서 슬퍼하면서 가버렸다. 그는 많은 재산을 가지고 있었기 때문이다.	22 그러나 그는 (이) 말씀에 풀이 죽어서 슬퍼하면서 가버렸다. 그는 많은 재산을 가지고 있었기 때문이다.	23 그러나 그는 이 (말씀들을) 듣고 나서 몹시 슬프게 되었다. 그는 매우 부자였기 때문이다.	

255. 재물의 위험과 보상에 관하여

마태복음 19:23-30	마가복음 10:23-31	누가복음 18:24-30	요
23 예수께서 자기 제자들에게 말씀하셨다. "참으로 내가 너희에게 말하는데, 부자는 어렵게 하늘나라에 들어갈 것이다.	23 예수께서 둘러보시고 나서 자기 제자들에게 말씀하셨다. "재산을 가진 사람들이 하나님의 나라에 들어가기가 얼마나 어려운가!"	24 예수께서 [몹시 슬프게 된] 그를 보시고 나서 말씀하셨다. "재산을 가진 사람들이 하나님의 나라에 들어가기가 얼마나 어려운가!	
24 다시 내가 너희에게 말하는데,	24 제자들이 그의 말씀에 놀라자 예수께서 다시 그들에게 대답하셨다. "얘들아, 하나님의 나라에 들어가는 것이 얼마나 어려운가!		
낙타가 바늘구멍을 통과하는 것이 부자가 하나님의 나라에 들어가는 것보다 더 쉽다."	25 낙타가 바늘구멍을 통과하는 것이 부자가 하나님의 나라에 들어가는 것보다 더 쉽다."	25 낙타가 바늘구멍으로 들어가는 것이 부자가 하나님의 나라에 들어가는 것보다 더 쉽기 때문이다."	
25 제자들이 듣고 몹시 놀라서 말하였다. "그렇다면 누가 구원될 수 있습니까?"	26 그들은 무척 놀라서 서로 말하였다. "그러면 누가 구원될 수 있을까?"	26 들은 사람들이 말하였다. "그러면 누가 구원될 수 있습니까?"	
26 예수께서 그들을 쳐다보시고 나서 말씀하셨다. "사람들에게는 이것이 불가능하나 하나님에게는 모든 것들이 가능하다."	27 예수께서 그들을 쳐다보시고 나서 말씀하셨다. "사람들에게는 불가능하지만 하나님에게는 (그렇지) 않다. 왜냐하면 하나님에게는 모든 것이 가능하기 때문이다."	27 예수께서 말씀하셨다. "사람들에게는 불가능한 것들이 하나님에게는 가능하다."	

마태복음 19:23-30

27 그때 베드로가 그에게 대답하였다. "보십시오. 저희는 모든 것을 버리고 당신을 따랐습니다. 그렇다면 저희에게 무엇이 있겠습니까?"
28 예수께서 그들에게 말씀하셨다. "참으로 내가 너희에게 말하는데, 새 시대, 곧 인자가 자신의 영광스러운 보좌에 앉을 때 나를 따른 너희도 열두 보좌에 앉아서 이스라엘의 열두 지파를 심판할 것이다.
29 또 내 이름 때문에 집이나 형제들이나 자매들이나 아버지나 어머니나 ⊤ 자녀들이나 밭을 버린 사람은 모두 「백 배를 받고 영원한 생명을 물려받을 것이다.
30 그러나 많은 첫째들이 꼴찌가 되고 꼴찌들이 첫째가 될 것이다.

29 ⊤아내나
「몇

마가복음 10:23-31

28 베드로가 그에게 말하기 시작하였다. "보십시오. 저희는 모든 것을 버리고 당신을 따랐습니다."
29 예수께서 말씀하셨다. "참으로 내가 너희에게 말하는데, 나 때문에, 또 복음 때문에 집이나 형제들이나 자매들이나 어머니나 아버지나 자녀들이나 밭을 버리고도
30 지금 이 시대에 집과 형제들과 자매들과 어머니들과 자녀들과 밭을 박해와 함께 백 배로 받지 못하고 오는 시대에 영원한 생명을 (받지) 못할 사람은 아무도 없다.
31 그러나 많은 첫째들이 꼴찌가 되고 꼴찌들이 첫째가 될 것이다."

누가복음 18:24-30

28 베드로가 말하였다. "보십시오. 저희는 저희 것을 버리고 당신을 따랐습니다."
29 예수께서 그들에게 말씀하셨다. "참으로 내가 너희에게 말하는데, 하나님의 나라 때문에 집이나 아내나 형제들이나 부모나 자녀들을 버리고도
30 이 시대에 여러 배를 [돌려]받지 못하고 오는 시대에 영원한 생명을 (받지) 못할 사람은 아무도 없다."

요

256. 포도원 일꾼 비유

마태복음 20:1-16

막 | 눅 | 요

1 하늘나라는 어떤 사람, 곧 자기 포도원에서 (일할) 일꾼들을 사려고 아침 일찍 나
간 집주인과 같다. 2 그는 일꾼들과 하루 한 데나리온에 합의하고 그들을 자기 포도

마태복음 20:1-16	막	눅	요
원에 들여보냈다. [3] 또 그는 세 시쯤에 나가서 일 없이 장터에 서 있는 다른 사람들을 보고 [4] 그들에게 말하였다. '자네들도 포도원에 들어가게. 그러면 내가 자네들에게 정당한 것을 주겠네.' [5] 그러자 그들이 갔다. 그는 여섯 시와 아홉 시쯤에 다시 나가서 똑같이 하였다. [6] 그는 열한 시쯤에 나가서 다른 사람들이 서 있는 것을 발견하고 그들에게 말하였다. '왜 자네들은 온 종일 일 없이 여기 서 있는가?' [7] 그들이 그에게 말하였다. '아무도 우리에게 일을 주지 않기 때문입니다.' 그가 그들에게 말하였다. '자네들도 포도원에 들어가게.' [8] 저녁이 되어서 포도원 주인이 자기 관리인에게 말하였다. '일꾼들을 불러다가 마지막에 (온) 사람들부터 시작하여 처음 (온) 사람들에게까지 그들에게 품삯을 주어라.' [9] 열 한 시쯤에 (온 일꾼)들이 와서 한 데나리온씩을 받았다. [10] 그러자 처음에 (온 일꾼)들이 와서 자기들은 더 많이 받을 것으로 생각했으나 그들도 한 데나리온씩을 받았다. [11] 받고 나서 그들은 집주인에게 투덜거리며 [12] 말하였다. '마지막에 (온) 이 사람들은 한 시간 일했는데 당신은 뙤약볕 밑에서 종일 짐을 나른 우리를 그들과 똑같이 대우하였습니다.' [13] 집주인이 그들 가운데 하나에게 대답하였다. '친구여, 나는 자네에게 잘못하지 않았네. 자네가 나와 한 데나리온에 합의하지 않았는가? [14] 자네 것이나 가지고 가게. 마지막에 (온) 이 사람에게도 자네에게처럼 주고 싶네. [15] 내 것으로 내 뜻대로 하는 것이 내게 부당한가? 아니면 내가 후하기 때문에 자네 눈꼴이 신가?' [16] 이렇게 꼴찌들이 첫째가 되고 첫째들이 꼴찌가 될 것이다. [T] 16 [T] 많은 사람이 불리었지만 적은 사람이 뽑혔기 때문이다.			

257. 수전절의 예수

마	막	눅	요한복음 10:22-39
			[22] 그때 예루살렘에 수전절 행사가 있었다. 겨울이었다. [23] 예수께서 성전에서 솔로몬 행각 안을 걷고 계셨다. [24] 그러자 유대인들이 그를 둘러싸고 그에게 말하였다. "언제까지 당신이 우리 마음을 졸이게 하겠소? 당신이 그리스도이시면 우리에게 명백히 말해 주시오." [25] 예수께서 그들에게 대답하셨다. "내가 너희에게 말하였지만 너희가 믿지 않는다. 내가 내 아버지의 이름으로 하는 일들, 이것들이 나에 관하여 증언하고 있다. [26] 그러나 너희는 내 양에 속하지 않아서 믿지 않는다. [27] 내 양들은 내 음성을 듣는다. 나는 그들을 알고 그들은 나를 따른다. [28] 나는 그들에게 영원한 생명

마	막	눅	요한복음 10:22-39
			을 준다. 그래서 그들은 결코 영원히 멸망하지 않을 것이다. 또 누가 그들을 내 손 에서 빼앗지 못할 것이다. [29] ※내 아버지, 그가 내게 주신 것은 모든 것보다 더 크 다. 그래서 아무도 (그것을) 아버지의 손에서 빼앗을 수 없다. [30] 나와 아버지, 우리 는 하나다." [31] 유대인들이 다시 돌을 집어서 그를 치려고 하였다. [32] 예수께서 그들 에게 대답하셨다. "내가 아버지에게서 (오는) 좋은 일들을 많이 너희에게 보여 주었 다. 그 중에서 어떤 일 때문에 나를 돌로 치려 하느냐?" [33] 유대인들이 그에게 대답 하였다. "우리가 좋은 일에 관하여 당신을 돌로 치려는 것이 아니오. 다만 모독에 관 한 것이오. 당신이 사람인데 당신 자신을 하나님이라 하기 때문이오." [34] 예수께서 그들에게 대답하셨다. "'내가 너희는 신들이라고 말하였다' 고 너희의 율법에 기록되 어 있지 않느냐? [35] 성경은 폐지될 수 없다. 하나님의 말씀이 전해진 그 사람들을 그 가 신들이라고 하셨다면 [36] 아버지께서 거룩하게 하셔서 세상에 보내신 사람인 내가 '나는 하나님의 아들이다' 라고 말한 것을 너희가 '당신이 하나님을 모독하고 있소' 라 고 말하느냐? [37] 내가 내 아버지의 일들을 하지 않으면 나를 믿지 마라. [38] 그러나 내가 행하면 나를 믿지 않아도 그 일들은 믿어라. 아버지께서 내 안에 (계시고) 내 가 아버지 안에 (있다는) 것을 너희가 깨달아 알게 될 것이다." [39] [그러자] 그들이 다시 그를 붙잡으려 하였다. 그러나 그는 그들의 손아귀에서 빠져 나가셨다. 29 ※(그들을) 내게 주신 내 아버지는 모든 것보다 더 크시다. 그래서 아무도 (그들을) 아버지의 손에서 빼앗을 수 없다.

258. 요단강으로 가심

마	막	눅	요한복음 10:40-42
			[40] 그는 다시 요단 강 건너편, 곧 요한이 처음에 세례를 주던 곳으로 가셔서 거기 머 무셨다. [41] 많은 사람이 그에게 와서 말하였다. "요한은 아무 표적도 행하지 않았지 만 요한이 이 사람에 관하여 한 모든 (말은) 사실이었다." [42] 거기서 많은 사람이 그 를 믿었다.

259. 나사로를 살리심

마	막	눅	요한복음 11:1-44

[1] 어떤 병든 사람이 있었다. 마리아와 그녀의 자매 마르다의 마을 베다니 출신인 나
사로였다. [2] 마리아는 주님께 향유를 바르고 자기 머리털로 그의 발을 닦은 여자였는
데 그녀의 형제 나사로가 병이 든 것이다. [3] 그래서 자매들이 그에게 사람을 보내어
말하였다. "주님, 보십시오. 당신이 사랑하시는 사람이 병이 들었습니다." [4] 그러나
예수께서 듣고 말씀하셨다. "이 병은 죽음에 (이르지 않)고 하나님의 영광을 (드러낼
것이다.) 곧 하나님의 아들이 이(것)을 통하여 영광을 받게 하려는 것이다." [5] 예수께
서 마르다와 그녀의 자매와 나사로를 사랑하셨는데 [6] 그가 병들었다는 것을 들으셨을
때, 그때는 그가 계셨던 곳에 이틀을 더 머무셨다. [7] 그렇지만 그 후에 그는 제자들
에게 말씀하셨다. "다시 유대로 가자." [8] 제자들이 그에게 말하였다. "랍비여, 유대인
들이 방금 당신을 돌로 치려고 하였는데 다시 거기로 가십니까?" [9] 예수께서 대답하
셨다. "낮에는 열두 시간이 있지 않느냐? 누가 낮에 걸으면 이 세상의 빛을 보기 때
문에 걸려 넘어지지 않는다. [10] 그러나 누가 밤에 걸으면 그 안에 빛이 없기 때문에
걸려서 넘어진다." [11] 그가 이렇게 말씀하신 후에 또 그들에게 말씀하셨다. "우리 친
구 나사로가 잠들었다. 그러나 내가 그를 깨우러 간다." [12] 그러자 제자들이 그에게
말하였다. "주님, 그가 잠들었다면 ※일어날 것입니다." [13] 예수께서는 그의 죽음에 관
해 말씀하셨지만 그들은 그가 잠들어 쉬는 것에 관해 말씀하시는 줄로 생각하였다.
[14] 그래서 그때 예수께서 그들에게 명백하게 말씀하셨다. "나사로가 죽었다. [15] 내가
거기 있지 않았던 것을 너희를 위하여 기뻐한다. 너희가 믿게 하려는 것이다. 그에
게로 가자." [16] 그러자 디두모라고 하는 도마가 동료 제자들에게 말하였다. "우리도
그와 함께 죽으러 가세." [17] 예수께서 가서 그를 찾으셨을 때 그는 이미 나흘을 무덤
속에 있었다. [18] 베다니는 예루살렘 가까이 ※약 5리 떨어진 곳에 있었다. [19] 유대인
가운데서 많은 사람이 마르다와 마리아에게 와 있었다. 그 형제에 관하여 그들을 위
로하려는 것이었다. [20] 마르다는 예수께서 오신다는 (말을) 듣자 그를 마중하러 나갔
지만 마리아는 집에 앉아 있었다. [21] 마르다가 예수께 말하였다. "주님, 당신이 여기
계셨으면 제 형제가 죽지 않았을 것입니다. [22] 그러나 지금이라도 당신이 하나님께
청하는 것은 무엇이든지 하나님께서 당신에게 주실 것을 저는 압니다." [23] 예수께서
그 여자에게 말씀하셨다. "네 형제가 다시 살아날 것이다." [24] 마르다가 그에게 말하
였다. "마지막 날 부활에 그가 다시 살아날 것을 저는 압니다." [25] 예수께서 그 여자
에게 말씀하셨다. "나는 부활이요 생명이다. 나를 믿는 사람은 죽어도 살 것이다. [26] 또
살아서 나를 믿는 사람마다 결코 영원히 죽지 않을 것이다. 네가 이것을 믿느냐?"

12 ※구원될
17 ※약 15스타디온

마	막	눅	요한복음 11:1-44
			27 그 여자가 그에게 말하였다. "예, 주님. 당신은 그리스도, 세상에 오시는 하나님의 아들이심을 제가 믿어 왔습니다." 28 그 여자는 이렇게 말하고 가서 자기 자매 마리아 를 불러 조용히 말하였다. "선생님께서 오셔서 너를 부르신다." 29 그 여자는 (이 말 을) 듣자 급히 일어났고 그에게로 갔다. 30 예수께서는 아직 마을 안으로 들어오지 않으셨고 마르다가 그를 마중하던 그 곳에 여태 계셨다. 31 마리아와 함께 집에 있으 면서 그 여자를 위로하던 유대인들은 마리아가 급히 일어나서 나가는 것을 보고 그 여자가 울기 위해 무덤에 가는 것으로 생각하고 그 여자를 따랐다. 32 마리아는 예수 께서 계시던 곳에 와서 그를 보고 그의 발 앞에 엎드려 말하였다. "주님, 당신이 여 기 계셨으면 제 형제가 죽지 않았을 것입니다." 33 예수께서 그 여자가 우는 것과 그 여자와 함께 온 유대인들이 우는 것을 보시고 속으로 언짢아하셨고 괴로워하시며 34 말씀하셨다. "어디에 그를 두었느냐?" 그들이 그에게 말하였다. "주님, 와서 보십 시오." 35 예수께서 눈물을 흘리셨다. 36 그러자 유대인들이 말하였다. "보시오, 그가 나사로를 얼마나 사랑하셨는가!" 37 그들 중에서 어떤 사람들이 말하였다. "소경의 눈 을 뜨게 한 이 사람이 이 사람은 죽지 않게 할 수 없었는가?" 38 예수께서 속으로 다 시 언짢아하시면서 무덤으로 가셨다. 무덤은 동굴이었고 그 앞에 바위가 놓여 있었 다. 39 예수께서 말씀하셨다. "바위를 치워라." 죽은 사람의 자매 마르다가 그에게 말 하였다. "주님, 나흘째여서 이미 냄새가 납니다." 40 예수께서 그 여자에게 말씀하셨 다. "네가 믿으면 네가 하나님의 영광을 볼 것이라고 네게 말하지 않았느냐?" 41 그래 서 사람들이 바위를 치웠다. 그러자 예수께서 눈을 위로 들고 말씀하셨다. "아버지 여, 제 (말)을 들으신 것을 당신께 감사합니다. 42 저는 당신이 언제나 제 (말)을 들 으시는 줄로 알았습니다. 그러나 둘러 서 있는 무리를 위하여 말했습니다. 당신이 저를 보내셨다는 것을 그들이 믿게 하려는 것입니다." 43 이렇게 말씀하신 후에 큰 소리로 외치셨다. "나사로야, 밖으로 나오너라." 44 죽은 사람이 나왔는데 발과 손은 천으로 묶여 있었고 그의 얼굴은 수건으로 싸매여 있었다. 예수께서 그들에게 말씀 하셨다. "그를 풀어 주고 그가 가도록 놓아두어라."

260. 예루살렘 회의

마	막	눅	요한복음 11:45-53
			45 마리아에게 왔다가 그가 한 일들을 본 유대인들 중에서 많은 사람이 그를 믿었다. 46 그들 가운데서 어떤 사람들이 바리새인들에게 가서 예수께서 행하신 일들을 그들 에게 말하였다. 47 그러자 대제사장들과 바리새인들이 공회를 소집하고 말하였다.

마	막	눅	요한복음 11:45-53
			"이 사람이 많은 표적을 행하는데 어떻게 할까요? [48] 이 사람을 이렇게 놓아두면 모 든 사람이 그를 믿을 것이고 로마인들이 와서 우리 땅도 민족도 빼앗을 것이오." [49] 그들 중에서 한 어떤 사람, 곧 그 해의 대제사장인 가야바가 그들에게 말하였다. "여러분은 아무 것도 알지 못하오. [50] 여러분은 한 사람이 백성을 위하여 죽고 온 민 족이 망하지 않는 것이 여러분에게 유익하다는 것을 계산하지 않고 있소." [51] 그는 이것을 스스로 말하지 않았다. 그 해의 대제사장이어서 예수께서 민족을 위하여 죽 으실 것을 예언한 것이다. [52] 또 그 민족을 위할 뿐만 아니라 흩어져 있는 하나님의 자녀들을 하나로 모으실 것도 (예언한 것이다.) [53] 그래서 그날부터 그들은 그를 죽 이려고 계획하였다.

261. 에브라임에 가심

마	막	눅	요한복음 11:54-57
			[54] 그러므로 예수께서 유대에서는 더 이상 공공연하게 걸어 다니지 아니하시고 그곳 을 떠나 황야에 가까운 지방, 곧 에브라임이라고 불리는 성으로 가서 거기 제자들 과 함께 머무셨다. [55] 유대인들의 유월절이 가까워지자 그 지방에서 많은 사람이 자 신들을 성결케 하려고 유월절 전에 예루살렘으로 올라갔다. [56] 그들은 예수를 찾으며 성전 안에 서서 서로 말하였다. "당신들은 어떻게 생각하시오? 그가 명절에 와야 하 지 않을까요?" [57] 대제사장들과 바리새인들은 그가 어디 있는지 누가 알면 알려서 그 를 붙잡게 하라고 명령을 내려 두었다.

262. 세 번째 수난 예고

마태복음 20:17-19	마가복음 10:32-34	누가복음 18:31-34	요
[17] 예수께서 예루살렘으로 올라 가실 때	[32] 그들은 예루살렘으로 올라가 는 길에 있었는데 예수께서 그 들을 앞서 가실 때에 그들은 놀라고 있었다. 따르는 사람들		

마태복음 20:17-19

열두 [제자를] 따로 데려다가 길에서 그들에게 말씀하셨다.
18 "보아라, 우리가 예루살렘으로 올라가고 있다. 인자가 대제사장들과 율법학자들에게 넘겨지겠고, 그들은 그에게 죽음을 선고하여
19 그를 웃음거리로 만들고
채찍질하고 십자가에 못 박도록 이방인들에게 넘겨주겠지만, 그는 셋째 날에 살아날 것이다."

마가복음 10:32-34

이 두려워하자 (예수께서) 다시 열둘을 데려다가 자기에게 닥쳐올 일들을 그들에게 말씀하기 시작하셨다.
33 "보아라, 우리가 예루살렘으로 올라가고 있다. 인자가 대제사장들과 율법학자들에게 넘겨지겠고, 그들은 그에게 죽음을 선고하여 그를 이방인들에게 넘겨주고
34 그를 웃음거리로 만들고 그에게 침 뱉고 그를 채찍질하고 죽이겠지만,
그는 사흘 후에 살아날 것이다."

누가복음 18:31-34

31 (예수께서) 열둘을 데려다가 그들에게 말씀하셨다.
"보아라, 우리가 예루살렘으로 올라가고 있다. 선지자들에 의해 적혀 있는 것들이 모두 인자에게 이루어질 것이다.
32 그는 이방인들에게 넘겨지고 웃음거리가 되고 모욕을 당하고 침 뱉음을 당하겠고,
33 그들은 그를 채찍질하고 죽이겠지만,
그는 셋째 날에 살아날 것이다."
34 그들은 이 (말씀)들 가운데 아무 것도 깨닫지 못하였다. 이 말씀이 그들에게 숨겨져 있어서 말해진 것들을 알지 못하였던 것이다.

요

263. 제자들의 서열에 관하여

마태복음 20:20-28

20 그때 세베대의 아들들의 어머니가 자기 아들들과 함께 그에게 다가와서 절하며 그에게 무엇인가를 부탁하였다.

마가복음 10:35-45

35 세베대의 아들들, 곧 야고보와 요한이 그에게 다가와서 말하였다. "선생님, 저희가 당신께 부탁하는 것은 무엇이든지 저희에게 해 주시기 바랍니다."

누가복음 22:24-27

요

마태복음 20:20-28

21 예수께서 그 여자에게 말씀
하셨다. "무엇을
바라느냐?"
그 여자가 (예수께) 말하였다.
"당신의 나라에서 저의 이 두
아들이 하나는 당신의 오른쪽
에, 하나는 당신의 왼쪽에 앉
도록 말씀해 주십
시오." 22 예수께서 대
답하셨다. "너희가 무엇을 부탁
하는지 알지 못하는구나. 내가
마실 잔을 너희가 마실 수 있
느냐? ⸆ "
그들이 그에게
말하였다. "할 수 있습니다."
23 (예수께서) 그들에게 말씀하
셨다. "내 잔은 너희
가 ⸀마시겠지만,
내 오른쪽과
왼쪽에 앉는 것[,이것]은 내가
주는 것이 아니다. 내 아버지로
말미암아 준비되어 있는 그 사
람들에게 (주어질 것이다.)"
24 열 명이 듣고 나서 두 형제
에게 성을 내었다.
25 그러자 예수께서 그들을
불러다가 말씀하셨다.
"이방인의 통치자들은
그들을 지배하고
높은 사람들은 그들에

22 ⸆내가 받는 세례를 너희가 받을 수 있느냐?
23 ⸀마시고 내가 받는 세례는 너희가 받겠지만,

마가복음 10:35-45

36 예수께서 그들에게 말씀
하셨다. "무엇을 너희에게 해
주기를 [내게] 바라느냐?"
37 그들이 (예수께) 말하였다.
"당신의 영광 가운데 저희가
하나는 당신의 오른쪽
에, 하나는 왼편에 앉
도록 저희에게 해 주십
시오." 38 예수께서 그들에게 대
답하셨다. "너희가 무엇을 부탁
하는지 알지 못하는구나. 내가
마시는 잔을 너희가 마시고 내
가 받는 세례를 너희가 받을
수 있느냐?" 39 그들이 그에게
말하였다. "할 수 있습니다."
예수께서 그들에게 말씀하
셨다. "내가 마시는 잔은 너희
가 마시고 내가 받는 세례는 너
희가 받겠지만, 40 내 오른쪽과
왼쪽에 앉는 것은 내가
주는 것이 아니다.
준비되어 있는 그 사
람들에게 (주어질 것이다.)"
41 열 명이 듣고 나서 야고보와
요한에게 성을 내기 시작하였
다. 42 그래서 예수께서 그들을
불러다가 그들에게 말씀하셨다.
"이방인을 통치한다고 생각하
는 사람들은 그들을 지배하고
그들의 높은 사람들은 그들에

누가복음 22:24-27

24 그들 중에서
누가 더 크다고 생각하는지를
놓고 그들 사이에 말다툼도 벌
어졌다. 25 예수께서
그들에게 말씀하셨다.
"이방인의 왕들은
그들을 속박한다.
또 그들에

요

마태복음 20:20-28	마가복음 10:35-45	누가복음 22:24-27	요
게 권력을 휘두른다는 것을 너희가 알고 있다.	게 권력을 휘두른다는 것을 너희가 알고 있다. [43] 그러나	게 권력을 행사하는 사람들이 은인이라고 불린다. [26] 그러나	
[26] 너희 사이에는 이렇지 않다. 오히려 너희 가운데 누구든지 크게 되고 싶은 사람은 너희를 섬기는 사람이 되어야 한다. [27] 또 너희 가운데 누구든지 으뜸이 되고 싶은 사람은 너희의 종이 되어야 한다.	너희 사이에는 이렇지 않다. 오히려 너희 가운데 누구든지 크게 되고 싶은 사람은 너희를 섬기는 사람이 되어야 한다. [44] 또 너희 가운데 누구든지 으뜸이 되고 싶은 사람은 모두의 종이 되어야 한다.	너희는 이렇지 않다. 오히려 너희 가운데서 더 큰 사람은 더 젊은 사람처럼 되고 다스리는 사람은 섬기는 사람처럼 되어라.	
		[27] 누가 더 크냐? (식탁에) 앉아 있는 사람이냐? 섬기는 사람이냐? (식탁에) 앉아 있는 사람이 아니냐? 그러나 나는 섬기는 사람으로 너희 가운데 있다.	
[28] 인자는 섬김을 받으러 오지 않고 오히려 섬기러, 또 자기 목숨을 많은 사람을 대신하여 몸값으로 주러 (온) 것과 같다."	[45] 인자는 섬김을 받으러 오지 않고 오히려 섬기러, 또 자기 목숨을 많은 사람을 대신하여 몸값으로 주러 (왔기) 때문이다."		

264. 두 눈먼 사람을 보게 하심

마태 9:27-31	마태 20:29-34	마가 10:46-52	누가 18:35-43	요
		[46] 그들은 여리고로 들어갔다. 그와 그의 제자들, 그리고 수많은		
[27] 예수께서	[29] 그들이		[35] 그가	
그곳에서 더 가실 때에	여리고에서 나갈 때에 많은 무리가 그를 따랐는데 [30] 보라,	무리가 여리고에서 나갈 때에	여리고에 가까워지고 있을 때	
		디매오의 아들 바디매		
눈먼 사람 두 명이 [그를] 따라가며	눈먼 사람 두 명이 길가에 앉아 있다가	오라는 한 눈먼 거지가 길가에 앉아 있다가	어떤 눈먼 사람이 길가에 앉아서 구걸을 하고 있다	

마태 9:27-31	마태 20:29-34	마가 10:46-52	누가 18:35-43	요
			가 36 무리가 지나가는 (소리를) 듣고 이것이 무슨 일인지를 물었는데, 37 사람들이 그에게	
	예수께서 지나치신다는 (말을) 듣고	47 나사렛 사람 예수시라는 (말을) 듣고	나사렛 사람 예수께서 지나가신다고 알려주었다. 38 그러자	
소리 지르며 말하였다.	소리 지르며 말하였다.	소리 지르며 말하기 시작하였다.	그가 외치며 말하였다.	
	"저희를 불쌍히 여겨 주십시오. [주님!] 다윗의 아들이여!"	"다윗의 아들 예수여, 저를 불쌍히 여겨 주십시오."	"다윗의 아들 예수여, 저를 불쌍히 여겨 주십시오."	
	31 무리가 그들을 조용히 하라고 꾸짖었지만 그들은 더 크게 소리 지르며 말하였다.	48 많은 사람이 그를 조용히 하라고 꾸짖었지만 그는 더 많이 소리 질렀다.	39 앞서가던 사람들이 그를 조용히 하라고 꾸짖었지만 그는 더 많이 소리 질렀다.	
"저희를 불쌍히 여겨 주십시오. 다윗의 아들이여!"	"저희를 불쌍히 여겨 주십시오. 「주님! 다윗의 아들이여!"	"다윗의 아들이여, 저를 불쌍히 여겨 주십시오."	"다윗의 아들이여, 저를 불쌍히 여겨 주십시오."	
	32 예수께서 서서 그들을 부르시고 말씀하셨다.	49 예수께서 서서 말씀하셨다.	40 예수께서 서서 그를 자기에게 데려오라고 지시하셨고	
		"그를 불러라." 사람들이 그 눈먼 사람을 부르며 그에게 말하였다. "안심하고 일어나라. 그가 너를 부르신다."		
28 그가 집으로 들어가시자, 그 눈먼 사람들이 그에게 다가왔다.		50 그러자 그는 자기 겉옷을 팽개치고 뛰어 일어나서 예수께로 왔다.	그가 가까이 오자	
그러자 예수께서 그들에게 말씀하셨다.		51 예수께서 그에게 대답하셨다.	그에게 물어 보셨다.	

31 「예수! 또는 없음

마태 9:27-31	마태 20:29-34	마가 10:46-52	누가 18:35-43	요
	"내가 너희에게 무엇을 해주기를 바라느냐?"	"내가 네게 무엇을 해주기를 바라느냐?"	[41] "내가 네게 무엇을 해주기를 바라느냐?"	
"내가 이 일을 할 수 있다는 것을 너희가 믿느냐?" 그들이 "예, 주님!" 하고 그에게 말하였다.	[33] 그들이 그에게 말하였다. "주님! 저희 눈이 뜨이는 것입니다."	그 눈먼 사람이 그에게 말하였다. "선생님, 다시 보는 것입니다."	그가 말하였다. "주님, 다시 보는 것입니다."	
[29] 그때 (예수께서) 그들의 눈을 만지시며	[34] 예수께서 가엾이 여기시며 그들의 눈을 만지셨고,	[52] 예수께서	[42] 예수께서	
말씀하셨다. "너희 믿음대로 너희에게 되어라."		그에게 말씀하셨다. "가거라. 네 믿음이 너를 구원하였다."	그에게 말씀하셨다. "다시 보아라. 네 믿음이 너를 구원하였다."	
[30] 그러자 그들의 눈이 열렸다. 예수께서 그들에게 단단히 당부하며 말씀하셨다. "조심하여라. 아무도 알지 못하게 하여라." [31] 그러나 그들은 나가서 그의 소문을 그곳 온 땅에 퍼뜨렸다.	그들이 곧바로 다시 보며 그를 따랐다.	그러자 그가 곧바로 다시 보며 길에서 그를 따랐다.	[43] 그러자 그가 즉시 다시 보며 하나님께 영광을 돌리면서 그를 따랐다. 모든 백성이 보고 하나님께 찬송을 드렸다.	

265. 삭개오

마	막	누가복음 19:1-10	요
		[1] (예수께서) 여리고에 들어가서 지나가고 계셨다. [2] 보라, 삭개오라고 이름하는 어 떤 사람이 (있었는데,) 그는 세리장이었고 또 부자였다. [3] 그는 예수가 누구인지 보 려고 했지만 키가 작아서 무리 때문에 (볼) 수가 없었다. [4] 그래서 그는 (예수를) 보 려고 앞으로 달려가서 뽕나무 위로 올라갔다. (예수께서) 그리로 지나가실 것이었기	

마	막	누가복음 19:1-10	요
		때문이다. [5] 예수께서 그곳에 오셔서 올려다보시며 그에게 말씀하셨다. "삭개오야, 서둘러 내려오너라. 내가 오늘 네 집에서 머물러야 하기 때문이다." [6] 그는 서둘러서 내려왔고 기뻐하면서 예수를 모셔 들였다. [7] 그러자 모두가 보고 수군거리며 말하였다. "그가 죄 있는 사람 곁에 묵으려고 들어갔다." [8] 삭개오가 서서 주님께 말하였다. "보십시오. 주님! 제가 가진 것의 절반을 가난한 사람들에게 주겠습니다. 또 누구의 무엇을 속여서 빼앗은 적이 있으면 네 곱으로 갚겠습니다." [9] 예수께서 그에게 말씀하셨다. "구원이 오늘 이 집에 이르렀다. 이 사람도 아브라함의 아들이기 때문이다. [10] 인자는 잃어버린 것을 찾고 구원하러 왔다."	

266. 므나 비유

마태복음 25:14-30	마가복음 13:34	누가복음 19:11-27	요
[14] (하늘나라는) 어떤 사람이 먼 길을 떠나면서 자기 종들을 불러 그들에게 자기 소유를 맡긴 것과 같다. [15] 그는 각 사람에게 그 능력대로, 한 사람에게는 다섯 달란트를, 한 사람에게는 두 (달란트)를, 한 사람에게는 한 (달란트)를 주고 ᵀ 길을 떠났다. [16] 다섯 달란트를 받은 종은 ○얼른 가서 그것으로 일을 하여	[34] 먼 길을 떠나는 어떤 사람이 자기 집을 떠나면서 자기 종들 각자에게 권한을 주어 자기 일을 (맡기고) 문지기에게 깨어 있으라고 명령하는 것과 같다.	[11] 그들이 이 말씀들을 듣고 있는 동안, (예수께서) 비유를 더하여 말씀하셨다. 예루살렘에 가까워지시고 그들은 하나님의 나라가 곧 나타날 줄로 생각하고 있기 때문에 [12] 말씀하신 것이다. "어떤 귀족 한 사람이 자신을 위하여 ※왕위를 받아서 돌아오려고 먼 나라로 가면서 [13] 자기 종 열 명을 불러 그들에게 열 므나를 주며 말하였다. '내가 올 때까지 장사를 하여라.'	
15 ᵀ곧바로		12 ※나라를	

마태복음 25:14-30

다섯 (달란트)를 더 벌었다. [17] 두 달란트를
(받은) 종도 그와 같이 하여 두 (달란트)를
더 벌었다. [18] 그러나 한 달란트를 받은 종
은 가서 땅을 파고 자기 주인의 은을 숨겨
두었다.

[19] 오랜 세월 후에 그 종들의 주인
이 와서 그들과 계산을 하는데,

[20] 다섯 달란트를
받은 종이 나서며 다섯 달란트를 더 가지고
와서 말하였다. '주인님, 제게 다섯 달란트
를 맡겨 주셨는데, 보십시오, 다섯 달란트
를 더 벌었습니다.' [21] 그의 주인이 그에게
말하였다. '잘 하였다. 착하고 믿음직한 종
아, 네가 적은 일들에 성실하였으니 네게
많은 일들을 맡기겠다. 네 주인의 즐거움에
들어오너라.' [22] 두 달란트를 (받은) 종도 다
가와서 말하였다. '주인님, 제게 두 달란트
를 맡겨 주셨는데, 보십시오, 두 달란트를
더 벌었습니다.' [23] 그의 주인이 그에게 말
하였다.
'잘 하였다. 착하고 믿음직한 종아, 네가 적
은 일들에 성실하였으니 네게 많은 일들을
맡기겠다. 네 주인의 즐거움에 들어오너라.'
[24] 한 달란트를 받아 두었던 종도 다가와서
말하였다. '주인님, 저는 당신이 뿌리지 않
은 데서 거두고 흩지 않은 곳에서 모으는,
굳은 사람이신 것을 알고 [25] 두려워하여 가
서 당신의 달란트를 땅 속에 숨겨 두었습니
다. 보십시오. 당신의 것을 받으십시오.'
[26] 그러자 그의 주인이 그에게 대답하였다.

막

누가복음 19:11-27

[14] 그러나 그의 백성들은 그를 미워하
였고 ※그가 모르게 대표를 보내어 '우리는
이 사람이 우리 위에 군림하는 것을 원하지
않습니다' 라고 하였다. [15] 그가 ※왕위를 받
고 돌아와서 누가 어떻게 장사를 하였는지
알아보려고 자기가 은을 주었던 이 종들을
자기에게로 부르라고 하였다.
[16] 첫 종이 와서
말하였다. '주인님, 당신의 므나로
열 므나를
만들었습니다.' [17] 그가 그 종에게 말하였
다. '잘 하였다. 착한 종아, 가
장 작은 일에 성실하였으니 열 성의 권세를
가져라.'
[18] 둘째 종이
와서 말하였다. '주인님, 당신의 므나로
다섯 므나를
만들었습니다.' [19] 그가 그 종에게 말
하였다.

'너는 다섯 성의 (권세를)
가져라.'
[20] 다른 종이 와서
말하였다. '주인님, 보십시오, 수건에 싸서
가지고 있던 당신의 므나입니다. [21] 당신은
엄한 사람이어서 당신을 두려워하였기 때문
입니다. 당신은 놓지 않은 것을 가져가고
뿌리지 않은 것을 거두십니다.'
[22] 그가 그 종에게 말하였다.

14 ※그의 뒤로
15 ※나라를

요

마태복음 25:14-30	막	누가복음 19:11-27	요
'악하고 게으른 종아! 너는 내가 뿌리지 않은 데서 거두고 흩지 않은 곳에서 모으는 줄로 알았느냐?		'악한 종아! 네 입에서 (나온 말로) 너를 판단하겠다. 내가 놓지 않은 것을 가져가고 뿌리지 않은 것을 거두는 엄한 사람이라는 것을 네가 알았느냐?	
27 그렇다면 너는 내 은을 돈놀이하는 사람들에게 맡겼어야 한다. 그랬으면 내가 와서 이자와 함께 내 은을 돌려받았을 것이다.		23 그러면 왜 내 은을 은행에 주어 내가 와서 이자와 함께 그것을 찾게 하지 않았느냐?'	
28 그러므로 그에게서 달란트를 빼앗아서 열 달란트를 가지고 있는 종에게 주어라.		24 그리고 그는 곁에 서 있는 사람들에게 말하였다. '그에게서 므나를 빼앗아서 열 므나를 가진 종에게 주어라.' 25 그러자 그들이 (주인에게) 말하였다. '주인님, 그는 열 므나가 있습니다.'	
29 가진 사람 모두에게는 주어지고 넘치게 되지만 가지지 않은 사람은 그가 가지고 있는 것마저 빼앗길 것이기 때문이다.		26 '내가 너희에게 말하는데, 가진 사람 모두에게는 주어지지만 가지지 않은 사람은 그가 가지고 있는 것마저 빼앗길 것이다.	
30 그리고 그 쓸모없는 종을 바깥 어두움 속에 내쫓아 버려라. 거기에서 울음과 이를 갊이 있을 것이다.'		27 그리고 내가 자기들의 왕이 되는 것을 원하지 않은, 나의 이 원수들을 여기로 끌어와서 내 앞에서 죽여라.'"	

267. 베다니에서 기름 부음

마태복음 26:6-13	마가복음 14:3-9	누가복음 7:36-50	요한복음 12:1-8
		36 바리새인들 가운데 어떤 사람이 자기와 함께 음식 잡수시기를 그에게 청하였다.	1 유월절 엿새 전에
6 예수께서 베다니에서 문둥병자 시몬의 집에 계셨다.	3 (예수께서) 베다니에서 문둥병자 시몬의 집에 계셨다.	(예수께서) 그 바리새인의 집에 들어가 자리에 앉으셨다.	예수께서 나사로가 있던 베다니로 가셨다. 그는 예수께서 죽은 사람들 가운데서 살리신 사람이다.
7 그가 식사 자리에	그가 식사 자리에	37 그러자 보라,	2 그들이 그를

마태복음 26:6–13	마가복음 14:3–9	누가복음 7:36–50	요한복음 12:1–8
앉아 계시는 동안	앉아 계시는 동안		위하여 거기서 잔치를 베풀었는데 마르다는 시중을 들었고 나사로는 그와 함께 식탁에 앉은 자들 중 하나로 있었다.
어떤 여자가	어떤 여자가	죄인인 어떤 여자가 그 성에 살고 있었는데 예수께서 그 바리새인의 집에서 식사 자리에 앉아 계시다는 것을 알고	3 마리아가
값비싼 향유 한 항아리를 가지고 그에게 다가와서	매우 비싼 향유, 곧 순 나드 한 항아리를 가지고 와서 항아리를 깨뜨리고	향유 한 항아리를 지니고 (와서) 38 그의 뒤, 발 곁에 서서 울며 눈물로 그의 발을 적시기 시작하여 자기의 머리카락으로 닦고	값비싼 순 나드 향유 한 근을 가져 (와서)
그의 머리에 부었다.	그의 머리에 부었다.	그의 발에 입을 맞추고 향유를 발랐다.	예수의 발에 발랐고 자기의 머리카락으로 그의 발을 닦았다. 그 집이 향유 냄새로 가득 채워졌다.
8 그런데 제자들이 보고 성내며	4 그런데 어떤 사람들이 있다가 자기들끼리 성내면서	39 그를 청한 바리새인이 보고 속으로 "이 사람이 선지자라면 자기를 만지는 여자가 누구며 어떤 여자, 곧 죄인임을 알았을 것이다" 하고 중얼거렸다.	4 그의 제자들 가운데 하나로 그를 넘겨 줄 가룟 유다가
말하였다. "웬일로 이렇게 버리는가! 9 이것을 비싸게 팔아서 가난한 사람들에게 줄 수 있었을 것이다."	(말하였다.) "웬일로 향유를 이렇게 버리게 되었는가? 5 이 향유를 삼백 데나리온보다 높게 팔아서 가난한 사람들에게 줄 수 있었을 것이다." 그리고 그 여자를 꾸짖었다.		말하였다. 5 "어째서 이 향유를 삼백 데나리온에 팔아 가난한 사람들에게 주지 않았소?" 6 그가 이렇게 말한 것은 가난한 사람들을 배

마태복음 26:6-13

10 그러나
예수께서 아시고 그들
에게 말씀하셨다.

"왜 그
여자에게 괴로움을 끼
치느냐? 그 여자는 내
게 좋은 일을 하였기
때문이다. 11 너희가 가
난한 사람들은 늘 너희
자신 곁에서 만나지만

나를
늘 만나지는 않기 때문
이다. 12 또 이 여자가

내 몸에 이 향유를 부
은 것은 나를 장사하기
위해서 한 것이기 때문
이다. 13 참으로 내가 너
희에게 말하는데, 온 세
상 어디나 이 복음이
전해지는 곳에는 그 여
자를 기억하도록 이 여
자가 행한 일도 이야기
될 것이다."

마가복음 14:3-9

6 그러나
예수께서
말씀하셨다.

"그 여자
를 놓아 두어라. 왜 그
여자에게 괴로움을 끼
치느냐? 그 여자는 내
게 좋은 일을 하였다.
7 너희가 가
난한 사람들은 늘 너희
자신 곁에서 만나며 원
할 때 그들에게 좋은 일
을 할 수 있지만 나를
늘 만나지는 않기 때문
이다. 8 그 여자는 할
수 있는 일을 하였다.
내 몸에 향유를 발
라서 장사 행위
를 미리 한 것이다.
9 참으로 내가 너
희에게 말하는데, 온 세
상 어디나 복음이
전해지는 곳에는 그 여
자를 기억하도록 이 여
자가 행한 일도 이야기
될 것이다."

누가복음 7:36-50

40 예수께서 그에게 대답
하셨다. "시몬아, 네게
말할 것이 있다." 그가

요한복음 12:1-8

려했기 때문이 아니라
그는 도둑이었고 돈자
루를 맡았다가 들어 있
는 것들을 꺼내가곤 했
기 때문이다. 7 그러자
예수께서
말씀하셨다. "나의
장사 날을 위하여 그것
을 계속하도록 그 여자
를 놓아 두어라.

8 너희가 가
난한 사람들은 늘 너희
자신 곁에서 만나지만

나를
늘 만나지는 않기 때문
이다."

마 26:6-13	막 14:3-9	누가복음 7:36-50	요 12:1-8
		말하였다. "선생님, 말씀하십시오." (예수께서) 말씀하셨다. [41] "어떤 빚쟁이에게 빚진 사람 둘이 있었는데 한 사람은 오백 데나리온을, 다른 사람은 오십 데나리온을 빚지고 있었다. [42] 그들이 갚을 것이 없어서 그가 두 사람에게 은혜를 베풀었다. 그러면 그들 가운데서 누가 그를 더 사랑하겠느냐?" [43] 시몬이 대답하였다. "저는 더 많은 은혜를 입은 사람이라고 생각합니다." 예수께서 그에게 말씀하셨다. "바르게 판단하였다." [44] 그리고 그는 그 여자에게로 몸을 돌리시며 시몬에게 말씀하셨다. "이 여자를 보느냐? 내가 네 집에 들어올 때 너는 내 발에 물을 (부어)주지 않았으나 이 여자는 눈물로 내 발을 적시고 자기 머리카락으로 닦았다. [45] 너는 내게 입 맞추지 않았으나 이 여자는 내가 들어올 때부터 내 발에 입 맞추기를 그치지 않았다. [46] 너는 내 머리에 감람유를 바르지 않았으나 이 여자는 내 발에 향유를 발랐다. [47] 그러므로 내가 네게 말하는데, 그 여자의 많은 죄들이 용서되었다. 많이 사랑하였기 때문이다. 용서받을 일이 적은 사람은 적게 사랑한다." [48] 그리고 예수께서 그 여자에게 말씀하셨다. "네 죄가 용서되었다." [49] 그러자 함께 식사 자리에 앉아 있던 사람들이 속으로 중얼거리기 시작하였다. "죄도 용서하는 이 사람은 누구냐?" [50] (예수께서) 그 여자에게 말씀하셨다. "네 믿음이 너를 건져내었다. 평안히 가거라."	

268. 나사로에 대한 모의

마	막	눅	요한복음 12:9-11
			[9] 유대인들 중에서 큰 무리가 (예수께서) 거기 계신 것을 알고 왔다. 예수 때문만이 아니라 그가 죽은 사람들 가운데서 살리신 나사로도 보기 위해서였다. [10] 그러나 대제사장들은 나사로도 죽이려고 계획하였다. [11] 유대인들 중에서 많은 사람이 그로 말미암아 가서 예수를 믿었기 때문이다.

XII. 예루살렘의 마지막 사역

마 21:1-23:39
막 11:1-12:44
눅 19:28-21:4
요 12:12-19

269. 예루살렘 입성

마태복음 21:1-9	마가복음 11:1-10	누가복음 19:28-40	요한복음 12:12-19
		[28] (예수께서) 이것들을 말씀하시고 나서 앞서 가시며 예루살렘으로 올라가셨다.	[12] 이튿날, 명절을 지키러 온 큰 무리가 예수께서 예루살렘으로 오신다는 것을 듣고 [13] 종려나무 가지들을 가지고 그를 맞이하러 나가서 소리쳤다. "호산나, 주님의 이름으로 오시는 분, 곧 이스라엘의 왕은 복되시다." [14] 예수께서
[1] 그들이 예루살렘에 가까이 가서	[1] 그들이 예루살렘에,		
(9절)	(9절)	(38절)	
감람산의 벳바게에 왔을 때, 그때에 예수께서 제자 둘을 보내시며	감람산 기슭의 벳바게와 베다니에 가까이 갔을 때에 (예수께서) 자기 제자 중에서 둘을 보내시며	[29] 감람산이라 하는 산기슭의 벳바게와 베다니에 가까이 가셨을 때에 제자 중에서 둘을 보내시며	
[2] 그들에게 말씀하셨다. "너희 맞은편 마을로 가거라. 그러면 당나귀가 매여 있고 나귀 새끼가 그것과 함께 (있는 것을) 곧바로 발견할 것이다. (그것들을) 풀어서 내게 끌어오너라.	[2] 그들에게 말씀하셨다. "너희 맞은편 마을로 가보아라. 그곳에 들어가면 그 위에 사람들 중 누구도 아직 타지 않은 나귀 새끼가 매여 있는 것을 곧바로 발견할 것이다. 그것을 풀어서 데려오너라.	[30] 말씀하셨다. "맞은편 마을로 가보아라. 거기 들어가면 그 위에 사람들 중 누구도 한 번도 타지 않은 나귀 새끼가 매여 있는 것을 발견할 것이다. 그것을 풀어서 끌어오너라.	한 작은 나귀를 발견하시고 그 위에 앉으셨다.
[3] 누가 너희에게 뭐라고 하면 '[T] 주님이 그것들을 쓰실 것이오' 라고 하여라.	[3] 누가 너희에게 '왜 이렇게 하시오?' 라고 하면 '[T] 주님이 그것을 쓰실 것이오. 그것을 즉시	[31] 누가 너희에게 '왜 푸시오?' 라고 물으면 이렇게 말하여라. '[T] 주님이 그것을 쓰실 것이오.'"	
3 [T] 그것들의	3 [T] 그것의	31 [T] 그것의	

마태복음 21:1-9

그러면 그가 그것들을
바로 보내 줄 것이다."
[4] 이 일이 일어난 것은
선지자를 통하여 (이렇
게) 말씀하신 것이 이루
어지게 하기 위해서였다.
[5] "시
온의 딸에게 말하여라.
'보라, 네 왕이 네게 오
신다. 그는 온유하셔서
당나귀와 나귀 새끼, 곧
멍에 메는 짐승의 새끼
를 타셨다.'"
[6] 제자들이 가서 예
수께서 자기들에게 시
키신 대로 하여
[7] 당나귀와 나귀
새끼를 끌어와
서 그것들 위에 겉
옷을 얹었고, (예수께
서) 그것들 위에 올라
앉으셨다.

마가복음 11:1-10

여기로 다시 보내겠소'
라고 하여라."
[4] 그들이 가서 나귀
새끼가 문 앞, 곧 바깥
쪽 길에 매여 있는 것
을 발견하였다.
그것을 푸는
데 [5] 그곳에 서 있던 사
람들 중에서 어떤 사람
들이 그들에게 말하였
다. "나귀 새끼를 풀며
무얼 하시오?" [6] 제자들
이 그들에게 예수께서
말씀하신 대로 말하자
그들이 (제자들을) 가게
하였다. [7] 그들은 나귀
새끼를 예수께 데려와
서 그 위에 그들의 겉
옷을 덮었고, (예수께
서) 그 위에
앉으셨다.

누가복음 19:28-40

[32] 보냄을
받은 사람들이 가서 (예
수께서) 그들에게 말씀
하신 대로 (나귀 새끼
를) 발견하였다. [33] 그들
이 나귀 새끼를 풀 때
에
그 주인
들이 그들에게 말하였
다. "나귀 새끼를 왜 푸
시오?" [34] 그들
은 "[T] 주님이 그것을
쓰실 것이다."라고 말
하였다.
[35] 그들은 나귀
새끼를 예수께 끌어와
서 그 위에 그들의 겉
옷을 깔았고 예수를
앉혔다. [36] 그가 가실 때

34 [T] 그것의

요한복음 12:12-19

(이렇
게) 기록되어 있는 것과
같다.
[15] "무서워하지 마라. 시
온의 딸아.
보라 네 왕이 오
신다. 그는
당나귀 새끼
위에 앉으셨다."

마태복음 21:1-9	마가복음 11:1-10	누가복음 19:28-40	요한복음 12:12-19
8 많은 무리가 자기 겉옷을 길에 펴놓았고 다른 사람들은 나무에서 가지들을 잘라서 길에 펴놓았다.	8 많은 사람들이 자기 겉옷을 길에 펴놓았고 다른 사람들은 들판에서 가지들을 잘라다가 (길에 펴놓았다).	사람들은 자기 겉옷을 길에 펴놓았다.	
		37 그가 감람산의 내리막에 가까이 가	16 그의 제자들은 처음에는 이것들을 깨닫지 못하였지만 예수께서 영광을 받으셨을 때, 그때 이 글들이 그를 두고 기록되어 있는 것과 이것을 사람들이 그에게 행했다는 것을 기억하였다.
9 그를 앞서 가거나 뒤따르는 무리들이	9 앞서 가거나 뒤따르는 사람들이	시자 제자들의 무리 모두가 기뻐하면서 그들이 보았던 모든 능력 있는 일들에 관하여 큰	
소리 지르며 말하였다.	소리 질렀다.	소리로 하나님을 찬송하기 시작하며 38 말하였다.	
"호산나! 다윗의 아들께!	"호산나!		
주님의 이름으로 오시는 분은 복되시다!	주님의 이름으로 오시는 분은 복되시다!	"주님의 이름으로 오시는 임금은 복되시다!	(13절)
	10 오고 있는, 우리 조상 다윗의 나라는 복되다!		17 그가 나사로를 무덤 밖으로 부르셔서 그를 죽은 사람들 가운데서 살리셨을 때 그와 함께 있던 무리가 증언하였다. 18 무리는 이것 때문에, 즉 그가 행하신 이 표적을 듣고 그를 맞이했다. 19 그래서 바리새인들은 서로에게 말했다. "보시오. 당신들은 아무 것도 얻지 못하고 있소. 보시오, 세상이 그를 뒤따라 갔소."
가장 높은 곳에 호산나!"	가장 높은 곳에 호산나!"	하늘에는 평화요 가장 높은 곳에는 영광이다!"	
		39 바리새인들 가운데 어떤 사람들이 무리로부터 (나서며) 그에게 말하였다. "선생님, 당신의 제자들을 꾸짖으십시오." 40 그가 대답하셨다. "내가 너희에게 말하는데, 이 사람들이 조용히 있으면 돌들이 소리칠 것이다."	

270. 예루살렘을 위해 우심

마	막	누가복음 19:41-44	요
		[41] (예루살렘에) 가까워지자 (예수께서) 성을 보시고 그 성을 위해 우시며 [42] 말씀하셨다. "이 날 너도 평화를 위한 일들을 알았더라면! 그러나 지금은 그것이 네 눈에 가리어졌다. [43] 어느 날이 되면 네 원수들이 네 주위에 토성을 쌓고 너를 둘러싸고 사방에서 너를 가둘 것이며 [44] 너와 네 안에 있는 네 자녀들을 땅에 팽개치고 네 안에 돌 위에 돌을 놓아두지 않을 것이다. 너를 찾아오신 때를 네가 알지 못했기 때문이다."	

271. 성전 정화 후 베다니로 가심

마태복음 21:10-17	마가복음 11:11, 15-17	누가복음 19:45-46	요
[10] (예수께서) 예루살렘에 들어가시자, 온 성이 떠들썩하면서 말했다. "이 사람이 누구냐?" [11] 그러자 무리들이 말하였다. "이분은 갈릴리 나사렛에서 오신 선지자 예수이시다."	[11] (예수께서) 예루살렘으로, 또 성전으로 들어가셔서 모든 것을 둘러보시고 나서 시간이 이미 늦었으므로 열두 명과 함께 베다니로 나가셨다.		
[12] 예수께서 [T] 성전에 들어가셔서 성전 안에서 팔고 사는 모든 사람들을 내쫓으셨고 돈 바꾸어 주는 사람들의 상과 비둘기 파는 사람들의 걸상을 둘러엎으셨으며	[15] (예수께서) 예루살렘에 가시고 성전에 들어가셔서 성전 안에서 팔고 사는 사람들을 내쫓기 시작하셨고 돈 바꾸어 주는 사람들의 상과 비둘기 파는 사람들의 걸상을 둘러엎으셨으며 [16] 누가 성전 안에서 기구를 가지고 다니는 것을 허용하지 아니하시며	[45] 그는 성전에 들어가셔서 장사하는 사람들을 내쫓기 시작하셨고	
[13] 그들에게 말씀하셨다. "'내 집은	[17] 그들을 가르치셨다. "'내 집은 모든 민족	[46] 그들에게 말씀하셨다. "'내 집은	

12 [T] 하나님의

마태복음 21:10-17	마가복음 11:11, 15-17	누가복음 19:45-46	요
기도의 집이라고 불릴 것이다'라고 적혀 있다. 그런데 너희는 그것을 '강도들의 소굴'로 만든다." 14 성전 안에서 눈먼 사람들과 저는 사람들이 자기에게 다가오자 그는 그들을 고쳐주셨다. 15 그러나 대제사장들과 율법학자들은 그가 하신 놀라운 일들과 성전 안에서 "호산나! 다윗의 아들께!" 하고 소리 지르는 아이들을 보고 성을 내며 16 그에게 말하였다. "이들이 무엇이라고 하는지 듣고 있소?" 예수께서 그들에게 말씀하셨다. "그렇다. 너희는 '당신이 어린 아이들과 젖먹이들의 입에서 (나오는) 찬송을 마련하셨습니다'라는 (말씀을) 도무지 읽어 본 적이 없느냐?" 17 (예수께서) 그들을 떠나서 성 밖으로 나가셨고 베다니로 가서 거기서 묵으셨다.	들을 위한 기도의 집이라고 불릴 것이다'라고 적혀 있지 않느냐? 그런데 너희는 그것을 '강도들의 소굴'로 만들어 놓았다."	기도의 집이 될 것이다'라고 적혀 있다. 그런데 너희는 그것을 '강도들의 소굴'로 만들었다."	

272. 무화과나무를 저주하심

마태복음 21:18-19	마가복음 11:12-14	눅	요
18 아침에 (예수께서) 성으로 돌아오실 때 시장하셔서 19 길가에 있는 무화과나무 하나를 보시고 그 곁으로 가셨으나 그	12 이튿날 그들이 베다니에서 나왔는데, (예수께서) 시장하셔서 13 멀리서 잎이 있는 무화과나무를 보시고 행여나 그 나무에서 무엇을 찾게 될까 하고 가셨으나 그 곁		

마태복음 21:18–19	마가복음 11:12–14	눅	요
나무에서 오직 잎사귀 말고는 아무 것도 발견하지 못하셨다. (예수께서) 그 나무에게 말씀하셨다. "네게서는 영원히 더 이상 열매가 맺히지 않을 것이다." 그러자 즉시 무화과나무가 시들어 버렸다.	에 가셔서 잎사귀 말고는 아무 것도 발견하지 못하셨다. 무화과 철이 아니었기 때문이다. [14] (예수께서) 그 나무에게 대답하셨다. "네게서는 영원히 아무도 더 이상 열매를 먹지 못할 것이다." 그의 제자들이 (이것을) 들었다.		

273. 성전 정화

마태복음 21:12–13	마가복음 11:15–17	누가복음 19:45–46	요한복음 2:13–17
			[13] 유대인의 유월절이 가까웠고 예수께서는 예루살렘으로 올라가셨다.
[12] 예수께서	[15] (예수께서) 예루살렘에 가시고		
[T] 성전에 들어가셔서 성전 안에서 팔고 사는 모든 사람들을 내쫓으셨고	성전에 들어가셔서 성전 안에서 팔고 사는 사람들을 내쫓기 시작하셨고	[45] 그는 성전에 들어가셔서 장사하는 사람들을 내쫓기 시작하셨고	[14] 그는 성전에서 소와 양과 비둘기를 파는 사람들과 돈 바꾸어 주는 사람들이 앉아 있는 것을 발견하셨고 [15] 밧줄로 채찍을 만드셔서 양들과 소들을 모두 성전에서 내쫓으셨고 돈 바꾸어 주는 사람들의 돈을 쏟으셨으며 상을 둘러 엎으셨다. [16] 그리고 비둘기 파는 사람들에게
돈 바꾸어 주는 사람들의 상과 비둘기 파는 사람들의 걸상을 둘러엎으셨으며	돈 바꾸어 주는 사람들의 상과 비둘기 파는 사람들의 걸상을 둘러엎으셨으며 [16] 누가 성전 안에서 기구를		
12 [T]하나님의			

마태복음 21:12-13	마가복음 11:15-17	누가복음 19:45-46	요한복음 2:13-17
13 그들에게 말씀하셨다. "'내 집은 기도의 집이라고 불릴 것이다' 라고 적혀 있다. 그런데 너희는 그것을 '강도들의 소굴' 로 만든다."	가지고 다니는 것을 허용하지 아니하시며 17 그들을 가르치셨다. "'내 집은 모든 민족들을 위한 기도의 집이라고 불릴 것이다' 라고 적혀 있지 않느냐? 그런데 너희는 그것을 '강도들의 소굴' 로 만들어 놓았다."	46 그들에게 말씀하셨다. "'내 집은 기도의 집이 될 것이다' 라고 적혀 있다. 그런데 너희는 그것을 '강도들의 소굴' 로 만들었다."	말씀하셨다. "이것들을 여기서 치워라. 내 아버지의 집을 장사하는 집으로 만들지 마라." 17 그의 제자들이 "당신의 집을 (향한) 열정이 나를 삼킬 것이다" 라고 기록되어 있는 것을 기억하였다.

274. 대제사장들과 율법학자들의 적대행위

마	마가복음 11:18-19	누가복음 19:47-48	요
	18 대제사장들과 율법학자들이 듣고 어떻게 그를 죽일지 궁리하고 있었다. 모든 무리가 그의 가르침에 놀라고 있어서 그들이 그를 두려워하였기 때문이다. 19 저녁이 되었을 때 그들은 성 밖으로 나갔다.	47 그는 날마다 성전에서 가르치고 계셨는데 대제사장들과 율법학자들과 백성의 우두머리들이 그를 죽이려고 궁리하고 있었다. 48 그러나 모든 백성이 그의 (말씀을) 들으며 열중하고 있어서 어떻게 할지를 찾아내지 못하였다.	

275. 말라죽은 무화과나무

마태복음 21:20-22	마가복음 11:20-26	눅	요
[20] 제자들이 보고 놀라서 말하였다. "어떻게 무화과나무가 즉시 시들어 버렸습니까?" [21] 예수께서 그들에게 대답하셨다. "참으로 내가 너희에게 말하는데, 너희가 믿음이 있고 의심하지 않으면 무화과나무에게 (일어난) 일을 할 뿐만 아니라 이 산에게 '들려서 바다에 던져져라' 하더라도 (그렇게) 될 것이다. [22] 또 기도할 때 믿으며 구하는 것들은 무엇이든지 모두 받을 것이다."	[20] 그들이 아침에 지나가다가 그 무화과나무가 뿌리까지 시들어 버린 것을 보았다. [21] 베드로가 기억이 나서 (예수께) 말하였다. "랍비여, 보십시오. 저주하신 무화과나무가 시들어 버렸습니다." [22] 예수께서 그들에게 대답하셨다. "하나님을 향한 믿음을 가져라. [23] 참으로 내가 너희에게 말하는데, 누구든지 이 산에게 '들려서 바다에 던져져라' 고 말하면서 자기 마음에 의심하지 않고 자기가 말한 것이 된다고 믿으면 그에게 (그렇게) 될 것이다. [24] 그러므로 너희에게 말하는데, 기도하고 구하는 것들은 무엇이든지 받은 것을 믿어라. 그러면 너희에게 (그렇게) 될 것이다. [25] 너희가 서서 기도할 때에 누구를 탓하는 무엇이 있으면 용서해 주어라. 하늘에 계신 너희 아버지께서도 너희 잘못을 너희에게 용서해 주시도록 하려는 것이다." [26] ᵀ 26 ᵀ너희가 용서하지 않는다면 하늘에 계신 너희 아버지께서도 너희 잘못을 용서하지 않으실 것이다.		

276. 예수의 권한에 관한 질문

마태복음 21:23-27	마가복음 11:27-33	누가복음 20:1-8	요
[23] (예수께서) 성전에 들어가	[27] 그들은 다시 예루살렘으로 갔다. (예수께서) 성전에서	[1] 어느 날 하루였다. (예수께서) 성전에서	

마태복음 21:23-27	마가복음 11:27-33	누가복음 20:1-8	요
서 가르치고 계실 때에 대제사장들과 백성의 장로들이 그에게 다가와서 말하였다. "당신이 무슨 권한으로 이런 일들을 하고 있소? 또 누가 당신에게 이런 권한을 주었소?"	걸어 다니실 때에 대제사장들과 율법학자들과 장로들이 그에게로 와서 [28] 그에게 말하였다. "당신이 무슨 권한으로 이런 일들을 하고 있소? 또는 누가 당신에게 이런 일들을 하도록 이런 권한을 주었소?"	백성을 가르치며 복음을 전하고 계실 때에 대제사장들과 율법학자들이 장로들과 함께 나타나서 [2] 그에게 말하였다. "당신이 무슨 권한으로 이런 일들을 하고 있는지, 또는 당신에게 이런 권한을 준 사람이 누구인지 우리에게 말하시오."	
[24] 예수께서 그들에게 대답하셨다. "나도 너희에게 한 마디 말을 묻겠다. 만약 그것을 내게 말하면 나도 무슨 권한으로 이런 일들을 하는지 너희에게 말하겠다. [25] 요한의 세례가 어디에서 났느냐? 하늘에서냐? 사람에게서냐?" 그들은 자기들끼리 의논하며 말하였다. "'하늘에서'라고 하면 그가 우리에게 '그러면 왜 그를 믿지 않았느냐?'라고 할 것이다. [26] 그렇다고 '사람에게서'라고 하면 무리가 무섭다. 왜냐하면 모두가 요한을 선지자로 생각하기 때문이다." [27] 그래서 그들은 예수께 "우리는 알지 못하오"라고 대답하였다. (예수께서도) 그들에게 말씀하셨다. "내가 무슨 권한으로 이런 일들을 하는지 나도 너희에게 말하지 않겠다.	[29] 예수께서 그들에게 말씀하셨다. "내가 너희에게 한 마디 말을 묻겠다. 내게 대답하여라. 그러면 무슨 권한으로 이런 일들을 하는지 너희에게 말하겠다. [30] 요한의 세례가 하늘에서 났느냐? 사람에게서냐? 내게 대답해 보아라." [31] 그들은 자기들끼리 의논하며 말하였다. "'하늘에서'라고 하면 그가 '[그러면] 왜 그를 믿지 않았느냐?'라고 할 것이다. [32] 그러면 '사람에게서'라고 할까?" 그들은 무리를 무서워하고 있었다. 왜냐하면 모두가 요한을 참으로 선지자였다고 생각하기 때문이다. [33] 그래서 그들은 예수께 "우리는 알지 못하오"라고 대답하였다. 예수께서도 그들에게 말씀하셨다. "내가 무슨 권한으로 이런 일들을 하는지 나도 너희에게 말하지 않겠다."	[3] (예수께서) 그들에게 대답하셨다. "나도 너희에게 어떤 말을 묻겠다. 내게 말하여라. [4] 요한의 세례가 하늘에서 났느냐? 사람에게서냐?" [5] 그들은 자기들끼리 의논하며 말하였다. "'하늘에서'라고 하면 그가 '왜 그를 믿지 않았느냐?'라고 할 것이다. [6] 그렇다고 '사람에게서'라고 하면 백성이 모두 우리를 돌로 칠 것이다. 왜냐하면 요한을 선지자라고 믿고 있기 때문이다." [7] 그래서 그들은 어디서인지 알지 못한다고 대답하였다. [8] 예수께서 그들에게 말씀하셨다. "내가 무슨 권한으로 이런 일들을 하는지 나도 너희에게 말하지 않겠다."	

277. 두 아들 비유

마태복음 21:28-32	막	눅	요
28 그러나 너희는 어떻게 생각하느냐? 어떤 사람이 아들 둘이 있었는데 「맏이에게 가서 말하였다. '얘야, 오늘 포도원에 가서 일해라.' 29 그러나 맏이는 '하고 싶지 않 습니다' 하고 대답하였지만 나중에 뉘우치고 갔다. 30 (아버지가) 다른 (아들에게) 가서 똑같이 말하자 그는 '제가 하겠습니다. 「아버지' 하고 대답했지만 가지 않았다. 31 둘 중에서 누가 아버지의 뜻대로 하였느냐?" 그들이 말하였다. "맏이입니다." 예 수께서 그들에게 말씀하셨다. "참으로 내가 너희에게 말하는데, 세리들과 창녀들이 너희에 앞서 하나님의 나라에 들어가고 있다. 32 왜냐하면 요한이 의의 길로 너희에 게 왔는데도 너희는 그를 믿지 않았지만 세리들과 창녀들은 그를 믿었고, 너희들은 (이것을) 보고도 끝내 뉘우치지 않고 그를 믿지 않았기 때문이다. 28 「 (맏이와 둘째의 경우가 바뀐 사본들이 있음) 30 「 주님			

278. 악한 농부들 비유

마태복음 21:33-46	마가복음 12:1-12	누가복음 20:9-19	요
33 다른	1 (예수께서) 그들에게	9 그러나 (예수께서는)	
비유를 들어라.	비유로 말씀하시	이 비유를 백성에게 말씀하시	
한 사람, 곧	기 시작하셨다. "한 사람이	기 시작하셨다. "[어떤] 사람이	
집주인이 있었다. 그는 포도나	포도나	포도나	
무를 심고 그 둘레에 울타리를	무를 심고 울타리를	무를 심고	
치고 그 안에 즙 짜는 구덩이	치고 즙 짜는 구덩이		
를 파고 원두막을 세우고 그것	를 파고 원두막을 세우고 그것	그것	
을 농부들에게 세주고	을 농부들에게 세주고	을 농부들에게 세주고 오랫동	
외국으로 떠났다. 34 열매철	외국으로 떠났다. 2 제철에	안 외국으로 떠났다. 10 제철에	
이 가까워지자 그는	그는 농부들에게	그는 (농부들이)	
자기 열매를	서 포도원 열매 중 (얼마를)	포도원 열매 중에서 (얼마를)	
받으러 자기 종들을 농부	받으려고 한 종을 농부	자기에게 내도록 한 종을 농부	
들에게 보냈다. 35 농부들	들에게 보냈다. 3 그들	들에게 보냈다. 그러나 농부들	

마태복음 21:33-46

은 그의 종들을 붙잡아서 하나
는 때렸고 하나는 죽였고 하나
는 돌로 쳤다. 36 그는 다시 다
른 종들을 처음보다 더 많이
보냈지만, (농부들은) 그들에
게 똑같이 하였다.

35 농부들은 그의
종들을 붙잡아서
하나는 때렸고
하나는 죽였고 하나는 돌
로 쳤다.
37 마침내 그는
자기 아들을 그들에
게 보내며 말하였다. '그들이
내 아들은 존경할 것이다.'
38 그러나 그 농부들은 아들을
보고 자기들끼리 말하였다.
'이 사람은 상속인이다. 오라!
그를 죽이고 그의 상속물을 우
리가 차지하자.'
39 그들은 그를 잡아서
포도원 밖에 내팽개치고
죽여 버렸다. 40 그러면 포도원
주인이 왔을 때, 저 농부들을
어떻게 하겠느냐?" 41 그들이
(예수께) 말하였다. "악한 그들
을 잔인하게 죽이고 자기에게
제 때 열매들을 내어놓을 다른
농부들에게 포도원을 세줄
것입니다."

42 예수께서 그들에게
말씀하셨다. "너희는

마가복음 12:1-12

은 그를 붙잡아서
때렸고 거저 보냈다.
4 그래서 그는 다시 다
른 종을 그들에게
보냈지만, 그들은 그 종도 머
리를 때리고 모욕하였다.
5 그가 다른
종을 보냈지만, 그들은 그
종도 죽였고 다른 많은 종들을
어떤 종들은 때리기도 하고 어
떤 종들은 죽이기도 하였다.
6 그에게 아직 하나, 곧 사랑
하는 아들이 있었다. 그는 마
지막으로 그 (아들을) 그들에
게 보내며 말하였다. '그들이
내 아들은 존경할 것이다.'
7 그러나 저 농부들은
자기들끼리 말하였다.
'이 사람은 상속인이다. 오라!
그를 죽이자. 그러면 상속물이
우리 것이 될 것이다.'
8 그들은 그를 잡아서 죽였고
그를 포도원 밖에 내팽개쳤다.
9 [그러면] 포도원
주인이
어떻게 하겠느냐?
그는 와서 그 농부들
을 죽이고
다른
(농부들에게) 포도원을 (세)줄
것이다.

10 너희는 이런

누가복음 20:9-19

은 그를
때리고 거저 돌려보냈다.
11 그래서 그는 다
른 종을 더
보냈지만, 그들은 그 종도
때리고 모욕해서 거저
돌려보냈다. 12 그가 세 번째
종을 더 보냈지만, 그들은 이
종도 상처를 입혀서 내쫓았다.

13 그러자 포도원 주인이 말하
였다. '어떻게 할까?
사랑하는 내 아들을
보내자. 아마 그들이
이 (아들은) 존경할 것이다.'
14 그러나 그 농부들은 그를
보고 서로 의논하였다.
'이 사람은 상속인이다.
상속물이
우리 것이 되도록 그를 죽이자.'
15 그들은 그를
포도원 밖에 내팽개친 후
죽여 버렸다. 그러면 포도원
주인이 그들에게
어떻게 하겠느냐?
16 그가 와서 이 농부들
을 죽이고
다른
(농부들에게) 포도원을 (세)줄
것이다." 들은 사람들이 말하
였다. "(그렇게) 되지 말기를!"
17 예수께서 그들을 쳐다보시
고 말씀하셨다. "그러면

요

마태복음 21:33-46	마가복음 12:1-12	누가복음 20:9-19	요
성경에서 (이런 말씀을) 한 번도 읽어본 적이 없느냐? '집 짓는 사람들이 버린 돌, 이것이 모퉁이의 머릿돌이 되었다. 주님으로 말미암아 이렇게 되었으니 우리 눈에는 놀랍다.'	성경을 읽어본 적이 없느냐? '집 짓는 사람들이 버린 돌, 이것이 모퉁이의 머릿돌이 되었다. [11] 주님으로 말미암아 이렇게 되었으니 우리 눈에는 놀랍다.'"	이렇게 적혀 있는 것은 무엇이냐? '집 짓는 사람들이 버린 돌, 이것이 모퉁이의 머릿돌이 되었다.'	
[43] 그러므로 내가 너희에게 말하는데, 하나님의 나라가 너희로부터 옮겨져서 그 나라의 열매들을 맺는 백성에게 주어질 것이다. [44] [또 이 돌 위에 떨어지는 사람은 부스러질 것이요, 그것이 누구 위에든지 떨어지면 그를 박살낼 것이다.]"		[18] 그 돌 위에 떨어지는 사람은 모두 부스러질 것이요, 그것이 누구 위에든지 떨어지면 그를 박살낼 것이다."	
[45] 대제사장들과 바리새인들은 그의 비유들을 듣고 나서 그가 자기들을 두고 말씀하셨다는 것을 알아차렸다.	[12] 그들은 그가 이 비유를 자신들에게 말씀하셨다는 것을 알아차렸기 때문에	[19] 율법학자들과 대제사장들은 그가 이 비유를 자신들에게 말씀하셨다는 것을 알아차렸기 때문에	
[46] 그들이 그를 붙잡으려고 힘썼지만 무리들을 두려워하였다. 무리들이 그를 선지자로 대하고 있었기 때문이다.	그를 잡으려고 힘썼지만 백성을 두려워하여서 그를 놓아두고 가버렸다.	그 시간에 그에게 손을 대려고 힘썼지만 백성을 두려워하였다.	

279. 혼인잔치 비유

마태복음 22:1-14	막	누가복음 14:15-24	요
		[15] 함께 식사 자리에 앉아 있던 사람들 가운데 누가 이 말씀들을 듣고 그에게 말하였다. "하나님의 나라에서 빵을 먹는 사람이 복이 있습니다."	
[1] 예수께서 그들에게 대답하시며 다시 비유로 말씀하셨다. [2] "하늘나		[16] 예수께서 그에게 말씀하셨다.	

마태복음 22:1–14

라는 어떤 사람, 곧 자기 아들을 위하여 결
혼잔치를 베푼 임금과 같다. 3 그가 결혼잔
치에 초대받은 사람들을 불러오도록 자기
종들을 보내었으나, 그들은 오고 싶어하지
않았다. 4 그는 다시 다른 종들을 보내며 말
하였다. '초대받은 사람들에게 말하여라. 보
시오, 내 만찬이 준비되어 있소. 내 황소와
살진 짐승들을 잡아 두었고 모든 것이 준비
되었소. 결혼잔치에 오시오.' 5 그러나 그들
은 관심도 갖지 않고 하나는 자기 밭으로,
하나는 자기 장사차 가버렸다.

6 남은 사람들은 그의 종들을 붙잡아서 모
욕하고 죽였다.

7 그러자 임금은
성이 나서 자기 군대를 보내어 그 살인
자들을 죽이고 그들의 성을 불태워 버렸다.
8 그 후에 그는 자기 종들에게 말하였다.
'결혼잔치는 준비되어 있는데 초대받은 사람
들이 마땅하지 않다. 9 그러므로 길 네거리
로 가서 너희가 만나는 사람들은 누구든지
결혼잔치에 불러오너라.'

10 그 종들이 길에 나가서 악한 사람이
든 선한 사람이든 그들이 만난 사람들을 모
두 데려왔다. 그래서 결혼잔치는 앉아 있는
손님들로 가득 채워졌다. 11 임금이 앉아 있

막

누가복음 14:15–24

"어떤 사람이
큰 잔치를 베풀고 많은 사람을 초대하였다.
17 그가 잔치 시간에 (맞추어) 자기
종을 보내어서 초대받은 사람들에게 말하였
다.

'이미 준비가
되었습니다. 오십시오.' 18 그러나 모두
가 하나씩 변명하기 시작하였다. 첫 사람이
그에게 말하였다. '나는 밭을 샀는데 그것을
보러 꼭 나가야 하오. 부탁하는데, 변명하
는 나를 양해해 주시오.' 19 다른 사람이 말
하였다. '나는 겨릿소 다섯 쌍을 샀는데 그
것들을 시험하러 나가오. 부탁하는데, 변명
하는 나를 양해해 주시오.' 20 또 다른 사람
이 말하였다. '나는 아내를 얻었소. 그러므
로 갈 수가 없소.' 21 그 종이 돌아와서 이
것을 자기 주인에게 알렸다. 그러자 집주인
은 성이 나서

자기 종에게 말하였다.

'빨리 성의 큰길과 거리
로 나가서 가난한 사람들과 장애인들과 눈
먼 사람들과 저는 사람들을 여기로 데려오
너라.' 22 그 종이 말하였다. '주인님, 명하신
대로 하였지만 아직 자리가 있습니다.'
23 주인이 그 종에게 말하였다. '길들과 성
벽으로 나가서 오라고 강요하여 내 집을 채
워라.'

요

마태복음 22:1–14

는 사람들을 보려고 들어왔다가 거기서 결
혼잔치의 예복을 입지 않은 한 사람을 보고
12 그에게 말하였다. '벗이여, 어떻게 결혼잔
치의 예복을 입지 아니한 채 여기 들어왔는
가?' 그러나 그는 ※입을 다물고 있었다.
13 그때 임금이 시중드는 사람들에게 말하였
다. '그의 발과 손을 묶어서 그를 바깥의 어
두움 속으로 내던져 버려라.' 거기에 울음과
이를 갊이 있을 것이다. 14 초대 받은 사람
들은 많지만 뽑힌 사람들은 적기 때문이다."

12 ※ 말문이 막혔다.

막

누가복음 14:15–24

24 내가 너희에게 말하는데, 초대를 받았던
저 사람들 가운데서는 아무도 내 잔치를 맛
보지 못할 것이기 때문이다."

요

280. 세금에 관하여

마태복음 22:15–22

15 그때 바리새파 사람들이 가
서 (예수를) 말로 옭아매기로
의논하고 16 자기 제자들을 헤
롯파 사람들과 함께
그에게 보내서
말하였다. "선생
님, 저희는 당신이 진실하시며
하나님의 길을 올바르게 가르
치시고 사람들의 낯을 봐주지
않으시기 때문에 아무도 개의
치 않으시는
줄
로 알고 있습니다. 17 그러므로
당신이 어떻게 생각하시는지

마가복음 12:13–17

13 그들이
(예수께) 말로 올가미를 씌
우려고 바리새인들과 헤
롯파 사람들 가운데 몇을
그에게 보냈는데, 14 그들이
그에게 와서 말하였다. "선생
님, 저희는 당신이 진실하시며
사람들의 낯을 봐주지
않으시기 때문에 아무도 개의
치 않으시고 오히려 올바르게
하나님의 길을 가르치시는 줄
로 알고 있습니다.

누가복음 20:20–26

20 그들은 (예수를) 지켜보다가
그의 말을 흠잡아서 그를 총독
의 통치와 권력 아래 넘겨주려
고 자신이 의인인 체 연기할 정
탐꾼들을 보냈는데, 21 그들이
그에게 물었다. "선생
님, 저희는 당신이 바르게 말씀
하시고 가르
치시며 낯을 가리지
않으시고
오히려 올바르게
하나님의 길을 가르치시는 줄
로 알고 있습니다.

요

마태복음 22:15-22	마가복음 12:13-17	누가복음 20:20-26	요
저희에게 말씀해 주십시오. 황제께 세금을 바치는 것이 옳습니까? 그렇지 않습니까?"	황제께 세금을 바치는 것이 옳습니까? 그렇지 않습니까? 바칠까요? 바치지 말까요?"	22 저희가 황제께 세금을 바치는 것이 옳습니까? 그렇지 않습니까?"	
18 그러나 예수께서는 그들의 악의를 아시고 말씀하셨다. "왜 나를 시험하느냐? 위선자들아!	15 그러나 예수께서는 그들의 위선을 알아채시고 그들에게 말씀하셨다. "왜 나를 시험하느냐?	23 그러나 (예수께서는) 그들의 꾀를 꿰뚫어 보시고 그들에게 말씀하셨다.	
19 세금에 (쓰는) 돈을 내게 보여라." 그들이 그에게 데나리온을 가져오자	데나리온을 내게 가져와서 보게 하여라." 16 그들이 가져오자	24 "데나리온을 내게 보여라.	
20 (예수께서) 그들에게 말씀하셨다. "이 그림과 글자가 누구의 것이냐?"	(예수께서) 그들에게 말씀하셨다. "이 그림과 글자가 누구의 것이냐?"	누구의 그림과 글자가 있느냐?"	
21 그들이 그에게 말하였다. "황제의 것입니다." 그때 (예수께서) 그들에게 말씀하셨다. "그러므로 황제의 것들은 황제에게 돌려주고 하나님의 것들은 하나님께 (돌려드려라.)"	그들이 그에게 말하였다. "황제의 것입니다." 17 예수께서 그들에게 말씀하셨다. "황제의 것들은 황제에게 돌려주고 하나님의 것들은 하나님께 (돌려드려라.)"	그들이 말하였다. "황제의 것입니다." 25 예수께서 그들에게 말씀하셨다. "그러면 황제의 것들은 황제에게 돌려주고 하나님의 것들은 하나님께 (돌려드려라.)"	
22 그들이 듣고 놀랐으며 그를 두고 가버렸다.	그러자 그들이 그에게 매우 놀랐다.	26 그들은 백성 앞에서 그의 말을 흠잡을 수 없었고 그의 대답에 놀라서 조용히 있었다.	

281. 부활에 관하여

마태복음 22:23-33	마가복음 12:18-27	누가복음 20:27-40	요
23 부활이 없다고 말하는 사두개인들이 그 날에 (예수께) 다가와서 그에게 물었다.	18 부활이 없다고 말하는 사두개인들이 (예수께) 와서 그에게 물었다.	27 부활이 없다고 [반대]하는 사두개인들 가운데 어떤 사람들이 다가와서 (예수께) 물었다.	
24 "선생님, 모세는	19 "선생님, 모세는 우리에게	28 "선생님, 모세는 우리에게	

마태복음 22:23-33

'누가
자식이 없이 죽으면
그의 동생
이 형의 아내와 결혼하여 자기
형을 위하여 씨를 이어주어라'
라고 했습니다. 25 우리 이웃
에 일곱 형제가 있었는데, 맏
이가 장가들었다가 죽고 씨가
없이 자기 아내를 자기 아우에
게 남겨 놓았습니다. 26 둘째와
셋째,
일곱에 (이르기)까
지 똑같았으며 27 모두의
마지막에 그 여자도 죽었습
니다. 28 그러면
부활 때에 (그 여자는)
일곱 가운데 누구의 아내겠습
니까? 모두가 그 여자를
맞았기 때문입니다."
29 예수께서 그들에게 대답하셨
다. "너희가 성경도 하나님의
능력도 알지 못하므로
오해하고 있다.
30 부활 때에는
장가들지도 않고
시집가지도 않고 하늘에 있는
ᅮ 천사들과 같기 때문이다.
31 죽은 사람들의 부활에

30 ᅮ 하나님의

마가복음 12:18-27

'누구의 형이
죽고 자식은 남기지 않고
아내를 남겨 놓으면 그의 동생
이 아내로 맞아서 자기
형을 위하여 씨를 이어주어라.'
라고 써 주었습니다.
20 일곱 형제가 있었는데, 맏
이가 아내를 맞았다가 죽고 씨
를 남기지 못했습니다.
21 둘째도
그 여자를 맞았고 씨를 남기지
못하고 죽었으며 셋째도 똑같
았습니다. 22 일곱이 씨
를 남기지 못했으며 모두의
끝에 그 여자도 죽었습
니다. 23 [그들이 살아
나는] 부활 때에 (그 여자는)
그들 가운데 누구의 아내겠습
니까? 일곱이 그 여자를
아내로 맞았기 때문입니다."
24 예수께서 그들에게 말씀하셨
다. "너희가 성경도 하나님의
능력도 알지 못하는 이것 때문
에 오해하는 것이 아니냐?
25 죽은 사
람들 가운데서 살아날 때에는
장가들지도 않고
시집가지도 않고 하늘에 있는
천사들과 같기 때문이다.

누가복음 20:27-40

'누구의 형이 아내를 맞았다가
죽고 이 사람이 자식이 없으면
그의 동생
이 아내로 맞아서 자기
형을 위하여 씨를 이어주어라.'
라고 써 주었습니다.
29 일곱 형제가 있었는데, 맏
이가 아내를 맞았다가 자식 없
이 죽었습니다.
30 둘째와
31 셋째도 그 여
자를 맞았고 똑같이 일곱이 자
식을 남기지 못하고 죽었으며
32 마지막에 그 여자도 죽었습
니다. 33 그러면
부활 때에 그 여자는
그들 가운데 누구의 아내가 되
겠습니까? 일곱이 그 여자를
아내로 맞았기 때문입니다."
34 예수께서 그들에게 말씀하셨
다.
"이
시대의 자녀들은 장가들고 시
집가지만 35 저 세상과 죽은 사
람들의 부활에 함께 할 가치가
있는 사람들은 장가들지도 않고
시집가지도 않는다.
36 천사들과 같고 부활의 자녀
로서 하나님의 자녀들이므로
이제는 죽을 수도 없기 때문이
다. 37 죽은 사람들이 살아나는

요

마태복음 22:23-33	마가복음 12:18-27	누가복음 20:27-40	요
관하여	26 가시떨기에 관한 모세의 책에서 죽은 사람들이 살아나는 것에 관하여	것이란 모세도 가시떨기에 관한 (곳에서)	
하나님께서 너희에게 (이렇게) 말씀하신 것을 읽어보지 못하였느냐?	하나님께서 어떻게 그에게 말씀하셨는지 읽어보지 못하였느냐?		
32 '나는 아브라함의 하나님, 이삭의 하나님, 야곱의 하나님이다.'	'나는 아브라함의 하나님, 이삭의 하나님, 야곱의 하나님이다.'	주님을 아브라함의 하나님, 이삭의 하나님, 야곱의 하나님이라고 함으로써 알려주었는데	
그분은 죽은 사람들이 아니라 살아 있는 사람들의 하나님이시다."	27 그분은 죽은 사람들이 아니라 살아 있는 사람들의 하나님이시다. 너희가 크게 오해하고 있다."	38 그분은 죽은 사람들이 아니라 살아 있는 사람들의 하나님이시다. 그분에게는 모두가 살아 있기 때문이다." 39 율법학자들 가운데서 어떤 사람들이 대답하였다. "선생님, 잘 말씀하셨습니다."	
33 무리들이 듣고 그의 가르침에 놀랐다.		40 그들이 더 이상 아무 것도 그에게 감히 물을 수 없었기 때문이다.	

282. 가장 큰 계명에 관하여

마태복음 22:34-40	마가복음 12:28-34	누가복음 10:25-28	요
34 (예수께서) 사두개인들을 침묵케 하셨다는 것을 바리새인들이 듣고 한 자리에 모였다.			
35 그들 가운데서 한 「[율법사가]	28 그들이 토론하고 있을 때에 율법학자들 중 한 사람이 와서 듣다가 그가 그들에게 대답을 잘 하시는 것을 보고	25 보라, 어떤 율법사가 일어나서	
그를 시험하며 물었다. 36 "선생님,	그에게 물었다.	그를 시험하며 말하였다. "선생님,	

35 「 사람이

마태복음 22:34-40

율법 안에서 어떤 계명이 큽니
까?"
37 예수께서 그에게 말씀하셨다.

"'네 온 마음과 네 온 목숨과
네 온 생각으로 주
님, 곧 네 하나님을 사랑하여
라.' 38 이것이 크고 으뜸인 계
명이다. 39 둘째는 이것과 같다.
'네 이웃을 네 자신처럼 사랑
하여라.' 40 이 두 계명에 온 율
법과 선지자들이 달려 있다."

마가복음 12:28-34

"모든 (계명들) 가운데서 으뜸
인 계명은 어떤 것입니까?"
29 예수께서 대답하셨다.
"으뜸은 (이것이다). '들어라,
이스라엘아! 주님, 곧 우리 하
나님은 하나이신 주님이시다.
30 네 온 마음과 네 온 목숨과
네 온 생각과 네 온 힘으로 주
님, 곧 네 하나님을 사랑하여
라.'
31 둘째는 이것이다.
'네 이웃을 네 자신처럼 사랑
하여라.' 이 (계명들)보다 더
큰 다른 계명은 없다."
32 그 율법학자가 그에게 말하
였다. "맞습니다. 선생님. (하
나님은) 한 분이시고 그분 말
고는 다른 이가 없다고 당신이
옳게 말씀하셨습니다. 33 또 온
마음과 온 지성과 온 힘으로
그를 사랑하는 것과 이웃을 자
신처럼 사랑하는 것이 모든 번
제와 제물들보다 더 낫습니다."
34 예수께서 그가 지혜롭게 대
답하는 것을 보시고 그에게 말
씀하셨다. "네가 하나님의 나
라에서 먼 곳에 있지 않구나."

그러자 아무도 감히 그에
게 더 이상 묻지 않았다.

누가복음 10:25-28

무엇을 하여야 영원한 생명을
물려받겠습니까?"
26 예수께서 그에게 말씀하셨다.
"율법에 무엇이 적혀 있느냐?
네가 어떻게 읽느냐?" 27 그가
대답하였다.
"'네 온 마음과 네 온 목숨과
네 온 힘과 네 온 생각으로 주
님, 곧 네 하나님을 사랑하고

네 이웃을 네 자신처럼 (사랑
하여라)' 라고 (되어 있습니
다.)"

28 (예수께서)
그에게 말
씀하셨다.

"네가 바르게 대답하였다. 이
렇게 하여라. 그러면 네가 살
것이다."

요

283. 그리스도는 다윗의 아들인가?

마태복음 22:41-46

41 바리새인들이 모여 있을 때
에 예수께서 그들에게 물어보
셨다. 42 "너희는 그리스도에 관
하여 어떻게 생각하느냐? 그
가 누구의 아들이냐?" 그들이
그에게 말하였다. "다윗의 (아
들입니다.)" 43 그가 그들에게
말씀하셨다. "그러면 어떻게 다
윗이 성령으로 말미암아 그를
주님이라고 부르며 (이렇게)
말하였느냐? 44 '주님께서
내 주님께 말씀하셨다. 내가
네 원수들을 「네 발 아래」 두기
까지 내 오른쪽에 앉아 있어
라.'

45 그러므로 다윗이 그를 주님
이라고 불렀다면 어떻게 그가
(다윗의) 아들이냐?"
46 그러자 그에게 아무도, 또
한 마디도 대답할 수 없었고
그 날부터는 누구도 감히 그에
게 더 이상 묻지 않았다.

44 「네 발의 발판으로

마가복음 12:35-37

35 예수께서 성전에서 가르치시
면서 대답하
셨다. "율법학자들은
어떻게 그리스도가 다윗
의 아들이라고 말하느냐?

36 다윗 자
신은 성령으로
(이렇게)
말하였다. '주님께서
내 주님께 말씀하셨다. 내가
네 원수들을 네 발 아래 두기
까지 내 오른쪽에 앉아 있어
라.'

37 다윗 자신이 그를 주님
이라고 불렀는데 어째서 그가
또 (다윗의) 아들이냐?"

많은
무리가 그의 (말씀을) 즐겁게
듣고 있었다.

누가복음 20:41-44

41 (예수께서)
그들에게 말씀하
셨다. "사람들은
어떻게 그리스도가 다윗
의 아들이라고 말하느냐?

42 다윗 자
신은 시편에
(이렇게)
말하였기 때문이다. '주님께서
내 주님께 말씀하셨다.

내 오른쪽에 앉아 있어
라. 43 내가 네 원수들을 네 발
의 발판으로 두기까지.'
44 그러므로 다윗이 그를 주님
이라고 불렀는데 어떻게 그가
또 (다윗의) 아들이냐?"

요

284. 바리새인과 율법학자들에게 화를 선언하심

마태복음 23:1-36

1 그때
예수께서 무리들과 자기 제자
들에게 말씀하셨다. 2 "율법학
자들과 바리새인들이 모세의
※자리에 앉아 있다. 3 그러므
로 그들이 너희에게 말하는 것
들은 무엇이든지 모두 행하고
지켜라. 그러나 그들의 ※행실
은 따라하지 마라. 말은 하고
행하지는 않기 때문이다. 4 그
들은 「무겁고 힘든」 짐을 묶어
서 사람들의 어깨 위에 올려놓
지만 그들 자신은 자기 손가락
으로도 그것들을 움직이려
고 하지 않는다.
5 그들은 자기 일을 모두 사
람에게 보이려고 행한다. 자기
성구함을 키우고 옷술을 늘리
기 때문이다. 6 그들은 잔치에
서는 윗자리를, 회당에서는 앞
자리를 좋아하고 7 장터에서 인
사 (받기)와 사람들에게 랍비
라고 불리기를 (좋아한다.)
8 그러나 너희는 랍비라고 불
리지 마라. 너희 선생은 한 분
이시고 너희 모두는 형제들이
기 때문이다. 9 또 땅에서 (아
무도) 너희 아버지라고 부르지
마라. 너희 아버지는 한 분, 곧

2 ※의자에
3 ※일들을
4 「무거운

마가복음 12:38-40

38 (예수께서) 가르치시면서
말씀하셨다. "율법학
자들을 조심하여라.

그들은

긴 예복을 (입고) 걸어 다니고
시장에서 인사를 (받
고) 싶어하고 39 회당에서는 앞
자리를, 잔치에서는 윗자리를
(좋아한다.)

눅 20:45-47; 11:39-52

45 모든 백성이 듣고 있는 동안
(예수께서) [자기] 제자
들에게 말씀하셨다. 46a "율법학
자들을 주의하여라.

11 46 예수께서 말씀하셨다. "또
너희 율법사들에게 화가 있다.
너희
는 힘든 짐을
사람들에게 지우고
너희 자신은 자기 손가락
하나로도 그 짐들을 건드리지
않기 때문이다.
20 46b 그들은

긴 예복을 (입고) 걸어 다니고
싫어하고 시장에서 인사 (받
기)와 회당에서는 앞
자리를, 잔치에서는 윗자리를
좋아한다.

요

마태복음 23:1-36

하늘에 계신 분이시기 때문이
다. [10] 지도자라고 불리지도 마
라. 너희 지도자는 한 분, 곧
그리스도이시기 때문이다.
[11] 너희 가운데 큰 사람은 너희
를 섬기는 ※사람일 것이다.
[12] 자신을 높이는 사람은 누구
든지 낮추어지고, 자신을 낮추
는 사람은 누구든지 높여질 것
이다. [13] 너희에게 화가 있다.
율법학자들과 바리새인들아!
위선자들아! 너희는 사람들 앞
에서 하늘나라를 닫고 너희도
들어가지 않고 들어가는 사
람들도 들어가게 놓아두지 않
기 때문이다. [14] ᵀ [15] 너희에게
화가 있다. 율법학자들과 바리
새인들아! 위선자들아! 너희가
한 사람을 개종시키려고 바다
와 육지를 돌아다니다가 (한
사람이) 생기면 그를 너희보다
곱절이나 더한 지옥의 ※아들
로 만들어 버리기 때문이다.
[16] 너희에게 화가 있다. 눈먼
지도자들아! 너희는 '누구든지
성전을 두고 맹세하면 아무 것
도 아니지만 누구든지 성전의
금을 두고 맹세하면 지켜야 한
다'라고 말한다. [17] 바보들아!
소경들아! 무엇이 더 크냐? 금
이냐, 금을 거룩하게 만드는

마가복음 12:38-40

[40] 그들은 과부들의 집들을
삼키고 길게 기도하는 체한다.
이들이 더욱 넘치는 심판을 받
을 것이다."

누 20:45-47; 11:39-52

11 [52] 너희 율법사들에게
화가 있다.
너희는 지식의 열
쇠를 치우고 너희 자신이
들어가지 않았고 들어가는 사
람들도 막았기 때문이다."
20 [47] "그들은 과부들의 집들을
삼키고 길게 기도하는 체한다.
이들이 더욱 넘치는 심판을 받
을 것이다."

요

11 ※ 사람이 되어라.

14 ᵀ '너희에게 화가 있다. 율법학자들과 바리새인들아! 위선자들아! 너희가 과부들의 집들을 삼키고 길게 기도하는 체하기 때문이다. 그러므로 너희가 더욱 넘치는 심판을 받을 것이다.'

15 ※ 자식으로

마태복음 23:1-36

성전이냐? [18] 또 너희는 '누구든지 제단을
두고 맹세하면 아무 것도 아니지만 누구든
지 그 위에 있는 예물을 두고 맹세하면 지
켜야 한다'라고 (말한다.) [19 ┬] 소경들아! 무
엇이 더 크냐? 예물이냐? 예물을 거룩하게
만드는 제단이냐? [20] 그러므로 제단을 두고
맹세하는 사람은 그것과 그 위에 있는 모든
것을 두고 맹세하는 것이고, [21] 성전을 두고
맹세하는 사람은 그것과 그 안에 사시는 분
을 두고 맹세하는 것이고, [22] 하늘을 두고
맹세하는 사람은 하나님의 보좌와 그 위에
앉아 계신 분을 두고 맹세하는 것이다.
[23] 너희에게 화가 있다. 율법학자들과 바리
새인들아! 위선자들아! 너희가 박하와 회향
과 커민의 십일조는 드리지만 율법의
더 중요한 것들, 곧 ※공의와 자비와 믿음을
버렸기 때문이다. 그러나 이것들도 하고 저
것들도 버리지 말아야 했다. [24] 눈먼 지도자
들아! 하루살이는 걸러내지만 낙타는 삼키
는 사람들아! [25] 너희에게 화가 있다. 율
법학자들과 바리새인들아! 위선자들아! 너
희가 잔과 접시의 겉은 깨끗이 하지만
속은 강탈과 방종으로 가득하기 때문이다.
[26] 눈먼 바리새인아! 잔의 겉도 깨끗하게 되
도록 먼저 「잔의 속을 깨끗이 하여라.

[27] 너희에게 화가 있다. 율법학
자들과 바리새인들아! 위선자들아! 너희는
회칠한 무덤과 같다. 그것들은 겉은 아름답
게 보이지만 안은 죽은 사람들의 뼈들과 온
갖 더러운 것들이 가득하다. [28] 이렇게 너희

19 ┬ 바보들아!
23 ※ 심판과
26 「 잔과 접시의

막

눅 20:45-47; 11:39-52

11 [42] 그러나
너희 바리
새인들에게 화가 있다. 너희가 박하와 운향
과 모든 채소의 십일조는 드리지만
하나님의 공의와 사랑은 지나쳐
버리기 때문이다. 그러나 이것들도 하고 저
것들도 거부하지 말아야 했다.

11 [39b] "지금 너희 바리새인들은
잔과 접시의 겉은 깨끗이 하지만 너희
속은 강탈과 악독이 가득하다. [40] 멍청이들
아! 겉을 만드신 분이 속도 만드시지 않았
느냐? [41] 속에 있는 것들로 구제를 하여라.
그러면, 보아라, 모든 것이 너희에게 깨끗
할 것이다. 11 [44] 너희에게 화가 있다.
너희는
보이지 않는 무덤과 같다. 사람들이 그 위
를 밟고 다니지만 알지를 못한다."

요

마태복음 23:1-36	막	눅 20:45-47; 11:39-52	요
도 겉은 사람들에게 의롭게 보이지만 안은 위선과 불법이 가득차 있다. [29] 너희에게 화 가 있다. 율법학자들과 바리새인들아! 위선자들아! 너희는 선지자들의 무덤을 만들고 의로운 사람들의 비석을 꾸미며 [30] '우리가 우리 조상들의 시대에 있었더라면 선지자들이 피를 (흘릴 때) 우리는 그들에게 가담하지 않았을 것이다'라고 말함으로써 [31] 너희가 선지자들을 죽인 사람들의 아들들임을 스스로 증언하고 있기 때문이다. [32] 너희가 너희 조상들의 분량을 채워라. [33] 뱀들아! 독뱀 새끼들아! 너희가 어떻게 지옥의 심판을 피하겠느냐? [34] 그러므로, 보아라, 내가 너희에게 선지자들과 지혜로운 사람들과 율법학자들을 보낸다. 너희가 그 사람들 가운데서 (더러는) 죽이고 십자가에 못 박으며, 그들 가운데서 (더러는) 너희 회당에서 채찍질하고 이 성에서 저 성으로 박해할 것이다.		11 [47] 너희에게 화가 있다. 너희는 선지자들의 비석을 만들고 있기 때문이다. 너희 조상들이 그들을 죽였다. [48] 그들은 저희를 죽였고, 너희는 (무덤을) 만들고 있으니, 너희는 증인들이요 너희 조상들의 행실을 함께 옳다고 하는 사람들이다. [49] 그러므로 하나님의 지혜가 말하였다. '내가 그들에게 선지자들과 사도들을 보낼 텐데 그들이 그 사람들 가운데서 (더러는) 죽이고 박해할 것이다.	
[35] 그리하여 의인 아벨의 피로부터 너희가 성전과 제단 사이에서 죽인, 바라갸의 아들 사가랴의 피까지, 땅 위에 쏟아진 모든 의로운 피가 너희 위에 올 것이다. [36] 참으로 내가 너희에게 말하는데, 이 모두가 이 세대에게 올 것이다.		[50] 그래서 세상이 만들어진 때로부터 쏟아진 모든 선지자들의 피를 이 세대에게서 찾게 될 것이다. [51] 그렇다. 내가 너희에게 말하는데, 아벨의 피로부터 제단과 (※성전) 사이에서 죽은 사가랴의 피까지 이 세대에게서 찾게 될 것이다.	

51 ※집

285. 예루살렘에 대한 애가

마태복음 23:37-39	막	누가복음 13:34-35	요
37 예루살렘아, 예루살렘아, 선지자들을 죽이고 네게 보낸 사람들을 돌로 치는 성이여! 암탉이 자기 새끼들을 날개 아래 모으는 것과 마찬가지로 내가 얼마나 자주 네 자녀들을 모으고 싶어 하였느냐? 그러나 너희가 원하지 않았다. 38 보아라! 너희 집이 너희에게 황무지로 버려진다. 39 내가 너희에게 말하는데, '주님의 이름으로 오시는 분은 복되시다!' 라고 말할 때까지 지금부터 너희가 결코 나를 보지 못할 것이기 때문이다."		34 예루살렘아, 예루살렘아, 선지자들을 죽이고 네게 보낸 사람들을 돌로 치는 성이여! 암탉이 제 자신의 새끼를 날개 아래 (모으는 것)과 마찬가지로 내가 얼마나 자주 네 자녀들을 모으고 싶어 하였느냐? 그러나 너희가 원하지 않았다. 35 보아라! 너희 집이 너희에게 버려진다. 내가 너희에게 말하는데, '주님의 이름으로 오시는 분은 복되시다!' 라고 말할 때[가 오기]까지 너희가 결코 나를 보지 못할 것이다."	

286. 한 과부의 헌금

마	마가복음 12:41-44	누가복음 21:1-4	요
	41 (예수께서) 헌금함 맞은편에 앉으셔서 무리가 어떻게 돈을 헌금함에 넣는지 보고 계셨는데, 많은 부자들은 많이 넣었고, 42 가난한 과부 한 명은 와서 두 렙돈을 넣었다. 그것은 한 고드란트이다. 43 그가 자기 제자들을 가까이 불러서 그들에게 말씀하셨다. "참으로 내가 너희에게 말하는데, 이 가난한 과부가 헌금함에 넣은 모두보다 더 많이 넣었다. 44 왜냐하면 모두가 저희 넘치는 것에서 (얼마를) 넣었지만, 그 여자는 자기의 모자란 데서 자기가 가진 모든 것, 곧 자기 생활비 전부를 넣었기 때문이다."	1 (예수께서) 쳐다 보시다가 부자들이 저희 예물들을 헌금함에 넣는 것을 보셨고 2 어떤 가난한 과부가 거기에 두 렙돈을 넣는 것을 보셨다. 3 그가 말씀하셨다. "참으로 내가 너희에게 말하는데, 이 가난한 과부가 모두보다 더 많이 넣었다. 4 왜냐하면 이 사람들 모두가 저희 넘치는 것에서 (얼마를) 예물로 넣었지만, 그 여자는 자기의 모자란 데서 자기가 가진 생활비 모두를 넣었기 때문이다."	

XIII. 종말에 관한 설교

마 24:1-25:46
막 13:1-37
눅 21:5-38

287. 성전의 종말 예고

마태복음 24:1-2	마가복음 13:1-2	누가복음 21:5-6	요
1 예수께서 성전에서 나와서 가실 때에 그의 제자들이 다가와서 그에게 성전 건물들을 가리켰다. 2 그런데 예수께서 그들에게 대답하셨다. "너희가 이것들을 모두 보지 않느냐? 참으로 내가 너희에게 말하는데, 돌이 돌 위에 무너지지 않은 채 결코 여기 놓여 있지 않을 것이다."	1 (예수께서) 성전에서 나오실 때 그의 제자들 가운데 한 명이 그에게 말하였다. "선생님, 보십시오. 얼마나 굉장한 돌들이고 얼마나 굉장한 건물들입니까!" 2 그러자 예수께서 그에게 말씀하셨다. "네가 이 큰 건물들을 보느냐? 돌이 돌 위에 무너지지 않은 채 결코 여기 놓여 있지 않을 것이다."	5 어떤 사람들이 성전에 대하여 그것이 좋은 돌들과 예물들로 꾸며져 있다고 말할 때 (예수께서) 말씀하셨다. 6 "너희가 보고 있는 이것들이, 돌이 돌 위에 무너지지 않은 채 놓여 있지 않을 날이 올 것이다."	

288. 종말의 징조들

마태복음 24:3-8	마가복음 13:3-8	누가복음 21:7-11	요
3 (예수께서) 감람산에 앉아 계실 때에 제자들이 따로 그에게 다가와서 말하였다. "저희에게 말씀해 주십시오. 언제 이 일들이 있겠으며, 당신의 오심과 시대의 끝의 표적이 무엇입니까?" 4 예수께서 그들에게 대답하셨다. "누가 너희를 꾀지 못하도록 조심하여라. 5 많은 사람이 내 이름으로 와서 '내가	3 (예수께서) 감람산에서 성전 맞은편에 앉아 계실 때에 베드로와 야고보와 요한과 안드레가 따로 그에게 물었다. 4 "저희에게 말씀해 주십시오. 언제 이 일들이 있겠으며, 이 모든 일들이 끝나려 할 때의 표적이 무엇입니까?" 5 예수께서 그들에게 말하기 시작하셨다. "누가 너희를 꾀지 못하도록 조심하여라. 6 많은 사람이 내 이름으로 와서 '나다'	7 그들이 그에게 물었다. "선생님, 그러면 언제 이 일들이 있겠으며, 이 일들이 일어나려 할 때의 표적이 무엇입니까?" 8 예수께서 말씀하셨다. "꾀이지 않도록 조심하여라. 많은 사람이 내 이름으로 와서 '나다'	

마태복음 24:3-8	마가복음 13:3-8	누가복음 21:7-11	요
그리스도다' 라고 말하며 많은 사람을 꾈 것이기 때문이 다. 6 전쟁 (소식)과 전쟁의 소문을 듣겠지만 놀라지 않도 록 주의하여라. (그런 일이) 일어나야 하지만 아직 끝은 아니기 때문이다.	라고 말하며 많은 사람을 꾈 것이다. 7 전쟁 (소식)과 전쟁의 소문을 들을 때에 놀라지 마 라. (그런 일이) 일어나야 하지만 아직 끝은 아니다.	또 '때가 가까웠다' 라고 말하겠 기 때문이다. 그들을 따라가지 마라. 9 전쟁과 난리의 (소식)을 들을 때에 무서워하 지 마라. 이런 일들이 먼저 일어나야 하지만 곧바로 끝은 아니기 때문이다." 10 그때에 그들에게 말씀하셨다.	
7 민족이 민족에 맞서, 나라가 나라에 맞서 일어나겠고, 곳곳 에 기근과 「지진이 있을 것이기 때문이다. 8 이것들 모두가 진통의 시작 이다.	8 민족이 민족에 맞서, 나라가 나라에 맞서 일어나겠고, 곳곳 에 지진이 있겠으며, 기근이 있을 것이기 때문이다. 이것들이 진통의 시작 이다.	"민족이 민족에 맞서, 나라가 나라에 맞서 일어나겠고, 11 큰 지진과 곳곳에 기근과 전 염병이 있을 것이다. 또 무서 운 일들이 (일어나고) 하늘로 부터 큰 징조가 있을 것이다.	
7 「지진과 전염병이			

289. 박해 예고

마 10:17-22; 24:9-14	마가복음 13:9-13	누가복음 21:12-19	요
10 17 사람들을 조심하여라. 그들이 너희를 공회에 넘겨주고 그들 의 회당에서 너희를 채찍질할 것이기 때문이다. 18 또 너희는 나 때문에 총독들과 임금 들에게 이끌려가서 그들과 이 방인들에게 증언할 것이다. 19 사람들이 너희를	9 너희는 스스로 주의하여라. 사람들이 너희를 공회에 넘겨주고, 너희는 회당에서 매를 맞을 것이며 나 때문에 총독들과 임금 들 앞에 세워져서 그들에게 증언할 것이다. 10 그래서 모든 민 족에게 먼저 복음이 전파되어 야 한다. 11 사람들이 너희를 데	12 이 모든 일 이전에 사람들이 너희에게 그들의 손을 뻗쳐서 박해하고 회당과 감옥에 넘겨주겠고, 너희는 내 이름 때문에 임금들과 총독 들에게 이끌려가겠지만, 13 이 것이 너희에게 증언할 (기회를 줄) 것이다.	

마 10:17-22; 24:9-14	마가복음 13:9-13	누가복음 21:12-19	요
넘겨줄 때에 어떻게, 또는 무엇을 말할는지 걱정하지 마라. 말할 것이 그 시각에 너희에게 주어질 것이기 때문이다.	려다가 넘겨줄 때에 무엇을 말할는지 미리 걱정하지 마라. 무엇이나 그 시각에 너희에게 주어지는 것, 이것을 말하여라.	[14] 그러므로 너희는 변명할 것을 미리 궁리하지 않도록 너희 마음에 새겨 두어라. [15] 너희를 반대하는 모든 사람들이 맞서거나 되받아 칠 수 없는 입과 지혜를 내가 너희에게 줄 것이기 때문이다.	
[20] 또 말하는 이들은 너희 자신이 아니라 너희 안에서 말씀하시는 분, 곧 너희 아버지의 영이시기 때문이다.	말하는 이들은 너희 자신이 아니라 성령이시기 때문이다.		
[21] 형제가 형제를, 아버지가 자식을 죽이도록 넘겨줄 것이요, 자식들이 부모에 맞서 일어나서 그들을 죽일 것이다. [22] 또 너희가 내 이름 때문에 모두에게 미움을 사게 되겠지만,	[12] 형제가 형제를, 아버지가 자식을 죽이도록 넘겨줄 것이요, 자식들이 부모에 맞서 일어나서 그들을 죽일 것이다. [13] 또 너희가 내 이름 때문에 모두에게 미움을 사게 되겠지만,	[16] 그러나 너희는 부모와 형제들과 친척들과 친구들에 의하여 넘겨질 것이고, 그들이 너희들 가운데서 (몇을) 죽일 것이다. [17] 또 너희가 내 이름 때문에 모두에게 미움을 사게 되겠지만, [18] 너희 머리에서 머리카락 하나도 절대로 없어지지 않을 것이다. [19] 너희 인내로 너희 생명을 얻어라.	
끝까지 버티어 내는 사람, 이 사람이 구원될 것이다.	끝까지 버티어 내는 사람, 이 사람이 구원될 것이다.		
24 [9] 그때 사람들이 너희를 환난에 넘겨주고 너희를 죽일 것이다. 또 너희가 내 이름 때문에 모든 민족들에게 미움을 받게 될 것이다. [10] 그때 많은 사람들이 걸려 넘어지고, 서로 넘겨주며, 서로 미워할 것이다. [11] 또 많은 거짓 선지자들이 일어나서 많은 사람을 꾀겠고, [12] 불법이 늘어남으로 말미암아 많은 사람들의 사랑이 식을 것이다. [13] 그러나 끝까지 버티어 내는 사람, 이 사람이 구원될	[13] 또 너희가 내 이름 때문에 모두에게 미움을 사게 되겠지만 끝까지 버티어	[17] 또 너희가 내 이름 때문에 모두에게 미움을 사게 되겠지만	

마 10:17-22; 24:9-14	마가복음 13:9-13	누가복음 21:12-19	요
것이다. 14 이 하늘나라의 복음이 온 세상에 전파되어서 모든 민족들에게 증언될 터인데 그 때 끝이 올 것이다.	내는 사람, 이 사람이 구원될 것이다.		

290. 멸망의 혐오물

마태복음 24:15-22	마가복음 13:14-20	누가복음 21:20-24	요
15 그러므로 선지자 다니엘을 통하여 말씀하신 '멸망의 혐오물'이 거룩한 곳에 서 있는 것을 볼 때에 읽는 사람은 깨달아라.	14 '멸망의 혐오물'이 (있어서는) 안 되는 곳에 서 있는 것을 볼 때에 읽는 사람은 깨달아라.	20 예루살렘이 군대에 포위되는 것을 볼 때, 그때 그 멸망이 가까워진 것을 알아라.	
16 그때 유대에 있는 사람들은 산으로 달아나거라.	그때 유대에 있는 사람들은 산으로 달아나거라.	21 그때 유대에 있는 사람들은 산으로 달아나고, 성 안에 있는 사람들은 떠나고, 시골에 있는 사람들은 그 안으로 들어가지 마라. 22 그 날들은 적혀 있는 모든 것들이 이루어지는 처벌의 날이 될 것이기 때문이다.	
17 지붕 위에 있는 사람은 자기 집에 있는 것들을 챙기러 내려가지 말고, 18 밭에 있는 사람은 자기 겉옷을 챙기러 뒤로 돌아서지 마라.	15 지붕 위에 있는 사람은 내려가지 말고 자기 집에서 무엇을 챙기러 들어가지도 말고, 16 밭에 있는 사람은 자기 겉옷을 챙기러 뒤에 있는 것을 향해 돌아서지 마라.		
19 그 날에는 아이 밴 여자들과 젖먹이는 여자들에게 화가 있을 것이다.	17 그 날에는 아이 밴 여자들과 젖먹이는 여자들에게 화가 있을 것이다.	23 그 날에는 아이 밴 여자들과 젖먹이는 여자들에게 화가 있을 것이다.	
20 너희 도망이 겨울이나 안식일에 벌어지지 않도록 기도하여라. 21 왜냐하면 그때 세	18 그 일이 겨울에 벌어지지 않도록 기도하여라. 19 왜냐하면 하나님께서 만드신 창		

마태복음 24:15-22	마가복음 13:14-20	누가복음 21:20-24	요
상의 처음부터 이제까지 일어 난 적이 없었고 또 (앞으로도) 결코 없을 그런 큰 환난이 있을 것이기 때문이다. 22 그 날들이 줄여지 지 않았다면 모든 육체가 구 원되지 못하겠지만 뽑힌 사람들을 위하 여 그 날들이 줄여질 것이다.	조의 처음부터 이제까지 일어 난 적이 없었고 또 결코 없을 그런 큰 환난의 날 이 될 것이기 때문이다. 20 주님께서 그 날들을 줄여 주 지 않으셨다면 모든 육체가 구 원되지 못하겠지만 자기가 고 르신, 곧 뽑힌 사람들을 위하 여 그 날들을 줄여 주셨다.	땅 위에 큰 재난과 이 백성에 게 진노가 있을 것이기 때문이 다. 24 그들은 칼날에 쓰러지고 모든 나라로 잡혀가겠고, 예루 살렘은 이방인의 때가 채워지 기까지 이방인들에게 짓밟힐 것이다.	

291. 거짓 선지자들과 거짓 그리스도

마태복음 24:23-28	마가복음 13:21-23	누가복음 17:23-24,37	요
23 그때 누가 너희에게 '보라, 그리스도가 여기 (계신다)' 또는 '여기 (계신다)' 라고 하여 도 믿지 마라. 24 거짓 그리스도들 과 거짓 선지자들이 일어나서 큰 표적과 기적을 보여주면서 할 수 있다면 뽑힌 사람들도 꾈 것이기 때문이다. 25 보아라, 내가 너 희에게 미리 말하였 다. 26 그러므로 사람들이 너희	21 그때 누가 너희에게 '보라, 그리스도가 여기 (계신다) 보라, 저기 (계신다)' 라고 하여 도 믿지 마라. 22 거짓 그리스도들 과 거짓 선지자들이 일어나서 표적과 기적을 보여주면서 할 수 있다면 뽑힌 사람들을 꾀어낼 것이기 때문이다. 23 너희는 조심하여라. 내가 너 희에게 모든 것을 미리 말하였 다.	23 사람들이 너희에게 '보라, 저기 (계신다)' [또는] '보라, 여기 (계신다)' 라고 하겠 지만, 너희는 떠나지 말고 뒤 쫓지도 마라.	

마태복음 24:23-28	막	누가복음 17:23-24,37	요
에게 '보라, 그가 황야에 계신다' 라고 말해 도 나가지 말고 '보라, 골방에 (계신다' 라고 해도) 믿지 마라. 27 번개가 동쪽에서 나와서 서쪽까지 밝히는 것처럼 인 자의 오심도 이럴 것이기 때문이다.		24 번개가 하늘 이 쪽에서 번쩍여서 하늘 저 쪽으로 비추는 것처럼 인 자도 [자기 날에] 이럴 것이기 때문이다. 37 그러자 그들이 그에게 대답하였다. "어디 로 말입니까? 주님!" 예수께서 그들에게 말 씀하셨다.	
28 주검이 있는 곳, 거기 독수리 들이 모여들 것이다.		"주검이 있는 곳, 거기 독수리 들도 모여들 것이다."	

292. 인자의 오심

마태복음 24:29-31	마가복음 13:24-27	누가복음 21:25-28	요
29 그 날의 환난 후에 곧바로 해가 어두워지고, 달이 자기 빛을 주지 않고, 별들이 하늘 에서 떨어지고,	24 그 날, 그 환난 후에 해가 어두워지고, 달이 자기 빛을 주지 않고, 25 별들이 하 늘에서 떨어질 것이요,	25 해와 달과 별들 에 징조가 있고, 땅 위에는 바 다와 파도 소리로 말미암아 혼 란에 (빠진) 민족들의 고통이 있을 것이다. 26 사람들은 무서 워하며 또 세상에 닥쳐올 일 들을 예상하며 기절할 것이다.	
하늘의 세력들 이 흔들릴 것이다.	하늘에 있는 세력들 이 흔들릴 것이다.	왜냐하면 하늘의 세력들 이 흔들릴 것이기 때문이다.	
30 그때 하늘에 인자의 표적이 나타나고, 그때 땅의 모든 족 속들이 (가슴을) 치며 인자가 하늘의 구름을 타고 능력 과 많은 영광을 가지고 오는 것을 볼 것이다.	26 그때 사람들이 인자가 구름에 휩싸여 많은 능력 과 영광을 가지고 오는 것을 볼 것이다.	27 그때 사람들이 인자가 구름에 휩싸여 능력 과 많은 영광을 가지고 오는 것을 볼 것이다.	
31 그가 큰 나팔소리와 함께 자기 천사 들을 보내겠고, 그들이 하늘 끝	27 그때 그가 천사 들을 보내겠고, 그가 땅 끝		

마태복음 24:29-31	마가복음 13:24-27	누가복음 21:25-28	요
에서 하늘 끝까지 사방에서 그의 뽑힌 사람들을 모을 것이다.	에서 하늘 끝까지 사방에서 [자기의] 뽑힌 사람들을 모을 것이다.	28 이 일들이 벌어지기 시작할 때에 너희는 똑바로 일어나서 너희 머리를 쳐들어라. 너희 구속이 가까이오기 때문이다."	

293. 무화과나무 비유

마태복음 24:32-36	마가복음 13:28-32	누가복음 21:29-33	요
32 무화과나무로부터 비유를 배워라. 그 가지가 이미 연해지고 잎이 돋을 때 여름이 가깝다는 것을 안다. 33 이렇게 너희도 이 모든 일들을 볼 때에 그가 문 앞에 가까이 계시다는 것을 알아라. 34 참으로 내가 너희에게 말하는데, 이 모든 일들이 벌어지기까지는 이 세대가 결코 지나가지 않을 것이다. 35 하늘과 땅은 없어지겠지만 내 말들은 결코 없어지지 않을 것이다. 36 그러나 그 날과 시각에 관해서는 아무도 알지 못한다. 아버지만 빼고는 하늘의 천사들도 ○아들도 (알지) 못한다.	28 무화과나무로부터 비유를 배워라. 그 가지가 이미 연해지고 잎이 돋을 때 여름이 가까이 있다는 것을 안다. 29 이렇게 너희도 이 일들이 벌어지는 것을 볼 때에 그가 문 앞에 가까이 계시다는 것을 알아라. 30 참으로 내가 너희에게 말하는데, 이 모든 일들이 벌어지기 전에는 이 세대가 결코 지나가지 않을 것이다. 31 하늘과 땅은 없어지겠지만 내 말들은 결코 없어지지 않을 것이다. 32 그러나 그 날이나 그 시각에 관해서는 아무도 알지 못한다. 아버지를 빼고는 하늘에 (있는) 천사들도 아들도 (알지) 못한다.	29 (예수께서) 그들에게 비유를 말씀하셨다. "무화과나무와 모든 나무들을 보아라. 30 (싹이) 이미 나왔을 때 스스로 보고 여름이 이미 가까이 있다는 것을 안다. 31 이렇게 너희도 이 일들이 벌어지는 것을 볼 때에 하나님의 나라가 가까이 있다는 것을 알아라. 32 참으로 내가 너희에게 말하는데, 모든 일들이 벌어지기까지는 이 세대가 결코 지나가지 않을 것이다. 33 하늘과 땅은 없어지겠지만 내 말들은 결코 없어지지 않을 것이다.	

294. 깨어 있어라(막)

마태 25:13-15; 24:42	**마가복음 13:33-37**	누가 19:12-13; 12:40	요
13 그러므로 깨어 있어라. ᵀ 그 날도 그 시각도 알지 못하기 때문이다. 14 (하늘나라는) 어떤 사람이 먼 길을 떠나면서 자기 종들을 불러 그들에게 자기 소유를 맡긴 것과 같다. 15 그는 각 사람에게 그 능력대로, 한 사람에게는 다섯 달란트를, 한 사람에게는 두 (달란트)를, 한 사람에게는 한 달란트를 주고 ᵀ 길을 떠났다.	33 조심하여라. 깨어 있어라. 그 때가 언제인지 알지 못하기 때문이다. 34 먼 길을 떠나는 어떤 사람이 자기 집을 떠나면서 자기 종들 각자에게 권한을 주어 자기 일을 (맡기고) 문지기에게 깨어 있으라고 명령하는 것과 같다.	12 "어떤 귀족한 사람이 자신을 위하여 ※왕위를 받아서 돌아오려고 먼 나라로 가면서 13 자기 종 열 명을 불러 그들에게 열 므나를 주며 말하였다. '내가 올 때까지 장사를 하여라.'	
24 42 그러므로 깨어 있어라. 어느 날 너희 주님이 오시는지 너희가 알지 못하기 때문이다.	35 그러므로 깨어 있어라. 언제 그 집의 주인이 오시는지, 곧 저녁인지, 한밤중인지, 닭이 우는 때인지, 또는 아침인지 알지 못하기 때문이다. 36 그가 갑자기 와서 너희가 자고 있는 것을 발견하지 않도록 하여라. 37 내가 너희에게 말하는 것이 모두에게 말하는 것이다. 깨어 있어라."	12 40 너희도 준비하고 있어라. 인자는 너희가 생각하지 못한 시간에 오시기 때문이다.	
13 ᵀ인자가 오는 15 ᵀ곧바로		12 ※나라를	

295. 깨어 있어라(눅)

마	막	누가복음 21:34-36	요
		34 너희는 스스로 조심하여라. 그렇게 하지 않으면 방탕과 술취함과 삶의 염려로 너 희 마음이 무거워지고, 그 날이 덫처럼 갑자기 너희에게 닥칠 것이다. 35 (그 날은) 온 땅의 표면에 앉아 있는 모두에게 들이닥칠 것이기 때문이다. 36 너희가 벌어질 이 모든 일들을 피하고 인자 앞에 설 수 있도록 늘 기도하며 깨어 있어라."	

296. 노아의 때처럼

마태복음 24:37-44	막	누가복음 17:26-36; 12:39-40	요
37 노아 때처럼 인자의 오심도 그 러할 것이기 때문이다. 38 노아가 방주에 들 어간 그 날까지 사람들은 홍수 이전의 [그] 나날을 먹고 마시고 장가가고 시집가고 하 면서 39 홍수가 나서 모두를 쓸어 가기까지 알지 못했던 것처럼, 인자의 오심도 그럴 것이다.		26 노아 때 있었던 것같이 인자의 때에도 그 러할 것이다. 27 노아가 방주에 들 어간 그 날까지 사람들은 먹고 마시고 장가가고 시집갔는데, 홍수가 나서 모두를 멸망시켰다. 28 롯의 때에 있었던 것과도 같다. 사람들은 먹고 마시고 사고 팔고 심고 집 짓고 있었는데 29 롯이 소돔에서 나간 날 하 늘에서 불과 유황이 내려서 모두를 멸망시 켰다. 30 인자가 나타나는 날에도 같을 것이 다. 31 그날에는 지붕 위에 있는 사람은 자기 살림살이가 집안에 (있어도) 그것들을 챙기 러 내려가지 말고, 들에 있는 사람은 똑같 이 뒤에 있는 것을 향해 돌아서지 마라. 32 롯의 아내를 기억하여라. 33 누구든지 자 기 목숨을 지키려고 힘쓰는 사람은 그것을 잃을 것이요, 누구든지 잃는 사람은 그것을 살릴 것이다. 34 내가 너희에게 말하는데, 그	
40 그때 둘이 들에 있어도 하나는 데 려가고 하나는 버려둘 것이다. 41 둘이		밤에 둘이 한 침대에 있어도 한 사람은 데 려가고 다른 사람은 버려둘 것이다. 35 둘이	

마태복음 24:37-44	막	누가복음 17:26-36; 12:39-40	요
맷돌을 갈아도 한 (여자는) 데려가고 한 (여자는) 버려둘 것이다. [42] 그러므로 깨어 있어라. 어느 날 너희 주님이 오시는지 너희가 알지 못하기 때문이다.		같이 (맷돌을) 갈고 있어도 한 여자는 데려가고 다른 여자는 버려둘 것이다." [36] ᵀ	
[43] 이것을 알아 두어라. 도둑이 어느 시점에 올 지 집주인이 알았더라면 깨어 있으면서 자기 집이 뚫리도록 내버려두지는 않았을 것이다. [44] 그러므로 너희도 준비하고 있어라. 인자는 너희가 생각하지 못한 시간에 오시기 때문이다.		12 [39] 이것을 알고 있어라. 도둑이 몇 시에 올지 집주인이 알았더라면 자기 집이 뚫리도록 놓아두지는 않았을 것이다. [40] 너희도 준비하고 있어라. 인자는 너희가 생각하지 못한 시간에 오시기 때문이다."	
		36 ᵀ둘이 들에 있어도 하나는 데려가고 다른 사람은 버려둘 것이다.	

297. 착한 종과 악한 종 비유

마태복음 24:45-51	막	누가복음 12:41-46	요
[45] 주인이 자기 집안사람들을 맡기고 그들에게 제때에 음식을 주게 할, 믿음직하고 슬기로운 종이 과연 누구냐? [46] 이렇게 하고 있는 동안 자기 주인이 와서 발견하게 될 그 종은 복이 있다. [47] 참으로 내가 너희에게 말하는데, (주인이) ※자기 소유 모두를 그에게 맡길 것이다.ˎ [48] 그러나 그 악한 종이 자기 마음속으로 '나의 주인이 늦어지시는구나' 라고 중얼거리면서 [49] 자기 동료		[41] 베드로가 말하였다. "주님, 이 비유를 저희에게 말씀하신 것입니까? 모두에게 (하신 것입니까?)" [42] 주님께서 말씀하셨다. "주인이 자기 하인들을 맡기고 제때에 양식을 주게 할, 믿음직하고 슬기로운 청지기가 과연 누구냐? [43] 이렇게 하고 있는 동안 자기 주인이 와서 발견하게 될 그 종은 복이 있다. [44] 정말로 내가 너희에게 말하는데, (주인이) ※자기 소유 모두를 그에게 맡길 것이다.ˎ [45] 그러나 그 종이 자기 마음속으로 '나의 주인이 오시는 것이 늦어지시는구나'라고 중얼거리면서 남종들과 여	
47 ※자기의 모든 소유 위에 그를 세울 것이다.		44 ※자기의 모든 소유 위에 그를 세울 것이다.	

마태복음 24:45–51	막	누가복음 12:41–46	요
종들을 때리기 시작하고 술꾼들과 함께 먹고 마시면, [50] 미처 생각하지 못한 날, 알지 못하는 시각에 그 종의 주인이 와서 [51] 그를 ※엄하게 벌하고 그를 위선자들과 함께 처리할 것이다.` 거기에서 울음과 이를 갊이 있을 것이다. 51 ※둘로 쪼개고 그의 부분을 위선자들과 함께 둘 것이다.		종들을 때리고 먹고 마시고 술 취하기 시작하면, [46] 미처 생각하지 못한 날, 알지 못하는 시각에 그 종의 주인이 와서 그를 ※엄하게 벌하고 그를 신실하지 못한 사람들과 함께 처리할 것이다.` 46 ※둘로 쪼개고 그의 부분을 신실하지 못한 사람들과 함께 둘 것이다.	

298. 열 처녀 비유

마태복음 25:1–13	막	눅	요
[1] 그때 하늘나라는 자기 등잔을 가지고 신랑을 맞으러 나간 열 처녀와 같을 것이다. [2] 그들 가운데 다섯은 어리석고 다섯은 슬기로웠다. [3] 어리석은 처녀들은 자기 등잔은 가졌지만 기름을 몸에 지니고 있지 않았고 [4] 슬기로운 처녀들은 자기 등잔과 함께 그릇에 기름을 가지고 있었기 때문이다. [5] 신랑이 늦게 오자 모두가 졸다가 잠이 들었는데, [6] 밤중에 고함소리가 났다. '보아라, 신랑이다. [그를] 맞으러 나오너라.' [7] 그때 그 처녀들이 모두 일어나서 자기 등잔을 손질하였는데, [8] 어리석은 처녀들이 슬기로운 처녀들에게 말하였다. '우리 등잔이 꺼져가니까 너희 기름을 우리에게 좀 나누어 달라.' [9] 그러자 슬기로운 처녀들이 대답하였다. '우리와 너희에게 결코 충분하지 않을 것으로 염려되니 차라리 파는 사람들에게 가서 너희 자신을 위하여 사라.' [10] 그들이 사러 가는 동안 신랑이 왔고, 준비된 처녀들은 그와 함께 결혼 잔치에 들어갔으며, 대문은 닫혀 버렸다. [11] 나중에 나머지 처녀들이 와서 말하였다. '주님, 주님, 저희에게 (문을) 열어주십시오.' [12] 그러나 신랑은 대답하였다. '참으로 내가 너희에게 말하는데, 나는 너희를 알지 못한다.' [13] 그러므로 깨어 있어라. ᵀ 그 날도 그 시각도 알지 못하기 때문이다. 13 ᵀ인자가 오는			

299. 달란트 비유

마태복음 25:14–30	마가복음 13:34	누가복음 19:11–27	요
		11 그들이 이 말씀들을 듣고 있는 동안, (예수께서) 비유를 더 하여 말씀하셨다. 예루살렘에 가까워지시고 그들은 하나님의 나라가 곧 나타날 줄로 생각하고 있기 때문에 12 말씀하신 것이다.	
14 (하늘나라는) 어떤 사람이 먼 길을 떠나면서	34 먼 길을 떠나는 어떤 사람이 자기 집을 떠나면서	"어떤 귀족 한 사람이 자신을 위하여 ※왕위를 받아서 돌아오려고 먼 나라로 가면서	
자기 종들을 불러 그들에게 자기 소유를 맡긴 것과 같다.	자기 종들 각자에게 권한을 주어 자기 일을 (맡기고) 문지기에게 깨어 있으라고 명령하는 것과 같다.	13 자기 종 열 명을 불러 그들에게	
15 그는 각 사람에게 그 능력대로, 한 사람에게는 다섯 달란트를, 한 사람에게는 두 (달란트)를, 한 사람에게는 한 (달란트)를 주고 [T] 길을 떠났다.		열 므나를 주며 말하였다. '내가 올 때까지 장사를 하여라.'	
16 다섯 달란트를 받은 종은 ○얼른 가서 그것으로 일을 하여 다섯 (달란트)를 더 벌었다. 17 두 달란트를 (받은) 종도 그와 같이 하여 두 (달란트)를 더 벌었다. 18 그러나 한 달란트를 받은 종은 가서 땅을 파고 자기 주인의 은을 숨겨 두었다.		14 그러나 그의 백성들은 그를 미워하였고 ※그가 모르게ˋ 대표를 보내어 '우리는 이 사람이 우리 위에 군림하는 것을 원하지 않습니다'라고 하였다.	
19 오랜 세월 후에 그 종들의 주인이 와서 그들과 계산을 하		15 그가 ※왕위를 받고 돌아와서 누가 어떻게 장사를 하였는	
15 [T]곧바로		12 ※나라를 14 ※그의 뒤로 15 ※나라를	

마태복음 25:14-30

는데,
[20] 다섯 달란트를
받은 종이 나서며 다섯 달란트를 더 가지고
와서 말하였다. '주인님, 제게 다섯 달란트
를 맡겨 주셨는데, 보십시오, 다섯 달란트
를 더 벌었습니다.' [21] 그의 주인이 그에게
말하였다. '잘 하였다. 착하고 믿음직한 종
아, 네가 적은 일들에 성실하였으니 네게
많은 일들을 맡기겠다. 네 주인의 즐거움에
들어오너라.' [22] 두 달란트를 (받은) 종도 다
가와서 말하였다. '주인님, 제게 두 달란트
를 맡겨 주셨는데, 보십시오, 두 달란트를
더 벌었습니다.' [23] 그의 주인이 그에게 말
하였다. '잘 하였다. 착하고 믿음직한 종아,
네가 적은 일들에 성실하였으니 네게 많은
일들을 맡기겠다. 네 주인의 즐거움에 들어
오너라.' [24] 한 달란트를 받아 두었던 종도
다가와서 말하였다. '주인님, 저는 당신이
뿌리지 않은 데서 거두고 흩지 않은 곳에서
모으는, 굳은 사람이신 것을 알고 [25] 두려워
하여 가서
당신의 달란트를
땅 속에 숨겨 두었습니다. 보십시오. 당신
의 것을 받으십시오.' [26] 그러자 그의 주인
이 그에게 대답하였다. '악하고 게으른 종아!
너는 내가 뿌리지 않은 데서 거두고 흩지
않은 곳에서 모으는 줄로 알았느냐?

[27] 그렇다면 너는 내 은을 돈놀이하는
사람들에게 맡겼어야 한다. 그랬으면 내가
와서 이자와 함께 내 은을 돌려받았을 것이
다. [28] 그러므로
그에게서 달란트를 빼앗아서 열
달란트를 가지고 있는 종에게 주어라.

막

누가복음 19:11-27

지 알아보려고 자기가 은을 주었던 이 종들
을 자기에게로 부르라고 하였다.
[16] 첫 종이
와서 말하였다. '주인님, 당신의 므나로
열 므나
를 만들었습니다.' [17] 그가 그 종에게
말하였다. '잘 하였다. 착한 종
아, 가장 작은 일에 성실하였으니 열 성의
권세를 가져라.'
[18] 둘째 종이
와서 말하였다. '주인님, 당신의 므나로
다섯 므나를
만들었습니다.' [19] 그가 그 종에게 말
하였다.

'너는 다섯 성의 (권세를) 가져라.'
[20] 다른 종이
와서 말하였다. '주인님, 보십시오, 수건에
싸서 가지고 있던 당신의 므나입니다. [21] 당
신은 엄한 사람이어서 당신을 두려워하였기
때문입니다. 당신은 놓지 않은 것을 가져가
고 뿌리지 않은 것을 거두십니다.'

[22] 그가
그 종에게 말하였다. '악한 종아!
네 입에서 (나온 말로) 너를 판단하겠다. 내
가 놓지 않은 것을 가져가고 뿌리지 않은
것을 거두는 엄한 사람이라는 것을 네가 알
았느냐? [23] 그러면 왜 내 은을
은행에 주어 내가
와서 이자와 함께 그것을 찾게 하지 않았느
냐?' [24] 그리고 그는 곁에 서 있는 사람들에
게 말하였다. '그에게서 므나를 빼앗아서 열
므나를 가진 종에게 주어라.'

요

마태복음 25:14-30	막	누가복음 19:11-27	요
[29] 가진 사람 모두에게는 주어지고 넘치게 되지만 가지지 않은 사람은 그가 가지고 있는 것마저 빼앗길 것이기 때문이다. [30] 그리고 그 쓸모없는 종을 바깥 어두움 속에 내쫓아 버려라. 거기에서 울음과 이를 갊이 있을 것이다.'		[25] 그러자 그들이 (주인에게) 말하였다. '주인님, 그는 열 므나가 있습니다.' [26] '내가 너희에게 말하는데, 가진 사람 모두에게는 주어지지만 가지지 않은 사람은 그가 가지고 있는 것마저 빼앗길 것이다. [27] 그리고 내가 자기들의 왕이 되는 것을 원하지 않은, 나의 이 원수들을 여기로 끌어와서 내 앞에서 죽여라.'"	

300. 양과 염소 비유

마태복음 25:31-46	막	눅	요
[31] 인자가 자기 영광 속에 오고 모든 천사들이 그와 함께 (올 때), 그때 그는 자기 영광의 보좌에 앉고 [32] 모든 민족들은 그의 앞에 모일 것이다. 그는 목자가 염소들로부터 양들을 갈라내듯이 그들을 서로 갈라놓고 [33] 양들은 자기 오른쪽에, 염소들은 왼쪽에 세울 것이다. [34] 그때 임금이 자기 오른쪽에 있는 사람들에게 말할 것이다. '오너라! 내 아버지의 축복을 받은 사람들아! 세상이 만들어진 때부터 너희를 위하여 마련되어 있는 나라를 물려받아라. [35] 왜냐하면 너희는 내가 주렸을 때 내게 먹을 것을 주었고, 목말랐을 때 나더러 마시게 하였고, 나그네였을 때 나를 맞아들였고, [36] 헐벗었을 때 내게 입혀 주었고, 아팠을 때 나를 돌보았고, 감옥에 있었을 때 나를 찾아왔기 때문이다.' [37] 그때 의인들이 그에게 대답할 것이다. '주님, 저희가 언제 당신이 주리실 때 보고 잡수시게 하였고, 목마르실 때 마시게 하였습니까? [38] 또 저희가 언제 당신이 나그네이실 때 보고 맞아들였고, 헐벗으실 때 입혀 드렸습니까? [39] 또 저희가 언제 당신이 아프실 때나 감옥에 계실 때 보고 당신을 찾아갔습니까?' [40] 임금이 그들에게 대답할 것이다. '참으로 내가 너희에게 말하는데, 나의 이 가장 작은 형제들 가운데 누구 하나에게 한 것이 내게 한 것이다.' [41] 그때 (임금은) 왼쪽에 있는 사람들에게도 말할 것이다. '저주받은 사람들아! 내게서 물러나서 마귀와 그의 부하들을 위하여 마련되어 있는 영원한 불로 들어가거라! [42] 왜냐하면 너희는 내가 주렸을 때 내게 먹을 것을 주지 않았고, 목말랐을 때 나더러 마시게 하지 않았고, [43] 나그네였을 때 나를 맞아들이지 않았고, 헐벗(었)을 때 나를 입혀 주지 않았고, 아프고 감옥에 (있었을) 때 나를 돌보지 않았기 때문이다.' [44] 그때 그			

마태복음 25:31-46	막	눅	요
들도 대답할 것이다. '주님, 저희가 언제 당신이 주리시거나 목마르시거나 나그네이 시거나 헐벗으시거나 아프시거나 감옥에 계실 때 당신을 보고 섬기지 않았습니까?' 45 그때 (임금이) 그들에게 대답할 것이다. '참으로 내가 너희에게 말하는데, 이 가 장 작은 사람들 가운데 누구 하나에게 하지 않은 것이 내게 하지 않은 것이다.' 46 그리하여 이 사람들은 영원한 형벌로, 의인들은 영원한 생명으로 들어갈 것이다."			

301. 예루살렘에서의 사역 요약

마	막	누가복음 21:37-38	요
		37 그는 낮에는 성전에서 가르치고 계셨고 밤에는 나가서 감람산이라는 산에서 밤을 보내셨다. 38 온 백성이 그의 (말씀을) 들으려고 일찍이 성전에 있는 그에게로 왔다.	

XIV. 고난 전 주간

요 12:20-50

302. 헬라인과 예수

마	막	눅	요한복음 12:20-36

[20] 명절에 예배하려고 올라온 사람들 가운데 어떤 헬라인들이 있었다. [21] 이 사람들이
갈릴리 벳새다 출신인 빌립에게 다가가서 그에게 청하였다. "주님, 예수님을 뵙고 싶
습니다." [22] 빌립이 가서 안드레에게 말하고 안드레와 빌립이 예수께 가서 말하였다.
[23] 그러자 예수께서 그들에게 대답하셨다. "인자가 영광을 받을 때가 왔다. [24] 진실로
진실로 내가 너희에게 말하는데 밀알이 땅에 떨어져 죽지 않으면 그것만 남지만 죽
으면 많은 열매를 맺는다. [25] 자기 목숨을 사랑하는 사람은 그것을 잃고 이 세상에서
자기 목숨을 미워하는 사람은 영원한 생명에 (이르도록) 그것을 유지할 것이다.
[26] 누가 나를 섬기면 나를 따라라. 내가 있는 곳, 거기에 나를 섬기는 사람도 있을
것이다. 누가 나를 섬기면 아버지께서 그를 존중할 것이다. [27] 지금 내 마음이 괴로
운데 무슨 말을 할까? 아버지여, 이 시간에서 저를 건져주십시오. 하지만 이것을 위
하여 제가 이때에 왔습니다. [28] 아버지여, 아버지의 이름을 영광스럽게 하십시오."
그러자 하늘로부터 소리가 났다. "영광스럽게 하였고 또 다시 영광스럽게 할 것이
다." [29] 그러나 서서 들은 무리는 천둥이 울렸다고 말하였고 다른 사람들은 천사가
그에게 얘기하였다고 하였다. [30] 예수께서 대답하셨다. "이 소리는 나를 위해서가 아
니라 너희를 위해서 난 것이다. [31] 이제 이 세상의 심판이다. 이제 이 세상의 통치자
가 밖에 내쫓길 것이다. [32] 내가 땅에서 올려지면 모든 사람을 내 자신에게로 이끌
것이다." [33] 그는 자신이 어떤 죽음으로 죽을 것인가를 암시하시며 이것을 말씀하셨
다. [34] 그러자 무리가 그에게 대답하였다. "우리는 율법에서 그리스도가 영원히 머무
신다고 들었소. 그런데 당신은 어떻게 인자가 올려져야 한다고 말하시오? 이 인자는
누구요?" [35] 그러자 예수께서 그들에게 말씀하셨다. "아직 잠깐 너희들 가운데 빛이
있다. 어두움이 너희를 덮치지 못하도록, 빛을 가지고 있는 동안 걸어라. 어둠 속을
걷는 사람은 어디로 가는지 알지 못한다. [36] 빛을 가지고 있을 때 빛의 ※자녀들이 되
도록 빛을 믿어라." 예수께서 이렇게 말씀하셨고 그들에게서 떠나서 숨으셨다.

36 ※아들들이

303. 사람들의 불신

마	막	눅	요한복음 12:37-43

37 그가 그들 앞에서 이렇게 많은 표적을 행하셨지만 그들은 그를 믿지 않았다.
38 (이렇게) 말한 선지자 이사야의 말이 이루어지게 하려는 것이다. "주님, 우리에게
들은 것을 누가 믿었고 주님의 팔이 누구에게 나타났습니까?" 39 이 때문에 그들은
믿을 수 없었다. 이사야가 다시 말하였기 때문이다. 40 "그가 그들의 눈을 멀게 하셨
고 그들의 마음을 굳히셨다. 그들이 눈으로 보고 마음으로 깨닫고 돌이키지 못하고,
내가 그들을 고치지 못하게 하려는 것이다." 41 이사야는 그의 영광을 보았고 그에
관하여 말하였기 때문에 이렇게 말하였다. 42 그렇지만 통치자들 가운데서도 많은 사
람이 그를 믿었다. 그러나 바리새인들 때문에 공공연히 말하지는 못하였다. 회당에
서 쫓겨나지 않으려는 것이었다. 43 그들은 하나님의 영광보다 사람들의 영광을 더
사랑하였기 때문이다.

304. 말씀을 통한 심판과 영생

마	막	눅	요한복음 12:44-50

44 예수께서 소리쳐 말씀하셨다. "나를 믿는 사람은 나를 믿는 것이 아니요 나를 보
내신 분을 믿는 것이다. 45 또 나를 보는 사람은 나를 보내신 분을 보는 것이다.
46 나는 세상에 빛으로 왔다. 나를 믿는 사람은 모두 어두움에 머물지 않게 하려는
것이다. 47 누가 내 말들을 듣고 지키지 않아도 나는 그를 심판하지 않는다. 나는 세
상을 심판하러가 아니라 세상을 건지러 왔기 때문이다. 48 나를 거부하고 나의 말들
을 받지 않는 사람은 자신을 심판할 것을 가지고 있다. 내가 한 말, 그것이 마지막
날에 그를 심판할 것이다. 49 내가 스스로 말하지 않았고 나를 보내신 아버지 자신이
무엇을 말하고 무엇을 이야기할지 나에게 명령해 주셨기 때문이다. 50 나는 그의 명
령이 영원한 생명인 줄을 알고 있다. 그러므로 내가 말하는 것들은 아버지께서 나에
게 말씀하신 대로, 그렇게 말하는 것이다."

XV. 고난 주간

마 26:1-35
막 14:1-31
눅 22:1-38
요 13:1-38

305. 죽음의 예고와 모의

마태복음 26:1-5	마가복음 14:1-2	누가복음 22:1-2	요
[1] 예수께서 이 말씀들을 모두 마치셨을 때 자기 제자들에게 말씀하셨다. [2] "이틀 후에 유월절이 되는 것을 너희가 알고 있다. 그러면 인자는 십자가에 못 박도록 넘겨질 것이다."	[1] 이틀 후가 유월절과 무교절이었는데	[1] 유월절이라는 무교절이 가까워지자	
[3] 그때 대제사장들과 백성의 장로들이 가야바라고 하는 대제사장의 공관 안마당에 모여서	대제사장들과 율법학자들이	[2] 대제사장들과 율법학자들이	
[4] 속임수로 예수를 잡아 죽이려고 의논하다가	속임수를 써서 그를 잡아 죽일 방법을 찾고 있다가	그를 없앨 방법을 찾고 있었다.	
[5] "백성 속에서 소동이 일어나지 않도록 명절에는 맙시다" 하고 말하였다.	[2] "백성의 소동이 있을지도 모르니 명절에는 맙시다" 하고 말하였다.	백성을 두려워하였기 때문이다.	

306. 베다니에서 기름 부음

마태복음 26:6-13	마가복음 14:3-9	누가복음 7:36-50	요한복음 12:1-8
		[36] 바리새인들 가운데 어떤 사람이 자기와 함께 음식 잡수시기를 그에게 청하였다.	[1] 유월절 엿새 전에
[6] 예수께서 베다니에서 문둥병자 시몬의 집에 계셨다.	[3] (예수께서) 베다니에서 문둥병자 시몬의 집에 계셨다.	(예수께서) 그 바리새인의 집에 들어가 자리에 앉으셨다. [37] 그러자 보라,	예수께서 나사로가 있던 베다니로 가셨다. 그는 예수께서 죽은 사람들 가운데서 살리신 사람이다. [2] 그들이 그를
[7] 그가 식사 자리에	그가 식사 자리에		

마태복음 26:6-13	마가복음 14:3-9	누가복음 7:36-50	요한복음 12:1-8
앉아 계시는 동안	앉아 계시는 동안		를 위하여 거기서 잔치를 베풀었는데 마르다는 시중을 들었고 나사로는 그와 함께 식탁에 앉은 자들 중 하나로 있었다.
어떤 여자가	어떤 여자가	죄인인 어떤 여자가 그 성에 살고 있었는데 예수께서 그 바리새인의 집에서 식사 자리에 앉아 계시다는 것을 알고	[3] 마리아가
값비싼 향유 한 항아리를 가지고 그에게 다가와서	매우 비싼 향유, 곧 순 나드 한 항아리를 지니고 (와서) 항아리를 깨뜨리고	향유 한 항아리를 가지고 와서	값비싼 순 나드 향유 한 근을 가져 (와서)
그의 머리에 부었다.	그의 머리에 부었다.	[38] 그의 뒤, 발 곁에 서서 울며 눈물로 그의 발을 적시기 시작하여 자기의 머리카락으로 닦고 그의 발에 입을 맞추고 향유를 발랐다.	예수의 발에 발랐고 자기의 머리카락으로 그의 발을 닦았다.
			그 집이 향유 냄새로 가득 채워졌다.
[8] 그런데 제자들이 보고 성내며	[4] 그런데 어떤 사람들이 있다가 자기들끼리 성내면서	[39] 그를 청한 바리새인이 보고 속으로 "이 사람이 선지자라면 자기를 만지는 여자가 누구며 어떤 여자, 곧 죄인임을 알았을 것이다" 하고	[4] 그의 제자들 가운데 하나로 그를 넘겨줄 가룟 유다가
말하였다. "웬일로 이렇게 버리는가! [9] 이것을 비싸게 팔아서 가난한 사람들에게 줄 수 있었을 것이다."	(말하였다.) "웬일로 향유를 이렇게 버리게 되었는가? [5] 이 향유를 삼백 데나리온보다 높게 팔아서 가난한 사람들에게 줄 수 있었을 것이다." 그리고 그 여자	중얼거렸다.	말하였다. [5] "어째서 이 향유를 삼백 데나리온에 팔아 가난한 사람들에게 주지 않았소?" [6] 그가 이렇게 말한 것은

마태복음 26:6-13

10 그러나 예수께서 아시고 그들에게 말씀하셨다.

"왜 그 여자에게 괴로움을 끼치느냐? 그 여자는 내게 좋은 일을 하였기 때문이다.
11 너희가 가난한 사람들은 늘 너희 자신 곁에서 만나지만

나를 늘 만나지는 않기 때문이다.
12 또 이 여자가 내 몸에 이 향유를 부은 것은 나를 장사하기 위해서 한 것이기 때문이다.
13 참으로 내가 너희에게 말하는데, 온 세상 어디나 이 복음이 전해지는 곳에는 그 여자를 기억하도록 이 여자가 행한 일도 이야기될 것이다."

마가복음 14:3-9

를 꾸짖었다.

6 그러나 예수께서 말씀하셨다.

"그 여자를 놓아 두어라. 왜 그 여자에게 괴로움을 끼치느냐? 그 여자는 내게 좋은 일을 하였다.
7 너희가 가난한 사람들은 늘 너희 자신 곁에서 만나며 원할 때 그들에게 좋은 일을 할 수 있지만 나를 늘 만나지는 않기 때문이다.
8 그 여자는 할 수 있는 일을 하였다. 내 몸에 향유를 발라서 장사 행위를 미리 한 것이다.
9 참으로 내가 너희에게 말하는데, 온 세상 어디나 복음이 전해지는 곳에는 그 여자를 기억하도록 이 여자가 행한 일도 이야기될 것이다."

누가복음 7:36-50

40 예수께서 그에게 대답하셨다. "시몬아, 네게 말할 것이 있다." 그가

요한복음 12:1-8

가난한 사람들을 배려했기 때문이 아니라 그는 도둑이었고 돈자루를 맡았다가 들어 있는 것들을 꺼내가곤 했기 때문이다.
7 그러자 예수께서 말씀하셨다. "나의 장사 날을 위하여 그것을 계속 하도록 그 여자를 놓아 두어라.

8 너희가 가난한 사람들은 늘 너희 자신 곁에서 만나지만

나를 늘 만나지는 않기 때문이다."

마 26:6-13	막 14:3-9	누가복음 7:36-50	요 12:1-8

말하였다. "선생님, 말씀하십시오." (예수께서) 말씀하셨다.
41 "어떤 빚쟁이에게 빚진 사람 둘이 있었는데 한 사람은 오
백 데나리온을, 다른 사람은 오십 (데나리온)을 빚지고 있었
다. 42 그들이 갚을 것이 없어서 그가 두 사람에게 은혜를 베
풀었다. 그러면 그들 가운데서 누가 그를 더 사랑하겠느냐?"
43 시몬이 대답하였다. "저는 더 많은 은혜를 입은 사람이라고
생각합니다." 예수께서 그에게 말씀하셨다. "바르게 판단하였
다." 44 그리고 그는 그 여자에게로 몸을 돌리시며 시몬에게
말씀하셨다. "이 여자를 보느냐? 내가 네 집에 들어올 때 너
는 내 발에 물을 (부어)주지 않았으나 이 여자는 눈물로 내
발을 적시고 자기 머리카락으로 닦았다. 45 너는 내게 입 맞
추지 않았으나 이 여자는 내가 들어올 때부터 내 발에 입 맞
추기를 그치지 않았다. 46 너는 내 머리에 감람유를 바르지
않았으나 이 여자는 내 발에 향유를 발랐다. 47 그러므로 내가
네게 말하는데, 그 여자의 많은 죄들이 용서되었다. 많이 사
랑하였기 때문이다. 용서받을 일이 적은 사람은 적게 사랑한
다." 48 그리고 예수께서 그 여자에게 말씀하셨다. "네 죄가
용서되었다." 49 그러자 함께 식사 자리에 앉아 있던 사람들이
속으로 중얼거리기 시작하였다. "죄도 용서하는 이 사람은 누
구냐?" 50 (예수께서) 그 여자에게 말씀하셨다. "네 믿음이 너
를 건져내었다. 평안히 가거라."

307. 유다의 배신

마태복음 26:14-16	마가복음 14:10-11	누가복음 22:3-6	요
14 그때 열둘 가운데 하나, 곧 가룟 유다라고 하는 사 람이 대제사 장들에게 가서 15 말하였다. "내가 그를 당신들에게 넘겨주 면 내게 무엇을 주겠소?" 그러	10 열둘 가운데 하나인 가룟 유다가 그를 대제사 장들에게 넘겨주려고 그들에게 갔다.	3 열둘의 수에 들어 있던 가룟이라는 유다에게 사탄이 들어갔다. 4 그는 가서 대제사 장들과 경비대장들과 함께 (예 수를) 그들에게 넘겨줄 방법을 의논하였는데,	

마태복음 26:14-16	마가복음 14:10-11	누가복음 22:3-6	요
자 그들이 은 서른을 그에게 제공하였다. 16 그래서 그는 그때부터 (예수를) 넘겨주려고 좋은 기회를 찾고 있었다.	11 그들은 듣고 나서 기뻐하였고 그에게 은을 주기로 약속하였다. 그래서 그는 좋은 기회에 (예수를) 넘겨줄 방법을 찾고 있었다.	5 그들은 기뻐하였고 그에게 은을 주기로 합의하였다. 6 그는 좋다고 하였고 무리가 없을 때 그들에게 (예수를) 넘겨주려고 좋은 기회를 찾고 있었다.	

308. 유월절 식사 준비

마태복음 26:17-20	마가복음 14:12-17	누가복음 22:7-14	요
17 무교절 첫 날에 제자들이 예수께 다가와서 말하였다. "유월절 식사를 하시도록 어디에 준비하기를 원하십니까?"	12 무교절 첫 날, 곧 유월절 양을 잡는 날에 그의 제자들이 그에게 말하였다. "유월절 식사를 하시도록 어디에 가서 준비하기를 원하십니까?"	7 유월절 양을 잡아야 하는 무교절 날이 오자 8 (예수께서) 베드로와 요한을 보내시며 말씀하셨다. "가서 우리를 위하여 유월절 식사를 준비하고 우리가 먹게 하여라." 9 그들이 그에게 말하였다. "어디에 준비하기를 원하십니까?"	
18 예수께서 말씀하셨다. "성 안으로 아무개에게 가서 그에게 말하여라. 선생님께서 '내 때가 가깝다. 네게서 내 제자들과 함께 유월절을 지키겠다'	13 (예수께서) 자기 제자들 중 둘을 보내시며 그들에게 말씀하셨다. "성 안으로 가거라. 그러면 너희가 물동이를 멘 어떤 사람을 만날 것이다. 그를 따라가서 14 그가 어디론가 들어가면 집 주인에게 말하여라. 선생님께서 '내 제자들과 함께 유월절 식사를 할 내 방이 어디 있느냐?'	10 예수께서 그들에게 말씀하셨다. "보아라, 너희가 성 안으로 들어가서 물동이를 멘 어떤 사람을 만날 것이다. 그가 들어가는 집 안으로 그를 따라가서 11 그 집의 주인에게 말하여라. 선생님께서 당신에게 '내 제자들과 함께 유월절 식사를 할 방이 어디 있느냐?'	

마태복음 26:17-20	마가복음 14:12-17	누가복음 22:7-14	요
라고 말씀하십니다."	라고 말씀하십니다. [15] 그러면 그 사람이 너희에게 (자리를) 깔아 놓고 준비한 큰 다락방을 보여줄 것이다. 그곳에 우리를 위하여 준비하여라." [16] 제자들이 나가서 성 안으로 들어갔고 자기들에게 말씀하신 대로 (집을) 찾게 되어 유월절 식사를 준비하였다. [17] 저녁이 되어서 (예수께서) 열두 명과 함께 가셨다.	라고 말씀하십니다. [12] 그러면 그 사람이 너희에게 (자리를) 깔아 놓은 큰 다락방을 보여줄 것이다. 그곳에 준비하여라." [13] 그들이 가서 자기들에게 말씀하신 대로 (집을) 찾게 되어 유월절 식사를 준비하였다. [14] 시간이 되었을 때 (예수께서) 식사 자리에 앉으셨고, 사도들이 그와 함께 (하였다.)	
[19] 제자들이 예수께서 자기들에게 시키신 대로 하여 유월절 식사를 준비하였다. [20] 저녁이 되어서 (예수께서) 열두 「명과 함께 식사 자리에 앉으셨다.			
20 「 제자들과			

309. 제자들의 발을 씻기심

마 10:24,40	막	눅	요한복음 13:1-20

[1] 유월절 명절 전에 예수께서 이 세상으로부터 아버지께로 떠나가실, 자신
의 때가 왔다는 것을 아시고 세상에 있는 자기 사람들을 사랑하시고 그들
을 끝까지 사랑하셨다. [2] 저녁 식사 (시간이) 되었는데 이미 마귀가 시몬
가룟의 아들 유다의 마음 속에 그를 넘겨 줄 (생각을) 넣었다. [3] (예수께서
는) 아버지께서 모든 것을 자신의 손에 주셨다는 것과 자신이 하나님께로
부터 나오셨고 하나님께로 가신다는 것을 아시고 [4] 식사 자리에서 일어나
셔서 겉옷을 벗으시고 수건을 가져다 자신의 허리에 두르셨다. [5] 그리고는
대야에 물을 담아서 제자들의 발을 씻기고 허리에 두르고 계셨던 수건으로
닦아 주기 시작하셨다. [6] 그런데 시몬 베드로에게 오시자 그가 (예수께) 말
하였다. "주님, 당신이 제 발을 씻기십니까?" [7] 예수께서 그에게 대답하셨
다. "내가 하는 일을 네가 지금은 알지 못하지만 나중에는 알게 될 것이
다." [8] 베드로가 그에게 말하였다. "제 발을 결코, 영원히 씻기지 못하실
것입니다." 예수께서 그에게 대답하셨다. "내가 너를 씻기지 않으면 너는

마 10:24,40	막	눅
24 제자가 선생 위에, 종이 자기 주인 위에 있지 않다. 40 너희를 맞아들이는 사람은 나를 맞아들이는 것이고, 나를 맞아들이는 사람은 나를 보내신 분을 맞아들이는 것이다.		

요한복음 13:1-20

나와는 상관이 없다." 9 시몬 베드로가 그에게 말하였다.
"주님, 제 발만이 아니라 손과 머리도 씻겨 주십시오."
10 예수께서 그에게 말씀하셨다. "목욕한 사람은 발 말고
는 씻을 필요가 없다. 온 (몸이) 깨끗하다. 너희가 깨끗하
지만 모두는 아니다." 11 그는 자신을 넘겨줄 사람을 아셨
기 때문이다. 그러므로 너희 모두가 깨끗하지는 않다고
말씀하셨다. 12 그가 그들의 발을 씻기신 후에 자기 겉옷
을 입으시고 다시 자리에 앉으셔서 그들에게 말씀하셨다.
"내가 너희에게 무엇을 했는지를 알겠느냐? 13 너희는 나
를 선생님, 그리고 주님이라고 부른다. 바로 말하는 것이
다. 내가 그렇기 때문이다. 14 주님과 선생인 내가 너희
발을 씻겼다면 너희도 서로의 발을 씻겨야 한다. 15 내가
너희에게 한 것처럼 너희도 하도록 너희에게 모범을 보여
주었다. 16 진실로 진실로 내가 너희에게 말하는데 종은
자기 주인보다 크지 않고 보내진 사람은 자기를 보낸 사
람보다 크지 않다. 17 너희가 이것을 알고 있다면, 이것을
※행할 때 너희는 복되다. 18 나는 너희 모두에 관하여 말
하고 있지 않다. 나는 내가 누구를 택하였는지 알고 있
다. 그러나 내 빵을 씹는 사람이 ※내 발꿈치를 물었다는
성경이 이루어질 것이다. 19 일이 벌어지기 전에 지금부터
너희에게 말하는 것은 일이 벌어질 때 내가 (그임을) 너
희가 믿게 하려는 것이다. 20 진실로 진실로 내가 너희에
게 말하는데 내가 보내는 사람이 누구든지 그를 맞아들이
는 사람은 나를 맞아들이는 것이고,
나를 맞아들이는 사람은 나를 보내신 분을 맞아들이는 것
이다."

17 ※행한다면
18 ※자기 발꿈치로 나를 찼다는

310. 유다의 배신 예고(마, 막, 요)

마태복음 26:21-25	마가복음 14:18-21	누가복음 22:21-23	요한복음 13:21-30
21 그들이 먹는 중에 (예수께서)	18 그들이 식사 자리에 앉아서 먹는 중에 예수께서		21 예수께서 이것들을 말씀하시고는 심령에 괴로워하시며 공개적으로
말씀하셨다. "참으로 내가 너희에게 말하는데, 너희 중에서	말씀하셨다. "참으로 내가 너희에게 말하는데, 너희 중에서 나와 함께 먹고 있는		말씀하셨다. "진실로 진실로 너희에게 말하는데 너희 가운데
한 사람이 나를 넘겨줄 것이다." 22 그들은	한 사람이 나를 넘겨줄 것이다." 19 그들은		하나가 나를 넘겨줄 것이다." 22 제자들은 그가 누구에 관해 말씀하시는지 의아해
무척 슬퍼하면서	슬퍼하면서		하면서 서로 쳐다보았다. 23 예수의 제자들 가운데 한 사람이 그의 품에 기대고 앉아 있었는데 그는 예수께서 사랑하시던 사람이었다. 24 시몬 베드로가 이 사람에게 고개를 끄덕여 (예수께서) 말씀하신 사람이 누구일는지 알아보게 하였다. 25 그는
한 사람씩 저마다 그에게 말하기 시작하였다. "저는 아니지요? 주님!" 23 예수께서 대답하셨다.	한 사람 한 사람씩 그에게 말하기 시작하였다. "저는 아니지요?" 20 예수께서 그들에게 말씀하셨다.		예수의 가슴에 (더) 기대며 그에게 말하였다. "주님, 그가 누구입니까?" 26 예수께서 대답하셨다.
"나와 함께 그릇에 손을 넣은 사람, 이 사람이 나를 넘겨줄 것	"열둘 중에서 한 사람, 곧 나와 함께 그릇에 (손을) 넣는 사람이다.	21 그러나, 보아라, 나를 넘겨주는 사람의 손이 나와 함께 상위에 있다.	"내가 빵조각을 적셔다가 그에게 줄 바로 그 사람이다."

마태복음 26:21-25	마가복음 14:18-21	누가복음 22:21-23	요한복음 13:21-30
이다. 24 인자는 자기에 관하여 적혀 있는 대로 떠나지만 인자를 넘겨 주는 그 사람에게는 화가 있다. 그 사람은 태어나지 말았으면 자신에게 좋았을 것이다."	21 인자는 자기에 관하여 적혀 있는 대로 떠나지만 인자를 넘겨 주는 그 사람에게는 화가 있다. 그 사람은 태어나지 말았으면 자신에게 좋았을 것이다."	22 인자는 정해진 것을 따라 가지만 (인자를) 넘겨 주는 그 사람에게는 화가 있다."	
25 그를 넘겨줄 유다가 대답하였다. "저는 아니지요? 랍비여!"		23 그러자 그들은 그들 가운데서 이런 짓을 할 사람이 누구인지를 서로 묻기 시작하였다.	그리고 빵조각을 적신 다음 [가져다가] 시몬 가룟의 아들 유다에게 주셨다.
(예수께서) 그에게 말씀하셨다. "네가 말하였다."			27 (그가) 빵조각을 (받은) 후에, 그때 사탄이 그에게로 들어갔다. 그러자 예수께서 그에게 말씀하셨다. "네가 하는 일을 빨리 하여라." 28 [그러나] (예수께서) 그에게 무슨 뜻으로 말씀하셨는지 앉아 있는 사람들 가운데 아무도 이것을 알지 못했다. 29 어떤 사람들은 유다가 돈자루를 가지고 있었기 때문에 예수께서 그에게 "명절에 우리에게 필요한 것들을 사라" 고 하셨거나 "가난한 사람들에게 무엇을 주라" 고 말씀하셨다고 생각하였다. 30 그는 빵조각을 받고나서 곧바로 나갔는데 밤이었다.

311. 마지막 성만찬

마태복음 26:26-29

(29 내가 너희
에게 말하는데, 내 아버지의
나라에서 너희와 함께 그것을
새 것으로 마시는 그 날까지
나는 이제부터 포도나무에서
난 이런 것을 결코 마
시지 않을 것이다.") 26 그들이
먹고 있을 때 예수께서 빵
을 가지고 축복하시고 나서 떼
어서 제자들에게 주시며 말씀
하셨다. "받아서 먹어라. 이것
은 내
몸이다."

27 또 그는 잔을 가지고
감사하시고 나서 그들에게 주
시며
말씀하
셨다. "모두 이것으로 마셔라.
28 이것은 내 피, 곧 죄를 용서
하려고 많은 사람을 위하여 부
어지는

마가복음 14:22-25

(25 참으로 내가 너희
에게 말하는데, 하나님의
나라에서 그것을
새 것으로 마시는 그 날까지
나는 포도나무에서
난 것을 결코 더 이상 마
시지 않을 것이다.") 22 그들이
먹고 있을 때 (예수께서) 빵
을 가지고 축복하시고 나서 떼
어서 그들에게 주시며 말씀하
셨다. "받아라. 이것은
내 몸
이다."

23 또 그는 잔을 가지고
감사하시고 나서 그들에게 주
셔서 모두가 그것으로 마셨다.
24 (예수께서) 그들에게 말씀하
셨다.
"이것은 내 피, 곧
많은 사람을 위
하여 부어지는

누가복음 22:15-20

15 (예수께서) 그들에게 말씀하
셨다. "내가 고통을 받기 전에
너희와 함께 이 유월절 식사하
기를 아주 간절히 바랐다.
16 내가 너희에게 말하는데, (유
월절이) 하나님의 나라에서 이
루어지기까지 그것을 결코 먹
지 않을 것이다." 17 그는 잔을
받으셔서 감사하시고 나서 말
씀하셨다. "이것을 받아서 너희
들끼리 나누어라. 18 내가 너희
에게 말하는데, 하나님의 나라
가
오기까지
나는 지금부터 포도나무에서
난 것을 결코 마
시지 않을 것이다."
19 (예수께서) 또 빵
을 가지고 감사하시고 나서
떼어서 그들에게 주시며 말씀
하셨다. "이것
은 너희를 위하여 주어지는 내
몸이다. 이것을 행하여 나를
기념하여라." 20 저녁 먹은 후
에 그는 똑같이 잔을 (가지고)
말씀하
셨다.
"이 잔은
너희를 위
하여 부어지는 나의 피 안에

요

마태복음 26:26-29	마가복음 14:22-25	누가복음 22:15-20	요
[T] 언약의 피이다. 29 내가 너희에게 말하는데, 내 아버지의 나라에서 너희와 함께 그것을 새 것으로 마시는 그 날까지 나는 이제부터 포도나무에서 난 이런 것을 결코 마시지 않을 것이다." 28 [T] 새	언약의 피이다. 25 참으로 내가 너희에게 말하는데, 하나님의 나라에서 그것을 새 것으로 마시는 그 날까지 나는 포도나무에서 난 것을 결코 더 이상 마시지 않을 것이다."	있는 새 언약이다. 18 내가 너희에게 말하는데, 하나님의 나라가 오기까지 나는 지금부터 포도나무에서 난 것을 결코 마시지 않을 것이다."	

312. 유다의 배신 예고(눅)

마태복음 26:21-25	마가복음 14:18-21	누가복음 22:21-23	요한복음 13:21-30
21 그들이 먹는 중에 (예수께서) 말씀하셨다. "참으로 내가 너희에게 말하는데, 너희 중에서 한 사람이 나를 넘겨줄 것이다." 22 그들은 무척 슬퍼하면서	18 그들이 식사 자리에 앉아서 먹는 중에 예수께서 말씀하셨다. "참으로 내가 너희에게 말하는데, 너희 중에서 나와 함께 먹고 있는 한 사람이 나를 넘겨줄 것이다." 19 그들은 슬퍼하면서		21 예수께서 이것들을 말씀하시고는 심령에 괴로워하시며 공개적으로 말씀하셨다. "진실로 진실로 너희에게 말하는데 너희 가운데 하나가 나를 넘겨줄 것이다." 22 제자들은 그가 누구에 관해 말씀하시는지 의아해 하면서 서로 쳐다보았다. 23 예수의 제자들 가운데 한 사람이 그의 품에 기대고 앉아 있었는데 그는 예수께서 사랑하시던 사람이었다.

마태복음 26:21-25

한 사람씩 저마다 그에게 말하기 시작하였다. "저는 아니지요? 주님!" 23 예수께서 대답하셨다. "나와 함께 그릇에 손을 넣은 사람, 이 사람이 나를 넘겨줄 것이다. 24 인자는 자기에 관하여 적혀 있는 대로 떠나지만 인자를 넘겨주는 그 사람에게는 화가 있다. 그 사람은 태어나지 말았으면 자신에게 좋았을 것이다."

25 그를 넘겨줄 유다가 대답하였다. "저는 아니지요? 랍비여!"

(예수께서) 그에게 말씀하셨다. "네가 말하였다."

마가복음 14:18-21

한 사람 한 사람씩 그에게 말하기 시작하였다. "저는 아니지요?" 20 예수께서 그들에게 말씀하셨다. "열둘 중에서 한 사람, 곧 나와 함께 그릇에 (손을) 넣는 사람이다. 21 인자는 자기에 관하여 적혀 있는 대로 떠나지만 인자를 넘겨주는 그 사람에게는 화가 있다. 그 사람은 태어나지 말았으면 자신에게 좋았을 것이다."

누가복음 22:21-23

21 그러나, 보아라, 나를 넘겨주는 사람의 손이 나와 함께 상위에 있다. 22 인자는 정해진 것을 따라 가지만 (인자를) 넘겨주는 그 사람에게는 화가 있다."

23 그러자 그들은 그들 가운데서 이런 짓을 할 사람이 누구인지를 서로 묻기 시작하였다.

요한복음 13:21-30

24 시몬 베드로가 이 사람에게 고개를 끄덕여 (예수께서) 말씀하신 사람이 누구일는지 알아보게 하였다. 25 그는 예수의 가슴에 (더) 기대며 그에게 말하였다. "주님, 그가 누구입니까?" 26 예수께서 대답하셨다. "내가 빵조각을 적셔다가 그에게 줄 바로 그 사람이다."

그리고 빵조각을 적신 다음 [가져다가] 시몬 가룟의 아들 유다에게 주셨다. 27 (그가) 빵조각을 (받은) 후에, 그때 사탄이 그에게로 들어갔다. 그러자 예수께서 그에게 말씀하셨다. "네가 하는 일을 빨리 하여라." 28 [그러나] (예수께서) 그에게 무슨 뜻으로 말씀하셨는지 앉아 있는 사람들 가운데 아무도 이것을 알지 못했다.

마 26:21-25	막 14:18-21	**눅 22:21-23**	요한복음 13:21-30
			29 어떤 사람들은 유다가 돈자루를 가지고 있었기 때문에 예수께서 그에게 "명절에 우리에게 필요한 것들을 사라" 고 하셨거나 "가난한 사람들에게 무엇을 주라" 고 말씀하셨다고 생각하였다. 30 그는 빵조각을 받고나서 곧바로 나갔는데 밤이었다.

313. 누가 큰 사람인가?

마태 20:24-28; 19:28	마가복음 10:41-45	**누가복음 22:24-30**	요
		24 그들 중에서 누가 더 크다고 생각하는지를 놓고 그들 사이에 말다툼도 벌어졌다.	
24 열 명이 듣고 나서 두 형제에게 성을 내었다.	41 열 명이 듣고 나서 야고보와 요한에게 성을 내기 시작하였다.		
25 그러자 예수께서 그들을 불러다가 말씀하셨다. "이방인의 통치자들은 그들을 지배하고 높은 사람들은 그들에게 권력을 휘두른다는 것을 너희가 알고 있다.	42 그래서 예수께서 그들을 불러다가 그들에게 말씀하셨다. "이방인을 통치한다고 생각하는 사람들은 그들을 지배하고 그들의 높은 사람들은 그들에게 권력을 휘두른다는 것을 너희가 알고 있다.	25 예수께서 그들에게 말씀하셨다. "이방인의 왕들은 그들을 속박한다. 또 그들에게 권력을 행사하는 사람들이 은인이라고 불린다.	
26 너희 사이에는 이렇지 않다. 오히려 너희 가운데 누구든지 크게 되고 싶은 사람은 너희를 섬기는 사람이 되어야 한다. 27 또 너희 가운데 누구든지 으뜸이 되고 싶은 사람은 너희의 종이 되어야 한다.	43 그러나 너희 사이에는 이렇지 않다. 오히려 너희 가운데 누구든지 크게 되고 싶은 사람은 너희를 섬기는 사람이 되어야 한다. 44 또 너희 가운데 누구든지 으뜸이 되고 싶은 사람은 모두의 종이 되어야 한다.	26 그러나 너희는 이렇지 않다. 오히려 너희 가운데서 더 큰 사람은 더 젊은 사람처럼 되고 다스리는 사람은 섬기는 사람처럼 되어라. 27 누가 더 크냐? (식탁에) 앉아 있는 사람이냐? 섬기는 사람이냐? (식탁에) 앉아 있는 사람이 아니냐?	

마태 20:24-28; 19:28	마가복음 10:41-45	누가복음 22:24-30	요
28 인자는 섬김을 받으러 오지 않고 오히려 섬기러, 또 자기 목숨을 많은 사람을 대신하여 몸값으로 주러 (온) 것과 같다."	45 인자는 섬김을 받으러 오지 않고 오히려 섬기러, 또 자기 목숨을 많은 사람을 대신하여 몸값으로 주러 (왔기) 때문이다."	그러나 나는 섬기는 사람으로 너희 가운데 있다.	
19 28 예수께서 그들에게 말씀하셨다. "참으로 내가 너희에게 말하는데, 새 시대, 곧 인자가 자신의 영광스러운 보좌에 앉을 때 나를 따른 너희도 열두 보좌에 앉아서 이스라엘의 열두 지파를 심판할 것이다."		28 너희는 나의 시험에 나와 함께 머물러 있던 사람들이어서 29 내 아버지께서 내게 나라를 맡기신 것처럼 나도 너희에게 (나라를) 맡긴다. 30 너희가 내 나라, 내 상에서 먹고 마시게 하려는 것이다. 또 너희는 보좌에 앉아서 이스라엘의 열두 지파를 심판할 것이다.	

314. 사랑의 새 계명

마	막	눅	요한복음 13:31-35
			31 그가 나가자 예수께서 말씀하셨다. "인자가 지금 영광스럽게 되었고 하나님께서 인자 안에서 영광스럽게 되셨다. 32 [하나님께서 그 안에서 영광스럽게 되셨다면] 하나님께서도 자신 안에서 그를 영광스럽게 하실 것인데 즉시 그를 영광스럽게 하실 것이다. 33 아이들아, 내가 아직 잠시 동안 너희와 함께 있다. 너희가 나를 찾을 텐데 '내가 가는 곳에 너희는 올 수 없다' 고 유대인들에게 말한 것처럼 이제 너희에게도 말한다. 34 너희에게 새 계명을 준다. 서로 사랑하라는 것이다. 내가 너희를 사랑한 것처럼 너희도 서로 사랑하라는 것이다. 35 너희가 서로에게 사랑을 가지면, 이로써 모든 사람이 너희가 내 제자인 줄을 알 것이다."

315. 베드로의 부인 예언

마태복음 26:30-35	마가복음 14:26-31	누가복음 22:31-34	요한복음 13:36-38
30 그들은 찬송을 부르고 나서 감람산으로 나갔다. 31 그때 예수께서 그들에게 말씀하셨다. "이 밤에 너희들 모두가 내게 걸려 넘어질 것이다. '내가 그 목자를 때려서 그 양 떼가 흩어질 것이다' 라고 적혀 있기 때문이다. 32 그러나 나는 살아난 다음에 너희에 앞서 갈릴리로 갈 것이다."	26 그들은 찬송을 부르고 나서 감람산으로 나갔다. 27 예수께서 그들에게 말씀하셨다. "너희가 모두 걸려 넘어질 것이다. '내가 그 목자를 때려서, 그 양들이 흩어질 것이다' 라고 적혀 있기 때문이다. 28 그러나 나는 살아난 다음에 너희에 앞서 갈릴리로 갈 것이다."		
		31 시몬아, 시몬아, 보아라, 사탄이 밀처럼 체질하려고 너희를 요구하였다. 32 그러나 내가 네 믿음이 떠나지 않도록 너를 위해 기도하였다. 그러니 너는 돌이킨 후에 네 형제들을 굳세게 하여라."	36 시몬 베드로가 그에게 말하였다. "주님, 어디로 가십니까?" 예수께서 [그에게] 대답하셨다. "내가 가는 곳에 네가 지금은 나를 따라올 수 없지만 나중에는 따라올 것이다."
33 그러자 베드로가 그에게 대답하였다. "모두가 당신에게 걸려 넘어져도 저는 결코 넘어지지 않을 것입니다."	29 그러자 베드로가 그에게 말하였다. "모두가 걸려 넘어져도 저는 아닙니다."	33 베드로가 그에게 말하였다. "주님, 저는 당신과 함께 감옥에도 죽음에도 들어갈 준비가 되어 있습니다."	37 베드로가 그에게 말하였다. "주님, 어째서 지금은 당신을 따라갈 수 없습니까? 당신을 위하여 제 목숨을 내어 놓겠습니다."
34 예수께서 그에게 말씀하셨다. 참으로 내가 네게 말하는데, "이 밤	30 예수께서 그에게 말씀하셨다. "참으로 내가 네게 말하는데, 네가 오늘, 이 밤	34 예수께서 말씀하셨다." 내가 네게 말하는데, 베드로야, 오늘 네가	38 예수께서 대답하셨다. "네가 나를 위하여 네 목숨을 내어 놓겠느냐? 진실로 진실로 내가 네게 말하는데

마태복음 26:30-35	마가복음 14:26-31	누가복음 22:31-34	요한복음 13:36-38
에, 닭이 울기 전에 네가 세 번 나를 부인할 것이다."	에, 닭이 두 번 울기 전에 세 번 나를 부인할 것이다."	나를 아는 것을 세 번 부인하기까지는 닭이 울지 않을 것이다."	네가 세 번 나를 부인하기까지 닭이 결코 울지 않을 것이다.
[35] 베드로가 그에게 말하였다. "제가 당신과 함께 죽어야 한다 해도 결코 당신을 부인하지 않을 것입니다." 모든 제자들도 똑같이 말하였다.	[31] 베드로가 힘주어 말하였다. "제가 당신과 함께 죽어야 한다 해도 결코 당신을 부인하지 않을 것입니다." 모두가 그와 같이 말하였다.	[33] (베드로가) 그에게 말하였다. "주님, 저는 당신과 함께 감옥과 죽음에라도 갈 준비가 되어 있습니다."	

316. 칼 두 자루

마	막	누가복음 22:35-38	요
		[35] (예수께서) 또 그들에게 말씀하셨다. "주머니와 자루와 신발 없이 내가 너희를 보냈을 때 무엇이 모자랐느냐?" 그들이 말하였다. "아무 것도 없었습니다." [36] 그가 그들에게 말씀하셨다. "그러나 이제는 주머니 없는 사람은 챙겨라. 자루도 똑같이 하고, 없는 사람은 자기 겉옷을 팔아서 칼을 사거라. [37] 내가 너희에게 말하는데, '그가 무법자들과 함께 계산되었다' 라고 적혀 있는 이것이 내게 이루어져야 하고, 내게 관한 것이 끝나가고 있기 때문이다." [38] 그들이 말하였다. "주님, 보십시오. 여기 칼이 둘 있습니다." 예수께서 그들에게 말씀하셨다. "충분하다."	

XVI. 작별 설교

요 14:1-17:26

317. 근심하지 말라

마 막 눅 **요한복음 14:1-14**

1 너희 마음에 근심하지 마라. 하나님을 믿어라. 또 나를 믿어라. 2 내 아버지의 집
에는 많은 방들이 있다. 그렇지 않다면 내가 너희를 위하여 장소를 준비하러 간다고
너희에게 ※말했겠느냐? 3 가서 너희를 위하여 장소를 준비하면 다시 와서 너희를 내
자신에게로 받아들여서 내가 있는 곳에 너희도 있게 할 것이다. 4 [내가] 어디로 가
는지, 너희는 그 길을 알고 있다." 5 도마가 그에게 말하였다. "주님, 저희는 당신이
어디로 가시는지를 알지 못하는데 어떻게 그 길을 알 수 있습니까?" 6 예수께서 그
에게 말씀하셨다. "내가 그 길이고 진리고 생명이다. 나로 말미암지 않으면 아무도
아버지께로 가지 못한다. 7 너희가 나를 알았다면 내 아버지도 알 것이다. 이제부터
너희는 그를 알고 있고 그를 보았다." 8 빌립이 그에게 말하였다. "주님, 저희에게
아버지를 보여 주십시오. 그것이 저희에게 좋습니다." 9 예수께서 그에게 말씀하셨
다. "빌립아, 내가 이렇게 오랫동안 너희와 함께 있는데 네가 나를 알지 못하였느
냐? 나를 본 사람은 아버지를 보았는데 어떻게 너는 '저희에게 아버지를 보여 주십
시오' 라고 말하느냐? 10 내가 아버지 안에 있고 아버지께서 내 안에 계시다는 것을
네가 믿지 않느냐? 내가 너희에게 하는 말들은 내 스스로 말하는 것이 아니라 아버
지께서 내 안에 머무시면서 자신의 일들을 하시는 것이다. 11 나를 믿어라. 나는 아
버지 안에 있고 아버지는 내 안에 계신다는 것을 (믿어라.) 그렇지 않으면, 그 일들
자체로 말미암아 믿어라. 12 진실로 진실로 내가 너희에게 말하는데 나를 믿는 사람
은 내가 하는 일들을 저도 할 것이요 이것들보다 더 큰 일들도 할 것이다. 내가 아
버지께로 가기 때문이다. 13 너희가 내 이름으로 구하는 것은 무엇이든지 내가 이것
을 하여 아버지께서 아들 안에서 영광을 받으시게 할 것이다. 14 내 이름으로 내게
무엇을 구하면 내가 할 것이다.

2 ※말했을 것이다.

318. 보혜사를 약속하심

마 막 눅 **요한복음 14:15-26**

15 너희가 나를 사랑하면 내 계명들을 지킬 것이다. 16 나는 아버지께 청할 것이고
그는 너희에게 다른 보혜사를 주셔서 영원히 너희와 함께 있게 하실 것이다. 17 그는

마	막	눅	요한복음 14:15-26

진리의 영이시다. 세상은 그를 받을 수 없다. (세상은) 그를 보지도 못하고 알지도
못하기 때문이다. 너희는 그를 안다. 그가 너희 곁에 머무시고 너희 안에 계실 것이
기 때문이다. [18] 나는 너희를 고아로 버려두지 않고 너희에게 올 것이다. [19] 아직 시
간이 조금 (있지만) 세상은 나를 더 이상 보지 못한다. 그러나 너희는 나를 본다. 내
가 살아 있고 너희도 살 것이기 때문이다. [20] 그날에는 내가 내 아버지 안에, 너희가
내 안에, 내가 너희 안에 (있다는) 것을 너희가 알 것이다. [21] 내 계명들을 가지고 있
고 그것들을 지키는 사람, 그 사람이 나를 사랑하는 사람이다. 나를 사랑하는 사람
은 내 아버지에게 사랑을 받을 것이요 나도 그를 사랑하여 그에게 내 자신을 나타낼
것이다." [22] 가룟이 아닌 유다가 그에게 말하였다. "주님, 당신 자신을 우리에게는 나
타내려 하시고 세상에는 (그렇게) 하지 않으시려는 것이 어떻게 된 입니까?" [23] 예수
께서 그에게 대답하셨다. "누가 나를 사랑하면 내 말을 지킬 것이요, 내 아버지께서
그를 사랑하시고 우리가 그에게 와서 그의 곁에 살 곳을 마련할 것이다. [24] 나를 사
랑하지 않는 사람은 내 말들을 지키지 않는데 너희가 듣는 말은 내 말이 아니요 나
를 보내신 아버지의 말씀이다. [25] 내가 너희 곁에 머물면서 너희에게 이것들을 말했
지만 [26] 보혜사 곧 아버지께서 내 이름으로 보내실 성령, 그가 너희에게 모든 것을
가르치시고 내가 너희에게 말한 모든 것이 너희에게 생각나게 하실 것이다.

319. 평화를 주노라

마	막	눅	요한복음 14:27-31

[27] 평화를 너희에게 남긴다. 나의 평화를 너희에게 준다. 세상이 주는 것과는 같지
않은 (평화를) 내가 너희에게 준다. 너희 마음에 근심하지도 말고 무서워하지도 마
라. [28] 내가 너희에게 '내가 가고 너희에게로 온다' 고 말한 것을 너희는 들었다. 너
희가 나를 사랑했으면 내가 아버지께로 가는 것을 기뻐했을 것이다. 아버지는 나보
다 더 크시기 때문이다. [29] 나는 지금 일이 일어나기 전에 너희에게 말하였다. 일이
일어날 때 너희가 믿게 하려는 것이다. [30] 나는 너희와 함께 더 이상 많은 것을 이야
기하지 않을 것이다. 세상의 통치자가 오기 때문이다. 그는 내게 아무 (권한이) 없
다. [31] 다만 내가 아버지를 사랑한다는 것을 세상이 알게 하려고 아버지께서 내게 명
령하신 것처럼 이렇게 한다. 일어나라 여기서 떠나자.

320. 참 포도나무

마	막	눅	요한복음 15:1-8
			1 나는 참 포도나무요 내 아버지는 농부이시다. 2 내게서 열매를 맺지 않는 가지는 그 가 모두 없애시고 열매를 맺는 가지는 더 많은 열매를 맺도록 그가 모두 깨끗이 하 신다. 3 너희는 내가 너희에게 한 말로 말미암아 이미 깨끗하다. 4 내 안에 머물러라. 나도 너희 안에 (있겠다.) 가지가 포도나무에 붙어 있지 않으면 제 스스로는 열매를 맺을 수 없는 것처럼 너희가 내 안에 머물지 않으면 너희도 이렇게 (열매를 맺을 수) 없다. 5 나는 포도나무요 너희는 가지들이다. 내 안에 머물고 내가 그 안에 머무는 이 사람은 열매를 많이 맺는다. 내가 없이는 너희가 아무 것도 할 수 없기 때문이다. 6 누가 내 안에 머물지 않으면 가지처럼 밖에 내던져져 마르게 되고 사람들이 그것 들을 모아다가 불에 던져 넣어서 불타버린다. 7 너희가 내 안에 머물고 내 말들이 너 희 안에 머물면 원하는 것은 무엇이나 구하라 그러면 너희에게 이루어질 것이다. 8 너희가 많은 열매를 맺고 내 제자가 되면 이로 말미암아 내 아버지께서 영광을 받 으신다.

321. 내 사랑 안에 거하라

마	막	눅	요한복음 15:9-17
			9 아버지께서 나를 사랑하신 것처럼 나도 너희를 사랑하였다. 나의 사랑 안에 머물 러라. 10 내가 내 아버지의 계명들을 지키고 그의 사랑 안에 머무르는 것과 같이 너 희가 내 계명들을 지키면 내 사랑 안에 머물 것이다. 11 내 기쁨이 너희 안에 있고 너희 기쁨이 채워지게 하려고 이것들을 너희에게 말하였다. 12 내가 너희를 사랑한 것 처럼 너희가 서로 사랑하는 것, 이것이 내 계명이다. 13 누가 자기 친구들을 위하여 자기 목숨을 내어 놓는 이것보다 더 큰 사랑은 아무도 가지지 못한다. 14 내가 너희 에게 명령한 것들을 행하면 너희는 내 친구들이다. 15 나는 너희를 더 이상 종이라고 하지 않는다. 종은 자기 주인이 무엇을 하는지 알지 못하기 때문이다. 그러나 나는 너희를 친구들이라고 하였다. 내 아버지께 들은 것을 모두 너희에게 알렸기 때문이 다. 16 너희가 나를 택하지 않고 내가 너희를 택하였고 너희를 세웠다. 너희가 가서 열매를 맺게 하고 너희 열매가 머물게 하며 너희가 내 이름으로 아버지께 구하는 것 은 무엇이나 아버지께서 너희에게 주시게 하려는 것이다. 17 너희가 서로 사랑하도록 이것을 너희에게 명령한다.

322. 세상이 미워함

마	막	눅	요한복음 15:18-25
			18 세상이 너희를 미워하면 너희보다 나를 먼저 미워하였다는 것을 알아라. 19 너희가 세상에 속하였으면 세상이 자기 것을 사랑하였을 것이다. 그러나 너희가 세상에 속 하여 있지 않고 내가 세상에서 너희를 택하였기 때문에, 이런 이유로 세상이 너희를 미워한다. 20 내가 너희에게 '종은 자기 주인보다 더 크지 않다' 고 한 말을 기억하여 라. 사람들이 나를 박해하였으면 너희도 박해할 것이다. 그들이 내 말을 지켰으면 너희들의 (말)도 지킬 것이다. 21 그러나 그들은 이 모든 일을 내 이름 때문에 너희에 게 행할 것이다. 그들은 나를 보내신 분을 알지 못하기 때문이다. 22 내가 와서 그들 에게 말하지 않았으면 죄가 없었겠지만 지금은 그들의 죄에 관한 핑계거리가 없다. 23 나를 미워하는 사람은 내 아버지도 미워한다. 24 다른 아무도 하지 못한 일들을 그 들 가운데서 내가 하지 않았으면 그들이 죄가 없었겠지만 지금은 그들이 보았고 나 와 내 아버지를 미워하였다. 25 그러나 이것은 그들의 율법에 '그들이 그냥 나를 미 워하였다' 고 기록되어 있는 말씀이 이루어지게 하려는 것이다.

323. 보혜사의 역할

마	막	눅	요한복음 15:26-27
			26 내가 아버지로부터 너희에게 보낼 보혜사, 곧 아버지로부터 나오는 진리의 영이 오실 때 그가 나에 관하여 증언하실 것이다. 27 너희도 처음부터 나와 함께 있었으므 로 증언할 것이다.

324. 박해에 관하여

마	막	눅	요한복음 16:1-4
			1 나는 너희가 걸려 넘어지지 않게 하려고 너희에게 이런 것을 말하였다. 2 사람들이 너희를 회당에서 쫓아낼 것이다. 그러나 너희를 죽이는 사람들 모두가 (이것이) 하나 님을 섬기는 일이라고 생각할 때가 온다. 3 그들은 아버지와 나를 알지 못하기 때문 에 이런 일들을 행할 것이다. 4 내가 너희에게 이것을 말한 것은 그들의 시간이 올 때 내가 그들을 두고 너희에게 말했다는 것을 너희가 기억하게 하려는 것이다. 이것 을 처음부터 너희에게 말하지 않은 것은 내가 너희와 같이 있었기 때문이다.

325. 보혜사의 사역

마	막	눅	요한복음 16:5-15

5 지금 내가 나를 보내신 분에게로 가는데 너희 가운데서 아무도 '어디로 가십니까?'
하고 나에게 묻지 않고 6 오히려 너희에게 이것들을 말함으로써 근심이 너희 마음을
채웠다. 7 그러나 내가 진실을 너희에게 말하는데 내가 떠나가는 것이 너희에게 좋
다. 내가 떠나가지 않으면 보혜사가 너희에게 오시지 않을 것이기 때문이다. 내가
가면 그를 너희에게 보낼 것이다. 8 그는 와서 죄에 관하여, 의에 관하여, 그리고 심
판에 관하여 세상을 꾸짖을 것이다. 9 죄에 관하여 라고 하는 것은 그들이 나를 믿
지 않기 때문이다. 10 의에 관하여 라고 하는 것은 내가 아버지께로 가고 너희가 더
이상 나를 보지 못하기 때문이다. 11 심판에 관하여 라고 하는 것은 이 세상의 통치
자가 심판을 받았기 때문이다. 12 내가 너희에게 말할 것이 아직 많이 있지만 지금은
너희가 감당할 수 없다. 13 그러나 진리의 영, 그가 오실 때, 그가 너희를 모든 진리
안으로 인도하실 것이다. 그는 스스로 말하지 않고 들을 것들을 말할 것이요 오는
일들을 너희에게 전할 것이기 때문이다. 14 그는 나를 영광스럽게 할 것이다. 나에게
받아서 너희에게 알릴 것이기 때문이다. 15 아버지께서 가지신 것들은 모두 나의 것
이다. 그래서 그가 나에게 받아서 너희에게 전할 것이라고 말하였다.

326. 죽음과 부활 예고

마	막	눅	요한복음 16:16-22

16 조금 (지나면) 너희가 더 이상 나를 보지 못하고 다시 조금 (지나면) 너희가 나를
볼 것이다." 17 그러자 그의 제자들 중에서 (몇이) 서로에게 말하였다. "그가 우리에
게 '조금 (지나면) 너희가 나를 보지 못하고 다시 조금 (지나면) 너희가 나를 볼 것
이다' 또 '아버지께 간다' 라고 말씀하신 이것이 무슨 뜻일까?" 18 그러므로 그들이
말하였다. "그가 '조금 (지나면)'이라고 [말씀하신] 이것이 무슨 뜻일까? 그가 무엇을
말씀하시는지 우리가 알 수 없구나!" 19 예수께서는 그들이 자기에게 물어보려고 하
는 것을 아시고 그들에게 말씀하셨다. "내가 '조금 (지나면) 너희가 나를 보지 못하
고 다시 조금 (지나면) 너희가 나를 볼 것이다' 라고 말한 이것에 관해 서로 의논하
느냐? 20 진실로 진실로 내가 너희에게 말하는데 너희는 울고 슬퍼하지만 세상은 기
뻐할 것이다. 너희가 근심에 잠기겠지만 너희 근심은 기쁨이 될 것이다. 21 여자가

마	막	눅	요한복음 16:16-22
			해산하는 때는 ※진통할 시간이 와서 근심하지만 아이를 낳았을 때는 세상에 사람이 태어난 기쁨으로 인하여 더 이상 고통을 기억하지 않는다. 22 너희도 지금 근심을 가 지고 있지만 내가 다시 너희를 볼 것이요 너희 마음이 기뻐할 것인데 아무도 너희 기쁨을 너희에게서 앗아가지 못할 것이다. 21 ※자기의

327. 내 이름으로 기도하라

마	막	눅	요한복음 16:23-28
			23 그날에는 너희가 나에게 아무 것도 묻지 않을 것이다. 진실로 진실로 내가 너희에 게 말하는데 내 이름으로 너희가 아버지에게 무엇이든지 구하면 그가 너희에게 주실 것이다. 24 이제까지 내 이름으로 아무 것도 구하지 않았지만 구하여라 그러면 너희 기쁨이 채워지도록 너희가 받을 것이다. 25 이것들을 너희에게 비유로 말하였는데 더 이상 너희에게 비유로 말하지 않고 너희에게 아버지에 관하여 명백하게 알려줄 때가 온다. 26 그날에 너희가 내 이름으로 구할 것이다. 내가 너희에 관하여 아버지께 구 할 것이라고 너희에게 말하지 않는다. 27 왜냐하면 너희가 나를 사랑했고 내가 하나 님께로부터 나왔다는 것을 믿은 까닭에 아버지께서 친히 너희를 사랑하시기 때문이 다. 28 나는 아버지로부터 나와서 세상에 왔고 다시 세상을 떠나서 아버지께 간다."

328. 혼자 둘 것을 예고하심

마	막	눅	요한복음 16:29-33
			29 그의 제자들이 말하였다. "보십시오. 지금은 명백히 말씀하시고 어느 하나도 비유 로 말씀하지 않으십니다. 30 지금 저희는 당신이 모든 것을 아시고 누가 당신에게 물 을 필요도 없다는 것을 압니다. 이로써 저희는 당신이 하나님에게서 나오셨음을 믿 습니다." 31 예수께서 그들에게 대답하셨다. "이제 너희가 믿느냐? 32 보라 너희 각자 가 자기 곳으로 흩어지고 나를 혼자 남겨둘 때가 오는데 벌써 왔다. 아버지께서 나 와 함께 계시므로 나는 홀로 있지 않다. 33 이것을 너희에게 말한 것은 너희가 내 안 에서 평화를 가지게 하려는 것이다. 너희가 세상에서 환난을 당하지만 용기를 내어 라 내가 세상을 이겼다."

329. 대속적 기도

마	막	눅	요한복음 17:1-26

1 예수께서 이 말씀들을 하시고 자기 눈을 들어 하늘을 (우러러 보시며) 말씀하셨다.
"아버지, 때가 왔습니다. 아들이 아버지를 영광스럽게 하도록 아버지의 아들을 영광
스럽게 해 주십시오. 2 아버지께서 제게 주신 사람들, 그들 모두에게 영원한 생명을
주시려고 제게 모든 육체를 (다스리는) 권세를 주신 것처럼 (말입니다.) 3 아버지, 곧
한 분이시고 참되신 하나님과 아버지께서 보내신 분 예수 그리스도를 사람들이 아는
것, 이것이 영원한 생명입니다. 4 저는 아버지께서 제게 행하도록 주신 일을 끝마치
고 땅 위에서 아버지를 영광스럽게 하였습니다. 5 아버지, 세상이 있기 전에 아버지
와 함께 가졌던 그 영광으로 이제 아버지께서 아버지 자신 앞에서 너를 영광스럽게
해 주십시오. 6 저는 세상에서 제게 주신 사람들에게 아버지의 이름을 나타내었습니
다. 아버지의 것이었는데 그들을 제게 주셨고 그들은 아버지의 말씀을 지켰습니다.
7 지금 그들은 아버지께서 제게 주신 모든 것들이 아버지에게서 온 줄 알고 있습니
다. 8 제게 주신 말씀들을 그들에게 주었고 그들이 받았기 때문입니다. 그들은 제가
아버지에게서 나온 줄을 참으로 알고 있고 아버지께서 저를 보내신 줄을 믿었습니
다. 9 제가 그들을 위하여 구합니다. 세상을 위해서가 아니라 제게 주신 사람들을 위
하여 구합니다. 그들은 아버지의 것이기 때문입니다. 10 제 것들은 모두 아버지의 것
이고 아버지의 것들은 제 것입니다. 저는 그들 안에서 영광을 받았습니다. 11 저는
세상에 더 이상 있지 않지만 그들은 세상에 있고 저는 아버지께로 갑니다. 거룩하신
아버지, 우리처럼 그들도 하나가 되도록, 제게 주신 아버지의 이름으로 그들을 지켜
주십시오. 12 그들과 함께 있을 때 저는 제게 주신 아버지의 이름으로 그들을 지켰고
보호했습니다. 성경이 이루어지도록 멸망의 ※자식이 (망한 것을) 빼고는 그들 가운
데서 아무도 망하지 않았습니다. 13 제가 지금 아버지께 가는데 세상에서 이것을 말
하는 것은 그들이 제 기쁨을 그들 자신 속에 가득 차게 가지도록 하려는 것입니다.
14 저는 그들에게 아버지의 말씀을 주었는데 세상이 그들을 미워했습니다. 제가 세
상에 속하지 않은 것처럼 그들이 세상에 속하지 않은 까닭입니다. 15 그들을 세상에
서 데려가시기를 구하는 것이 아니라 악한 자에게서 그들을 지켜주시기를 (구하는
것입니다.) 16 제가 세상에 속하지 않은 것처럼 그들은 세상에 속해 있지 않습니다.
17 그들을 진리로 거룩하게 하십시오. 아버지의 말씀은 진리입니다. 18 아버지께서 저
를 세상에 보내신 것처럼 저도 그들을 세상에 보내었습니다. 19 그리고 그들을 위하
여 저는 제 자신을 거룩하게 합니다. 그들도 진리 안에서 거룩하게 되도록 하려는
것입니다. 20 그러나 저는 이 사람들만을 위하여 빌지 않고 그들의 말로 말미암아 저
를 믿을 사람들을 위해서도 (빕니다.) 21 아버지, 그들 모두가 하나가 되어, 아버지께

12 ※아들이

마	막	눅	요한복음 17:1-26
			서 제 안에 (있고) 제가 아버지 안에 (있는) 것처럼, 그들도 우리 안에 있어서 아버지께서 저를 보냈다는 것을 세상이 믿게 하여 주십시오. [22] 우리가 하나인 것처럼 그들도 하나가 되도록 제게 주신 영광을 저도 그들에게 주었습니다. [23] 저는 그들 안에 (있고) 아버지는 제 안에 계십니다. 그들이 완전해져서 하나가 되게 하려는 것입니다. 또 세상으로 하여금 아버지께서 저를 보내신 것과 아버지께서 저를 사랑하신 것처럼 그들을 사랑하셨다는 것을 알게 하려는 것입니다. [24] 아버지, 제가 원하는 것은 아버지께서 제게 주신 자, 그들도 제가 있는 곳에 저와 함께 있어서, 아버지께서 창세전에 저를 사랑하셔서 제게 주신 제 영광을 보게 하는 것입니다. [25] 의로우신 아버지, 세상은 아버지를 알지 못하지만 저는 아버지를 알고, 이 사람들은 아버지께서 저를 보내신 것을 압니다. [26] 저를 사랑하신 그 사랑이 그들 안에 있고 저도 그들 안에 (있도록) 저는 그들에게 아버지의 이름을 알렸으며 또 알릴 것입니다."

XVII. 체포와 처형

마 26:36-27:66
막 14:32-15:47
눅 22:39-23:56
요 18:1-19:42

330. 겟세마네 동산에서

마태 26:36-46	마가 14:32-42	누가 22:39-46	요한 18:1; 12:27
[36] 그때 예수께서 그들과 함께 겟세마네라 고 하는 곳에 가셔서	[32] 그들은 겟세마네라 고 하는 곳에 갔다.	[39] 그는 나가셔서 늘 하시던 대 로 감람산으로 가셨고,	[1] 예수께서 이렇게 말씀하신 후에 자기 제 자들과 함께 기드론 골 짜기 건너편으로 나가 셨다. 그곳에 동산이 있 었는데 그와 그의 제자 들이 그 안으로 들어갔 다.
		그의 제자 들도 그를 따랐다.	
제자들에게 말 씀하셨다. "내가 저기 가서 기도하는 동안 너 희는 여기 앉아 있어라."	(예수께서) 자기 제자들에게 말 씀하셨다. "내가 기도하는 동안 너 희는 여기 앉아 있어라."	[40] (예수께서) 그곳에 도 착하셔서 그들에게 말 씀하셨다.	
[37] 그는 베드로와 세베대 의 두 아들을 데려가셨는데 슬퍼 하며 괴로워하기 시작 하셨다. [38] 그때 (예수께 서) 그들에게 말씀하셨 다. "내 마음이 무척, 죽 도록 괴롭다. 너희는 여 기 남아서 나와 함께 깨어 있어라."	[33] 그는 베드로와 야고보 와 요한을 자기와 함께 데려가셨는데 몹시 놀 라며 괴로워하기 시작 하셨다. [34] (예수께 서) 그들에게 말씀하셨 다. "내 마음이 무척, 죽 도록 괴롭다. 너희는 여 기 남아서 깨어 있어라."	"시험에 빠져 들 지 않도록 기도하여라."	
[39] 그리고 조금 더 가셔서 자신의 얼굴이 땅에 닿게 엎드려	[35] 그리고 조금 더 가셔서 땅에 엎드려 가능 하다면 (이) 때가 자신에 게서 지나가기를 기도하 셨다. [36] 그는 또 말씀 하셨다. "압바, 아버지 시여! 당신에게는 모든 것들이 가능합니다.	[41] 그리고 그 자신은 그 들과 돌팔매 거리쯤 떨 어져서 무릎을 꿇고	
기도하 시며 말씀 하셨다. "내 아버지 시여! 가능하다면		기도하 시며 [42] 말씀 하셨다. "아버지 시여! 당신이 바라신다면	12 [27] 지금 내 마음이 괴로운데 무 슨 말을 할까? 아버지 여,

마태 26:36-46	마가 14:32-42	누가 22:39-46	요한 18:1; 12:27
이 잔이 내게서 지나가게 해 주십시오. 그렇지만 내가 원하는 대로가 아니라, 당신이 (원하시는) 대로 (하십시오.)"	이 잔을 내게서 치워 주십시오. 그러나 내가 원하는 것이 아니라 당신이 (원하시는) 것을 (하십시오.)"	이 잔을 내게서 치워 주십시오. 그렇지만 나의 뜻이 아니라, 당신의 (뜻이) 이루어지소서."	이 시간에서 나를 건져 주십시오. 하지만 이것을 위하여 내가 이 때에 왔습니다.
		43 [그에게 하늘로부터 천사가 나타나서 그에게 힘을 주었고, 44 그는 고통에 시달리며 더 간절히 기도하셨는데 그의 땀이 핏방울처럼 땅에 떨어져 내렸다.]	
40 (예수께서) 제자들에게 오셔서 그들이 자고 있는 것을 발견하시고는 베드로에게 말씀하셨다. "너희가 이렇게 한 시간을 나와 함께 깨어 있을 수 없느냐?	37 (예수께서) 오셔서 그들이 자고 있는 것을 발견하시고는 베드로에게 말씀하셨다. "시몬아, 자느냐? 네가 한 시간을 깨어 있을 수 없느냐?	45 (예수께서) 기도 후에 일어나서 제자들에게 오셨다가 그들이 슬픔에 겨워 자고 있는 것을 발견하시고는 46 그들에게 말씀하셨다. "왜 자고 있느냐?	
41 시험에 빠져 들지 않도록 깨어서 기도하여라. 영은 간절하지만 몸이 약하다." 42 그는 다시 두 번째 가셔서 기도하셨다. "내 아버지시여! 내가 이것을 마시지 않고는 이것이 지나갈 수 없다면 당신의 뜻이 이루어지소서."	38 시험에 빠져 들지 않도록 깨어서 기도하여라. 영은 간절하지만 몸이 약하다." 39 그는 다시 가셔서 같은 말씀을 하시며 기도하셨다.	시험에 빠져 들지 않도록 일어나서 기도하여라."	
43 그는 다시 와서 그들이 자고 있는 것을 발견하셨다. 그들의 눈이 무거워져 있었기 때문이다.	40 그는 다시 와서 그들이 자고 있는 것을 발견하셨다. 그들의 눈이 묵직해져 있었기 때문이다. 그들은 그에게 어떻게 대답할지를 알지 못했다.		
44 (예수께서) 그들을 놓아두시고 다시 가셔서 세 번째로 같은 말씀을 또 하시며 기도하셨	41 (예수께서) 세 번째		

마태 26:36-46	마가 14:32-42	누가 22:39-46	요
고 45 제자들에게 오셔서 그들에게 말씀하셨다. "이제는 자고 쉬어라. 보아라, 그 시각이 가까워졌고 인자가 죄인들의 손에 넘겨진다. 46 일어나거라. 가자. 보아라, 나를 넘겨주는 사람이 가까이 와 있다."	오셔서 그들에게 말씀하셨다. "이제는 자고 쉬어라. 충분하다. 그 시각이 왔다. 보아라, 인자가 죄인들의 손에 넘겨진다. 42 일어나거라. 가자. 보아라, 나를 넘겨주는 사람이 가까이 와 있다."		

331. 잡히심

마태복음 26:47-56	마가복음 14:43-52	누가복음 22:47-53	요한복음 18:2-12
47 그가 아직 말씀하고 계실 때, 보라,	43 그가 아직 말씀하고 계실 때	47 그가 아직 말씀하고 계실 때, 보라, 무리가 (왔고)	2 예수께서 자기 제자들과 함께 자주 거기 모이셨기 때문에 그를 넘겨주는 유다도 그 곳을 알고 있었다. 3 그래서
열둘 가운데 하나인 유다가 왔고, 대제사장들과 백성의 장로들이 (보낸) 많은 무리가	열둘 가운데 하나인 유다가 바로 도착하였고, 대제사장들과 율법학자들과 장로들이 (보낸) 무리가	열둘 가운데 하나인 유다라고 하는 사람이 그들의 앞장을 섰다.	유다가 병사부대와 대제사장들과 바리새인들이 보낸 하인들을 데리고 그곳으로 왔다. 그들은 등과 횃불과 무기를 가지고 (있었다.)
칼과 몽둥이를 가지고 그와 함께 (왔다.) 48 그를 넘겨주는 사람이 그들에게 암호를 정해 주며 "내가 입을 맞추는 사람이 그 사람이오. 그를 잡으시오" 하고 말해 두어서 49 그는 곧바로 예수께 다가가 "랍비여! 안녕하십	칼과 몽둥이를 가지고 그와 함께 (왔다.) 44 그를 넘겨주는 사람이 그들에게 신호를 정해 주며 "내가 입을 맞추는 사람이 그 사람이오. 그를 잡아서 단단히 끌어가시오" 하고 말해 두어서 45 그는 곧바로 가서 (예수께) 다가가 "랍비여!"	그는 예수께 가까이 가서	

마태복음 26:47-56	마가복음 14:43-52	누가복음 22:47-53	요한복음 18:2-12
니까?" 하며 그에게 입을 맞추었다. 50 예수께서 그에게 말씀하셨다. "벗이여, 무슨 일로 여기 있느냐?"	하며 그에게 입을 맞추었다.	그에게 입을 맞추려 하였다. 48 예수께서 그에게 말씀하셨다. "유다야! 네가 입맞춤으로 인자를 넘겨주느냐?"	4 예수께서 자신에게 일어날 일들을 다 아시고 앞으로 나서서 그들에게 말씀하셨다. "너희가 누굴 찾느냐?" 5 그들이 그에게 대답하였다. "나사렛 사람 예수요." 그가 그들에게 말씀하셨다. "나다." 그를 넘겨주는 유다도 그들과 함께 서 있었다. 6 그가 그들에게 "나다" 라고 말씀하셨을 때 그들은 뒤로 물러섰고 땅에 넘어졌다. 7 그러자 다시 그들에게 물으셨다. "너희가 누굴 찾느냐?" 그들이 말하였다. "나사렛 사람 예수요." 8 예수께서 대답하셨다. "내가 너희에게 나다 라고 말하였다. 그러므로 나를 찾으면 이 사람들은 가도록 놓아두어라." 9 이것은 그가 "나에게 주신 사람들을, 그들 중에서 아무도 잃지 않았습니다" 라고 하신 말씀이 이루어지게 하려는 것이다.

마태복음 26:47–56

그때 사람들이 들이닥쳐
서 예수를 손으로 덮쳐
서 붙잡았다.
51 그런데, 보라, 예수와
같이 있던 사람들 가운
데 하나가 손을
뻗어서 자기 칼을
빼내었고
대제사장의 종을 쳐서
그의 귀를 베었
다.
52 그때 예수
께서 그에게 말씀
하셨다. "네 칼을 제자
리에 도로 꽂아라. 칼을
잡는 사람들은 모두 칼
에 망할 것이기 때문이
다. 53 너는 내가 내 아
버지께 부탁하여 열두
군단이 넘는 천사들을
지금 내 곁에 세워 주
시도록 할 수 없는 줄
로 생각하느냐?
54 그러면 일이 이렇게
되어야만 한다고 한 성
경이 어떻게 이루어지
겠느냐?"

마가복음 14:43–52

46 사람들이
그를 손으로 덮쳐
서 붙잡았다.
47 그런데
서 있던 사람들 가운
데 [누구] 하나가
칼을
빼었고
대제사장의 종을 쳐서
그의 귀를 베었
다.
48 예수
께서 그들에게 대답
하셨다.

누가복음 22:47–53

49 그의 둘레에
있던 사람들이 일어날
일을 보고 말하였다.
"주님, 칼로 칠까요?
50 그들 가운
데 누구 하나가
대제사장의 종을 쳐서
그의 오른 귀를 베었
다.
51 그런데 예수
께서 대답
하셨다. "이것까지 그만
두어라."
그리고 귀를 만지
셔서 그를 낫게 하셨다.

요한복음 18:2–12

10 시몬 베드로가
칼을 가지고
있다가 그것을 빼어
대제사장의 종을 쳐서
그의 오른쪽 귀를 잘랐
다. 그 종의 이름은 말
고였다. 11 그러자 예수
께서 베드로에게 말씀
하셨다. "칼을 칼집
에 꽂아라.
아버지께서 나
에게 주신 잔, 그것을
내가 마셔야 하지 않겠
느냐?"

마태복음 26:47-56	마가복음 14:43-52	누가복음 22:47-53	요한복음 18:2-12
[55] 그 시각에 예수께서 무리들에게 말씀하셨다.		[52] 예수께서 자기에게 온 대제사장들과 성전의 경비대장들과 장로들에게 말씀하셨다.	
"강도에게 하듯이 너희가 칼과 몽둥이를 가지고 나를 잡으러 나왔느냐? 내가 날마다 성전에서 가르치면서 앉아 있었지만 너희가 나를 잡지 않았다. [56] 그러나 이 모든 일은 선지자들의 글이 이루어지게 하려고 일어났다."	"강도에게 하듯이 너희가 칼과 몽둥이를 가지고 나를 잡으러 나왔느냐? [49] 내가 날마다 성전에서 가르치면서 너희 곁에 있었지만 너희가 나를 잡지 않았다. 그러나 이것은 성경이 이루어지게 하려는 것이다."	"강도에게 하듯이 너희가 칼과 몽둥이를 가지고 나왔느냐? [53] 내가 날마다 성전에서 너희와 함께 있는 동안 너희가 내게 손을 뻗치지 않았다. 그러나 이제는 너희 시간이요 어둠의 권세이다."	
그때 제자들이 모두 그를 버려두고 달아났다.	[50] 그러자 모두가 그를 버려두고 달아났다.		
			[12] 병사부대와 천부장과 유대인들의 하인들이 예수를 붙잡고 그를 묶어서
	[51] 어떤 젊은이가 알몸에 베 이불을 두른 채 그를 따라왔는데 사람들이 그를 잡자 [52] 그 젊은이는 베 이불을 남겨두고 알몸으로 달아났다.		

332. 산헤드린 재판

마태 26:57-68	마가 14:53-65	눅 22:54,55,63-71	요한 18:13-24
57 예수를 잡은 사람들이 (그를) 대제사장 가야바에게 데리고 갔는데 그곳에는 율법학자들과 장로들이 모여 있었다.	53 그들은 예수를 대제사장에게 데리고 갔고, 대제사장들과 장로들과 율법학자들이 모두 모였다.	54 사람들이 그를 붙잡아서 끌고 대제사장의 집으로 데리고 들어갔는데	13 먼저 안나스에게 끌고 갔다. 그는 그 해의 대제사장이었던 가야바의 장인이었기 때문이다. 14 가야바는 유대인들에게 한 사람이 백성을 위하여 죽는 것이 유익하다고 충고한 사람이었다.
58 베드로는 멀리서	54 베드로는 멀리서부터	베드로는 멀찍이	15 시몬 베드로와 다른 한 제자가 예수를 따라갔는데
대제사장의 안마당까지	대제사장의 안마당 속에까지		그 제자는 대제사장과 아는 사람이어서 예수와 함께 대제사장의 (집) 안뜰에 들어갔지만 16 베드로는 대문 밖에 서 있었다. 그래서 대제사장을 아는 그 다른 제자가 나와서 문지기 여자에게 말하고
그를 따라갔고 안으로 들어가서 마지막을 보려고	그를 따라갔고	따라갔다.	베드로를 데리고 들어갔다. 17 그런데 그 문지기 하녀가 베드로에게 말하였다. "당신도 이 사람의 제자들 중에 들어 있지 않지요?" 그는 "나는 아니오" 하고 말하였다. 18 추웠기 때문에 종들과 하인들이
		55 사람들이 안마당 가운데 불을 피워놓고 함께 앉아 있을 때	숯불을 피워 놓고 서서 불을 쬐고 있었는데
종들과 함께 앉아 있었다.	종들과 함께 앉아서 불을 쬐고 있었다.	베드로도 그들 가운데 앉아 있었다.	베드로도 그들과 함께 서서 불을 쬐고 있었다.

마태 26:57-68	마가 14:53-65	눅 22:54,55,63-71	요한 18:13-24
67 …… 더러는 손바닥으로 때리면서 68 말하였다. "우리에게 ※알아맞혀 보아라. 그리스도야, 너를 때린 사람이 누구냐?"	65 어떤 사람들은 … 그를 주먹으로 치면서 그에게 말하기 시작하였다. "※알아맞혀 보아라."	22 63 (예수를) 붙들고 있던 사람들이 그를 놀리고 때렸으며 64 그의 눈을 가리고 물었다. "※알아맞혀 보아라. 너를 때린 사람이 누구냐?" 65 또 그들은 다른 많은 말로 그를 모욕하였다. 66 날이 밝자 백성의 장로회, 곧 대제사장들과 율법학자들이 모였고 그를 그들의 공회로 데려가서	
59 대제사장들과 온 공회가 예수를 죽이려고 그에게 불리한 거짓증거를 찾았지만 60 많은 거짓 증인들이 나서는 동안에도 발견하지 못했다.	55 대제사장들과 온 공회가 예수를 죽이려고 그에게 불리한 증거를 찾았지만 발견하지 못하고 있었다. 56 많은 사람들이 그에게 불리하게 거짓증언을 했지만 그 증언들이 일치하지 않았기 때문이다.		
마침내 두 사람이 나서서 61 말하였다. "이 사람이 '나는 하나님의 성전을 헐고 사흘 만에 지을 수 있다' 라고 말하였습니다."	57 어떤 사람들이 일어서서 그에게 불리하게 거짓증언을 하였다. 58 "그가 '나는 손으로 지은 이 성전을 헐고 손으로 짓지 않은 다른 것을 사흘 만에 지을 것이다' 라고 말하는 것을 우리가 직접 들었습니다." 59 그러나 그들의 증언도		
68 ※예언해	65 ※예언해	64 ※예언해	

마태 26:57-68	마가 14:53-65	눅 22:54,55,63-71	요한 18:13-24
[62] 대제사장이 일어서서 그에게 말하였다. "이들이 당신에게 불리하게 증언하는 것이 무엇인지 아무 대답도 없소?" [63] 그러나 예수께서는 조용히 계셨다.	이렇게 일치하지 않았다. [60] 대제사장이 가운데 일어서서 예수께 물었다. "이들이 당신에게 불리하게 증언하는 것이 무엇인지 아무 대답도 없소?" [61] 그러나 예수께서는 조용히 계시면서 아무 것도 대답하지 않으셨다.		
		[67] 말하였다. "당신이 그리스도인지 우리에게 말하시오." 그가 그들에게 말씀하셨다. "내가 너희에게 말해도 너희는 절대로 믿지 않을 것이다. [68] 내가 물어도 너희는 절대로 대답하지 않을 것이다.	
[64] … 너희는 인자가 권능의 오른쪽에 앉아 있는 것과 하늘의 구름을 타고 오는 것을 볼 것이다.	[62] … 너희는 인자가 권능의 오른쪽에 앉아 있는 것과 하늘의 구름 속에 오는 것을 볼 것이다.	[69] 지금부터 인자는 하나님의 권능의 오른쪽에 앉아 있을 것이다."	
[63b] 대제사장이 그에게 말하였다.	[61b] 대제사장이 다시 그에게 물었다.	[70] 그러자 모두가 말하였다.	[19] 대제사장이 예수께 그의 제자들에 관하여, 또 그의 교훈에 관하여 물었다. [20] 예수께서 그에게 대답하셨다. "나는 세상에 공공연히 말하였다. 나는 항상 모든 유대인이 모이는 회당과 성전에서 가르쳤고 숨어서는 아무 것도 말하지 않았다.

마태 26:57-68

"당신이 하나님의 아
들 그리스도인지를 우
리에게 말하도록 나는
당신이 살아 계신 하나
님을 두고 맹세하게 하
겠소." [64] 예수께서 그에
게 말씀하셨다. "네가
말했다. 그러나 내가 너
희에게 말하는데, 이제
부터 너희는 인자가
권능의 오른쪽에 앉아
있는 것과 하늘의 구름
을 타고 오는 것을 볼
것이다." [65] 그때 대제사
장이 자기 겉옷을 찢으
며 말하였다. "그가 하

마가 14:53-65

"당신이 복되신 분의 아
들 그리스도요?"
[62] 예수께서 그에
게 말씀하셨다. "나다.
너희는 인자가
권능의 오른쪽에 앉아
있는 것과 하늘의 구름
속에 오는 것을 볼
것이다." [63] 대제사
장이 자기 속옷을 찢으
며 말하였다.

눅 22:54,55,63-71

"그렇다면
당신은 하나님의 아
들이오?"
(예수께서) 그들에
게 말씀하셨다. "너희들
이 나라고 말하고 있다."
[69] 지금
부터 인자는 하나님의
권능의 오른쪽에 앉아
있을 것이다.
[71] 그들
이
말하였다.

요한 18:13-24

[21] 왜 네가 나에게 묻느
냐? 그들에게 내가 무
엇을 말했는지 들은 사
람들에게 물어라. 보라,
이 사람들이 내가 말한
것들을 알고 있다."
[22] 그가 이렇게 말씀하실
때 하인들 중에서 옆에
서 있던 한 사람이 "대
제사장에게 이따위로 대
답하느냐?" 라고 말하고
손바닥으로 예수를 때렸
다. [23] 예수께서 그에게
대답하셨다. "내가 잘못
말했으면 그 잘못에 대
하여 증언해라. 그러나
바로 말했으면 왜 나를
때리느냐?"

마태 26:57-68	마가 14:53-65	눅 22:54,55,63-71	요한 18:13-24
나님을 모독하였소. 이제 우리에게 왜 증인이 필요하오?	"이제 우리에게 왜 증인이 필요하오?	"왜 우리에게 아직도 증언이 필요하오?	
보시오, 여러분이 막 하나님 모독을 들었소.	64 여러분이 하나님 모독을 들었소.	여러분 자신이 그의 입에서 (나오는 말을) 들었기 때문이오."	
66 여러분은 어떻게 생각하시오?" 그러자 사람들이 대답하였다. "그는 죽어 마땅합니다."	여러분에게 어떻게 보이시오?" 그러자 모두가 그는 죽어 마땅하다고 판정하였다.	63 (예수를) 붙들고 있던 사람들이 그를 놀리고 때렸으며	
67 그때 그들은 그의 얼굴에 침을 뱉고 그를 주먹으로 쳤는데 더러는 손바닥으로 때리면서	65 어떤 사람들은 그에게 침을 뱉고 그의 얼굴을 가리고 그를 주먹으로 치면서 그에게	64 그의 눈을 가리고	
68 말하였다. "우리에게 ※알아맞혀 보아라. 그리스도야, 너를 때린 사람이 누구냐?"	말하기 시작하였다. "※알아맞혀 보아라."	물었다. "※알아맞혀 보아라. 너를 때린 사람이 누구냐?" 65 또 그들은 다른 많은 말로 그를 모욕하였다.	
	하인들도 그를 손바닥으로 때렸다.		24 안나스가 그를 묶은 채로 대제사장 가야바에게 보냈다.
68 ※예언해	65 ※예언해	64 ※예언해	

333. 베드로가 예수를 부인함

마태복음 26:69-75	마가복음 14:66-72	누가복음 22:56-62	요한복음 18:25-27
69 베드로가 바깥, 곧 안마당에 앉아 있었는데 어떤 여종	66 베드로가 아래쪽, 곧 안마당에 있는데 대제사장의 여종들 중	56 어떤 여종이	25 시몬 베드로는 서서 불을 쬐고 있었다. 그런데 사람들이

마태복음 26:69-75	마가복음 14:66-72	누가복음 22:56-62	요한복음 18:25-27
하나가 그에게 다가와서	하나가 와서 67 베드로가 불을 쬐고 있는 것을 보고 그를 쳐다보면서	그가 불빛을 향해 앉아 있는 것을 보고 그를 바라보면서	그에게
말하였다. "당신도 갈릴리 사람 예수와 함께 있었어요." 70 그러자 그는 모든 사람 앞에서 부인하며 말하였다. "네가 무엇을 말하는지 나는 알지 못한다."	말하였다. "당신도 나사렛 사람 예수와 함께 있었어요." 68 그러자 그는 부인하며 말하였다. "네가 무엇을 말하는지 나는 알지도 못하고 이해하지도 못한다."	말하였다. "이 사람도 그와 함께 있었어요." 57 그러자 그는 부인하며 말하였다. "여자여, 나는 그를 알지 못한다."	물었다. "당신도 그의 제자들 중에 들어 있지 않지요?" 그가 부인하며 말하였다. "나는 아니오."
71 그가 대문으로 나가자	그리고 그가 바깥 앞마당으로 나왔는데 [닭이 울었다.]	58 잠시 후에	
다른 (여종이) 그를 보고 거기 (있는) 사람들에게 말하였다. "이 사람은 나사렛 사람 예수와 함께 있었어요."	69 그 여종이 그를 보고 곁에 서 있는 사람들에게 "이 사람은 그들과 한패요" 하고 다시 말하기 시작하였다.	다른 사람이 그를 보고 말하였다. "당신도 그들과 한패요."	26 대제사장의 종들 중 하나, 곧 베드로가 그 귀를 잘랐던 사람의 친척이 말하였다. "내가 동산에서 그와 함께 당신을 보지 않았소?"
72 그는 맹세하며 다시 부인하였다. "나는 그 사람을 알지 못하오."	70 그는 다시 부인하였다.	베드로가 말하였다. "(이) 사람아, 나는 아니네."	27 그러자 베드로가 다시 부인하였다.
73 조금 후에, 서 있던 사람들이 베드로에게 다가와서 말하였다. "참으로 당신도 그들과 한패요. 당신의 말씨가 당신을 드러내고 있소."	조금 후에, 곁에 서 있던 사람들이 다시 베드로에게 말하였다. "참으로 당신은 그들과 한패요. 당신이 갈릴리 사람이기 때문이오."	59 한 시간쯤 지나고 나서 어떤 다른 사람 하나가 장담하며 말하였다. "참말로 이 사람도 그와 함께 있었소. 갈릴리 사람이기 때문이오."	
74 그때 그는 "나는 그 사람을 알지 못하오" 하며 저주하고 맹세하기 시작	71 그러자 그는 "나는 당신들이 말하는 이 사람을 알지 못하오" 하며 저주하고 맹세하기 시작	60 그러자 베드로가 말하였다. "(이) 사람아, 당신이 말하는 것을 나는 알지 못하오." 그가 아직 말하고 있는 동안	

마태복음 26:69-75	마가복음 14:66-72	누가복음 22:56-62	요한복음 18:25-27
했고, 곧바로 닭이 울었다.	했고, [72] 곧바로 닭이 두 번째 울었다.	닭이 곧 울었고, [61] 주님께서 돌이켜서 베드로를 쳐다보셨다.	그리고 곧바로 닭이 울었다.
[75] 베드로는 "닭이 울기 전에 네가 나를 세 번 부인할 것이다" 라고 하신 예수의 말씀이 떠올라서	베드로는 "닭이 두 번 울기 전에 네가 나를 세 번 부인할 것이다" 라고 예수께서 자기에게 하신 말씀이 떠올라서	베드로는 "오늘 닭이 울기 전에 네가 나를 세 번 부인할 것이다" 라고 자기에게 하신 주님의 말씀이 떠올라서	
밖으로 나가서 속이 쓰리게 울었다.	엎드려서 울었다.	[62] 밖으로 나가서 속이 쓰리게 울었다.	

334. 빌라도에게 넘겨지심

마태복음 27:1-2	마가복음 15:1	누가복음 23:1	요한복음 18:28
[1] 아침이 되자 모든 대제사장들과 백성의 장로들이	[1] 아침에 대제사장들이 장로들과 율법학자들과 함께 회의, 곧 전체 공회를 소집하고	[1] 그들 무리가 모두 일어나서	[28] 사람들이
예수에게 불리하게, 곧 그를 죽이기로 결정하고			
[2] 그를 묶은 다음 데리고 가서 빌라도 총독에게 넘겨주었다.	예수를 묶은 다음 데리고 가서 빌라도에게 넘겨주었다.	그를 빌라도에게 데려갔다.	예수를 가야바에게서 총독 공관으로 끌고 갔는데 새벽이었다. 그들은 더러워지지 않고 유월절 식사를 하려고 공관 안에 들어가지 않았다.

335. 유다의 죽음

마태복음 27:3-10	막	눅	요
3 (예수를) 넘겨준 유다는 그때 그가 정죄되신 것을 보고 나서 뉘우쳤고, 은 서른 개를 대제사장들과 장로들에게 되돌려 주며 4 말하였다. "내가 「죄 없는」 피를 넘겨 줌으로 죄를 지었소." 그러자 그들이 말하였다. "그게 우리와 무슨 상관이요? 당신 이 ※책임지시오." 5 (유다는) 은을 성전에 내팽개쳐 버리고 돌아갔으며, 가서는 목 을 매달았다. 6 대제사장들이 그 은을 주워서 말하였다. "이것을 헌금함에 넣는 것 은 옳지 않다. 피 값인 까닭이다." 7 그들은 의논한 다음에 그것으로 나그네의 묘지 로 쓰기 위하여 토기장이의 밭을 샀다. 8 그래서 그 밭이 오늘날까지 피밭이라고 불 린다. 9 그때 선지자 「예레미야를 통하여 (이렇게) 말씀하신 것이 이루어졌다. "「사 람들이 이스라엘 자손들에 의하여 값이 매겨져 있는 사람의 값, 곧 은 서른 개를 가져다가 10 그것을 토기장이의 밭 (값으로) 주었다. 주님이 내게 시키신 대로이다." 4 「의로운, ※문자적 의미는 '볼 것이오.' 9 「스가랴 또는 이사야, 「내가			

336. 빌라도의 심문

마태복음 27:11-14	마가복음 15:2-5	누가복음 23:2-5	요한복음 18:29-38
11 예수께서 총독 앞에 서시자			29 그래서 빌라도가 밖으로 그들에게 나와서 말하였다. "이 사람에 [대하여] 무슨 고소거리를 가져오는 거요?"
		2 그들이 (예수를) 고소하기 시작하였다. "이 사람이 우리 민족을 꾀고 황제에게 세금 바치는 것을 막고 자신을 그리스도요 왕이라고 하는 것을 우리가 알게 되었	30 그들이 그에게 대답하였다. "이 사람이 나쁜 일을 하는 사람이 아니었다면 그를 당신에게 넘기지 않았을 것입니다."

마태복음 27:11-14

마가복음 15:2-5

누가복음 23:2-5

습니다."

요한복음 18:29-38

31 그러자 빌라도가
그들에게 말하였다. "여
러분이 그를 데려다가
여러분의 율법에 따라
그를 재판하시오." 유대
인들이 그에게 말하였다.
"아무라도 죽이는 것은
우리에게 허용되어 있
지 않습니다." 32 이것은
어떤 죽음으로 죽을 것
인지를 암시하신 예수의
말씀이 이루어지게 하려
는 것이다. 33 빌라도가
다시 공관 안으로 들어
가서 예수를 불렀고 그
에게 말하였다. "당신이
유대인의 왕이오?"
34 예수께서 대답하셨다.
"당신은 스스로 이 말을
하시오 아니면 다른 사람
들이 나에 관하여 당신
에게 말해 주었소?"
35 빌라도가 대답하였다.
"내가 유대인이오? 당신
민족과 대제사장들이 당
신을 나에게 넘겼는데
무슨 짓을 하였소?"
36 예수께서 대답하셨다.
"내 나라는 이 세상에
속해 있지 않소. 내 나
라가 이 세상에 속했다
면 내가 유대인들에게
넘겨지지 않도록 내 하
인들이 싸웠을 것이오.

마태복음 27:11-14	마가복음 15:2-5	누가복음 23:2-5	요한복음 18:29-38
			지금 내 나라는 여기에 속해 있지 않소."
총독이 그에게 물었다. "당신이 유대인의 왕이오?" 예수께서 말씀하셨다. "당신이 말하고 있소."	[2] 빌라도가 그에게 물었다. "당신이 유대인의 왕이오?" 예수께서 그에게 대답하셨다. "당신이 말하고 있소."	[3] 빌라도가 그에게 물었다. "당신이 유대인의 왕이오?" 예수께서 그에게 대답하셨다. "당신이 말하고 있소."	[37] 빌라도가 그에게 말하였다. "그러면 당신은 왕이지 않소?" 예수께서 대답하셨다. "내가 왕이라고 당신이 말하고 있소. 나는 이것을 위해 태어났고 이것을 위해 세상에 왔소. 진리를 증언하려는 것이오. 진리에 속한 사람은 모두 나의 음성을 듣소."
[12] 그러나 대제사장들과 장로들에 의해 자신이 고소당하는 일에는 아무 것도 대답하지 않으셨다.	[3] 대제사장들이 많은 것들로 그를 고소하였다.		
[13] 그때 빌라도가 그에게 말하였다. "얼마나 많은 것으로 당신에게 불리하게 증언하는지 듣지 못하시오?" [14] 그래도 (예수께서는) 그에게 아무 말 하나에도 대답하지 아니하셔서 총독이 무척 이상하게 생각하였다.	[4] 빌라도가 다시 그에게 물었다. "당신은 아무 대답도 없소? 얼마나 많은 것으로 당신을 고소하는지 보시오." [5] 그러나 예수께서는 더 이상 아무것도 대답하지 아니하셔서 빌라도가 이상하게 생각하였다.		[38] 빌라도가 그에게 말하였다. "진리가 무엇이오?"
		[4] 빌라도가 대제사장들과 백성들에게 말하였다. "나는 이 사람에게서 아무 죄목도 못 찾겠소." [5] 그러나 그들은 더 강경하게 말하였다. "그는 갈릴리에	그는 이렇게 말하고 나서 다시 유대인들에게 나가서 그들에게 말하였다. "나는 이 사람에게서 아무 죄목도 못 찾겠소.

마태복음 27:11-14	마가복음 15:2-5	누가복음 23:2-5	요한복음 18:29-38
		서 시작하여 여기까지 (오면서) 유대 전역에서 백성을 가르치면서 선동하고 있습니다."	

337. 헤롯과 예수

마	막	누가복음 23:6-12	요
		6 빌라도가 듣고 이 사람이 갈릴리 사람인지를 물었다. 7 그는 (예수께서) 헤롯의 권 한 아래 있다는 것을 알고 나서 그를 헤롯에게로 보냈다. (헤롯도) 이때에는 예루살 렘에 있었다. 8 헤롯이 예수를 보고 매우 기뻐하였다. (예수에) 관하여 들은 까닭에 오랫동안 그를 보고 싶어 하였고 그에 의해 일어나는 무슨 이적이라도 보기를 기대 하고 있었기 때문이다. 9 그러나 그가 (예수께) 많은 말을 물었으나 (예수께서는) 그 에게 아무 것도 대답하지 아니하셨는데, 10 대제사장들과 율법학자들이 서서 강력하 게 그를 고소하였다. 11 헤롯이 자기 군인들과 함께 (예수를) 업신여기고 조롱한 후 에 화려한 옷을 입혀서 그를 빌라도에게 도로 보내었다. 12 헤롯과 빌라도는 전에는 서로 원수 관계로 있었으나 이 날 서로 친구가 되었다.	

338. 빌라도의 무죄 소견

마	막	누가복음 23:13-16	요
		13 빌라도가 대제사장들과 지도자들과 백성을 불러 모아서 14 그들에게 말하였다. "여 러분이 이 사람을 백성을 선동하는 사람이라고 내게 데리고 왔는데, 보시오, 내가 여러분 앞에서 심문하였지만 여러분이 그를 향해 고소하는 죄목을 이 사람에게서 아무 것도 찾아내지 못하였소. 15 헤롯도 (찾아내지) 못하고 그를 우리에게 되돌려 보내었소. 보시오, 죽음에 해당하는 일을 저지른 것은 그에게 아무 것도 없소. 16 그 러므로 그를 매질하고 나서 풀어주겠소."	

339. 예수냐 바라바냐?

마태복음 27:15-23	마가복음 15:6-14	누가복음 23:17-23	요한복음 18:39-40
15 명절에는 총독이 백성에게 그들이 원하는 죄수 한 명을 풀어주곤 하였는데	6 명절에는 그가 그들에게 그들이 요청하는 죄수 한 명을 풀어주었는데	17 T	39 유월절에 여러분에게 한 사람을 풀어주는 관습이 여러분에게 있소. 그러면 유대인의 왕을 여러분에게 풀어주기를 원하시오?"
		18 그러나 그들이 다같이 소리 질렀다. "이 사람을 없애고 바라바를 우리에게 풀어주십시오." 19 그는 성 안에서 일어난 어떤 소동과 살인 때문에 감옥에 갇혀 있던 사람이다.	40 그러자 그들은 다시 소리치며 말하였다. "이 사람이 아니요. 바라바요." 바라바는 강도였다.
16 그때 [예수] 바라바라고 하는, 소문난 죄수가 있었다. 17 그래서 그들이 모여 있을 때에	7 소동을 일으키고 이 소동 중에 살인을 저지른 사람들과 함께 바라바라고 하는 사람이 갇혀 있었다. 8 무리가 올라가서 그가 그들에게 해오던 대로 요청하기 시작하였다.		
빌라도가 그들에게 말하였다. "내가 누구를 여러분에게 풀어 주기를 바라오? [예수] 바라바요 그리스도라고 하는 예수요?" 18 그는 그들이 시기하여 (예수를) 넘겨주었다는 것을 알고 있었기 때문이다. 19 빌라도가 재판석에 앉아 있을	9 빌라도가 그들에게 대답하였다. "내가 여러분에게 유대인의 왕을 풀어주기를 바라오?" 10 그는 대제사장들이 시기하여 (예수를) 넘겨주었다는 것을 알았기 때문이다.		39 ... 그러면 유대인의 왕을 여러분에게 풀어주기를 원하시오?"

17 T명절에 그는 그들에게 한 사람을 풀어주어야 했다.

마태복음 27:15-23

때에 그의 아내가 그에
게 (사람을) 보내어 말
하였다. "당신은 저 옳은
사람과 아무 것도 상관
하지 마십시오. 내가 오
늘 꿈에 그 사람 때문에
고생을 많이 하였습니
다." 20 그러나 대제사장
들과 장로들은
바라바를 요청
하고 예수를 죽이게 하
도록 무리들을 설득하
였다. 21 총독이 그들에
게 대답하였다. "두 사
람 가운데서 누구를 여
러분에게 풀어 주기를
바라오?" 그러자 그들이
말하였다. "바라바입니
다."
22 빌라도가 그들에
게 말하였다. "그러면
그리스도
라고 하는 예수는 어
떻게 할까요?"
모두가 말하였
다. "십자가에 못
박히게 하십시오."

23 그가
말
하였다. "그가 무
슨 나쁜 짓을 하였다는
말이오?"

마가복음 15:6-14

11 그러나 대제사장
들은 자기들에게
차라리 바라바를 풀어
주게 하도록
무리를 선동하
였다.

12 빌라도가 다시 그들에
게 대답하였다. "그러면
[여러분이] 유대인의 왕
[이라고 하는 사람]은 어
떻게 하기를 [바라오?]"
13 그들이 다시 소리쳤
다. "그를 십자가에 못
박으십시오."

14 빌라도가
그들에게 말
하였다. "그가 무
슨 나쁜 짓을 하였다는
말이오?"

누가복음 23:17-23

18 ... "이 사람
을 없애고 바라바를 우
리에게 풀어주십시오."
20 빌라도는 예수를 풀어
주고 싶어하며 그들에
게 다시 말을 하였지만

21 그들은
"십자가에 못
박으십시오. 그를 십자
가에 못 박으십시오" 하
고 외쳤다. 22 빌라도가
세 번째로 그들에게 말
하였다. "이 사람이 무
슨 나쁜 짓을 하였다는
말이오? 나는 그에게서
죽일 죄목을 아무것도

요한복음 18:39-40

40 그러자
그들은 다시 소리
치며 말하였다. "이 사
람이 아니요. 바라바요."
바라바는 강도였다.

마태복음 27:15-23	마가복음 15:6-14	누가복음 23:17-23	요한복음 18:39-40
		찾아 내지 못했소. 그러므로 그를 때리고 나서 풀어주겠소."	
그러나 사람들은 더 크게 소리 지르며 말하였다. "십자가에 못 박히게 하십시오."	그러나 사람들은 더 크게 소리 질렀다. "그를 십자가에 못 박으십시오."	[23] 그러나 사람들은 큰 소리를 질러 대면서 그를 십자가에 못 박히게 하라고 요구했는데 그들의 소리가 더 컸다.	

340. 이 사람을 보라

마태복음 27:28-31	마가복음 15:17-20	눅	요한복음 19:1-15
			[1] 그래서 그때 빌라도가 예수를 데려다가 채찍질하였고
[28] 그의 (옷을) 벗기고 그에게 긴 진홍색 옷을 입혔으며 [29] 가시나무를 (잘라) 관을 엮어서 그의 머리에 올려놓고	[17] 그에게 자주색 옷을 입혔으며 가시나무로 관을 엮어서 그에게 둘러 씌우고		[2] 병사들이 가시나무를 (잘라) 관을 엮어서 그의 머리에 올려놓고 자주색 겉옷을 그에게 입혔으며
그의 오른손에 갈대를 (쥐게 하고) 그 앞에 무릎을 꿇고 놀리며 그에게 말하였다. "안녕하시오! 유대인의 임금님!" [30] 또 그에게 침을 뱉고 갈대를 낚아채어서 그의 머리를 갈겨대었다.	[18] 그에게 인사하기 시작하였다. "안녕하시오! 유대인의 임금님!" [19] 또 갈대로 그의 머리를 갈겨대었고 그에게 침을 뱉었으며 무릎을 꿇고 그에게 절하였다.		[3] 그에게 다가와서 말하였다. "안녕하시오! 유대인의 임금님!" 그리고 그를 손바닥으로 때렸다.
[31] 그를 희롱한 후 그에게서 긴 옷을 벗기고 그의 겉옷을 도로 입혀서 십자가에 못 박으려고 그를 데려갔다.	[20] 그를 희롱한 후 그에게서 자주색 옷을 벗기고 그의 겉옷을 도로 입혀서 그를 십자가에 못 박기 위하여 그를 데리고 나갔다.		

마	막	눅	요한복음 19:1–15
			4 빌라도가 다시 밖으로 나와서 그들에게 말하였다. "보시오, 그를 밖으로 여러분 에게 데려오겠소. 그에게서 아무런 죄목도 못 찾았다는 것을 여러분이 알게 하려 는 것이오." 5 그래서 예수께서 가시관을 쓰시고 자주색의 겉옷을 (입으신) 채 밖으 로 나오셨다. (빌라도가) 그들에게 말하였다. "보시오, (이) 사람이오." 6 대제사장 들과 하인들은 그를 보자 소리치며 말하였다. "십자가에 못 박으십시오. 십자가에 못 박으십시오." 빌라도가 그들에게 말하였다. "여러분이 그를 데려다가 십자가에 못 박으시오. 나는 그에게서 죄목을 찾지 못했기 때문이오." 7 유대인들이 그에게 대답하였다. "우리는 율법을 가지고 있는데 그 율법을 따르면 그는 죽어야만 합 니다. 자신을 하나님의 아들로 만들었기 때문입니다." 8 빌라도가 이 말을 듣자 더욱 두려워하였고 9 다시 공관 안으로 들어가서 예수께 말하였다. "당신은 어디 서 왔소?" 그러나 예수께서는 그에게 대답을 주지 않으셨다. 10 그래서 빌라도가 그에게 말하였다. "나에게 말을 안 하시오? 내가 당신을 풀어줄 권한도 가지고 있 고 당신을 십자가에 못 박을 권한도 가지고 있다는 것을 알지 못하시오?" 11 예수 께서 [그에게] 대답하셨다. "위로부터 당신에게 주어지지 않았다면 당신은 내게 대 하여 아무 권한도 가지지 못했을 것이오. 그러므로 나를 당신에게 넘겨준 사람은 더 큰 죄가 있소." 12 이 때문에 빌라도는 그를 풀어주려고 노력하였다. 그러나 유 대인들이 소리치며 말하였다. "이 사람을 풀어주면 당신은 황제의 친구가 아닙니 다. 자신을 왕으로 만드는 사람은 모두 황제를 대항하는 것입니다." 13 그러자 빌 라도가 이 말들을 듣고 예수를 밖으로 데려 나와서 히브리 말로 가바다, 곧 돌을 깐 자리라고 하는 곳에서 재판석에 앉았는데 14 유월절의 예비일이었고 시각은 여 섯시쯤이었다. 그가 유대인들에게 말하였다. "보시오, 여러분의 왕이오." 15 그러자 그들이 소리쳤다. "없애십시오! 없애십시오! 그를 십자가에 못 박으십시오!" 빌라 도가 그들에게 말하였다. "여러분의 왕을 내가 십자가에 못 박을까요?" 대제사장 들이 대답하였다. "우리는 황제 말고는 왕이 없습니다."

341. 사형 선고

마태복음 27:24–26	마가복음 15:15	누가복음 23:24–25	요한복음 19:16a
24 빌라도는 아무런 효력 도 없이 도리어 소동이 일어나는 것을 보고 물			

마태복음 27:24-26	마가복음 15:15	누가복음 23:24-25	요한복음 19:16a
을 가져다가 무리 앞에서 손을 씻으며 말하였다. "나는 이 ᵀ사람의 피에 죄가 없소. 여러분이 ※책임지시오." [25] 그러자 모든 백성이 대답하였다. "그의 피는 우리와 우리 아이들 위에!" [26] 그때 (빌라도는)	[15] 빌라도는 무리에게 만족을 주고 싶어서	[24] 그래서 빌라도는 그들의 요구대로 하라고 판결을 내렸고 [25] 그들이 요구한 (대로) 소동과 살인 까닭에 옥에 갇혀 있던 사람을	[16a] 그래서 그때 그는
그들에게 바라바를 풀어 주고 예수는 채찍질하고 나서 십자가에 못 박히도록 넘겨주었다.	그들에게 바라바를 풀어 주고 예수는 채찍질하고 나서 십자가에 못 박히도록 넘겨주었다.	풀어 주고 예수를 그들의 뜻에 넘겨주었다.	(예수께서) 십자가에 못 박히도록 그를 그들에게 넘겨주었고

24 ᵀ 의로운
※ 원어는, 볼 것이오.

342. 예수를 조롱하다

마태복음 27:27-31a	마가복음 15:16-20a	눅	요한복음 19:2-3
[27] 그때 총독의 병사들이 예수를 총독 공관으로 데리고 가서 온 부대를 그에게로 모았고 [28] 그의 (옷을) 벗기고 그에게 긴 진홍색 옷을 입혔으며 [29] 가시나무를 (잘라) 관을	[16] 병사들이 그를 마당 안, 곧 총독 공관으로 데리고 가서 온 부대를 불러 모았고 [17] 그에게 자주색 옷을 입혔으며 가시나무로 관을		[2] 병사들이 가시나무를 (잘라) 관을

마태복음 27:27-31a	마가복음 15:16-20a	눅	요한복음 19:2-3
엮어서 그의 머리에 올려놓고	엮어서 그에게 둘러씌우고		엮어서 그의 머리에 올려놓고 자주색 겉옷을 그에게 입혔으며
그의 오른손에 갈대를 (쥐게 하고) 그 앞에 무릎을 꿇고 놀리며 그에게 말하였다. "안녕하시오! 유대인의 임금님!" 30 또 그에게 침을 뱉고 갈대를 낚아채어서 그의 머리를 갈겨대었다.	18 그에게 인사하기 시작하였다. "안녕하시오! 유대인의 임금님!" 19 또 갈대로 그의 머리를 갈겨대었고 그에게 침을 뱉었으며 무릎을 꿇고 그에게 절하였다.		3 그에게 다가와서 말하였다. "안녕하시오! 유대인의 임금님!" 그리고 그를 손바닥으로 때렸다.
31a 그를 희롱한 후 그에게서 긴 옷을 벗기고 그의 겉옷을 도로 입혀서	20a 그를 희롱한 후 그에게서 자주색 옷을 벗기고 그의 겉옷을 도로 입혀서		

343. 골고다 길

마태 27:31b-32	마가 15:20b-21	누가 23:26-32	요한 19:16b-17a
31b 십자가에 못 박으려고 그를 데려갔다. 32 나가다가	20b 그를 십자가에 못 박기 위하여 그를 데리고 나갔다. 21 어떤 구레네 사람, 곧 알렉산더와 루포의 아버지인 시몬이	26 그들은 그를 데려가다가 들에서 오던 어떤 구레네 사람, 곧	16b 그들이 예수를 넘겨받았다.
시몬이라 하는 한 구레네 사람을 만났는데		시몬을	
	들에서 와서 지나가고 있었는데,	붙잡았고	
그들은 그로 하여금 강제로 (예수의) 십자가를 지게 하였다.	그들은 (그로 하여금) 강제로 (예수의) 십자가를 지게 하였다.	그에게 십자가를 지워서 예수 뒤에서 따라 가게 하였다. 27 백성과 여자들의 많은	17a (예수께서) 몸소 십자가를 지시고

마 27:31b-32	막 15:20b-21	누가 23:26-32	요 19:16b-17a
		무리가 그를 따랐는데 여자들은 가슴을 치며 그를 위하여 슬프게 울고 있었다. 28 그런데 예수께서 그 여자들에게로 돌이키시고 말씀하셨다. "예루살렘의 딸들아, 나를 위하여 울지 말고 너희 자신과 너희 자녀들을 위하여 울어라. 29 보아라, '불임녀와 (아이를) 낳지 않은 배와 (젖을) 빨리지 않은 가슴이 복이 있다' 라고 말할 날들이 오고 있기 때문이다. 30 그때에 산에게 '우리 위에 무너져라' 언덕에게 '우리를 덮어라' 라고 말하기 시작할 것이다. 31 푸른 나무에 이렇게 한다면 마른 나무에는 무슨 일이 벌어지겠느냐?" 32 다른 사람들, 곧 악인들 둘도 예수와 함께 (십자가에) 달리기 위해 끌려갔다.	

344. 못 박히심

마태복음 27:33-37	마가복음 15:22-26	누가복음 23:33-34	요한복음 19:17b-27
33 그들은 골고다라고 하는 곳, 곧 해골의 자리라고 하는 곳에 이르러서	22 그들은 골고다, 곧 해골의 자리라고 번역되는 곳으로 그를 데려가서	33 그들은 해골이라는 곳에 가서	17b 해골의 자리라고 하는 곳, 곧 히브리말로 골고다라고 하는 곳으로 나가셨다.
34 쓸개즙을 섞어 놓은 포도주를 그에게 마시라고 주었지만 그는 맛보시고 나서 마시려고 하지 않으셨다.	23 쓸개즙을 타 놓은 포도주를 그에게 주었지만 그는 받지 않으셨다.		
35 그들은 그를 십자가에	24 그들은 그를 십자가에	거기에 그와 악인들을, 한 사람은	18 그들은 그곳에서 그를 십자가에 못 박았고 그와 함께 다른 두 사람을 예수를 가운데 (두고)

마태복음 27:33-37	마가복음 15:22-26	누가복음 23:33-34	요한복음 19:17b-27
못 박고 나서	못 박았고	오른쪽에, 한 사람은 왼쪽에 못 박았다. [34] [예수께서 말씀하셨다. 아버지, 저들을 용서해 주십시오. 자신들이 하는 짓을 알지 못하기 때문입니다.] 그들은	이편과 저편에 (못 박았다.)
제비를 뽑아 그의 겉옷을 나누어 (가졌고)	그의 겉옷 중에서 누가 무엇을 가질지 제비를 뽑아서 그것을 나누어 (가졌다.) [25] 그를 십자가에 못 박은 것은 세 시였다.	제비를 뽑아서 그의 겉옷을 나누어 (가졌다.)	[19] 빌라도는 또 명패를 써서 십자가에 붙였는데 "나사렛 사람 예수 유대인의 왕" 이라고 쓰여 있었다.
[36] 거기 앉아서 그를 지키고 있었다. [37] 그의 머리 위쪽에 "이 사람은 유대인의 왕 예수이다" 라고 쓰인 그의 죄목을 붙여 놓았다.	[26] 그의 죄목 판에는 "유대인의 왕" 이라고 쓰여 있었다.	[38] 그의 위쪽에 "이 사람은 유대인의 왕이다" 라는 판이 있었다.	
[35b] 제비를 뽑아 그의 겉옷을 나누어 (가졌고)	[24b] 그의 겉옷 중에서 누가 무엇을 가질지 제비를 뽑아서 그것을 나누어 (가졌다.)	[34b] 그들은 제비를 뽑아서 그의 겉옷을 나누어 (가졌다.)	[20] 예수께서 십자가에 못 박히신 곳이 성에 가까워서 유대인들 중 많은 사람들이 이 명패를 읽었는데 히브리 말과 로마 말과 그리스 말로 쓰여 있었다. [21] 그래서 유대인의 대제사장들이 빌라도에게 말하였다. "'유대인의 왕' 이라고 쓰지 마시고 '이 사람이 나는 유대인의 왕이다 라고 말했다'고 (쓰십시오.") [22] 빌라도가 대답하였다. "내가 쓸 것을 썼소." [23] 병사들이 예수를 십자가에 못 박고 그의 겉옷을 가져다가 네 쪽으로 나누어 각 병사가 한 쪽씩 가졌고 속옷도 (나누었다.) 그런데 속옷은 잇대어 깁지 않고 위에서부터 통째 짠 것이어서 [24] 그들은 서로에게 말하였다. "그것은 찢지 말고 누구의 것이 될지 그것을 두고 추첨을 하자." 이것은 "그들이 자신들을 위해 내 겉옷을 나누었고 내 옷을 두고 제비를 던졌다"라고 [말하는] 성경이 이루어지게 하려는 것이었다. 그래서 병사들이 이런 일을 한 것이다. [25] 예수의 십자가 곁에 그의 어머니와

마	막	눅	요한복음 19:17b-27
			그의 어머니의 자매와 글로바의 아내 마리아와 막달라 마리아가 서 있었다. 26 예수께서 어머니와 곁에 서 있는, 자신이 사랑하신 제자를 보시고 어머니에게 말씀하셨다. "여자여, 보십시오, 당신의 아들입니다." 27 그 다음에 그 제자에게 말씀하셨다. "보아라, 네 어머니시다." 그 시각부터 그 제자는 그 여자를 자기 집에 모셨다.

345. 예수를 비웃다

마태복음 27:38-43	마가복음 15:27-32a	누가복음 23:35-38	요
38 그때 그와 함께 두 강도가, 하나는 오른쪽에, 하나는 왼쪽에 십자가에 못 박혔다.	27 그들은 그와 함께 두 강도를, 하나는 그의 오른쪽에, 하나는 왼쪽에 십자가에 못 박았다.	33 거기에 그와 악인들을, 한 사람은 오른쪽에, 한 사람은 왼쪽에 못 박았다.	
39 지나가는 사람들이 자기 머리를 흔들며 그를 모독하면서 40 말하였다. "성전을 헐고 사흘 만에 짓는 사람아, 네 자신을 구원해 보아라. 네가 하나님의 아들이라면 십자가에서 내려와 보아라."	28 T 29 지나가는 사람들이 자기 머리를 흔들며 그를 모독하면서 말하였다. "아! 성전을 헐고 사흘 만에 짓는 사람아! 30 십자가에서 내려와서 네 자신을 구원해 보아라."	35 백성은 쳐다보며 서 있었고	
41 대제사장들도 율법학자들과 장로들과 함께 똑같이 놀리면서 말하였다. 42 "남들은 구원하였지만 자신을 구원하지는 못하는구나. 이스라엘의 「왕이니까 지금 십자가에서 내려와 보아라. 그러면 우리가 그를 믿을 것이다.	31 대제사장들도 율법학자들과 함께 똑같이 놀리면서 서로 말하였다. "남들은 구원하였지만 자신을 구원하지는 못하는구나! 32 그리스도, 이스라엘의 왕은 우리가 보고 믿도록 지금 십자가에서 내려와 보아라."	지도자들도 비웃으면서 말하였다. "남들을 구원하였으니 이 사람이 뽑힌 하나님의 그리스도라면 자신을 구원해 보아라."	
42 「왕이라면	28 T 그가 무법자들의 (하나로) 간주되었다는 말씀이 이루어졌다.		

마태복음 27:38-43	마가복음 15:27-32a	누가복음 23:35-38	요
43 그가 하나님을 신뢰하였으므로, (하나님께서) 그를 원하시면 지금 구원해 보시라. '나는 하나님의 아들이다' 라고 그가 말했기 때문이다."			
		36 병사들도 그를 놀렸고 다가가서 그에게 신포도주를 가져다주면서 37 말하였다. "네가 유대인들의 왕이라면 네 자신을 구원해 보아라."	
37 그의 머리 위쪽에 "이 사람은 유대인의 왕 예수이다" 라고 쓰인 그의 죄목을 붙여 놓았다.	26 그의 죄목 판에는 "유대인의 왕" 이라고 쓰여 있었다.	38 그의 위쪽에 "이 사람은 유대인의 왕이다" 라는 판이 있었다.	

346. 두 강도

마태복음 27:44	마가복음 15:32b	누가복음 23:39-43	요
44 그와 함께 십자가에 못 박힌 강도들도 같은 말로 그를 욕하였다.	32b 그와 함께 십자가에 못 박힌 사람들도 그를 욕하였다.	39 그런데 매달려 있던 악인들 가운데 하나가 그를 모독하며 말하였다. "너는 그리스도 아니냐? 네 자신과 우리를 구원해 보아라." 40 그러자 다른 (악인이) 그를 꾸짖으며 대답하였다. "같은 판결을 받았으면서 너는 하나님을 두려워하지 않느냐? 41 우리는 우리가 저지른 일에 해당하는 (벌을) 받고 있어서 (이것이) 당연하지만 이 사람은 잘못이라곤 아무 것도 하지 않았다." 42 그리고 말하였다. "예수여,	

마태복음 27:44	마가복음 15:32b	누가복음 23:39-43	요
		당신의 나라에 들어가실 때에 저를 기억해 주십시오." 43 (예수께서) 그에게 말씀하셨다. "참으로 내가 네게 말하는데, 네가 오늘 나와 함께 낙원에 있을 것이다."	

347. 죽으심

마태복음 27:45-54	마가복음 15:33-39	누가복음 23:44-48	요한복음 19:28-30
45 여섯 시부터 아홉 시까지 어두움이 온 땅을 뒤덮었다.	33 여섯 시가 되자 아홉 시까지 어두움이 온 땅을 뒤덮었다.	44 여섯 시쯤이었을 때 아홉 시까지 어두움이 온 땅을 뒤덮었고, 45 해가 어두워졌으며,	
46 아홉 시쯤 예수께서 큰 소리로 외치셨다. "엘리 엘리 레마 사박다니." 이것은 "나의 하나님, 나의 하나님, 어찌 나를 버리셨습니까?" 라는 뜻이다. 47 거기에 서 있던 사람들 가운데 몇이 듣고 말하였다. "이 사람이 엘리야를 부른다."	34 아홉 시에 예수께서 큰 소리로 외치셨다. "엘로이 엘로이 레마 사박다니." 번역하면 (이것은) "나의 하나님, 나의 하나님, 왜 나를 버리셨습니까?" 라는 뜻이다. 35 곁에 서 있던 사람들 가운데 몇이 듣고 말하였다. "보라, 그가 엘리야를 부른다."		28 이일 후에 예수께서는 모든 일이 이미 ※이루어진 것을 아시고 "목이 마르다" 라고 말씀하셨다. 29 신 포도주가 가득한 그릇이 놓여 있었는데 그들이
48 그들 가운데서 하나가 얼른 달려가서 해면	36 어떤 사람이 달려가서 해면		
			28 ※끝난

마태복음 27:45-54

을 가져다가 신 포도주
에 푹 적신 다음
갈대에 둘러 매달
아서 그에게 먹였다.
49 그러나 나머지
사람들은 말하였다. "놓
아두시오. 엘리야가 와
서 그를 구해주는지 봅
시다." ᵀ 50 예수께서
다시 큰 소리로 외치
셨고
영혼이 떠나셨다.
51 그리고, 보라, 성전의
휘장이 위에서부터 아
래까지 둘로 찢어졌고,
땅이 흔들렸고, 바위들
이 갈라졌으며, 52 무덤
들이 열렸고, 잠자고 있
던 성도들의 몸이 많이
일어나서 53 그의 부활
후에 무덤에서 나와 거
룩한 성에 들어갔고 많
은 사람에게 나타났다.

49 ᵀ다른 사람이 창을 가지고 그의 옆구리를 찌르자 물과 피가 나왔다.

마가복음 15:33-39

을 신 포도주
에 가득 적신 다음
갈대에 둘러 매달
아서 그에게 먹이며 말
하였다.
"놓
아두시오. 엘리야가 와
서 그를 내려주는지 봅
시다." 37 예수께서
큰 소리를 지르
시고
숨을 거두셨다.
38 그리고 성전의
휘장이 위에서부터 아
래까지 둘로 찢어졌다.
39 (예수의) 맞은
편에 서 있던

누가복음 23:44-48

성전의
휘장 가운데가
찢어졌다.
46 예수께서 큰 소리를
내시며 말씀하셨다. "아
버지, 당신의 손에 내
영혼을 맡깁니다." 이렇
게 말씀하시고 나서 숨
을 거두셨다.

요한복음 19:28-30

그 신 포도주
를 가득 적신 해면을 우
슬초 가지에 둘러 매달
아서 그의 입으로 가져
갔다.
30 예수께서 신 포
도주를 받으셨을 때
"이루어졌다" 고 말씀하
셨으며 머리를 떨어뜨리
시고 영혼을 넘겨주셨
다.

마태복음 27:45-54	마가복음 15:33-39	누가복음 23:44-48	요한복음 19:28-30
54 백부장과 그와 함께 예수를 지키던 사람들이 지진과 벌어진 일들을 보고 무척 두려워하며	백부장이 그가 이렇게 숨을 거두시는 것을 보고	47 백부장이 벌어진 일을 보고	
말하였다. "참으로 이 분은 하나님의 아들이셨다."	말하였다. "참으로 이 사람은 하나님의 아들이셨다."	하나님께 영광을 돌리며 말하였다. "정말 이 사람은 의로우셨다." 48 이것을 구경하려고 함께 왔던 모든 무리들은 벌어진 일들을 보고 나서 가슴을 치면서 돌아갔다.	

348. 죽으심을 목격한 사람들

마태복음 27:55-56	마가복음 15:40-41	누가복음 23:49	요한복음 19:24b-27
			24b 이것은 "그들이 자신들을 위해 내 겉옷을 나누었고 내 옷을 두고 제비를 던졌다"라고 [말하는] 성경이 이루어지게 하려는 것이었다. 그래서 병사들이 이런 일을 한 것이다.
55 그곳에 많은 여자들이 멀리서 바라보고 있었는데, 그 여자들은 예수를 섬기려고 갈릴리에서부터 그를 따라온 사람들이었다.	40 여자들도 멀리서 바라보고 있었는데,	49 그를 아는 사람들과	
56 그들 가운데 막달라 마리아와 야고보와 요셉의 어머니 마리아와 세베대의 아들들의 어머니가 있었	그 여자들 가운데 막달라 마리아와 작은 야고보와 요셉의 어머니 마리아와 살로메도 (있었다.)		25 예수의 십자가 곁에 그의 어머니와 그의 어머니의 자매와 글로바의 아내 마리아와 막달라 마리아가 서 있었다.

마태복음 27:55-56	마가복음 15:40-41	누가복음 23:49	요한복음 19:24b-27
다.	41 그 여자들은 (예수께서) 갈릴리에 계셨을 때에 그를 따랐고 섬겼던 사람들이다. 또 (예수와) 함께 예루살렘으로 올라온 다른 여자들이 많이 (있었다.)	갈릴리로부터 그를 함께 따라온 여자들은 모두 멀리 서서 이 일들을 보고 (있었다.)	
			26 예수께서 어머니와 곁에 서 있는, 자신이 사랑하신 제자를 보시고 어머니에게 말씀하셨다. "여자여, 보십시오, 당신의 아들입니다." 27 그 다음에 그 제자에게 말씀하셨다. "보아라, 네 어머니시다." 그 시각부터 그 제자는 그 여자를 자기 집에 모셨다.

349. 창으로 찌르다

마	막	눅	요한복음 19:31-37
			31 그날은 예비일이었는데 그 안식일의 그날이 큰 날이었기 때문에 유대인들은 안식 일에 시체들이 십자가에 남아 있지 않게 하려고 빌라도에게 그들의 다리를 부러뜨려 치워줄 것을 요청하였다. 32 그리하여 병사들이 가서 (예수와) 함께 십자가에 못 박 혔던 첫 사람과 다른 사람의 다리를 부러뜨렸지만 33 예수께 와서는 그가 이미 죽어 있는 것을 보고 그의 다리를 부러뜨리지 않았다. 34 그러나 병사들 중 하나가 창으로 그의 옆구리를 찔러서 곧바로 피와 물이 흘러 나왔다. 35 본 사람이 증언하였는데 그 의 증언은 참되다. 또 그 사람은 너희도 믿게 하려고 진실을 말한다는 것을 알고 있 었다. 36 이런 일들이 일어난 것은 "그의 뼈가 부숴지지 않을 것이다"라는 성경이 이 루어지게 하려는 것이었기 때문이다. 37 다른 성경은 다시 말한다. "그들은 자신들이 꿰찌른 사람을 볼 것이다."

350. 장례

마태복음 27:57–61	마가복음 15:42–47	누가복음 23:50–56	요한복음 19:38–42
[57] 저녁이 되어서	[42] 이미 저녁이 되어서, (이 날이) 예비일, 곧 안식일 전날이므로		[38] 이 일들 후에
어떤 사람, 곧 요셉이라고 하는 아리마대 출신의 한 부자가 왔는데	[43] 아리마대 출신의 유능한 공회원인 요셉이 왔는데	[50] 보라, 어떤 남자, 곧 요셉이라고 하는 공회원이 (있었는데) 그는 선하고 의로운 사람이었다. [51] 이 사람은 그들의 결정과 행동에 동참하지 않았었는데 유대의 한 성 아리마대 출신이요	아리마대 출신 요셉이
그 사람 자신도 예수의 제자였다.	그 사람 자신도 하나님의 나라를 기다리고 있었다.	하나님의 나라를 기다리고 있었다.	
[58] 이 사람이 빌라도에게 나아가서 예수의 시신을 달라고 하였고,	그가 용감히 빌라도에게 들어가서 예수의 시신을 달라고 하였다.	[52] 이 사람이 빌라도에게 나아가서 예수의 시신을 달라고 하였고	빌라도에게 예수의 시신을 가져가겠다고 요청하였다. 그는 예수의 제자지만 유대인들을 무서워하여 숨기고 있었는데
그때 빌라도는 주라고 명령하였다.	[44] 빌라도는 그가 벌써 죽었는지 이상하게 생각하였고 백부장을 불러서 그가 죽은 지 오래 되었는가를 물었으며 [45] 백부장에게 알아보고 나서 요셉에게 (예수의) 시신을 내어 주었다.		빌라도가 허락하므로
[59] 그래서 요셉은 그 시신을 가져가서	[46] 그래서 (요셉은) 베를 샀고 (시신을) 내려서	[53] (시신을) 내려서	가서 그의 시신을 가져갔다. [39] 밤에 처음으로 그에게 왔던 니고데모도 몰약과

마태복음 27:57-61	마가복음 15:42-47	누가복음 23:50-56	요한복음 19:38-42
			침향을 섞은 것을 백 근 쯤 가지고 왔다. 40 그리하여 그들은 예수의 시신을 가져다가 유대인이 장례를 지낼 때 하던 풍습을 따라서 그 것을 향료와 함께 아마
깨끗한 베로 쌌으며	베로 쌌으며	베로 쌌으며	포로 감았다. 41 그가 십자가에 못 박히신 곳에 동산이 있었고 그 동산에 아직 아무도 안치된 적이 없는 새 무덤이 있었다. 42 유대인의 준비일이었고 무덤이 가까웠기 때문에 그들은 예
60 그를 바위에 굴을 판 자기 새 무덤에 두고 무덤 입구에 큰 돌을 굴려다 놓고 갔다.	그를 바위에 굴을 파 놓은 무덤에 두고 무덤 입구에 돌을 굴려다 놓았다.	그를 아직 아무도 장사한 적이 없는, 바위에 판 무덤에 두었다.	수를 거기 두었다.
		54 이 날은 예비일이었고 안식일이 시작되고 있었는데	
61 막달라 마리아와 다른 마리아가 거기 무덤 맞은편에 앉아 있었다.	47 막달라 마리아와 요세의 (어머니) 마리아가 어디에 (시신이) 안치되는지를 보고 있었다.	55 갈릴리에서 그와 함께 왔던 여자들이 따라와서 무덤과 그의 시신이 어떻게 안치되었는지를 보았고	
	(16:1 참고)	56 돌아가서 향료들과 향유를 준비하였으며 계명을 따라 안식일에는 쉬었다.	

351. 무덤을 지킴

마태복음 27:62-66	막	눅	요
[62] 이튿날, 곧 예비일 후에 대제사장들과 바리새인들이 빌라도에게 모여서 [63] 말하였다. "주여, 저 거짓말쟁이가 아직 살아 있을 때에 '내가 사흘 후에 살아날 것이다'라고 말한 것을 우리가 기억합니다. [64] 그러므로 그 무덤을 셋째 날까지 안전하게 지키도록 명령해 주십시오. 그의 제자들이 와서 그를 훔쳐 가고 백성에게는 '죽은 사람들로부터 그가 살아나셨다' 라고 말하지 않을까 걱정입니다. 그러면 마지막 속임수가 처음보다 더 나쁠 것입니다." [65] 빌라도가 그들에게 말하였다. "여러분은 경비병이 있으므로 가서 재주껏 안전하게 지키시오." [66] 그래서 그들이 경비병과 함께 가서 돌을 봉인하고 무덤을 안전하게 지켰다.			

XVIII. 부활

마 28:1-20
막 16:1-20
눅 24:1-53
요 20:1-21:25

352. 빈 무덤

마태복음 28:1-8	마가복음 16:1-8	누가복음 24:1-12	요한복음 20:1-13
1 안식일 늦게,	1 안식일이 지나서 막달라 마리아와 야고보의 어머니 마리아와 살로메가 그에게 가서 바르기 위하여 향료를 샀다.	(23:56 참고)	
곧 안식일 후 첫째 날 동틀 때에	2 안식일 후 첫째 날 아주 일찍 해가 돋을 때	1 안식일 후 첫째 날 이른 새벽에	1 안식일 (후) 첫째 날 일찍, 아직 어두울 때에
막달라 마리아와 다른 마리아가	그 여자들이	그 여자들이 준비한 향료들을 가지고	막달라 마리아가
무덤을 보려고 갔다.	무덤으로 가며 3 "누가 우리를 위하여 무덤 입구에서 돌을 굴려 내어 주겠는가?" 하고 서로 말하다가	무덤으로 갔다가	무덤으로 가서
2 그런데, 보라, 강한 지진이 일어나고 주님의 천사가 하늘로부터 내려와서 (무덤으로) 다가갔고			
돌을 굴러 내고 그 위쪽에 앉았다.	4 눈을 들어 돌이 굴려져 나가 있는 것을 보았다. 아주 큰 돌이었다.	2 돌이 무덤에서 굴려 나가 있는 것을 발견하였다.	돌이 무덤에서 치워져 있는 것을 보았다. 2 그래서 그 여자는 달려서 시몬 베드로와 예수께서 사랑하신 다른 제자에게 갔고 그들에게 말하였다. "사람들이 무덤에서 주님을 치웠는데 어디에 그를 두었는지 우리가 알지 못합니다." 3 그러자 베드로와 그 다른 제자가 나와서 무덤으로 갔다. 4 둘이 같이 달렸지만 그 다른 제자가 베

마태복음 28:1-8	마가복음 16:1-8	누가복음 24:1-12	요한복음 20:1-13
			드로보다 앞으로 빨리 달려서 무덤에 먼저 도착하였다. 5 그는 몸을 구부려서 천이 놓여 있는 것을 보았지만 들어가지는 않았다. 6 시몬 베드로도 그를 뒤따라 왔는데 그는 무덤 안으로 들어가서 천이 놓여 있는 것을 보았다. 7 (예수의) 머리 위에 있던 수건은 천과 함께 놓여 있지 않고 한 곳에 따로 개켜 있었다. 8 그제야 먼저 온 다른 제자도 무덤에 들어가서 보고 믿었다. 9 그들은 그가 죽은 사람들 가운데서 살아나야만 한다는 성경을 아직 알지 못하였기 때문이다. 10 제자들은 다시 그들에게 돌아갔다.
3 그의 모습은 번개와 같았고 그의 옷은 눈처럼 희었다. 4 지키고 있던 사람들은 그가 무서워서 떨었고 죽은 사람들처럼 되었다.			
	5 그 여자들은 무덤 안으로 들어가서	3 그 여자들은 들어가서 주 예수의 시신을 발견하지 못하였고 4 이 일에 대해	11 그러나 마리아는 무덤 밖에 울며 서 있었다. 그러다 울면서 무덤 안으로 몸을 구부렸다가

마태복음 28:1-8

5 그 천사가 여자들에게 대답하였다. "너희는 무서워하지 마라. 십자가에 못 박히신 예수를 찾고 있는 것을 내가 알고 있기 때문이다.
6 그는 여기 계시지 않다. 말씀하신 대로 그는 살아나셨다. 와서 「그가 누워 계시던 곳을 보아라.

6 「주님께서

마가복음 16:1-8

긴 흰 옷을 입은 한 청년이 오른편에 앉아 있는 것을 보고 놀랐다.
6 그가 그 여자들에게 말하였다.
"놀라지 마라. 십자가에 못 박히신 나사렛 예수를 ※찾느냐?
그는 살아나셨다.
그는 여기 계시지 않다.
보라! 그를 두었던 곳이다.

6 ※찾는구나!

누가복음 24:1-12

어리둥절하고 있었는데, 보라, 두 남자가 눈부신 옷을 (입고) 그들 앞에 서 있었다.
5 그 여자들은 무서워하면서 얼굴이 땅에 닿도록 엎드렸는데 그들이 그 여자들에게 말하였다.
"왜 살아 계신 분을 죽은 사람들 속에서 찾고 있느냐?
6 그는 여기 계시지 않다. 그는 살아나셨다.
아직 갈릴리에 계실 때에 너희에게 어떻게 말씀하셨는지를 기억해 보아라. 7 '인자가 죄 있는 사람들의 손에 넘겨지고 십자가에 못 박히며 셋째 날에 살아나야 한다'라고 말씀하셨다."

요한복음 20:1-13

12 두 천사가 흰 (옷을 입고) 예수의 시신이 놓여 있던 곳에, 하나는 머리 쪽, 하나는 발 쪽에 앉아 있는 것을 보았다.
13 그들이 그 여자에게 말하였다. "여자여, 왜 우느냐?"
그 여자가 그들에게 말하였다. "사람들이 내 주님을 치웠는데 그를 어디에 두었는지 알지 못합니다."

마태 28:1-8	마가 16:1-8	누가복음 24:1-12	요한 20:1-13
속히 가서 그의 제자들에게 '그는 죽은 사람들 가운데서 살아나셨다. 보라, 그가 너희에 앞서 갈릴리로 가신다.	7 가서 그의 제자들과 베드로에게 '그가 너희에 앞서 갈릴리로 가신다. 너희에게 말씀하신 대로		
너희가 그곳에서 그를 볼 것이다'라고 말하여라. 보아라, 내가 너희에게 말하였다."	너희가 그곳에서 그를 볼 것이다'라고 말하여라."		
8 그 여자들은 두려움과 큰 기쁨으로 빨리 무덤에서 「떠났고	8 그 여자들은 무덤에서 나와서 달아났다. 떨었고 놀랐기 때문이다. 또 두려워서 아무에게 아무 것도 말하지 못하였다.	8 그 여자들은 (예수의) 말씀들을 기억하였고 9 무덤에서 돌아가서 이 모든 것을 열한 명과 모든 남은 사람들에게 알렸다.	
그의 제자들에게 알리려고 달려갔다.		10 이들은 막달라 마리아와 요안나와 야고보의 어머니 마리아와 이들과 함께 (했던) 다른 여자들이었는데 그들이 이것을 사도들에게 말하였지만 11 그들에게는 이 말들이 헛소리처럼 생각되어서 그 여자들을 믿지 않았다. 12 그러나 베드로는 일어나서 무덤으로 달려갔고 몸을 구부려서 천만 (있는 것을) 보았다. 그는 벌어진 일을 이상하게 생각하면서 집으로 돌아갔다.	

8 「나왔고

353. 여자들에게 나타나심

마태복음 28:9-10

9 그런데, 보라, [T] 예수
께서 그 여자들과 마주
쳐서 "잘 있느냐?" 라고
말씀하셨고 여자들은 다
가가서 그의 발을 붙잡
고 그에게 절하였다.
10 그때 예수께서 그 여
자들에게 말씀하셨다.
"무서워하지 마라. 가서
내 형제들에게 갈릴리로
가라고 전하여라. 그들
이 그곳에서 나를 볼
것이다."

9 [T]그 여자들이 그의 제자들에게 소식을 전하러 갈 때

마가복음 16:9-11

9 [T] (예수께서) 안식일 후 첫째 날 일찍 살아 나셔서 일곱 귀신을 내쫓아 주신 막달라 마리아에게 먼저 나타나셨다.

9 [T]16:9-20 ("긴 결론부") 대신 다음과 같은 "짧은 결론부"를 가진 사본도 있다: 베드로 주변에 있는 사람들에게 전해진 모든 소식들은 급속히 전파되었다. 이 일들 후에 예수 자신도 거룩하고 썩지 않는 영원한 구원의 가르침을 동쪽에서부터 서쪽에까지 그들을 통해 보내셨다. 아멘.

누가복음 24:10-11

10 이들은 막달라 마리아와 요안나와 야고보의 어머니 마리아와 이들과 함께 (했던) 다른 여자들이었는데

요한복음 20:14-18

14 이렇게 말하고 나서
뒤로 돌이켰다가 예수께
서 서 계신 것을 보았지
만 그가 예수이신 것을
알지 못하였다. 15 예수
께서 그 여자에게 말씀
하셨다. "여자여, 왜 우
느냐? 누구를 찾느냐?"
그 여자는 그가 동산지
기인 줄로 생각하며 그
에게 말하였다. "주여,
당신이 그를 지고 갔으
면 그를 어디에 두었는
지 나에게 말해 주십시
오. 그러면 내가 그를 가
져가겠습니다." 16 예수께
서 그 여자에게 말씀하
셨다. "마리아야!" 그 여
자가 돌아서서 히브리
말로 그에게 "랍오니!" 하
고 말하였다. 이것은 '선
생님!'을 뜻한다. 17 예수
께서 그 여자에게 말씀
하셨다. "나를 만지지 마
라. 내가 아직 아버지께
로 올라가지 못하였기
때문이다. 그러나 내 형
제들에게로 가라. 그리
고 그들에게 "내가 내
아버지 곧 너희 아버지,
내 하나님 곧 너희 하
나님께로 올라간다" 고

마	마가복음 16:9-11	누가복음 24:10-11	요한복음 20:14-18
	[10] 그 여자가 가서 (예수와) 함께 있던 사람들이 슬퍼하며 울고 있을 때에 소식을 전했으나, [11] 그들은 (예수께서) 사셨고 그 여자에게 보이셨다는 것을 듣고도 믿지 않았다.	그들이 이것을 사도들에게 말하였지만 [11] 그들에게는 이 말들이 헛소리처럼 생각되어서 그 여자들을 믿지 않았다.	말하여라." [18] 막달라 마리아가 가서 제자들에게 "내가 주님을 보았습니다" 하고 전하였고 또 자기에게 이런 것들을 말씀하셨다고 말하였다.

354. 경비병들의 보고

마태복음 28:11-15	막	눅	요
[11] 그 여자들이 가고 있을 때, 보라, 경비병 가운데 몇이 성으로 들어가서 일어난 일 모두를 대제사장들에게 알렸고, [12] 그들은 장로들과 함께 모여 의논하고 나서 병사들에게 많은 은을 주면서 [13] 말하였다. "너희는 '밤에 우리가 자고 있는 동안 그의 제자들이 와서 그를 훔쳐 갔다' 라고 말하여라. [14] 만약 이 소식이 총독에게 들어가면 우리가 [그를] 설득해서 너희는 걱정이 없도록 해 주겠다." [15] 병사들은 은을 받고 사주를 받은 대로 하였다. 그래서 이 말이 오늘날까지 유대인들 사이에 두루 퍼져 있다.			

355. 엠마오로 가는 길

마	마가복음 16:12-13	누가복음 24:13-35	요
	[12] 이 일들 후에 그들 가운데 두 사람이 시골로 가며 걷고 있을 때 (예수께서) 다른 모습으로 나타나셨다. [13] 그 사람들이 와서 남은 사람들에게 소식을 전했지만 그들은 그 사람들을 믿지 않았다.	[13] 그런데, 보라, 그들 가운데서 두 사람이 같은 날 예루살렘에서 ※삼십 리쯤 떨어져 있는 엠마오라는 마을로 가고 있었다. 13 ※약 11 km	

마 막 요

누가복음 24:13-35

[14] 그들이 이 일어난 일들 모두에 관해 서로 이야기하고 있었는데 [15] 그들이 이야기
하며 토론하고 있을 때 예수께서 몸소 가까이 오셔서 그들과 함께 가셨지만 [16] 그들
의 눈이 가려져 있어서 그를 알아보지 못하였다. [17] 그런데 그가 그들에게 말씀하셨
다. "당신들이 걸어가면서 서로 주고받는 이 말들이 무슨 이야기요?" 그러자 그들은
서글픈 표정으로 섰고 [18] 한 사람, 곧 글로바라고 하는 사람이 그에게 대답하였다.
"당신은 예루살렘에 살면서 이즈음에 그곳에서 일어난 일들을 홀로 알지 못하시오?"
[19] 그가 그들에게 말씀하셨다. "어떤 일이오?" 그들이 그에게 말하였다. "나사렛 예
수에 관한 일들이오. 그는 하나님과 모든 백성들 앞에서 행동과 말씀에 능력이 있는
선지자이셨는데 [20] 우리 대제사장들과 지도자들이 사형 판결을 받도록 그를 넘겨주
었고 또 십자가에 못 박았소. [21] 우리는 그가 이스라엘을 구속하실 분이라는 희망을
가지고 있었소. 이 모든 일들 외에도 이 일들이 일어난 지 이 날이 사흘째인데 [22] 우
리 가운데 어떤 여인들이 우리를 놀랜 일도 있소. 그 여자들이 새벽녘에 무덤에 갔
었는데 [23] 그의 시신을 발견하지 못하고 와서 그가 살아 계신다고 말하는 천사들의
환상을 보았다고 말하였소. [24] 그래서 우리와 함께 있던 사람들 가운데 몇이 무덤에
갔지만 여인들이 말한 것과 같이 그렇게 발견했을 뿐 그를 보지는 못하였소." [25] (예
수께서) 그들에게 말씀하셨다. "아, 어리석고 선지자들이 말한 모든 것을 믿기에는
마음이 둔한 사람들아! [26] 그리스도가 이런 고난을 받고 자기 영광에 들어가야 하지
않겠소?" [27] 그리고 그는 모세와 모든 선지자로부터 시작하여 모든 성경에서 자신에
관한 것들을 그들에게 설명하여 주셨다. [28] 그들이 가고 있던 마을에 가까워졌는데
그는 더 멀리 가실 것처럼 하셨다. [29] 그들이 억지로 그를 말리며 "우리와 함께 머무
시오. 저녁이 다 되었고 날이 이미 저물었소" 하고 말해서 그는 그들과 함께 머물기
위하여 들어갔다. [30] 그가 그들과 함께 식사 자리에 앉으셨을 때에 빵을 받아서 축복
하셨고 떼어서 그들에게 주셨는데 [31] 그들의 눈이 열렸고 그를 알아보았으나 그는
그들에게 보이지 않게 되셨다. [32] 그들이 서로 말하였다. "그가 길에서 우리에게 말
씀하시고 우리에게 성경을 열어 주셨을 때에 [우리 속에서] 우리 마음이 뜨거워지지
않던가?" [33] 그들은 바로 그 시각에 일어나서 예루살렘으로 돌아왔고 열한 명과 그
들과 함께 있는 사람들이 모여 있는 것을 발견하였는데, [34] 그들은 주님께서 참으로
살아나셨고 시몬에게 보이셨다고 말해 주었다. [35] 그 (두 사람도) 길에서 있었던 일
들과 그가 빵을 떼실 때에 자기들에게 알려진 것을 이야기해 주었다.

356. 제자들에게 나타나심(도마 없을 때)

마	막	누가복음 24:36-43	요한복음 20:19-23
		36 그들이 이런 것들을 말하고 있을 때에 (예 수께서) 그들 가운데 서서 그들에게 말 씀하셨다. "너희에게 평화가 있어라." 37 그 들은 놀라고 무서워하며 영을 본다고 생각 하였다. 38 그가 그들에게 말씀하셨다. "왜 당황하고 있느냐? 무엇 때문에 너희 마음에 의심이 떠오르느냐? 39 내 손과 내 발을 보아 라. 바로 나다. 나를 만져 보아라. 또 보아 라. 영은 너희가 보는, 내가 가진 것과 같 은 살과 뼈가 없다." 40 그는 이렇게 말씀하 시고 나서 그들에게 손과 발을 보여 주셨 다. 41 그러나 그들은 기뻐서, 또 놀라서 여 전히 믿지 못하고 있었는데 그가 그들에게 말씀하셨다. "여기 무슨 먹을거리를 가지고 있느냐?" 42 그들이 그에게 구운 생선 한 토 막을 드리자 43 받아서 그들 앞에서 잡수셨 다.	19 그 날 곧 안식일 (후) 첫날 저녁이 되었 을 때 유대인들로 (인한) 두려움 때문에 제 자들이 있던 곳의 문들이 잠겨 있었는데 예 수께서 오셔서 가운데 서셨고 그들에게 말 씀하셨다. "너희에게 평화가 있어라." 20 이렇게 말씀하 시고 그들에게 손과 옆구리를 보여 주셨 다. 그러자 제자들이 주님을 보고 기뻐하였 다. 21 [예수께서] 다시 그들에게 말씀하셨다." 너희에게 평화가 있어라. 아버 지께서 나를 보내신 것처럼 나도 너희를 보 낸다." 22 이렇게 말씀하시고 숨을 내쉬시며 그들에게 말씀하셨다. "성령을 받아라. 23 너 희가 누구의 죄든지 용서하면 그것이 그들 에게 용서될 것이요 누구의 (죄든지) 붙잡 고 있으면 그것이 붙잡혀 있을 것이다."

357. 제자들에게 나타나심(도마 있을 때)

마	막	눅	요한복음 20:24-29
			24 열둘 가운데 하나, 곧 디두모라고 하는 도마는 예수께서 오셨을 때 그들과 함께 있지 않았다. 25 그러므로 다른 제자들이 그에게 "우리가 주님을 보았소"라고 말하자 그는 그들에게 "내가 그의 손에 있는 못자국을 보고 내 손가락을 그 못자국에 넣어

마	막	눅	요한복음 20:24-29

보고 내 손을 그의 옆구리에 넣어보지 않는다면 절대로 믿지 않을 것이오" 라고 말
했다. [26] 여드레 뒤에 그의 제자들이 다시 실내에 있었고 도마도 그들과 함께 (있었
다.) 문들이 잠겨 있을 때 예수께서 오셔서 가운데 서셨고 말씀하셨다. "너희에게 평
화가 있어라." [27] 그런 다음 도마에게 말씀하셨다. "네 손가락을 여기로 가져오너라.
내 손을 보고 네 손을 내밀어 내 옆구리에 넣어 보아라. 그리고 믿지 못하는 자가
되지 말고 믿는 자가 (되어라.)" [28] 도마가 그에게 대답하였다. "나의 주님이요 나의
하나님이십니다." [29] 예수께서 그에게 말씀하셨다. "너는 나를 보았기 때문에 믿었느
냐? (나를) 보지 않고 믿은 사람들은 복이 있다."

358. 식사 때 나타나심

마	마가복음 16:14-18	눅	요

[14] 나중에 열한 명이 식사 자리에 앉아 있을 때에 (예수께서) 그들에게 나타나셔서
그들의 믿지 못함과 마음의 단단함을 꾸중하셨다. 그가 살아나신 것을 본 사람들을
그들이 믿지 않았기 때문이다. [15] 그리고 그들에게 말씀하셨다. "온 세상으로 가서
모든 피조물에게 복음을 전하여라. [16] 믿고 세례를 받는 사람은 구원을 받겠지만 믿
지 않는 사람은 심판을 받을 것이다. [17] 믿는 사람들에게는 이런 표적들이 따를 것
이다. 내 이름으로 귀신들을 내쫓고 새 방언을 말하고 [18] [손으로] 뱀을 집어 올리
고, 무슨 독을 마시더라도, 그것이 그들을 결코 해하지 못하고, 병든 사람들에게 손
을 얹으면 나을 것이다."

359. 갈릴리 산에 나타나심

마태복음 28:16-20	막	눅	요

[16] 열한 제자들이 갈릴리로, 예수께서 자기들에게 지시하신 산에 갔고 [17] 그를 보고
절하였는데, 의심하는 사람들이 (있었다.) [18] 예수께서 다가와서 그들에게 말씀하셨
다. "하늘과 땅의 모든 권세가 나에게 주어졌다. [19] 그러므로 가서 모든 민족을 제자
로 삼아라. 아버지와 아들과 성령의 이름으로 그들에게 세례를 주고 [20] 내가 너희에
게 명령한 모든 것을 지키도록 그들을 가르쳐라. 보아라, 나는 세상 마지막 날까지
모든 날 동안 너희와 함께 있다."

360. 바닷가에 나타나심

마	막	눅	요한복음 21:1-14

1 이 일 뒤에 예수께서 디베랴 바다에서 제자들에게 자신을 나타내셨는데 이렇게 나
타내셨다. 2 시몬 베드로와 디두모라 하는 도마와 갈릴리 가나 출신 나다나엘과 세베
데의 아들들과 그의 제자들 중 다른 두 명이 같이 있었다. 3 시몬 베드로가 그들에게
말하였다. "나는 고기 잡으러 가오." 그들이 그에게 말하였다. "우리도 당신과 함께
가겠소." 그들은 나가서 배에 올랐으나 그 밤에 아무 것도 잡지 못하였다. 4 이슥고
새벽이 되었을 때 예수께서 해변에 서셨지만 제자들은 그가 예수이신 줄 알지 못하
였다. 5 그런데 예수께서 그들에게 말씀하셨다. "얘들아, 뭐 먹을 것이 없지?" 그들이
그에게 대답하였다. "없습니다." 6 그가 그들에게 말씀하셨다. "그물을 배 오른 쪽으
로 던져라. 그러면 잡을 것이다." 그들은 그렇게 (그물을) 던졌는데 물고기들이 많아
서 (그물을) 더 이상 끌어올릴 수가 없었다. 7 그러자 예수께서 사랑하신 그 제자가
베드로에게 말하였다. "주님이시오." 시몬 베드로는 주님이시라는 (말을) 듣고 벗고
있다가 겉옷을 걸치고 바다로 뛰어내렸다. 8 그러나 다른 제자들은 (배가) 땅에서 멀
지 않게, ※약 90미터쯤 (떨어져 있었기) 때문에 배를 (타고) 물고기가 (든) 그물을
끌면서 왔다. 9 그들이 뭍으로 올라갔을 때 숯불이 놓여 있고 물고기와 빵이 얹혀
있는 것을 보았다. 10 예수께서 그들에게 말씀하셨다. "방금 잡은 물고기를 (좀) 가져
오너라." 11 그러자 시몬 베드로가 올라가서 그물을 땅으로 끌어내렸는데 (그물은) 큰
물고기 153마리로 가득 차 있었다. 이렇게 많았지만 그물이 찢어지지 않았다. 12 예
수께서 그들에게 말씀하셨다. "와서 아침을 먹어라." 그가 주님이신 줄 알았기 때문
에 제자들 중에서 아무도 그에게 "당신은 누구십니까?" 하고 감히 묻지 못하였다.
13 예수께서 가서 빵을 가져다가 그들에게 주셨고 물고기도 그렇게 (하셨다.) 14 이것
은 예수께서 죽은 자들 가운데서 살아나신 후에 제자들에게 벌써 세 번째 나타나신
것이다.

8 ※200 규빗 쯤

361. 바울의 보고

고린도전서 15:3-8

3 나도 받은 것을 먼저 여러분에게 전했습니다. 그리스도께서 성경대로 우리의 죄를 위하여 죽으셨다는
것입니다. 4 또 묻히셨고 성경대로 셋째 날에 다시 사셔서 5 먼저 게바에게와 열두 (제자들)에게 보이셨다
는 것입니다. 6 그 후에 그는 오백 이상의 형제들에게 한 번에 보이셨습니다. 그들 가운데 많은 사람들이
아직까지 살아 있습니다. 그러나 어떤 사람들은 잠들었습니다. 7 그 후에 그는 야고보에게 다음엔 모든
사도들에게 보이셨습니다. 8 모두의 마지막에 그는 조생아같은 나에게도 보였습니다.

362. 마가복음의 짧은 결언

마	마가복음 16:9 앞	눅	요
	9 베드로 주변에 있는 사람들에게 전해진 모든 소식들은 급속히 전파되었다. 이 일들 후에 예수 자신도 거룩하고 썩지 않는 영원한 구원의 가르침을 동쪽에서부터 서쪽에까지 그들을 통해 보내셨다. 아멘.		

363. 마가복음의 긴 결언

마	마가복음 16:9-20	눅	요

9 (예수께서) 안식일 후 첫째 날 일찍 살아나셔서 일곱 귀신을 내쫓아 주신 막달라
마리아에게 먼저 나타나셨다. 10 그 여자가 가서 (예수와) 함께 있던 사람들이 슬퍼
하며 울고 있을 때에 소식을 전했으나, 11 그들은 예수께서 사셨고 그 여자에게 보
이셨다는 것을 듣고도 믿지 않았다. 12 이 일들 후에 그들 가운데 두 사람이 시골로
가며 걷고 있을 때 (예수께서) 다른 모습으로 나타나셨다. 13 그 사람들이 와서 남
은 사람들에게 소식을 전했지만 그들은 그 사람들을 믿지 않았다. 14 나중에 열한
명이 식사 자리에 앉아 있을 때에 (예수께서) 그들에게 나타나셔서 그들의 믿지 못
함과 마음의 단단함을 꾸중하셨다. 그가 살아나신 것을 본 사람들을 그들이 믿지
않았기 때문이다. 15 그리고 그들에게 말씀하셨다. "온 세상으로 가서 모든 피조물

마	마가복음 16:9-20	눅	요
	에게 복음을 전하여라. [16] 믿고 세례를 받는 사람은 구원을 받겠으나 믿지 않는 사람은 심판을 받을 것이다. [17] 믿는 사람들에게는 이런 표적들이 따를 것이다. 내 이름으로 귀신들을 내쫓고 새로운 방언을 말하고 [18] [손으로] 뱀을 집어 올리고, 무슨 독을 마시더라도, 그것이 그들을 결코 해하지 못하고, 병든 사람들에게 손을 얹으면 나을 것이다." [19] 주 예수께서 그들에게 말씀하신 후에 하늘로 올려지셔서 하나님의 오른편에 앉으셨다. [20] 그들이 나가서 모든 곳에 복음을 전하였는데 주께서 함께 일하셨고 뒤따르는 표적으로 그 말씀을 확인해 주셨다.		

364. 마태복음의 결언

마태복음 28:16-20	막	눅	요
[16] 열한 제자들이 갈릴리로, 예수께서 자기들에게 지시하신 산에 갔고 [17] 그를 보고 절하였는데, 의심하는 사람들이 (있었다.) [18] 예수께서 다가와서 그들에게 말씀하셨다. "하늘과 땅의 모든 권세가 나에게 주어졌다. [19] 그러므로 가서 모든 민족을 제자로 삼아라. 아버지와 아들과 성령의 이름으로 그들에게 세례를 주고 [20] 내가 너희에게 명령한 모든 것을 지키도록 그들을 가르쳐라. 보아라, 나는 세상 마지막 날까지 모든 날 동안 너희와 함께 있다."			

365. 누가복음의 결언

마	막	누가복음 24:44-53	요
		[44] 그가 그들에게 말씀하셨다. "이것이 내가 아직 너희와 함께 있을 때에 너희에게 했던 내 말, 곧 모세의 율법과 선지자들과 시편에 나에 관하여 적혀 있는 모든 것이 이루어져야 한다는 것이다." [45] 그때 그는 성경을 깨닫도록 그들의 마음을 열어 주셨고 [46] 그들에게 말씀하셨다. "이렇게 그리스도가 고난을 받고 셋째 날에 죽은 사람들 가운데서 살아나신다고 적혀 있다. [47] 또 그의 이름으로 죄 용서에 이르는 회개가 예루살렘에서 시작하여 모든 민족에게 전파된다고 (적혀 있다.) [48] 너희는 이 일들의 증	

마	막	누가복음 24:44-53	요
		인이다. [49] [보아라,] 내가 내 아버지의 약속을 너희에게 보낸다. 너희가 높은 곳으로 부터 능력으로 입혀질 때까지 그 성에 머물러라." [50] (예수께서) 그들을 베다니로 가 는 곳까지 [밖으로] 데려가셨고 자기 손을 들어 올려 그들을 축복하셨으며 [51] 그가 그들을 축복하시는 동안 그들을 떠나서 하늘로 올려지셨다. [52] 그들은 그에게 경배 하고 큰 기쁨으로 예루살렘에 돌아와서 [53] 하나님께 찬송하며 늘 성전에 있었다.	

366. 요한복음의 첫 번째 결언

마	막	눅	요한복음 20:30-31
			[30] 예수께서는 [자기] 제자들 앞에서 이 책에 기록되어 있지 않은 다른 표적도 많이 행하셨다. [31] 그러나 이것들만 기록한 것은 예수께서 그리스도, 곧 하나님의 아들이심 을 너희가 믿게 하고 믿으면서 그의 이름으로 영생을 얻게 하려는 것이다.

367. 요한복음의 두 번째 결언

마	막	눅	요한복음 21:1-25
			[1] 이 일 뒤에 예수께서 디베랴 바다에서 제자들에게 자신을 나타내셨는데 이렇게 나 타내셨다. [2] 시몬 베드로와 디두모라 하는 도마와 갈릴리 가나 출신 나다나엘과 세 베데의 아들들과 그의 제자들 중 다른 두 명이 같이 있었다. [3] 시몬 베드로가 그들 에게 말하였다. "나는 고기 잡으러 가오." 그들이 그에게 말하였다. "우리도 당신과 함께 가겠소." 그들은 나가서 배에 올랐으나 그 밤에 아무 것도 잡지 못하였다. [4] 이 윽고 새벽이 되었을 때 예수께서 해변에 서셨지만 제자들은 그가 예수이신 줄 알지 못하였다. [5] 그런데 예수께서 그들에게 말씀하셨다. "얘들아, 뭐 먹을 것이 없지?" 그 들이 그에게 대답하였다. "없습니다." [6] 그가 그들에게 말씀하셨다. "그물을 배 오른 쪽으로 던져라. 그러면 잡을 것이다." 그들은 그렇게 (그물을) 던졌는데 물고기들이 많아서 (그물을) 더 이상 끌어올릴 수가 없었다. [7] 그러자 예수께서 사랑하신 그 제 자가 베드로에게 말하였다. "주님이시오." 시몬 베드로는 주님이시라는 (말을) 듣고

마 | 막 | 눅

요한복음 21:1-25

벗고 있다가 겉옷을 걸치고 바다로 뛰어내렸다. [8] 그러나 다른 제자들은 (배가) 땅에
서 멀지 않게, ※약 90미터쯤 (떨어져 있었기) 때문에 배를 (타고) 물고기가 (든) 그
물을 끌면서 왔다. [9] 그들이 뭍으로 올라갔을 때 숯불이 놓여 있고 물고기와 빵이
얹혀 있는 것을 보았다. [10] 예수께서 그들에게 말씀하셨다. "방금 잡은 물고기를 (좀)
가져오너라." [11] 그러자 시몬 베드로가 올라가서 그물을 땅으로 끌어내렸는데 (그물
은) 큰 물고기 153마리로 가득 차 있었다. 이렇게 많았지만 그물이 찢어지지 않았다.
[12] 예수께서 그들에게 말씀하셨다. "와서 아침을 먹어라." 그가 주님이신 줄 알았기
때문에 제자들 중에서 아무도 그에게 "당신은 누구십니까?" 하고 감히 묻지 못하였
다. [13] 예수께서 가서 빵을 가져다가 그들에게 주셨고 물고기도 그렇게 (하셨다.)
[14] 이것은 예수께서 죽은 자들 가운데서 살아나신 후에 제자들에게 벌써 세 번째 나
타나신 것이다. [15] 아침을 먹었을 때 예수께서 시몬 베드로에게 말씀하셨다. "요한의
아들 시몬아, 이 사람들보다 네가 나를 더 사랑하느냐?" 그가 (예수께) 말하였다.
"예, 주님. 제가 당신을 사랑하는 것을 당신이 아십니다." (예수께서) 그에게 말씀하
셨다. "내 어린 양들을 먹여라." [16] (예수께서) 다시 그에게 두 번째로 말씀하셨다.
"요한의 아들 시몬아, 네가 나를 사랑하느냐?" 그가 (예수께) 말하였다. "예, 주님.
제가 당신을 사랑하는 것을 당신이 아십니다." (예수께서) 그에게 말씀하셨다. "내
양들을 길러라." [17] 예수께서 그에게 세 번째로 말씀하셨다. "요한의 아들 시몬아, 네
가 나를 사랑하느냐?" (예수께서) 그에게 세 번째 "네가 나를 사랑하느냐?" 라고 말
씀하신 까닭에 베드로가 슬퍼하며 그에게 말하였다. "주님, 당신은 모든 것을 아십니
다. 제가 당신을 사랑하는 것을 당신이 알고 계십니다." [예수께서] 그에게 말씀하셨
다. "내 양들을 먹여라. [18] 진실로 진실로 내가 네게 말하는데 네가 젊었을 때는 스
스로 허리띠를 매고 네가 원하는 곳으로 다녔지만 늙어서는 네 손을 뻗고 다른 사람
이 네게 허리띠를 매어 주고 네가 원하지 않는 곳으로 데려갈 것이다." [19] 이것은 그
가 어떤 죽음으로 하나님께 영광을 돌릴는지를 보이시며 말씀하신 것이다. 이렇게
말씀하신 후에 그에게 말씀하셨다. "나를 따라라." [20] 베드로가 돌아서서 예수께서 사
랑하신 그 제자가 따르는 것을 보았다. 그는 또 식사 때 (예수의) 가슴에 기대며 "주
님, 당신을 넘겨주는 자가 누구입니까?" 하고 말하였던 사람이다. [21] 베드로가 이 사
람을 보고 예수께 말하였다. "주님, 이 사람은 어떻겠습니까?" [22] 예수께서 그에게
말씀하셨다. "내가 올 때까지 그를 머물러 있게 하려 한다면 (이것이) 너에게 무슨
(상관이) 있느냐? 너는 나를 따라라." [23] 그런데 이 말씀이 형제들에게 그 제자는 죽
지 않을 것이라는 식으로 (퍼져) 나갔는데 예수께서는 그에게 죽지 않을 것이라고
말씀하시지 않고 내가 올 때까지 그를 머물러 있게 하려 한다면 [(이것이) 너에게 무

8 ※200 규빗쯤

마	막	눅	요한복음 21:1-25
			슨 (상관이) 있느냐?] 라고 (하셨다.) [24] 이 사람이 이 일들에 관하여 증언하고 이것들을 기록한 그 제자이다. 우리는 그의 증언이 참되다는 것을 알고 있다. [25] 예수께서 하신 다른 일들이 또 많은데, 만약 어떤 것이든지 낱낱이 기록된다면 나는 이 세상이 기록된 책들을 담을 수 있다고 생각하지 않는다.

찾아보기
주제별

I. 복음의 시작

		마태	마가	누가	요한	page
1	서론	1:1	1:1	1:1-4	1:1-18	15
2	세례자 요한의 출생 예고			1:5-25		16
3	예수의 탄생 예고			1:26-38		17
4	마리아의 엘리사벳 방문			1:39-56		17
5	세례자 요한의 출생			1:57-80		18
6	예수의 족보(마태복음 중심)	1:2-17		3:23-38		19
7	예수의 탄생	1:18-25		2:1-7		22
8	아기께 경배함	2:1-12		2:8-20	7:41-42	23
9	할례와 정결예식			2:21-38		25
10	이집트 피신과 귀향	2:13-21				26
11	나사렛에서의 어린 시절	2:22-23		2:39-40		26
12	성전의 소년 예수			2:41-52		27

II. 복음사역의 준비

		마태	마가	누가	요한	page
13	세례자 요한의 출현	3:1-6	1:2-6	3:1-6	1:19-23	31
14	요한의 회개 설교	3:7-10		3:7-9		33
15	요한의 대답			3:10-14		33
16	요한의 메시야 예고	3:11-12	1:7-8	3:15-18	1:24-28	34
17	요한의 투옥	14:3-4	6:17-18	3:19-20		35
18	예수의 세례	3:13-17	1:9-11	3:21-22	1:29-34	35
19	예수의 족보(누가복음 중심)	1:1-17		3:23-38		36
20	예수의 시험	4:1-11	1:12-13	4:1-13		39

III. 사역 시작

		마태	마가	누가	요한	page
21	첫 제자를 부르심				1:35-51	45
22	가나의 혼인잔치				2:1-11	46
23	가버나움으로 돌아오심				2:12	46
24	일차 예루살렘 방문				2:13	46
25	성전 청결	21:12-13	11:15-17	19:45-46	2:14-22	47
26	예루살렘 사역				2:23-25	48
27	니고데모와의 대화				3:1-21	49
28	유대로 귀향				3:22	50
29	세례자 요한의 증거				3:23-36	50

IV. 갈릴리 초기 사역

		마태	마가	누가	요한	page
30	갈릴리로 가심	4:12	1:14a	4:14a	4:1-3	53
31	수가성에서				4:4-42	53
32	첫 사역	4:13-17	1:14b-15	4:14b-15	4:43-46a	55
33	나사렛 설교	13:53-58	6:1-6a	4:16-30		56
34	첫 네 제자들	4:18-22	1:16-20			59
35	가버나움 회당		1:21-22	4:31-32		60
36	귀신들린 사람을 고치심		1:23-28	4:33-37		60
37	베드로의 장모를 고치심	8:14-15	1:29-31	4:38-39		61
38	저녁때의 치유사건	8:16-17	1:32-34	4:40-41		61
39	가버나움을 떠나심	1:35-38	4:42-43			62
40	전도여행	4:23	1:39	4:44		62
41	베드로의 고기잡이			5:1-11		63
42	문둥병자를 고치심	8:1-4	1:40-45	5:12-16		63
43	중풍병자를 고치심	9:1-8	2:1-12	5:17-26	5:8-9a	64
44	세리를 부르심	9:9-13	2:13-17	5:27-32		67
45	금식에 관한 질문	9:14-17	2:18-22	5:33-39		68
46	안식일에 이삭을 자른 사건	12:1-8	2:23-28	6:1-5		70

		마태	마가	누가	요한	page
47	손 마른 사람을 고치심	12:9–14	**3:1–6**	**6:6–11**		71
48	바닷가에서 무리를 고치심	4:24–25	**3:7–12**	6:17–19		73
49	열두 사도를 뽑으심	10:1–4	**3:13–19**	**6:12–16**		74

V. 산상설교

		마태	마가	누가	요한	page
50	배경	**4:24–5:2**	3:7–12	6:17–20a		77
51	복된 사람들	**5:3–12**		6:20b–23		78
52	소금의 비유	**5:13**	9:50	14:34–35		79
53	빛의 비유	**5:14–16**	4:21	8:16; 11:33		79
54	율법과 선지자들	**5:17–20**		16:17		80
55	살인에 관하여	**5:21–26**		12:58–59		81
56	간음과 이혼에 관하여	**5:27–32**	9:43–48	16:18		82
57	맹세에 관하여	**5:33–37**				83
58	복수에 관하여	**5:38–42**		6:29–30		84
59	원수 사랑에 관하여	**5:43–48**		6:27–28, 32–36		84
60	구제에 관하여	**6:1–4**				85
61	기도에 관하여	**6:5–6**				86
62	주기도문	**6:7–15**	11:25	11:1–4		86
63	금식에 관하여	**6:16–18**				88
64	하늘의 보물에 관하여	**6:19–21**		12:33–34		88
65	몸의 등불에 관하여	**6:22–23**		11:34–36		89
66	두 주인을 섬김에 관하여	**6:24**		16:13		89
67	염려에 관하여	**6:25–34**		12:22–32		89
68	비판에 관하여	**7:1–5**	4:24–25	6:37–42		91
69	거룩한 것에 관하여	**7:6**				92
70	기도를 들으심에 관하여	**7:7–11**		11:9–13		92
71	황금률	**7:12**		6:31		93
72	좁은 문, 좁은 길	**7:13–14**		13:23–24		93

		마태	마가	누가	요한	page
73	열매로 알리라	7:15–20		6:43–45		93
74	주님, 주님 하는 사람	7:21–23		6:46; 13:25–27		94
75	집짓는 사람의 비유	7:24–27		6:47–49		95
76	맺는 말	7:28–29	1:21–22			95

VI. 평지설교

77	배경	4:24–5:1	3:7–12	6:17–20a		99
78	복된 사람들	5:3–12		6:20b–23		100
79	화의 선언			6:24–26		101
80	원수 사랑에 관하여	5:38–48	6:27–36			101
81	비판에 관하여	7:1–5	4:24–25	6:37–42		103
82	열매로 알리라	7:15–20; 12:33–35		6:43–45		104
83	집짓는 사람의 비유	7:21–27		6:46–49		105

VII. 갈릴리 계속 사역

84	문둥병자를 고치심	8:1–4	1:40–45	5:12–16		109
85	가버나움의 백부장	8:5–13		7:1–10	4:46b–54	110
86	나인성 과부의 아들을 살리심			7:11–17		112
87	베드로의 장모를 고치심	8:14–15	1:29–31	4:38–39		113
88	저녁때의 치유사건	8:16–17	1:32–34	4:40–41		113
89	예수를 따름에 관하여	8:18–22		9:57–62		114
90	바다를 잔잔케 하심	8:23–27	4:35–41	8:22–25		115
91	거라사의 광인을 고치심	8:28–34	5:1–20	8:26–39		116
92	중풍병자를 고치심	9:1–8	2:1–12	5:17–26	5:8–9a	119
93	세리를 부르심	9:9–13	2:13–17	5:27–32		122
94	금식에 관한 질문	9:14–17	2:18–22	5:33–39		123
95	야이로의 딸과 출혈증 여인	9:18–26	5:21–43	8:40–56		124
96	두 눈먼 사람을 보게 하심	9:27–31 20:29–34	10:46–52	18:35–43		128

		마태	마가	누가	요한	page
97	말 못하는 사람을 고치심	**9:32-34** 12:22-24	3:22	11:14-15		130
98	추수할 것이 많음	**9:35-38**	6:34	10:2		131
99	열두 사도를 뽑아서 보내심	**10:1-16**	3:13-19; 6:7-11	6:12-16; 9:1-5		131
100	제자들의 미래에 관하여	**10:17-25**	13:9-13	12:11-12; 6:40; 21:12-19		134
101	신앙고백에 관하여	**10:26-33**		12:2-9		135
102	평화가 아니라 칼을	**10:34-36**		12:51-53		136
103	따름에 관하여	**10:37-39**		14:25-27; 17:33	12:25	137
104	따름의 보상	**10:40-42**	9:41	10:16	13:20	138
105	여행 계속	**11:1**				139
106	요한의 질문과 예수의 대답	**11:2-6**		**7:18-23**		139
107	세례자 요한에 관하여	**11:7-19**		**7:24-35**		140
108	갈릴리 성들에 대한 애가	**11:20-24**		10:12-15		141
109	하나님께 감사하심	**11:25-27**		10:21-22		142
110	쉼으로 초대하심	**11:28-30**				143
111	안식일에 이삭을 자른 사건	**12:1-8**	2:23-28	6:1-5		143
112	손 마른 사람을 고치심	**12:9-14**	3:1-6	6:6-11		144
113	바닷가에서 무리를 고치심	**12:15-21**	3:7-12	6:17-19		146
114	예수께 기름을 부은 여인	26:6-13	14:3-9	**7:36-50**	12:1-8	147
115	예수를 섬긴 여인들			**8:1-3**		150
116	예수와 그 가족		**3:20-21**			151
117	귀신 들렸다고 비난함	**12:22-30** 9:32-34	**3:22-27**	11:14-23		151
118	성령을 대항하는 죄	**12:31-37**	**3:28-30**	12:10; 6:43-45		153
119	요나의 표적	**12:38-42** 16:1-4	8:11-12	11:16, 29-32		155
120	돌아온 귀신 얘기	**12:43-45**		11:24-26		157

		마태	마가	누가	요한	page
121	예수의 가족이 찾아옴	12:46-50	3:31-35	8:19-21		157
122	씨 뿌리는 사람 비유	13:1-9	4:1-9	8:4-8		158
123	비유를 말씀하신 이유	13:10-17	4:10-12	8:9-10	10:23-24	159
124	씨 뿌리는 사람 비유의 뜻	13:18-23	4:13-20	8:11-15		161
125	귀 있는 자는 들어라	5:15; 10:26; 7:2; 13:12	4:21-25	8:16-18		162
126	저절로 자라는 씨 비유		4:26-29			163
127	독보리 비유	13:24-30				164
128	겨자씨 비유	13:31-32	4:30-32	13:18-19		164
129	효모 비유	13:33		13:20-21		165
130	비유를 말씀하심	13:34-35	4:33-34			165
131	독보리 비유의 뜻	13:36-43				166
132	밭에 숨겨진 보물과 진주 찾는 상인 비유	13:44-46				166
133	그물 비유	13:47-50				167
134	집주인 비유	13:51-52				167
135	예수의 가족이 찾아옴	12:46-50	3:31-35	8:19-21		167
136	바다를 잔잔케 하심	8:23-27	4:35-41	8:22-25		168
137	거라사의 광인을 고치심	8:28-34	5:1-20	8:26-39		170
138	야이로의 딸과 출혈증 여인	9:18-26	5:21-43	8:40-56		172
139	나사렛 설교	13:53-58	6:1-6a	4:16-30		176
140	이차 예루살렘 방문				5:1	178
141	벧자다 연못가에서				5:2-47	179
142	제자들을 보내심	10:1,5-16	6:6b-13	9:1-6		181
143	예수에 대한 헤롯의 생각	14:1-2	6:14-16	9:7-9		183
144	세례자 요한의 죽음	14:3-12	6:17-29	3:19-20		183
145	제자들이 돌아옴		6:30-31	9:10a		185
146	오천 명을 먹이심	14:13-21	6:32-44	9:10b-17	6:1-15	186
147	바다 위를 걸으심	14:22-33	6:45-52		6:16-21	189

		마태	마가	누가	요한	page
148	게네사렛의 치유 사역	14:34-36	6:53-56		6:22-25	191
149	생명의 빵이신 예수				6:26-59	191
150	전통에 관한 논쟁	15:1-20	7:1-23	11:37-41; 6:39		193
151	가나안 여인	15:21-28	7:24-30			197
152	많은 병자들을 고치심	15:29-31	7:31-37			198
153	사천 명을 먹이심	15:32-39	8:1-10			199
154	표적에 관하여	16:1-4 12:38-39	8:11-13	11:16,29; 12:54-56		200
155	바리새인의 효모	16:5-12	8:14-21	12:1		201
156	벳세다에서 소경을 고치심		8:22-26			202

VIII. 고난을 향하여

		마태	마가	누가	요한	page
157	많은 제자가 돌아섬				6:60-66	205
158	베드로의 신앙고백	16:13-20	8:27-30	9:18-21	6:67-71	205
159	첫 번째 고난 예고	16:21-23	8:31-33	9:22		207
160	나를 따르려거든	16:24-28	8:34-9:1	9:23-27	12:25	208
161	변화산 사건	17:1-9	9:2-10	9:28-36		210
162	엘리야에 관하여	17:10-13	9:11-13			212
163	귀신들린 아이를 고치심	17:14-21	9:14-29	9:37-43a		212
164	두 번째 고난 예고	17:22-23	9:30-32	9:43b-45		215
165	성전세를 바치심	17:24-27				216
166	누가 큰가를 다툼	18:1-5	9:33-37	9:46-48		217
167	귀신을 내쫓는 사람들	10:42	9:38-41	9:49-50		218
168	넘어지게 하는 것에 관하여	18:6-9	9:42-50	17:1-2; 14:34-35		219
169	잃은 양 비유	18:10-14		15:3-7		220
170	형제가 죄를 지으면	18:15-18		17:3	20:23	221
171	두 세 사람이 모이면	18:19-20				222
172	용서에 관하여	18:21-22		17:4		222

		마태	마가	누가	요한	page
173	일만 달란트 비유	18:23-35				223

IX. 예루살렘으로 가는 길

		마태	마가	누가	요한	page
174	예루살렘으로 가실 것을 결정하심	19:1-2	10:1	9:51		227
175	사마리아인들의 거부			9:52-56		227
176	예수를 따름에 관하여	8:18-22		9:57-62		227
177	칠십 명 파송	9:37-38; 10:7-16		10:1-12		228
178	갈릴리 성들에 대한 애가	11:20-24		10:13-15		230
179	보내진 자의 신분	10:40		10:16		230
180	칠십 명이 돌아옴			10:17-20		231
181	감사와 축복	11:25-27; 13:16-17		10:21-24		231
182	가장 큰 계명에 관하여	22:34-40	12:28-34	10:25-28		232
183	선한 사마리아인 비유			10:29-37		233
184	마르다와 마리아			10:38-42		234
185	주기도문	6:9-13		11:1-4		234
186	빵을 비는 친구 비유			11:5-8		235
187	기도를 들으심에 관하여	7:7-11		11:9-13		236
188	귀신 들렸다고 비난함	12:22-30	3:22-27	11:14-23		236
189	돌아온 귀신 얘기	12:43-45		11:24-26		238
190	참 복			11:27-28		238
191	요나의 표적	12:38-42	8:11-12	11:29-32		239
192	빛 비유	5:15	4:21	11:33		240
193	몸의 등불에 관하여	6:22-23		11:34-36		240
194	바리새인들과 율법학자들에 대하여	15:1-9; 23:4-36	7:1-9	11:37-54		241
195	바리새인의 효모	16:5-6	8:14-15	12:1		244
196	신앙고백에 관하여	10:26-33		12:2-9		245
197	성령을 대항하는 죄	12:31-32	3:28-30	12:10		246

		마태	마가	누가	요한	page
198	성령에 관하여	10:19–20	13:11	12:11–12 21:14–15	12:26	246
199	탐욕에 관하여			12:13–15		247
200	어리석은 부자 비유			12:16–21		247
201	염려에 관하여	6:25–34		12:22–32		248
202	하늘의 보물에 관하여	6:19–21		12:33–34		249
203	깨어 있음과 성실에 관하여	24:42–51		12:35–48		249
204	평화가 아니라 칼을	10:34–36		12:49–53		251
205	시대의 표적	16:2–3		12:54–56		252
206	화해에 관하여	5:25–26		12:57–59		252
207	열매 없는 나무 비유			13:1–9		253
208	꼬부라진 여인을 고치심			13:10–17		253
209	겨자씨 비유	13:31–32	4:30–32	13:18–19		254
210	효모 비유	13:33		13:20–21		254
211	천국에 들어가는 사람들	7:13–14; 7:22–23; 8:11–12; 19:30	10:31	13:22–30		255
212	헤롯에 대한 경고			13:31–33		256
213	예루살렘에 대한 애가	23:37–39		13:34–35		256
214	수종병 환자를 고치심			14:1–6		257
215	겸손에 관하여			14:7–14		257
216	혼인잔치 비유	22:1–14		14:15–24		258
217	제자의 조건에 관하여	10:37–38				260
218	소금의 비유	5:13	9:50	14:34–35		261
219	잃은 양 비유	18:12–14		15:1–7		261
220	잃은 동전 비유			15:8–10		262
221	탕자 비유			15:11–32		262
222	불의한 청지기 비유			16:1–9		263
223	작은 것에 성실할 것			16:10–12		264
224	두 주인을 섬김에 관하여	6:24		16:13		264

		마태	마가	누가	요한	page
225	바리새인들을 꾸짖으심			16:14–15		265
226	요한의 위치에 관하여	11:12–13; 5:18		16:16–17		265
227	이혼에 관하여	19:9	10:11–12	16:18		266
228	부자와 나사로 비유			16:19–31		266
229	넘어지게 하는 것에 관하여	18:6–7	9:42	17:1–3a		267
230	형제가 죄를 지으면	18:15		17:3b–4		268
231	믿음에 관하여	17:19–21	9:28–29	17:5–6		268
232	종의 태도에 관하여			17:7–10		269
233	열 문둥병자를 고치심			17:11–19		269
234	하나님 나라가 옴에 관하여			17:20–21		269
235	인자의 날에 관하여	24:17–28, 37–41; 10:39	13:15–23	17:22–37		270
236	재판관과 과부 비유			18:1–8		272
237	바리새인과 세리			18:9–14		273

X. 예루살렘의 장막절

		마태	마가	누가	요한	page
238	갈릴리에 머무심				7:1–9	277
239	예루살렘에 몰래 올라가심				7:10–13	277
240	성전 설교				7:14–39	278
241	예수에 대한 의견들				7:40–52	279
242	간음 중에 잡힌 여인				7:53–8:11	280
243	세상의 빛이신 예수				8:12–20	280
244	유대인들과 논쟁하심				8:21–29	281
245	진리가 자유케 하리라				8:30–36	282
246	사탄의 자녀들				8:37–47	282
247	아브라함 전부터 있었다				8:48–59	283
248	소경을 보게 하심				9:1–41	284
249	선한 목자 비유				10:1–18	286

		마태	마가	누가	요한	page
250	유대인들의 의견 분열				10:19–21	287

XI. 유대 사역

		마태	마가	누가	요한	page
251	유대로 출발하심	19:1–2	10:1	9:51		291
252	이혼과 독신에 관하여	19:3–12	10:2–12	16:18		291
253	어린이를 축복하심	19:13–15	10:13–16	18:15–17		293
254	부자 청년	19:16–22	10:17–22	18:18–23		294
255	재물의 위험과 보상에 관하여	19:23–30	10:23–31	18:24–30		295
256	포도원 일꾼 비유	20:1–16				296
257	수전절의 예수				10:22–39	297
258	요단강으로 가심				10:40–42	298
259	나사로를 살리심				11:1–44	299
260	예루살렘 회의				11:45–53	300
261	에브라임에 가심				11:54–57	301
262	세 번째 수난 예고	20:17–19	10:32–34	18:31–34		301
263	제자들의 서열에 관하여	20:20–28	10:35–45	22:24–27		302
264	두 눈먼 사람을 보게 하심	9:27–31 20:29–34	10:46–52	18:35–43		304
265	삭개오			19:1–10		306
266	므나 비유	25:14–30	13:34	19:11–27		307
267	베다니에서 기름 부음	26:6–13	14:3–9	7:36–50	12:1–8	309
268	나사로에 대한 모의				12:9–11	312

XII. 예루살렘의 마지막 사역

		마태	마가	누가	요한	page
269	예루살렘 입성	21:1–9	11:1–10	19:28–40	12:12–19	315
270	예루살렘을 위해 우심			19:41–44		318
271	성전 정화 후 베다니로 가심	21:10–17	11:11, 15–17	19:45–46		318
272	무화과나무를 저주하심	21:18–19	11:12–14			319
273	성전 정화	21:12–13	11:15–17	19:45–46	2:13–17	320

		마태	마가	누가	요한	page
274	대제사장들과 율법학자들의 적대행위		11:18-19	19:47-48		321
275	말라죽은 무화과나무	21:20-22	11:20-26			322
276	예수의 권한에 관한 질문	21:23-27	11:27-33	20:1-8		322
277	두 아들 비유	21:28-32				324
278	악한 농부들 비유	21:33-46	12:1-12	20:9-19		324
279	혼인잔치 비유	22:1-14		14:15-24		326
280	세금에 관하여	22:15-22	12:13-17	20:20-26		328
281	부활에 관하여	22:23-33	12:18-27	20:27-40		329
282	가장 큰 계명에 관하여	22:34-40	12:28-34	10:25-28		331
283	그리스도는 다윗의 아들인가?	22:41-46	12:35-37	20:41-44		333
284	바리새인과 율법학자들에게 화를 선언하심	23:1-36	12:38-40	20:45-47; 11:39-52		334
285	예루살렘에 대한 애가	23:37-39		13:34-35		338
286	한 과부의 헌금		12:41-44	21:1-4		338

XIII. 종말에 관한 설교

		마태	마가	누가	요한	page
287	성전의 종말 예고	24:1-2	13:1-2	21:5-6		341
288	종말의 징조들	24:3-8	13:3-8	21:7-11		341
289	박해 예고	10:17-22; 24:9-14	13:9-13	21:12-19		342
290	멸망의 혐오물	24:15-22	13:14-20	21:20-24		344
291	거짓 선지자들과 거짓 그리스도	24:23-28	13:21-23	17:23-24, 37		345
292	인자의 오심	24:29-31	13:24-27	21:25-28		346
293	무화과나무 비유	24:32-36	13:28-32	21:29-33		347
294	깨어 있어라(막)	25:13-15; 24:42	13:33-37	19:12-13; 12:40		348
295	깨어 있어라(눅)			21:34-36		349
296	노아의 때처럼	24:37-44		17:26-36; 12:39-40		349
297	착한 종과 악한 종 비유	24:45-51		12:41-46		350

		마태	마가	누가	요한	page
298	열 처녀 비유	25:1-13				351
299	달란트 비유	25:14-30	13:34	19:11-27		352
300	양과 염소 비유	25:31-46				354
301	예루살렘에서의 사역 요약			21:37-38		355

XIV. 고난 전 주간

302	헬라인과 예수				12:20-36	359
303	사람들의 불신				13:37-43	360
304	말씀을 통한 심판과 영생				12:44-50	360

XV. 고난 주간

305	죽음의 예고와 모의	26:1-5	14:1-2	22:1-2		363
306	베다니에서 기름 부음	26:6-13	14:3-9	7:36-50	12:1-8	363
307	유다의 배신	26:14-16	14:10-11	22:3-6		366
308	유월절 식사 준비	26:17-20	14:12-17	22:7-14		367
309	제자들의 발을 씻기심	10:24,40			13:1-20	368
310	유다의 배신 예고(마, 막, 요)	26:21-25	14:18-21	22:21-23	13:21-30	370
311	마지막 성만찬	26:26-29	14:22-25	22:15-20		372
312	유다의 배신 예고(눅)	26:21-25	14:18-21	22:21-23	13:21-30	373
313	누가 큰 사람인가?	20:24-28; 19:28	10:41-45	22:24-30		375
314	사랑의 새 계명				13:31-35	376
315	베드로의 부인 예언	26:30-35	14:26-31	22:31-34	13:36-38	377
316	칼 두 자루			22:35-38		378

XVI. 작별 설교

317	근심하지 말라				14:1-14	381
318	보혜사를 약속하심				14:15-26	381
319	평화를 주노라				14:27-31	382

		마태	마가	누가	요한	page
320	참 포도나무				15:1-8	383
321	내 사랑 안에 거하라				15:9-17	383
322	세상이 미워함				15:18-25	384
323	보혜사의 역할				15:26-27	384
324	박해에 관하여				16:1-4	384
325	보혜사의 사역				16:5-15	385
326	죽음과 부활 예고				16:16-22	385
327	내 이름으로 기도하라				16:23-28	386
328	혼자 둘 것을 예고하심				16:29-33	386
329	대속적 기도				17:1-26	387

XVII. 체포와 처형

330	겟세마네 동산에서	26:36-46	14:32-42	22:39-46	18:1; 12:27	391
331	잡히심	26:47-56	14:43-52	22:47-53	18:2-12	393
332	산헤드린 재판	26:57-68	14:53-65	22:54,55, 63-71	18:13-24	397
333	베드로가 예수를 부인함	26:69-75	14:66-72	22:56-62	18:25-27	401
334	빌라도에게 넘겨지심	27:1-2	15:1	23:1	18:28	403
335	유다의 죽음	27:3-10				404
336	빌라도의 심문	27:11-14	15:2-5	23:2-5	18:29-38	404
337	헤롯과 예수			23:6-12		407
338	빌라도의 무죄 소견			23:13-16		407
339	예수냐 바라바냐?	27:15-23	15:6-14	23:17-23	18:39-40	408
340	이 사람을 보라	27:28-31	15:17-20		19:1-15	410
341	사형 선고	27:24-26	15:15	23:24-25	19:16a	411
342	예수를 조롱하다	27:27-31a	15:16-20a		19:2-3	412
343	골고다 길	27:31b-32	15:20b-21	23:26-32	19:16b-17a	413
344	못 박히심	27:33-37	15:22-26	23:33-34	19:17b-27	414
345	예수를 비웃다	27:38-43	15:27-32a	23:35-38		416
346	두 강도	27:44	15:32b	23:39-43		417

		마태	마가	누가	요한	page
347	죽으심	27:45–54	15:33–39	23:44–48	19:28–30	418
348	죽으심을 목격한 사람들	27:55–56	15:40–41	23:49	19:24b–27	420
349	창으로 찌르다				19:31–37	421
350	장례	27:57–61	15:42–47	23:50–56	19:38–42	422
351	무덤을 지킴	27:62–66				424

XVIII. 부활

352	빈 무덤	28:1–8	16:1–8	24:1–12	20:1–13	427
353	여자들에게 나타나심	28:9–10	16:9–11	24:10–11	20:14–18	431
354	경비병들의 보고	28:11–15				432
355	엠마오로 가는 길		16:12–13	24:13–35		432
356	제자들에게 나타나심(도마 없을 때)			24:36–43	20:19–23	434
357	제자들에게 나타나심(도마 있을 때)				20:24–29	434
358	식사 때 나타나심		16:14–18			435
359	갈릴리 산에 나타나심	28:16–20				435
360	바닷가에 나타나심				21:1–14	436
361	바울의 보고(고린도전서 15:3-8)					437
362	마가복음의 짧은 결언		16:9 앞			437
363	마가복음의 긴 결언		16:9–20			437
364	마태복음의 결언	28:16–20				438
365	누가복음의 결언			24:44–53		438
366	요한복음의 첫 번째 결언				20:30–31	439
367	요한복음의 두 번째 결언				21:1–25	439

찾아보기
성경별

마태복음

	번호	page
1:1	1	15
1-17	19	36
1:2-17	6	19
1:18-25	7	22
2:1-12	8	23
2:13-21	10	26
2:22-23	11	26
3:1-6	13	31
3:7-10	14	33
3:11-12	16	34
3:13-17	18	35
4:1-11	20	39
4:12	30	53
4:13-17	32	55
4:18-22	34	59
4:23	40	62
4:24-5:2	50	77
24-25	48	73
24-5:1	77	99
5:3-12	51	78
3-12	78	100
5:13	52	79
13	218	261
5:14-16	53	79
15	125	162
15	192	240
5:17-20	54	80
18	226	265
5:21-26	55	81
25-26	206	252

마태복음	번호	page
5:27-32	56	82
5:33-37	57	83
5:38-42	58	84
38-48	80	101
5:43-48	59	84
6:1-4	60	85
6:5-6	61	86
6:7-15	62	86
9-13	185	234
6:16-18	63	88
6:19-21	64	88
19-21	202	249
6:22-23	65	89
22-23	193	240
6:24	66	89
24	224	264
6:25-34	67	89
25-34	201	248
7:1-5	68	91
1-5	81	103
2	125	162
7:6	69	92
7:7-11	70	92
7-11	187	236
7:12	71	93
7:13-14	72	93
13-14	211	255
7:15-20	73	93
15-20	82	104
7:21-23	74	94
21-27	83	105
22-23	211	255

마태복음	번호	page
7:24-27	75	95
7:28-29	76	95
8:1-4	84	109
1-4	42	63
8:5-13	85	110
8:11-12	211	255
8:14-15	87	113
14-15	37	61
8:16-17	88	113
16-17	38	61
8:18-22	89	114
18-22	176	227
8:23-27	90	115
23-27	136	168
8:28-34	91	116
28-34	137	170
9:1-8	92	119
1-8	43	64
9:9-13	93	122
9-13	44	67
9:14-17	94	123
14-17	45	68
9:18-26	95	124
18-26	138	172
9:27-31	96	128
27-31	264	304
9:32-34	97	130
32-34	117	151
9:35-38	98	131
37-38	177	228
10:1-16	99	131
1	142	181

마태복음	번호	page
1-4	49	74
5-16	142	181
7-16	177	228
10:17-25	100	134
17-22	289	342
19-20	198	246
24	309	368
10:26-33	101	135
26	125	162
10:34-36	102	136
34-36	204	251
10:37-39	103	137
37-38	217	260
39	235	270
10:40-42	104	138
40	179	230
40	309	368
42	167	218
11:1	105	139
11:2-6	106	139
11:7-19	107	140
12-13	226	265
11:20-24	108	141
20-24	178	230
11:25-27	109	142
25-27	181	231
26-33	196	245
11:28-30	110	143
12:1-8	111	143
1-8	46	70
12:9-14	112	144
9-14	47	71
12:15-21	113	146
12:22-30	117	151
22-24	97	130
22-30	188	236
12:31-37	118	153
31-32	197	246
33-35	82	104
12:38-42	119	155
38-39	154	200
38-42	191	239
12:43-45	120	157
43-45	189	238
12:46-50	121	157
46-50	135	167
13:1-9	122	158
13:10-17	123	159
12	125	162
16-17	181	231
13:18-23	124	161
13:24-30	127	164
13:31-32	128	164
31-32	209	254
13:33	129	165
33	210	254
13:34-35	130	165
13:36-43	131	166
13:44-46	132	166
13:47-50	133	167
13:51-52	134	167
13:53-58	139	176
53-58	33	56
14:1-2	143	183
14:3-12	144	183
3-4	17	35
14:13-21	146	186
14:22-33	147	189
14:34-36	148	191
15:1-20	150	193
1-9	194	241
15:21-28	151	197
15:29-31	152	198
15:32-39	153	199
16:1-4	154	200
1-4	119	155
2-3	205	252
16:5-12	155	201
5-6	195	244
16:13-20	158	205
16:21-23	159	207
16:24-28	160	208
17:1-9	161	210
17:10-13	162	212
17:14-21	163	212
19-21	231	268
17:22-23	164	215
17:24-27	165	216
18:1-5	166	217
18:6-9	168	219
6-7	229	267
18:10-14	169	220
18:12-14	219	261
18:15-18	170	221
15	230	268
18:19-20	171	222
18:21-22	172	222
18:23-35	173	223
19:1-2	251	291
1-2	174	227
19:3-12	252	291
19:9	227	266
19:13-15	253	293
19:16-22	254	294
19:23-30	255	295
28	313	375
30	211	255
20:1-16	256	296
20:17-19	262	301
20:20-28	263	302
24-28	313	375
20:29-34	264	304
29-34	96	128
21:1-9	269	315
21:10-17	271	318
12-13	25	47
12-13	273	320
21:18-19	272	319
21:20-22	275	322
21:23-27	276	322

마태복음	번호	page
21:28–32	277	324
21:33–46	278	324
22:1–14	279	326
1–14	216	258
22:15–22	280	328
22:23–33	281	329
22:34–40	282	331
34–40	182	232
22:41–46	283	333
23:1–36	284	334
4–36	194	241
23:37–39	285	338
37–39	213	256
24:1–2	287	341
24:3–8	288	341
24:9–14	289	342
24:15–22	290	344
17–28	235	270
24:23–28	291	345
24:29–31	292	346
24:32–36	293	347
24:37–44	296	349
37–41	235	270
42	294	348
42–51	203	249
45–51	297	350
25:1–13	298	351
13–15	294	348
25:14–30	299	352
14–30	266	307
25:31–46	300	354
26:1–5	305	363
26:6–13	306	363
6–13	114	147
6–13	267	309
26:14–16	307	366
26:17–20	308	367
26:21–25	310	370
21–25	312	373
26:26–29	311	372

마태복음	번호	page
26:30–35	315	377
26:36–46	330	391
26:47–56	331	393
26:57–68	332	397
26:69–75	333	401
27:1–2	334	403
27:3–10	335	404
27:11–14	336	404
27:15–23	339	408
27:24–26	341	411
27:27–31a	342	412
28–31	340	410
27:31b–32	343	413
27:33–37	344	414
27:38–43	345	416
27:44	346	417
27:45–54	347	418
27:55–56	348	420
27:57–61	350	422
27:62–66	351	424
28:1–8	352	427
28:9–10	353	431
28:11–15	354	432
28:16–20	359	435
28:16–20	364	438

마가복음

	번호	page
1:1	1	15
1:2–6	13	31
1:7–8	16	34
1:9–11	18	35
1:12–13	20	39
1:14a	30	53
1:14b–15	32	55
1:16–20	34	59
1:21–22	35	60
21–22	76	95
1:23–28	36	60

마태복음	번호	page
1:29–31	37	61
29–31	87	113
1:32–34	38	61
32–34	88	113
1:35–38	39	62
1:39	40	62
1:40–45	42	63
40–45	84	109
2:1–12	43	64
1–12	92	119
2:13–17	44	67
13–17	93	122
2:18–22	45	68
18–22	94	123
2:23–28	46	70
23–28	111	143
3:1–6	47	71
1–6	112	144
3:7–12	48	73
7–12	50	77
7–12	77	90
7–12	113	146
3:13–19	49	74
13–19	99	131
3:20–21	116	151
3:22–27	117	151
22	97	130
22–27	188	236
3:28–30	118	153
3:28–30	197	246
3:31–35	121	157
31–35	135	167
4:1–9	122	158
4:10–12	123	159
4:13–20	124	161
4:21–25	125	162
21	53	79
21	192	240
24–25	68	91
24–25	81	103

마태복음	번호	page
4:26–29	126	163
4:30–32	128	164
4:30–32	209	254
4:33–34	130	165
4:35–41	136	168
35–41	90	115
5:1–20	137	170
1–20	91	116
5:21–43	138	172
21–43	95	124
6:1–6a	139	176
1–6a	33	56
6:6b–13	142	181
7–11	99	131
6:14–16	143	183
6:17–29	144	183
17–18	17	35
6:30–31	145	185
6:32–44	146	186
34	98	131
6:45–52	147	189
6:53–56	148	191
7:1–23	150	193
1–9	194	241
7:24–30	151	197
7:31–37	152	198
8:1–10	153	199
8:11–13	154	200
11–12	119	155
11–12	191	239
8:14–21	155	201
14–15	195	244
8:22–26	156	202
8:27–30	158	205
8:31–33	159	207
8:34–9:1	160	208
9:2–10	161	210
9:11–13	162	212
9:14–29	163	212
28–29	231	268

마태복음	번호	page
9:30–32	164	215
9:33–37	166	217
9:38–41	167	218
41	104	138
9:42–50	168	219
42	229	267
43–48	56	82
50	52	79
50	218	261
10:1	251	291
1	174	227
10:2–12	252	291
11–12	227	266
10:13–16	253	293
10:17–22	254	294
10:23–31	255	295
31	211	255
10:32–34	262	301
10:35–45	263	302
41–45	313	375
10:46–52	164	304
46–52	96	128
11:1–10	269	315
11:11	271	318
11:12–14	272	319
11:15–17	273	320
15–17	25	47
15–17	271	318
11:18–19	274	321
11:20–26	275	322
25	62	86
11:27–33	276	322
12:1–12	278	324
12:13–17	280	328
12:18–27	281	329
12:28–34	282	331
28–34	182	232
12:35–37	283	333
12:38–40	284	334
12:41–44	286	338

마태복음	번호	page
13:1–2	287	341
13:3–8	288	341
13:9–13	289	342
9–13	100	134
11	198	246
13:14–20	290	344
15–23	235	270
13:21–23	291	345
13:24–27	292	346
13:28–32	293	347
13:33–37	294	348
34	266	307
34	299	352
14:1–2	305	363
14:3–9	306	363
3–9	114	147
3–9	267	309
14:10–11	307	366
14:12–17	308	367
14:18–21	310	370
18–21	312	373
14:22–25	311	372
14:26–31	315	377
14:32–42	330	391
14:43–52	331	393
14:53–65	332	397
14:66–72	333	401
15:1	334	403
15:2–5	335	404
15:6–14	339	408
15:15	341	411
15:16–20a	342	412
17–20	340	410
15:20b–21	343	413
15:22–26	344	414
15:27–32a	345	416
15:32b	346	417
15:33–39	347	418
15:40–41	348	420
15:42–47	350	422

마태복음	번호	page
16:1-8	352	427
16:9-11	315	431
9	362	437
16:9-20	363	437
16:12-13	355	432
16:14-18	358	435

누가복음

	번호	page
1:1-4	1	15
1:5-25	2	16
1:26-38	3	17
1:39-56	4	17
1:57-80	5	18
2:1-7	7	22
2:8-20	8	23
2:21-38	9	25
2:39-40	11	26
2:41-52	12	27
3:1-6	13	31
3:7-9	14	33
3:10-14	15	33
3:15-18	16	34
3:19-20	17	35
19-20	144	183
3:21-22	18	35
3:23-38	19	36
23-38	6	19
4:1-13	20	39
4:14a	30	53
4:14b-15	32	55
4:16-30	33	56
16-30	139	176
4:31-32	35	60
4:33-37	36	60
4:38-39	37	61
38-39	87	113
4:40-41	38	61
40-41	88	113

마태복음	번호	page
4:42-43	39	62
4:44	40	62
5:1-11	41	63
5:12-16	42	63
12-16	84	109
5:17-26	43	64
17-26	92	119
5:27-32	44	67
27-32	93	122
5:33-39	45	68
33-39	94	123
6:1-5	46	70
1-5	111	143
6:6-11	47	71
6-11	112	144
6:12-16	49	74
12-16	99	131
6:17-20a	77	99
17-19	48	73
17-19	113	146
17-20a	50	77
6:20b-23	78	100
20b-23	51	78
6:24-26	79	101
6:27-36	80	101
27-28	59	84
29-30	58	84
31	71	93
32-36	59	84
6:37-42	81	103
37-42	68	91
39	150	193
40	100	134
6:43-45	82	104
43-45	73	93
43-45	118	153
6:46-49	83	105
46	74	94
47-49	75	95
7:1-10	85	110

마태복음	번호	page
7:11-17	86	112
7:18-23	106	139
7:24-35	107	140
7:36-50	114	147
36-50	267	309
36-50	306	363
8:1-3	115	150
8:4-8	122	158
8:9-10	123	159
8:11-15	124	161
8:16-18	125	162
16	53	79
8:19-21	135	167
19-21	121	157
8:22-25	136	168
22-25	90	115
8:26-39	137	170
26-39	91	116
8:40-56	138	172
40-56	95	124
9:1-6	142	181
1-5	99	131
9:7-9	143	183
9:10a	145	185
9:10b-17	146	186
9:18-21	158	205
9:22	159	207
9:23-27	160	208
9:28-36	161	210
9:37-43a	163	212
9:43b-45	164	215
9:46-48	166	217
9:49-50	167	218
9:51	174	227
51	251	291
9:52-56	175	227
9:57-62	176	227
57-62	89	114
10:1-12	177	228
2	98	131

마태복음	번호	page
12–15	108	141
10:13–15	178	230
10:16	179	230
16	104	138
10:17–20	180	231
10:21–24	181	231
21–22	109	142
10:25–28	182	232
25–28	282	331
10:29–37	183	232
10:38–42	184	234
11:1–4	185	234
1–4	62	86
11:5–8	186	235
11:9–13	187	236
9–13	70	92
11:14–23	188	236
14–15	97	130
16	119	155
16	154	200
14–23	117	151
11:24–26	189	238
24–26	120	157
11:27–28	190	238
11:29–32	191	239
29–32	119	155
29	154	200
11:33	192	240
33	53	79
11:34–36	193	240
34–36	65	89
11:37–54	194	241
37–41	15	193
39–52	284	334
12:1	195	244
1	155	201
12:2–9	196	245
2–9	101	135
12:10	197	246
10	118	153

마태복음	번호	page
12:11–12	198	246
11–12	100	134
12:13–15	199	247
12:16–21	200	247
12:22–32	201	248
22–32	67	89
12:33–34	202	249
33–34	64	88
12:35–48	203	249
40	294	348
41–46	297	350
12:49–53	204	251
51–53	102	136
12:54–56	205	252
54–56	154	200
12:57–59	206	252
58–59	55	81
13:1–9	207	253
13:10–17	208	253
13:18–19	209	254
18–19	128	164
13:20–21	210	254
20–21	129	165
13:22–30	211	255
23–24	72	93
25–27	74	94
13:31–33	212	256
13:34–35	213	256
34–35	285	338
14:1–6	214	257
14:7–14	215	257
14:15–24	216	258
15–24	279	326
14:25–33	217	260
25–27	103	137
14:34–35	218	261
34–35	52	79
34–35	168	219
15:1–7	219	261
3–7	169	220

마태복음	번호	page
15:8–10	220	262
15:11–32	221	262
16:1–9	222	263
16:10–12	223	264
16:13	224	264
13	66	89
16:14–15	225	265
16:16–17	226	265
17	54	80
16:18	227	266
18	56	82
18	252	291
16:19–31	228	266
17:1–3a	229	267
1–2	168	219
3	170	221
17:3b–4	230	268
4	172	222
17:5–6	231	268
17:7–10	232	269
17:11–19	233	269
17:20–21	234	269
17:22–37	235	270
23–24	291	345
26–36	296	349
33	103	137
37	291	345
18:1–8	236	272
18:9–14	237	273
18:15–17	253	293
18:18–23	254	294
18:24–30	255	295
18:31–34	262	301
18:35–43	264	304
35–43	96	128
19:1–10	265	306
19:11–27	266	307
11–27	299	352
12–13	294	348
19:28–40	269	315

마태복음	번호	page
19:41–44	270	318
19:45–46	273	320
45–46	25	47
45–46	271	318
19:47–48	274	321
20:1–8	276	322
20:9–19	278	324
20:20–26	280	328
20:27–40	281	329
20:41–44	283	333
20:45–47	284	334
21:1–4	286	338
21:5–6	287	341
21:7–11	288	341
21:12–19	289	342
12–19	100	134
14–15	198	246
21:20–24	290	344
21:25–28	292	346
21:29–33	293	347
21:34–36	295	349
21:37–38	301	355
22:1–2	305	363
22:3–6	307	366
22:7–14	308	367
22:15–20	311	372
22:21–23	312	373
21–23	310	370
22:24–30	313	375
24–27	263	302
22:31–34	315	377
22:35–38	316	378
22:39–46	330	391
22:47–53	331	393
22:54–55	332	397
22:56–62	333	401
22:63–71	332	397
23:1	334	403
23:2–5	335	404
23:6–12	337	407

마태복음	번호	page
23:13–16	338	407
23:17–23	339	408
23:24–25	341	411
23:26–32	343	413
23:33–34	344	414
23:35–38	345	416
23:39–43	346	417
23:44–48	347	418
23:49	348	420
23:50–56	350	422
24:1–12	352	427
10–11	353	431
24:13–35	355	432
24:36–43	356	434
24:44–53	365	438

요한복음

	번호	page
1:1–18	1	15
1:19–23	13	31
1:24–28	16	34
1:29–34	18	35
1:35–51	21	45
2:1–11	22	46
2:12	23	46
2:13	24	46
13–17	273	320
2:14–22	25	47
2:23–25	26	48
3:1–21	27	49
3:22	28	50
3:23–36	29	50
4:1–3	30	53
4:4–42	31	53
4:43–46a	32	55
4:46b–54	85	110
5:1	140	178
5:2–47	141	179
8–9a	43	64

마태복음	번호	page
8–9a	92	119
6:1–15	146	186
6:16–21	147	189
6:22–25	148	191
6:26–59	149	191
6:60–66	157	205
6:67–71	158	205
7:1–9	238	277
7:10–13	239	277
7:14–39	240	278
7:40–52	241	279
41–42	8	23
7:53–8:11	242	280
8:12–20	243	280
8:21–29	244	281
8:30–36	245	282
8:37–47	246	282
8:48–59	247	283
9:1–41	248	284
10:1–18	249	286
10:19–21	250	287
10:22–39	257	297
23–24	123	159
10:40–42	258	298
11:1–44	259	299
11:45–53	260	300
11:54–57	261	301
12:1–8	267	309
1–8	114	147
1–8	306	363
12:9–11	268	312
12:12–19	269	315
12:20–36	302	359
25	103	137
25	160	208
26	198	246
27	330	391
12:37–43	303	360
12:44–50	304	360
13:1–20	309	368

마태복음	번호	page
20	104	138
13:21–30	310	370
21–30	312	373
13:31–35	314	376
13:36–38	315	377
14:1–14	317	381
14:15–26	318	381
14:27–31	319	382
15:1–8	320	383
15:9–17	321	383
15:18–25	322	384
15:26–27	323	384
16:1–4	324	384
16:5–15	325	385
16:16–22	326	385
16:23–28	327	386
16:29–33	328	386
17:1–26	329	387
18:1	330	391
18:2–12	331	393
18:13–24	332	397
18:25–27	333	401
18:28	334	403
18:29–38	335	404
18:39–40	339	408
19:1–15	340	410
2–3	342	412
19:16a	341	411
19:16b–17a	343	413
19:17b–27	344	414
24b–27	348	420
19:28–30	347	418
19:31–37	349	421
19:38–42	350	422
20:1–13	352	427
20:14–18	353	431
20:19–23	356	434
23	170	222
20:24–29	357	434
20:30–31	366	439
21:1–14	360	436
21:1–25	367	439

정훈택 교수는

1952년에 태어나
총신대학교 신학과, 신학대학원에서 공부하고
네덜란드 깜뻰신학대학교에서 신학박사학위를 받고
1989년 이후 총신대학교 신학대학원에 신약신학 교수로 재직중이며
실천처장, 교무처장, 도서관장, 대학부총장, 신대원장, 총장대행을 역임하였습니다.

e-mail : htchung@chongshin.ac.kr

저서

열매로 알리라	21세기의 그리스도인
신약적 도약	복음을 따라서
쉬운 마태복음 주석	산상설교
천국은 어떻게 오는가	헤르만 리덜보스
신약개론	

완벽한 비교를 위해 새로 번역한

병행 사복음서 Korean Synopsis Quattuor Evangeliorum

펴낸날	2013년 2월 25일 초판 1쇄
지은이	정훈택
펴낸이	김정식
펴낸곳	민영사
주 소	서울시 마포구 염리동 36-249 (201호)
전 화	(02) 711-1224~5
팩 스	(02) 711-1226
등 록	1990년 5월 7일 제1-1050호
메 일	myspub@hanmail.net
홈페이지	www.minyoungsa.com

ISBN 978-89-8134-143-5 정 가 28,000원